KB262112

국어 정서법의 이해

개정판

국어 정서법의 이해

강희숙

역락

개정판에 부쳐

『국어 정서법의 이해』라는 제목의 책을 세상에 처음으로 내놓았던 때가 2003년이었으니, 정말이지 7년이나 되는 세월이 어제인 듯 빠르게 지나갔다. 그동안 필자는 일반인들이 국어 정서법의 윤곽을 좀 더 쉽게 알 수 있도록 하려는 뜻에서 『시로 읽는 국어 정서법』을 또 하나의 결실로 내놓기도 하였다.

문제는 나름대로는 심혈을 기울여 만들었다고 생각했던 책을 받아든 그 순간부터 말 그대로 팔삭둥이처럼 채워지지 못한 부분들이 눈에 띄는 바람에 내내 부끄러운 마음을 감출 수가 없었다는 것이다. 꼭 있어야 할 내용이었음에도 불구하고 필자의 부주의로 놓친 부분도 없지 않았고, 명백히 오류임이 분명한데도 오랫동안 그대로 방치하고 있었던 대목도 적지 않았다. 예컨대, ≪한글 맞춤법≫ 제4장 18항에 제시되고 있는 국어 탈락 현상의 경우, 매우 피상적인 이해의 수준에서 기술된 내용으로 채워져 있어, 볼 때마다 얼굴이 뜨거워지곤 하였다.

어쨌든 이제 그러한 심각한 오류를 어느 정도는 해결하고, 시간이 흐르면서 현실감이 떨어지는 예문들도 상당 부분 바꿔 끼워 놓은 결과가 이 개정판이다. 초판의 내용을 전부 새롭게 바꾼 환골탈태의 모습은 아니더라도 부족한 부분을 채우고 깁는 보완 작업이 조금이나마 이루어지게 된 것을 매우 기쁘게 생각한다.

초판에서도 그러하였지만, 이 개정판에서도 필자는 국어사용의 실제적 양상을 관찰하고, 그러한 현상 속에서 국어 어문 규정을 재확인 또는 검증하는 데 가장 많은 관심과 노력을 기울였다. 그 결과를 가장 잘 반영하는 것이 '용례'의 제시인데 필자의 언어적 직관에 의해 의도적으로 만든 문장을 예문으로 들기보다는 가능한 한 국어사용자들이 실제로 사용하는 문장이나 문학 텍스트를 예로 들려는 시도를 많이 하였다. 이러한 시도는 순수 이론 언어학이 추구하는 언어 지식의 측면보다는 사회언어학이 추구하는 실제적 언어사용의 측면에 더 많은 관심을 두고 있는 필자의 학문적 태도에서 비롯된 것임은 물론이다. 아무쪼록 ≪한글 맞춤법≫, ≪표준어 규정≫, ≪외래어 표기법≫, ≪국어의 로마자 표기법≫ 등 네 가지 어문 규정과 관련되는 국어 정서법의 실체를 이 책을 통해 보다 면밀하게 관찰하는 데 도움이 되었으면 하는 것이 필자의 바람이다.

이 책이 나오기까지 많은 분들의 도움을 받았다. 신학기가 시작될 때마다 게으른 필자를 채근하며 새로운 교재의 탈고를 기다려 준 역락 출판사의 이대현 사장님과 다른 어떤 책보다도 까다로운 교정을 요하였을 책을 편집하느라 수고해 준 추다영 씨에게 먼저 감사를 드린다. 언제나 따뜻한 성원을 아끼지 않는 학과의 여러 교수님들과 제자들에게도 감사의 뜻을 전하고 싶다. 또한, 쉬는 날도 거의 없이 주섬주섬 책가방을 챙겨야 하는 아내를 두고 "오늘도 가는 거야?" 하며 애써 서운한 기색을 누르던 남편에게 늘 바쁘기만 한 딸을 모르는 채 할 수가 없어 노구에도 불구하고 살림을 도맡다시피 하신 친정어머니께, 이제 막 대학 새내기가 되어 새로운 세계로 첫 발을 내디디려 하는 딸 지연이에게 특별히 미안함과 고마운 마음을 보낸다.

흰 호랑이해를 맞이하여
무등산 기슭에서 저자 씀

차 례

머리말 ▮ 개정판에 부쳐 __ 5

제1장 한글 맞춤법 13

1. 한글 맞춤법의 역사 • 13
2. ≪한글 맞춤법≫의 대원칙 • 20
  2.1. 표음주의와 형태음소주의 ‖ 20
  2.2. 단어 단위의 띄어쓰기 ‖ 22
  2.3. 외래어 표기법에 의한 표기 ‖ 24
3. ≪한글 맞춤법≫의 세부 규정 • 25
  3.1. 제2장 자모 ‖ 25
  3.2. 제3장 소리에 관한 것 ‖ 28
  3.3. 제4장 형태에 관한 것 ‖ 49
  3.4. 제6장 그 밖의 것 ‖ 138

제2장 띄어쓰기 169

1. 띄어쓰기의 원리 • 169
2. '조사'(助詞)의 띄어쓰기 • 178
3. 의존명사 및 연결어미의 띄어쓰기 • 188
4. 관형사의 띄어쓰기 • 195
5. 보조 용언의 띄어쓰기 • 205
6. 성명, 호칭어 및 관직명의 띄어쓰기 • 212
7. 한자어의 띄어쓰기 • 216

제3장 문장 부호　231

1. 문장 부호의 개념 및 유형 • 231
2. 문장 부호의 기능 • 238
  2.1. 마침표 ‖ 238
  2.2. 느낌표(!) ‖ 244
  2.3. 쉼표[休止符] ‖ 246
  2.4. 따옴표[引用符] ‖ 256
  2.5. 묶음표[括弧符] ‖ 260
  2.6. 이음표[連結符] ‖ 262
  2.7. 드러냄표[顯在符] ‖ 264
  2.8. 안드러냄표[潛在符] ‖ 265

제4장 표준어 규정　279

1. 표준어의 개념과 기능 • 279
2. ≪표준어 규정≫의 변천 • 284
3. 표준어 사정 원칙 • 291
  3.1. 제1장 총칙 ‖ 291
  3.2. 제2장 발음 변화에 따른 표준어 규정 ‖ 292
  3.3. 제3장 어휘 선택의 변화에 따른 표준어 규정 ‖ 332

제5장 표준 발음법 349

1. 표준 발음법의 형성과 구성 • 349
   1.1. 표준 발음법의 형성 ‖ 349
   1.2. 표준 발음법의 구성 ‖ 350
2. 표준 발음법의 원칙 • 354
3. 표준 발음법의 세부 규정 • 356
   3.1. 제2장 자음과 모음 ‖ 356
   3.2. 제3장 소리의 길이 ‖ 365
   3.3. 제4장 받침의 발음 ‖ 377
   3.4. 제5장 소리의 동화 ‖ 386
   3.5. 제6장 된소리되기 ‖ 398
   3.6. 제7장 소리의 첨가 ‖ 409

제6장 외래어 표기법 423

1. 외래어의 개념과 특성 • 423

2. 외래어 표기법의 변천 • 429

3. 현행 ≪외래어 표기법≫의 원칙 • 439

4. 국제 음성 기호와 한글의 대조에 의한 표기 원칙 • 448

5. 영어의 표기 • 461

　　5.1. 음절말 위치의 파열음 표기 ‖ 461

　　5.2. 마찰음([s], [z], [f], [v], [θ], [ð], [ʃ], [ʒ])의 표기 ‖ 464

　　5.3. 파찰음([ts], [dz], [tʃ], [dʒ])의 표기 ‖ 467

　　5.4. 유음([l])의 표기 ‖ 469

　　5.5. 장모음 및 중모음의 표기 ‖ 471

　　5.6. 반모음([w], [j])의 표기 ‖ 473

　　5.7. 합성어의 표기 ‖ 475

6. 기타 외래어의 표기 • 479

　　6.1. 독일어 [r]의 표기 ‖ 479

　　6.2. 프랑스어 [ʃ], [ʒ]의 표기 ‖ 480

7. 인명 및 지명의 표기 • 482

　　7.1. 표기 원칙 ‖ 482

　　7.2. 중국과 일본의 인명, 지명 표기 ‖ 483

　　7.3. 바다, 섬, 강, 산 등의 표기 세칙 ‖ 485

제7장 국어의 로마자 표기법 497

1. 국어의 로마자 표기법의 변천 • 497
2. 현행 ≪국어의 로마자 표기법≫의 구성과 표기 원칙 • 502
3. 모음 및 자음의 표기 • 504
4. 기타 표기 세칙 • 510
   4.1. 음운 변화의 표기 ‖ 510
   4.2. 인명의 표기 ‖ 514
   4.3. 행정 구역 단위 및 '가'(街)의 표기 ‖ 517
   4.4. 학술적인 용도의 전자법 표기 ‖ 518

부록 ‖≪한글 맞춤법≫ __ 527

제1장 한글 맞춤법

1. 한글 맞춤법의 역사

한글 맞춤법이란 국어를 표기하는 데 쓰이는 우리 고유의 문자인 한글의 문자 체계를 확립하고, 그러한 문자 체계에 따라 우리말을 어법에 맞게 표기하는 규범을 말한다.

주지하는 바와 같이, 한글 맞춤법의 첫 모습은 『훈민정음』(1446) 예의(例義)에서 찾을 수 있다. 한글 자모(字母)의 모양 및 음가 규정과 함께, 종성부용초성(終聲復用初聲), 연서법(連書法), 병서법(竝書法), 합자법(合字法), 방점법(傍點法) 등등 한글을 이용한 문자 생활의 여러 가지 원리가 마련된 것이 바로 『훈민정음』 예의에서였던 것이다.

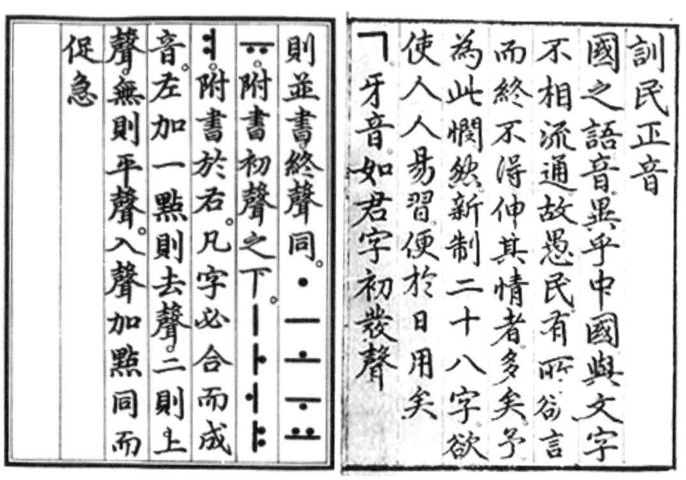

[그림 1]『훈민정음』예의의 모습

　　그러나 오늘날 우리가 사용하고 있는 한글 맞춤법은 엄밀한 의미에서 한글학회의 전신인 조선어학회가 1933년에 완성한 ≪한글 마춤법 통일안(이하, 통일안)≫ 체계를 바탕으로 하고 있으므로, 한글 맞춤법의 변천을 더듬는 작업은 여기에서부터 시작하는 것이 바람직할 것이다.[1]

　　1930년 12월 13일, 조선어학회는 총회의 결의로 한글 맞춤법 제정 작업에 착수하기로 하였다. 권덕규·김윤경·박현식·신명균·이극로·이병기·이희승·이윤재·장지영·정열모·정인섭·최현배 등 12명의 위원들이 주축이 되어 2년 후인 1932년 12월에 맞춤법 원안이 만들어지게 되었고, 이에 대한 심의·검토를 거쳐 1933년 10월 19일에 최종적으로 확정하

---

1) 물론, ≪통일안≫이 마련되기 전에 국가적으로 공식화된 표기법을 마련하기 위한 일련의 노력이 계속되어 왔던바, 이를 차례대로 제시하면 다음과 같다.
　　a. ≪국문연구 의정안≫(1909. 12., 국문연구소)
　　b. ≪보통학교용 언문철자법≫(1912. 4., 조선총독부)
　　c. ≪보통학교용 언문철자법 대요≫(1921. 3., 조선총독부)
　　d. ≪언문철자법≫(1930. 2., 조선총독부)

여 만들어진 것이 바로 ≪통일안≫이다.

　≪통일안≫의 구성은 '총론, 각론 7장 63항과 부록 2항'(표준어·문장 부호)으로 이루어졌다. '총론'에서는 맞춤법의 기본 원칙을, '각론'에서는 각각 자모·성음·문법·한자어·준말·외래어 표기·띄어쓰기에 대한 규정을, '부록'에서는 표준어와 문장 부호에 대한 규정을 제시하고 있다. 이러한 내용들을 일일이 검토·분석할 필요는 없겠지만, 특히 '총론'에 제시된 맞춤법의 기본 원칙은 현행 ≪한글 맞춤법≫의 중요한 근간이 되는 것이므로, 여기에서 잠깐 언급하기로 한다. 다음 <표 1>을 보기로 하자.

<표 1> 한글 마춤법의 기본 원칙(≪한글 마춤법 통일안≫ 총론)

一. 한글 마춤법(철자법)은 표준말을 그 소리대로 적되, 어법에 맞도록 함으로써 원칙을 삼는다.
二. 표준말은 대체로 현재 중류 사회에서 쓰는 서울말로 한다.
三. 문장의 각 단어는 띄어 쓰되, 토는 그 웃말에 붙여 쓴다.

　이에 따르면, ≪통일안≫의 총론에서는 '표준말을 소리대로 적되, 어법에 맞도록 함'이 맞춤법의 기본 원칙이라는 것과, '표준말'이란 '현재 중류사회의 서울말'이라는 것, '문장의 각 단어는 띄어 쓰되, 토는 그 앞의 단어에 붙여 쓴다'는 내용으로 구성되어 있음을 알 수 있다. 이러한 원칙들은 용어상의 문제 몇 가지를 제외하고는 현행 ≪한글 맞춤법≫에도 큰 변화 없이 적용되므로, 각각의 항목들이 의미하는 바에 대해서는 뒤에서 상세히 논하기로 하겠다.

　≪통일안≫은 그 후, 1937년에 공포된 국어 표준어 규정인 ≪사정한 조선어 표준말 모음집≫의 내용을 반영하여 용어와 예문을 새로운 표준어로 바꾼 것을 비롯하여, 1940년 사동 접미사 '후'를 '추'로 고치는 등의 부분

적인 수정이 이루어지긴 했지만, 대부분의 틀은 오늘날까지 그대로 유지되고 있는 셈이다.

그러나 1933년에 ≪통일안≫이 제정되고 난 후, 50여 년의 세월이 흐르는 동안 현재 사용하고 있는 언어와 차이가 생겨나고 그에 따른 문제점들이 드러남에 따라, 이에 대한 전면적인 재검토가 필요하게 되었다. 그리하여, 1970년부터 약 18년 동안에 걸쳐 이루어진 한글 맞춤법에 대한 전면적인 재검토를 통하여 1988년 1월 14일 개정안인 ≪한글 맞춤법≫이 ≪표준어 규정≫과 함께 문교부 고시 제88-1호로 발표되기에 이르렀다.

≪한글 맞춤법≫에서 이루어진 개정 내용 가운데 중요한 사항 몇 가지를 간추리면 다음과 같다.

   (1) ㄱ. 사문화(死文化)한 규정의 정리 : ≪통일안≫에 제시되어 있던 한자음 표기 방법 가운데, '少年'을 '쇼년'이 아닌 '소년'으로, '汽車'를 '긔차'가 아닌 '기차'로 적어야 한다는 등의 사문화한 규정을 정리하였다.

        ㄴ. 미비점 보완 : ≪통일안≫에서 다루어지지 않은 문제로, 국어 단어를 사전에 올릴 적의 자모 순서를 규정하거나, 두음 법칙의 적용과 관련하여 한자음 '렬, 률'은 단어의 첫머리가 아닌 모음과 'ㄴ' 다음에서도 두음 법칙을 적용하는 등의 보완이 이루어졌다.

        ㄷ. 실제 언어 현실에 맞춘 개정 : '드러나다, 사라지다' 등 두 단어가 합쳐진 것으로 보기 어려운 합성동사는 그 어원을 밝혀 적지 않으며, '가까와, 새로와' 등의 활용형을 언어 현실에 맞게 '가까워, 새로워' 등으로 표기하는 등 실제 언어 변화를 표기에 반영하였다.

이와 같은 개정 내용들을 담고 있는 ≪한글 맞춤법≫의 체제는 다음과 같다.

〈표 2〉 현행 ≪한글 맞춤법≫의 체제

- 제1장 총칙
- 제2장 자모
- 제3장 소리에 관한 것
        제1절 된소리
        제2절 구개음화
        제3절 'ㄷ'소리 받침
        제4절 모음
        제5절 두음 법칙
        제6절 겹쳐 나는 소리
- 제4장 형태에 관한 것
        제1절 체언과 조사
        제2절 어간과 어미
        제3절 접미사가 붙어서 된 말
        제4절 합성어 및 접두사가 붙는 말
        제5절 준말
- 제5장 띄어쓰기
        제1절 조사
        제2절 의존 명사, 단위를 나타내는 명사 및 열거하는 말 등
        제3절 보조 용언
        제4절 고유 명사 및 전문 용어
- 제6장 그 밖의 것
  [부록] 문장 부호

<표 2>를 통하여 알 수 있는 바와 같이, 현행 ≪한글 맞춤법≫은 모두 6장으로 이루어져 있는 본문과 문장 부호의 쓰임에 대해 다루고 있는 [부록]으로 구성되어 있다.

우선, 각 장의 내용을 개괄적으로 제시하면 다음과 같다.

'제1장'은 '총칙'으로, 한글 맞춤법의 대원칙과 함께 띄어쓰기 및 외래어

표기의 원칙에 대해 규정하고 있는 부분이다. 제2장은 한글 자모(字母), 곧 국어의 표기를 위하여 고안된 음소 문자(phonetic writing system)인 한글 자모의 수와 순서 및 명칭을 규정하고 있는 부분이며, 제3장은 국어의 된소리, 구개음화, 자음 중화 등 국어의 말소리 또는 음성 변화와 관련된 표기 규정을 제시하고 있는 부분이다. 제4장은 언어의 단위 가운데 일정한 의미를 지니고 있는 문법 단위로서, 가장 최소의 단위라고 할 수 있는 형태소들 간의 결합 관계에 대한 규정을 제시하고 있는 부분이다. 다음으로, 제5장은 문자 사용의 효율성과 경제성을 위한 조항으로서, 띄어쓰기의 원칙을 밝히고 있는 부분이며, 제6장은 하나의 통일된 체계 내에서 다루기 어려운 개별 형태나 특수한 발음과 관련되는 표기 문제를 규정하고 있는 부분이다. 마지막으로, [부록]에서는 다양한 문장 부호의 쓰임에 대해 제시한 부분이라고 할 것이다.

본 장의 나머지 절에서 다루게 될 내용들은 제1장 '총칙'에서부터 제6장 '그 밖의 것' 및 [부록]에 제시된 각각의 규정들을 상세히 분석하는 작업이 될 것인데 다만, '제5장'의 '띄어쓰기'와 [부록]의 '문장부호'는 본 장에서 다루지 않고 각각 장을 달리하여 기술하기로 한다.

가갸날

한용운

아아 가갸날[2]
참되고 어질고 아름다와요
축일(祝日), 제일(祭日)
데이, 시이즌 위에
가갸날이 났어요, 가갸날.
끝없는 바다에 솟아오르는 해처럼
힘 있고 빛나고 뚜렷한 가갸날.

데이보다 읽기 좋고 시이즌보다 알기 쉬워요
입으로 젖꼭지를 물고 손으로 젖꼭지를 만지는 어여쁜 아기도 일러 줄
수 있어요.
아무 것도 배우지 못한 계집 사내도 가르쳐 줄 수 있어요
가갸로 말을 하고 글을 쓰셔요
혀끝에서 물결이 솟고 붓 아래에 꽃이 피어요

그 속엔 우리의 향기로운 목숨이 살아 움직입니다.
그 속엔 낯익은 사랑의 실마리가 풀리면서 감겨 있어요
굳세게 생각하고 아름답게 노래하여요
검이여 우리는 서슴지 않고 소리쳐 가갸날을 자랑하겠습니다
검이여 가갸날로 검의 가장 좋은 날을 삼아주세요
온 누리의 모든 사람으로 가갸날을 노래하게 하여 주세요
가갸날, 오오 가갸날이여.

---

2) 한글학회의 전신인 조선어학회에서 ≪세종실록≫ 권 113의 "세종 28년 9월에 훈민정음이 이
  루어지다."란 기록을 좇아 이 달의 끝 날인 음력 9월 29일을 '훈민정음 반포일'로 삼기로 하고,
  훈민정음 반포 8회갑(480돌)을 맞이한 1926년 11월 4일(음력 9월 29일)을 '가갸날'이라는 명
  칭하에 그 첫 기념식을 가졌다. 이에 대한 신문 기사를 읽고 만해가 쓴 시이다.

2. ≪한글 맞춤법≫의 대원칙

2.1. 표음주의와 형태음소주의

≪한글 맞춤법≫의 원칙을 파악하기 위해서는 제1장 총칙에 제시되고 있는 세 가지 항들을 분석할 필요가 있다. 먼저 총칙의 내용을 제시하면 다음과 같다.

> **제1장 총칙**
> 제1항 ≪한글 맞춤법≫은 표준어를 소리대로 적되, 어법에 맞도록 함을 원칙으로 한다.
> 제2항 문장의 각 단어는 띄어 씀을 원칙으로 한다.
> 제3항 외래어는 '외래어 표기법'에 따라 적는다.

≪한글 맞춤법≫ 총칙 제1항은 맞춤법의 대원칙을 정한 것으로, '표준어를 소리대로 적는다'라는 근본 원칙에 '어법에 맞도록 한다'는 조건을 담고 있다.

우선, 표준어를 소리대로 적는다는 것은 표준어의 발음 형태대로 적는다는 의미인데, 이를 이해하기 위해서는 '한글'의 문자로서의 특성에 대해 먼저 주목할 필요가 있다.

인간이 사용하는 시각적 의사전달 체계인 문자는 그 표시 대상이 어떤 언어 단위인가에 따라 크게 세 가지 유형으로 나눌 수 있다. 한 개의 문자가 표시하는 대상이 한 단어에 해당하는 문자인 단어문자(單語文字), 하나의 문자가 단어가 아니라 단어를 구성하는 요소인 음절을 표시하는 문자인 음절문자(音節文字), 문자 하나하나가 자음이나 모음과 같은 음소를 나타내는

문자인 음소문자(音素文字)가 그것이다. 주지하는 바와 같이, 단어문자로는 중국의 한자가, 음절문자로는 일본의 가나(かな)가, 음소문자로는 로마자나 우리의 문자인 한글이 각각 해당된다.

맞춤법이란 주로 음소문자에 의한 표기 방식을 이른다. 한글은 표음 문자(表音文字)이며 음소문자이다. 따라서 표준어를 소리대로 표기한다는 것은 음소문자인 한글을 가지고 자음과 모음의 결합에 의해 음절을 구성하는 방식으로 표기한다는 것이다. 예컨대,

(2) 하늘   해   달   뜨다   지다

등은 표준어를 소리 나는 대로 적는 형식이다. 여기에서 말하는 '소리대로'라는 표기 방식을 일컬어 '표음주의'(表音主義)라고 하는바, 일단 우리의 맞춤법은 '표음주의'를 택하고 있다고 보면 된다.

그런데 표음주의 원칙, 곧 표준어를 소리대로 적는다는 원칙만을 적용하기 어려운 경우도 있다. 예컨대, '꽃[花]'이란 단어는 그 발음 형태가 몇 가지로 나타난다.

(3) ㄱ. [꼬ㅊ] : 꽃이 [꼬치]   꽃을 [꼬츨]   꽃에 [꼬체]
     ㄴ. [꼰] : 꽃나무 [꼰나무]   꽃놀이 [꼰노리]   꽃망울 [꼰망울]
     ㄷ. [꼳] : 꽃과 [꼳꽈]   꽃다발[꼳따발]   꽃밭 [꼳빧]

위의 예를 통하여 알 수 있는 것처럼, '꽃[花]'이란 단어는 그 음운론적 환경에 따라 [꽃~꼰~꼳]으로 교체되어 각기 다른 방식으로 소리가 나게 된다. 만일, 이것을 소리대로 적는다면 그 뜻이 얼른 파악되지 않고, 따라서 독서의 능률이 크게 저하된다. 그리하여 어법에 맞도록 한다는 또 하나의 원칙이 붙은 것이다.

어법(語法)이란 언어 조직의 법칙, 또는 언어 운용의 법칙이라고 풀이된다. 어법에 맞도록 한다는 것은, 결국 뜻을 파악하기 쉽도록 하기 위하여 각 형태소의 본 모양을 밝히어 적는다는 말이다. '꽃'의 경우에 있어서도 그 소리는 [꽃~꼰~꼳] 등의 세 가지로 나더라도, 이 소리들 가운데 하나를 형태소의 원형이라고 보고 그 원형을 밝혀 표기한다는 것인데, 이때에는 [꽃]을 원형으로 삼았다고 보면 된다. 이와 같은 의미에서의 형태소의 원형을 전문적인 용어로는 형태음소(morpho-phoneme)라고 한다. 따라서 '어법에 맞도록 표기한다'는 것은 현행 한글 맞춤법이 '음소주의' 외에 '형태음소주의' 표기법을 또 하나의 원칙으로 삼고 있음을 의미한다.

그렇다면, 음소주의와 형태음소주의라는 두 가지 대립되는 표기 원칙 가운데 현행 ≪한글 맞춤법≫을 주도하는 것은 무엇일까? 민현식(1999)에 따르면, 표음주의와 형태음소주의3)는 국어 표기사에서 다양하게 대립과 조화를 이루어 왔지만, 표음주의의 흐름 속에서도 겹받침의 유지, 분철법의 꾸준한 발달을 통해 전반적으로 표의주의가 신장되어 오다가, 오늘날에 이르러서는 형태음소주의가 맞춤법을 완전히 주도하고 있다고 보고 있다. 결론적으로, ≪한글 맞춤법≫ 총칙 제1항에서 제시하고 있는 맞춤법의 대원칙은 '음소 문자인 한글의 특성에 맞게 표준어를 발음 나는 대로 적되, 형태소의 원형을 최대한으로 밝혀 적는다'라고 보면 될 것이다.

2.2. 단어 단위의 띄어쓰기

문자 사용의 경제성과 효율성을 위해서는 우리가 사용하는 문장들을 적

---

3) 민현식(1999)에서는 '형태음소주의' 대신 '형태주의'라는 용어를 쓰고 있으나, '형태소의 원형'이라는 의미를 담기에는 '형태음소'가 보다 타당하다고 판단되므로 이 용어로 대체하기로 한다.

절한 단위로 띄어 써야 한다. 예컨대, '오늘밤나무사온다.'와 같은 문장을 띄어 쓰지 않고 붙여 쓴다면, 이 문장은 다음과 같은 여러 가지 의미를 가진 문장으로 해석될 가능성을 갖게 된다.[4]

    (4) ㄱ. 오늘밤 나 무사 온다.
         ㄴ. 오늘밤 나무 사 온다.
         ㄷ. 오늘밤 나 무 사 온다.
         ㄹ. 오늘 밤나무 사 온다.
         ㅁ. 오늘 밤 나무 사 온다.
         ㅂ. 오, 늘 밤나무 사 온다.
         ㅅ. 오, 늘 밤 나무 사 온다.
         ㅇ. 오늘밤 나무사(나무야)[5] 온다.

위의 예에서와 같이, 문장을 적절한 단위로 띄어 쓰지 않음으로써 의미의 중의성을 야기하는 것은 글을 쓰는 이의 생각과 의도를 효과적으로 전달하지 못하게 된다는 문제를 안게 된다. 따라서 문장을 적절한 단위로 띄어 써야 할 필요성이 있는 것이다.

문제는 글을 띄어 쓴다고 할 경우, 어떻게 띄어 쓸 것인가 하는 것이다. 띄어쓰기의 단위로 고려될 수 있는 대상으로는 형태소, 단어, 구, 문장 등의 문법 단위를 생각해 볼 수 있다. 그러나 문장이나 구는 위의 예문에서와 같은 의미의 중의성을 야기할 수 있다는 문제점이 있으며, 형태소의 경우 역시, 예컨대 '온다'의 경우, '오ㄴ다'와 같은 방식으로 표기하도록 함으로써 그 효율성을 떨어뜨린다는 문제점을 갖게 된다. 따라서 우리가 취할 수 있는 가장 효과적인 방법은 단어를 띄어쓰기의 단위로 잡는 것이라고 할 수

---

4) 이희승·안병희(1994 : 24) 참조.
5) '나무사'의 '−사'는 '−ᅀᅡ > −사'의 변화를 겪은 형태로, 강조의 뜻을 나타내는 보조사 '−야'의 비표준 변이형이다.

있다.

한 개의 단어는 적어도 각각 한 개의 독립된 개념을 지니고 있으므로, 글은 단어를 단위로 써 놓아야 얼핏 보아도 그 개념을 파악하기 쉽고, 글을 읽는 데도 능률을 기할 수 있게 된다. 다만, 우리말의 조사는 하나의 단어로 다루어지고 있긴 하지만, 그 자체로는 독립된 의미를 지니지 못하고, 문법상의 직능, 즉 문장 구성상의 관계를 맺는 능력만을 나타내므로 따로 띄어 쓰지 않고, 그 앞에 오는 실질적 의미를 지닌 단어에 붙여 쓰는 것이다.

이와 같은 띄어쓰기 규정에 대해서는 ≪한글 맞춤법≫ '제5장'에서 제시하고 있어서, 본래는 여기에서 다루어야 할 것이나 우리의 국어생활에서 차지하는 띄어쓰기의 비중이 상당히 크다는 것을 감안하여 다음 장에서 자세히 다루기로 한다.

2.3. 외래어 표기법에 의한 표기

외래어란 '외국으로부터 들어온 말이 국어에 파고들어 익히 쓰이는 말, 곧 국어화한 외국어'를 말한다. 여기에서 국어화란 말은 국어의 제반 언어 규칙을 따르고, 언중이 그것을 국어로 인식함을 의미한다.

이러한 외래어의 표기에서는 각 언어가 지닌 특질이 고려되어야 하므로, ≪외래어 표기법≫(1986년 1월 7일 문교부 고시)을 따로 정하여 표기의 기본 원칙 및 표기 일람 등을 제시하고 있다. 이에 대해서는 6장에서 자세히 다루기로 하겠다.

3. ≪한글 맞춤법≫의 세부 규정

3.1. 제2장 자모

앞에서 설명한 것처럼, 현행 ≪한글 맞춤법≫ 제2장 자모에서는 한글 자모의 수와 순서 및 그 명칭을 제시하고 있다. 우선, 제2장의 규정부터 살펴보면 다음과 같다.

> **제4항** 한글 자모의 수는 스물넉 자로 하고, 그 순서와 이름은 다음과 같이 정한다.
>
> ㄱ(기역) ㄴ(니은) ㄷ(디귿) ㄹ(리을) ㅁ(미음) ㅂ(비읍)
> ㅅ(시옷) ㅇ(이응) ㅈ(지읒) ㅊ(치읓) ㅋ(키읔) ㅌ(티읕)
> ㅍ(피읖) ㅎ(히읗)
> ㅏ(아) ㅑ(야) ㅓ(어) ㅕ(여) ㅗ(오) ㅛ(요)
> ㅜ(우) ㅠ(유) ㅡ(으) ㅣ(이)
>
> **[붙임 1]** 위의 자모로써 적을 수 없는 소리는 두 개 이상의 자모를 어울러서 적되, 그 순서와 이름은 다음과 같이 정한다.
> ㄲ(쌍기역) ㄸ(쌍디귿) ㅃ(쌍비읍) ㅆ(쌍시옷) ㅉ(쌍지읒)
> ㅐ(애) ㅒ(얘) ㅔ(에) ㅖ(예) ㅘ(와)
> ㅙ(왜) ㅚ(외) ㅝ(워) ㅞ(웨) ㅟ(위)
> ㅢ(의)
>
> **[붙임 2]** 사전에 올릴 적의 자모 순서는 다음과 같이 정한다.
> 자음 ㄱ ㄲ ㄴ ㄷ ㄸ ㄹ ㅁ ㅂ ㅃ ㅅ ㅆ ㅈ ㅉ ㅊ ㅋ ㅌ ㅍ ㅎ
> 모음 ㅏ ㅐ ㅑ ㅒ ㅓ ㅔ ㅕ ㅖ ㅗ ㅘ ㅙ ㅚ ㅛ ㅜ ㅝ ㅞ ㅟ ㅠ
> ㅡ ㅢ ㅣ

제2장에서 다루고 있는 '자모'(字母, alphabet)란 앞에서 설명한 문자의 세

가지 유형 가운데 바로 한글과 같은 음소문자의 글자 하나하나를 가리키는
말이다. 따라서 자모라는 용어는 단어문자나 음절문자에 대해서는 사용하
지 않으며, 또 흔히들 생각하듯이 말소리로서 자음과 모음을 아우르는 용어
도 아니다.

제4항에서 규정하고 있는 대로, 오늘날 한글의 자모는 스물넉 자, 곧 자
음을 표기하는 데 사용하는 자모 14자와 모음을 표기하는 데 사용하는 자
모 10자로 이루어져 있다. 이와 같은 한글 자모의 숫자는 한글, 곧 훈민정
음의 창제 당시에는 스물여덟 자였다는 사실에 비추어 본다면 역사적인 변
천과 더불어 네 개의 자모가 소실되었음을 알 수 있다.6)

여기에서 규정하고 있는 한글 자모의 수와 차례 및 명칭은 ≪통일안≫의
그것과도 차이가 없는 것이어서 별다른 언급을 필요로 하지는 않는 것으로
보인다. 다만, 국어 사용자들 가운데는 'ㄱ, ㄷ, ㅅ'의 명칭을 다음과 같이
'기윽, 디은, 시읏'으로 잘못 쓰는 경우가 흔히 발견되므로 이에 대해서는
약간의 언급을 필요로 한다.

> (5) ㄱ. *<u>기윽</u>7) 자로 꺾이는 곳에서 일사분란하게 꺾이며 몰려드는 여
>   학생들.
>   ㄴ. 여자친구는 "아, *<u>디은</u> 자로 시작하는 말 있잖아!!"라고 말했답
>   니다.
>   ㄷ. 나뭇가지가 *<u>시읏</u> 자로 갈라졌다.

위의 예에서 발견되는 '*기윽, *디은, *시읏'과 같은 오류는 'ㄱ, ㄷ, ㅅ'을
제외한 나머지 자모들의 명칭이 '니은, 리을, 미음……' 등처럼 둘째 음절의
구조가 '으+자음'으로 이루어져 있다는 사실에 유추한 것이라고 할 수 있

---

6) 소실된 자모는 'ㆍ, ㆁ, ㆆ, ㅿ' 등 네 개다.
7) '*'는 일반적인 용법 그대로 비적격 형태 또는 문법에 어긋나는 비문을 의미한다. 따라서
   본서의 '용례'에 나타나는 모든 '*'는 그러한 의미로 해석하면 된다.

다. 그와 같은 유추는 기억의 부담을 줄일 수 있다는 점에서 장점이 될 수도 있으나, 'ㄱ, ㄷ, ㅅ'의 명칭을 '기역, 디귿, 시옷'이라고 해 온 오랜 관용을 무너뜨리는 것이라는 점 때문에 규범으로 삼지는 않았다.[8]

한편, 제4항의 [붙임 1]에서는 스물넉 자의 한글 자모만으로는 적을 수 없는 국어음을 적기 위해서는 둘 혹은 세 개의 자모를 아울러서 만든 글자를 사용하도록 규정하고 있다. 이는 전통적으로 병서자(竝書字)라고 해 오던 것들로, 'ㄲ, ㄸ, ㅃ, ㅆ, ㅉ' 등 된소리를 표기하는 데 사용하는 5개의 글자와 모음을 표기하는 데 사용하는 11개의 글자이다. 이와 같은 기술에 따르면, 결국 국어를 표기하는 데 사용되는 한글 자모는 그 숫자가 40개에 달한다고 할 수 있다. 그러나 앞에서 제시한 스물넉 자의 단일 자모 외에 나머지 16개의 병서자는 같은 글자를 겹쳐 쓰거나 서로 다른 글자들을 합하여 쓰는 운용상의 자모라고 보아 자모의 숫자에 포함시키지 않았다는 사실을 알아둘 필요가 있다.

또한, [붙임 2]는 사전에 올릴 경우의 자모의 순서를 배열해 놓은 것인데, 여기에는 겹받침 글자의 순서를 정해 놓지 않았다는 문제가 있다 이를 보완하여 그 순서를 재배열하면 다음과 같다.

(6) ㄱ ㄲ ㄳ ㄴ ㄵ ㄶ ㄷ ㄸ ㄹ ㄺ ㄻ ㄼ ㄽ ㄾ ㄿ ㅀ
     ㅁ ㅂ ㅃ ㅄ ㅅ ㅆ ㅈ ㅉ ㅊ ㅋ ㅌ ㅍ ㅎ

이에 따르면, 국어의 겹받침을 표기하는 데 사용하는 글자는 모두 11자임을 알 수 있다. 결과적으로 국어를 표기하는 데 사용하는 운용상의 자모의 수는 앞에서 제시한 16자 외에 11자를 더한 27자라고 할 것이다.

---

8) 그러나 북한의 현행 어문 규범집인 《조선말 규범집》에서는 'ㄱ, ㄷ, ㅅ'의 명칭을 '기윽, 디읃, 시읏'으로 규정해 놓고 있다는 점에서, 남북한 간에 자모 명칭의 차이를 보인다.

3.2. 제3장 소리에 관한 것

3.2.1. 된소리

1) 용례

① 원더걸스 시절 *이따끔 랩 실력을 보여줬던 현아가 상상치 못했던 파워풀한 모습과 실력으로 대중을 놀라게 했다.

② 아직 밀물이 들어오지 않은 표선해수욕장은 막 잠에서 깬 맨 얼굴의 여인처럼 *해슥하다.

③ 그러나 나는 영어가 *잔득 적힌 티셔츠를 입고 스타벅스 커피를 좋아한다.

④ SH공사가 올해 공급하는 시프트의 가격을 주변 시세의 80%보다 *휠신 낮은 수준에서 결정할 것으로 보입니다.

⑤ 그런데 점심을 먹은 아들이 *갑짜기 배탈 나는 바람에 가까운 광주로 방향을 돌렸다.

⑥ 철부지 아가씨 '진빨강'(최정원 분)이 부모님이 사고로 돌아가신 후 동생들을 보살피겠다는 각오를 다지며 긴 머리를 *싹뚝 자르고 입양한 다섯 명의 동생들에게 엄마 같은 존재로 다시 태어난다

⑦ 왜 그때는 가만있다가 이제 와서야 *야단법썩을 떠는가? 이게 포스코 직원들의 첫째 불만이다.

⑧ 간편하게 전자레인지에 30초만 데우거나 끓는 물에 넣고 2분이면 바로 따끈한 밥에 감칠맛 나는 강된장을 *쓱삭 비벼 먹을 수 있다.

2) 규정

제5항 한 단어 안에서 뚜렷한 까닭 없이 나는 된소리는 다음 음절의 첫소리를 된소리로 적는다.

1. 두 모음 사이에서 나는 된소리

소쩍새　　　어깨　　　오빠　　　으뜸　　　아끼다

> 기쁘다   깨끗하다   어떠하다   해쓱하다   가끔
> 거꾸로   부썩   어찌   이따금
> 2. 'ㄴ, ㄹ, ㅁ, ㅇ' 받침 뒤에서 나는 된소리
>   산뜻하다   잔뜩   살짝   훨씬   담뿍   움찔
>   몽땅   엉뚱하다
>
> 다만, 'ㄱ, ㅂ' 받침 뒤에서 나는 된소리는, 같은 음절이나 비슷한
> 음절이 겹쳐 나는 경우가 아니면 된소리로 적지 아니한다.
>   국수   깍두기   딱지   색시   싹둑   법석
>   갑자기   몹시

3) 해설

국어 단어 또는 형태소들 가운데는 뚜렷한 까닭 없이 나는 된소리, 곧 발음상 경음화의 규칙성이 적용되는 조건이 아닌 상황에서 경음이 실현되는 것들이 있다. ≪한글 맞춤법≫ 제5항은 바로 그와 같은 경음, 곧 된소리의 표기에 대한 규정을 제시하고 있는 부분이다.

한 단어 안에서 경음화의 규칙성이 적용되는 조건이 아닌 상황에서 경음이 실현되는 경우는 세 가지로 나누어 볼 수 있다. 그 하나는 두 모음 사이에서 나는 된소리이고, 다른 하나는 'ㄴ, ㄹ, ㅁ, ㅇ'[9] 같은 받침 뒤에서 나는 된소리이며, 마지막 세 번째는 'ㄱ, ㅂ' 받침 뒤에서 나는 된소리이다.

두 모음 사이에서 나는 된소리를 보여주는 단어의 예로는 '꾀꼬리, 메뚜기, 부뚜막, 부썩, 부쩍, 새끼, 소쩍새, 어깨, 오빠, 으뜸, 이따금, 자꾸, 해쓱하다' 등이 있다. 이와 같은 단어들은 그 자체가 모음 사이에서 된소리를

---

9) 이 책에서는 한글 자모와 말소리, 곧 자음과 모음과 같은 음소를 구별하여 읽기로 한다. 따라서 'ㄱ, ㄴ, ㄷ……'을 읽는 경우, 자모로 읽는 경우는 '기역, 니은, 디귿……' 등으로, 말소리로 읽는 경우는 '그, 느, 드……' 등으로 읽는다.

보여주는 형태소로 구성된 단어에 속하는바, 된소리를 그대로 표기에 반영해 줄 필요가 있다. 그럼에도 불구하고, 일반 언중들의 경우, 된소리를 잘못 반영하여 평음으로 적거나, 평음으로 적어야 할 단어를 된소리로 적는 경우가 적지 않다. 위의 용례들 가운데 ①, ②의 '*이따끔', '*해슥하다'가 그러한 예에 속하는바, '*이따끔'은 '이따금'으로, '*해슥하다'는 '해쓱하다'10)로 적어야 올바른 표기이다.

모음이 아닌 공명자음, 즉 'ㄴ, ㄹ, ㅁ, ㅇ' 같은 받침 뒤에서 그 기저형이 된소리로 실현되는 단어의 예들로서는 '산뜻하다, 잔뜩, 번쩍, 살짝, 훨씬, 움찔, 듬뿍, 함빡, 몽땅, 뭉뚱그리다' 등이 있다. 이와 같은 단어들 역시 두 모음 사이에서 된소리를 보여주는 단어들과 마찬가지로 기저에서부터 된소리가 실현되는 모습을 보이는바, 이를 평음으로 적지 않고, 된소리로 적어야 한다. 따라서 용례 ③, ④의 '*잔득, *훨신'은 '잔뜩, 훨씬'으로 표기해야 하는 것이다.

한편, 'ㄱ, ㅂ' 받침 뒤에서 된소리를 보여주는 단어의 예로는 '깍두기, 딱지, 싹둑(−싹독), 법석, 갑자기' 등이 있는데, 이들 단어는 표기에서 된소리를 반영하지 않음이 특징이다. 그 대신 '똑똑(−하다), 쌈쌀(−하다), 씁쓸(−하다), 쓱싹'과 같이 동일한 음절이나 비슷한 음절이 거듭나는 경우에는 된소리로 적어야 한다. 따라서 '깍두기, 딱지, 싹둑(−싹독), 법석, 갑자기' 등처럼 같은 음절이나 비슷한 음절이 거듭나는 경우가 아닐 때에는 된소리로 표기해서는 안 된다. 위의 용례 ⑤~⑧에서 사용된 '*갑짜기, (야단)*법썩, *싹뚝, *쓱삭'이 바로 그러한 예들로, 앞의 세 단어는 각각 '갑자기, 법석, 싹둑'으로, 맨 마지막의 '*쓱삭'은 '쓱싹'으로 적어야 한다.

---

10) 북한의 경우, '해쓱하다' 대신 '해슥하다'를 표준어로 채택하고 있어, 남북한의 차이를 보인다.

3.2.2. 모음

1) 용례

① 사진 앞쪽으로 길게 서 있는 나무가 *게수나무인데 아직 자리를 못 잡은 듯 잎이 듬성듬성 나 있다.
② 돌이켜 보면 회사 일이 바쁘다는 *핑게로 얼굴을 보는 것조차 기억이 없을 정도로 무심했던 것 같다.
③ 학위 수여식을 마친 졸업생들이 *휴게실에서 학사모와 꽃다발을 탁자 위에 놓고 갈증이 나는 듯 물을 마시고 있다
④ 이와 관련해 박준범은 "*본이 아니게 3학년 전체가 피해를 보는 것 같아서 미안하다."며 아쉬워하며 드래프트에 앞서 현장을 떠났다
⑤ 민요 하면 '*닐리리야' 하고 구성진 가락이 먼저 떠오른다.
⑥ 영어의 관사 용법은 우리말의 *띠어쓰기처럼 까다롭다고 할 수 있다.

2) 규정

제8항 '계, 례, 몌, 폐, 혜'의 'ㅖ'는 'ㅔ'로 소리 나는 경우가 있더라도 'ㅖ'로 적는다(ㄱ을 취하고, ㄴ을 버림).

ㄱ	ㄴ	ㄱ	ㄴ
계수(桂樹)	게수	혜택(惠澤)	헤택
사례(謝禮)	사레	계집	게집
연몌(連袂)	연메	핑계	핑게
폐품(廢品)	페품		

다만, 다음 말은 본음대로 적는다.

게송(偈頌)   게시판(揭示板)   휴게실(休憩室)

제9항 '의'나, 자음을 첫소리로 가지고 있는 음절의 'ㅢ'는 'ㅣ'

로 소리 나는 경우가 있더라도 'ㅢ'로 적는다(ㄱ을 취하고, ㄴ
을 버림).

ㄱ	ㄴ
의의(意義)	의이
본의(本義)	본이
무늬[紋]	무니
보늬	보니
오늬	오니
하늬바람	하니바람
닁리리	닐리리
닁큼	닝큼
띄어쓰기	띠어쓰기
씌어	씨어
틔어	티어
희망(希望)	히망
희다	히다
유희(遊戱)	유히

3) 해설

국어 모음들 가운데 몇몇 이중모음들은 제 음가대로 발음되지 못하고, 단모음으로 발음되는 경우가 종종 있다. ≪한글 맞춤법≫ 제8항과 제9항은 이와 같은 이중모음의 단모음화 현상과 관련하여 원래의 이중모음 그대로 발음되지 않는 경우가 있더라도 형태소의 원형을 밝혀 이중모음으로 적도록 하고 있는바, 제8항에서는 'ㅖ'의 표기에 대해, 제9항에서는 'ㅢ'의 표기 문제에 대해 다루고 있다.

후술하게 되는 바와 같이, 현행 ≪표준어 규정≫에 제시된 '표준 발음법 제5항'에 따르면, 이중모음 'ㅖ'는 음절두음(音節頭音, onset)의 유무에 따라 두 가지로 발음이 가능하다. '예의'(禮意)의 '예'와 같이 음절두음이 없는 경우에는 이중모음 [ㅖ]로 발음해야 하지만, '계수(桂樹), 사례(謝禮), 계집' 등과 같이 음절두음이 있는 경우에는 단모음 [ㅔ]로 발음할 수 있는 것이다. 그러나 이와 같은 발음과는 무관하게 실제 표기에 있어서는 'ㅖ'를 그대로 표기에 반영해야 한다. 따라서 용례 ①, ②의 '게수나무', '핑게'는 각각 '계수나무', '핑계'로 적어야 하는 것이다. 다만, 여기에는 예외가 있어, 한자 '偈, 揭, 憩'는 본음을 'ㅖ'가 아닌 'ㅔ'로 보기 때문에 '偈頌, 揭示板, 休憩室' 같은 단어의 경우 각각 '게송, 게시판, 휴게실'로 적어야 한다. 용례 ③의 '*휴계실'을 '휴게실'로 바로잡아야 하는 이유가 바로 그것이다.

한편, 이중모음 'ㅢ'는 그 발음이 상당히 복잡하여[11] 비어두 위치나 음절두음이 있는 경우에는 이중모음 [ㅢ]가 아닌 단모음 [ㅣ]로 소리 나는 것이 현실적인 발음이다. 그러나 이와 같은 단모음화 현상을 표기에 반영하지 않는다는 것이 제9항의 규정인바, 용례 ④~⑥의 '*본이, *닐리리야, *띠어쓰기'는 각각 '본의(本義), 닐리리야, 띠어쓰기'로 적어야 한다.

3.2.3. 두음 법칙

1) 용례

> ① 입력 및 조회 작업을 하실 경우에는 해당 *<u>년도</u>와 학기를 입력하신 후 확인을 click합니다.
> ② *<u>회계년도</u>란 세입과 세출을 구분하여 경리함으로써 그 관계를 명확히 하는 기간을 의미하며 1년을 단위로 하는 것이 통례이다.
> ③ 이 악보의 [A]와 [A′], 그리고[A″]를 살펴보면, 세 곳 모두 *<u>선률</u>과 리듬이 똑같은 형태로 반복되고 있다

---

11) 이에 대해서는 '표준 발음법 제5항 다만 3, 4' 참조.

④ 학생부 성적을 반영할 때 전 과목 석차 *<u>백분률</u>을 적용하고 등
   급도 30등급으로 나눠 점수에서 최고 59.4점까지 차이가 나기
   때문에 학생부 성적이 나쁜 특목고, 비평준화고 학생들은 수능
   점수가 최상위라도 떨어질 수 있다.
⑤ 신문의 *<u>가십란</u>이나 3류 주간지에서 봄 직한 해프닝이 일간지
   들의 정치면 대부분을 차지하고서도 모자라 일면 머리기사에까
   지 뽑혀진 대목에서는 할 말을 잃게 만든다
⑥ *<u>경노석</u>에 앉은 채로 노인의 시선 공격을 받더라도 절대 물러
   서는 일이 없다. 일명 '무시'(無視). 이 레벨의 아줌마는 절대로
   비홀더나 바질리스크 등의 시선 공격에 영향을 받지 않는다.
⑦ 편찮은 <u>상노인</u>께 자식으로서 효도를 한다는 게 고작 쌀미음(쌀
   로만 끓인 죽, 통미음과 비슷한 말)에 깨소금(깨를 볶아 소금과
   섞어 찧은 양념) 반찬이었다.

2) 규정

제10항 한자음 '녀, 뇨, 뉴, 니'가 단어 첫머리에 올 적에는 두음 법
칙에 따라 '여, 요, 유, 이'로 적는다(ㄱ을 취하고, ㄴ을 버림).

ㄱ	ㄴ	ㄱ	ㄴ
여자(女子)	녀자	유대(紐帶)	유대
연세(年歲)	년세	이토(泥土)	니토
요소(尿素)	뇨소	익명(匿名)	익명

다만, 다음과 같은 의존 명사에서는 '냐, 녀' 음을 인정한다.

냥(兩)	냥쭝(兩-)	년(年)(몇 년)

[붙임 1] 단어의 첫머리 이외의 경우에는 본음대로 적는다.

남녀(男女)	당뇨(糖尿)	결뉴(結紐)	은닉(隱匿)

[붙임 2] 접두사처럼 쓰이는 한자가 붙어서 된 말이나 합성어에
   서, 뒷말의 첫소리가 'ㄴ' 소리로 나더라도 두음 법칙에 따라
   적는다.

신여성(新女性)	공염불(空念佛)	남존여비(男尊女卑)

[붙임 3] 둘 이상의 단어로 이루어진 고유 명사를 붙여 쓰는 경
    우에도 [붙임 2]에 준하여 적는다.
    한국여자대학   대한요소비료회사

제11항 한자음 '랴, 려, 례, 료, 류, 리'가 단어의 첫머리에 올 적에
    는 두음 법칙에 따라 '야, 여, 예, 요, 유, 이'로 적는다(ㄱ을 취하
    고, ㄴ을 버림).

ㄱ	ㄴ	ㄱ	ㄴ
양심(良心)	량심	용궁(龍宮)	룡궁
역사(歷史)	력사	유행(流行)	류행
예의(禮義)	례의	이발(理髮)	리발

다만, 다음과 같은 의존 명사는 본음대로 적는다.
    리(里) : 몇 리냐? 리(理) : 그럴 리가 없다.

[붙임 1] 단어의 첫머리 이외의 경우에는 본음대로 적는다.
    개량(改良)   선량(善良)   수력(水力)   협력(協力)
    사례(謝禮)   혼례(婚禮)   와룡(臥龍)   쌍룡(雙龍)
    하류(下流)   급류(急流)   도리(道理)   진리(眞理)

다만, 모음이나 'ㄴ' 받침 뒤에 이어지는 '렬, 률'은 '열, 율'로 적
    는다(ㄱ을 취하고, ㄴ을 버림).

ㄱ	ㄴ	ㄱ	ㄴ
나열(羅列)	나렬	분열(分裂)	분렬
치열(齒列)	치렬	선열(先烈)	선렬
비열(卑劣)	비렬	진열(陳列)	진렬
규율(規律)	규률	선율(旋律)	선률
비율(比率)	비률	전율(戰慄)	전률
실패율(失敗率)	실패률	백분율(百分率)	백분률

[붙임 2] 외자로 된 이름을 성에 붙여 쓸 경우에도 본음대로 적
    을 수 있다.
    신립(申砬)   최린(崔麟)   채륜(蔡倫)   하륜(河崙)

[붙임 3] 준말에서 본음으로 소리 나는 것은 본음대로 적는다.
    국련(국제연합)   대한교련(대한교육연합회)

[붙임 4] 접두사처럼 쓰이는 한자가 붙어서 된 말이나 합성어에
서 뒷말의 첫소리가 ‘ㄴ’ 또는 ‘ㄹ’ 소리로 나더라도 두음 법
칙에 따라 적는다.

역이용(逆利用)   연이율(年利率)

열역학(熱力學)   해외여행(海外旅行)

[붙임 5] 둘 이상의 단어로 이루어진 고유 명사를 붙여 쓰는 경우
나 십진법에 따라 쓰는 수(數)도 [붙임 4]에 준하여 적는다.

서울여관   신흥이발관   육천육백육십육(六千六百六十六)

제12항 한자음 ‘라, 래, 로, 뢰, 루, 르’가 단어의 첫머리에 올 적에
는 두음 법칙에 따라 ‘나, 내, 노, 뇌, 누, 느’로 적는다(ㄱ을 취하
고, ㄴ을 버림).

ㄱ	ㄴ	ㄱ	ㄴ
낙원(樂園)	락원	뇌성(雷聲)	뢰성
내일(來日)	래일	누각(樓閣)	루각
노인(老人)	로인	능묘(陵墓)	릉묘

[붙임 1] 단어의 첫머리 이외의 경우에는 본음대로 적는다.

쾌락(快樂)	극락(極樂)	거래(去來)	왕래(往來)
부로(父老)	연로(年老)	지뢰(地雷)	낙뢰(落雷)
고루(高樓)	광한루(廣寒樓)	동구릉(東九陵)	
가정란(家庭欄)			

[붙임 2] 접두사처럼 쓰이는 한자가 붙어서 된 단어는 뒷말을 두
음 법칙에 따라 적는다.

내내월(來來月)   상노인(上老人)

중노동(重勞動)   비논리적(非論理的)

3) 해설

우리말에는 단어 첫머리에 자음이 둘 이상 연이어 나오는 자음군(子音群,
consonant cluster)이 올 수 없고, ‘ㅇ[ŋ]’이나 ‘ㄹ’가 올 수 없으며 ‘ㅣ’나 ‘j’계

이중모음, 곧 '야, 여, 요, 유' 앞에 'ㄴ'가 올 수 없다는 제약이 있다. 이러한 제약으로 인해 국어는 역사적으로 또는 공시적으로 어두 위치에 자음군, 'ㅇ'과 'ㄹ', 위에서 언급한 환경에서의 'ㄴ'가 놓이면 그것들을 발음하기 쉽게 바꾸어 왔는데,[12] 이러한 음운 과정을 일컬어 두음 법칙이라고 한다. ≪한글 맞춤법≫ 제10항~제12항에서는 바로 이와 같은 국어의 두음 법칙과 관련된 표기 문제를 다루고 있는데, 현대국어 단계에서의 두음 법칙이란 고유어와 관련되는 것이라기보다는 주로 한자어와 관련이 있는바, 대부분의 규정이 한자음의 표기에 관한 것이다.

제10항은 한자음 '녀, 뇨, 뉴, 니'의 표기에 대한 규정이다. 즉, 이러한 한자음들은 'ㄴ'가 'ㅣ'나 'j'계 이중모음 '여, 요, 유' 앞에 놓이는 경우에 해당하므로, 어두 위치에서는 두음 법칙을 적용하여 'ㄴ'를 탈락시켜 표기해야 하는 것이다. '남녀(男女), 당뇨(糖尿), 결뉴(結紐), 은닉(隱匿)' 등의 예에서처럼, 비어두 위치에서는 '녀, 뇨, 뉴, 니' 등으로 실현되는 한자음이, '여성(女性), 요소(尿素), 유대(紐帶), 익명(匿名) 등과 같이, 어두 위치에서는 두음 법칙에 의해 'ㄴ'가 탈락하므로, 탈락하는 대로 표기해야 하는 것이다. 다음 예들 또한 그러한 사실을 예증하여 주고 있다.

(7) ㄱ. 소녀(少女)　　만년(晩年)　　배뇨(排尿)　　비구니(比丘尼)
　　　운니(雲泥)　　탐닉(耽溺)
　　ㄴ. 여성(女性)　　연도(年度)　　요도(尿道)　　이승(尼僧)　　이토(泥土)
　　　익사(溺死)

위의 예들을 보면, '女, 年, 尿, 尼, 溺' 등의 한자의 경우, (7ㄱ)처럼 비어두

---

12) 발음하기 쉽게 바꾸는 방법은 다음과 같은 세 가지 방법이 있다. 첫째, 그 자음을 탈락시킨다. 둘째, 그 자음을 다른 자음으로 바꾼다. 셋째, 그 자음의 앞이나 뒤에 모음을 끼워 넣는다.

위치에서는 본음 그대로 '녀, 년, 뇨, 니, 닉'으로 적지만, (7ㄴ)처럼 어두 위치에서는 두음 법칙을 적용하여 '여, 연, 유, 이, 익' 등으로 적고 있음을 알 수 있다. 용례 ①의 '*년도'를 '연도'로 표기해야 하는 이유도 바로 그와 같은 두음 법칙의 적용 때문이다.

이러한 환경에서의 두음 법칙은 [붙임 2]에 제시한 대로, 접두사처럼 쓰이는 한자가 붙어서 된 말이나 합성어에도 적용된다. 우선, 접두사처럼 쓰이는 한자가 붙어서 된 말이란 '신-여성'이나 '구-여성', '공-염불' 등과 같은 단어에서처럼, 접두사의 성격을 띠는 한자 '신'(新)이나 '구'(舊), '공'(空) 다음에서는 두음 법칙을 적용해야 한다는 것이다.

다음으로, 합성어에서 적용되는 두음 법칙은 '남존 ## 여비 → 남존여비'의 예에서처럼, 각각 독립적 성격을 띠는 단어끼리 결합하여 새로운 단어를 구성하는 합성어에서 후행어의 첫소리 또한 두음 법칙의 적용을 받아야 한다는 것이다. 용례 ②의 '*회계년도'를 '회계연도'로 적어야 하는 것도 바로 그러한 이유에서이다.

다만, 이러한 두음 법칙의 적용에는 제약이 있어서 의존명사로 쓰이는 '냥(兩), 냥쭝(兩-), 년(年)(몇 년)' 등은 그 앞의 말과 연결되어 하나의 단위를 구성하는 것이므로, 두음 법칙을 적용하지 않고 소리 나는 대로 적는다. 다음은 그 예이다.

(8) ㄱ. '냥'이란 1 돈의 10 배로, 10 돈을 1 냥으로 하고 16 냥이 1 근 (斤), 1 돈쭝은 3.7301g이다.
   ㄴ. 궤 안에 담긴 선물은 금 25 냥쭝과 백은 100 냥쭝 등 수없이 많았는데, 모두 값비싼 물건들이었다.
   ㄷ. 이러한 질병 패턴의 변화에도 불구하고 국내에 류마티스학이 소개된 지는 고작 10여 년에 불과하며 환자들을 위한 인력 및 전문 시설은 극히 미약하다고 할 수 있습니다.

위의 문장들에서 사용된 '냥(兩), 냥쭝(兩─), 년(年)'은 모두 의존명사로, 단위를 나타내는 데 쓰이는 것들인바, 두음 법칙이 적용되지 않고 있음을 알 수 있다.13) 의존명사에서 나타나는 두음 법칙의 제약은 '녀석(그 녀석), 년(괘씸한 년), 님(바느질 실 한 님), 닢(엽전 한 닢)' 등 일부 고유어에서도 그대로 적용된다.

한편, 앞에서 언급한 것처럼, 국어는 어두 위치에 'ㄹ'가 올 수 없다는 제약을 가지고 있는바, 제11항에서는 본음이 '랴, 려, 례, 료, 류, 리'인 한자가 어두 위치에 올 경우에는 두음 법칙에 따라 '야, 여, 예, 요, 유, 이'로 적는다는 규정이 제시되어 있다. 다음 예를 보자.

(9) ㄱ. 개량(改良)   선량(善良)   수력(水力)   협력(協力)
       사례(謝禮)   혼례(婚禮)   와룡(臥龍)   쌍룡(雙龍)
       하류(下流)   급류(急流)   도리(道理)   진리(眞理)
    ㄴ. 양심(良心)   양식(良識)   역동(力動)   역사(歷史)
       예의(禮義)   용루(龍淚)   유행(流行)   이발(理髮)

위의 예들 가운데 (9ㄱ)은 비어두 위치에서 본음 그대로 '랴, 려, 례, 료, 류, 리'로 발음되는 한자어의 예이고, (9ㄴ)은 어두 위치에서 '랴, 려, 례, 료, 류, 리'의 'ㄹ'가 탈락하여 '야, 여, 예, 요, 유, 이'로 실현되는 예이다.

그런데 한자음 '렬, 률'은 여타의 한자음들과는 달리, 비어두 위치에서도 두음 법칙의 적용을 받는 경우가 있다. 제11항의 '다만'에서 제시하고 있듯이, 모음이나 'ㄴ' 받침 뒤에 이어지는 '렬, 률'을 '열, 율'로 적는다는 것이 바로 그것이다.

우선, '렬, 률'을 본음으로 하는 한자 가운데 그 사용 빈도가 높은 한자의

---

13) 가령, '년'(年)이 '연 3 회'처럼 '한 해(동안)'란 뜻을 표시하는 경우에는 의존 명사가 아니므로, 두음 법칙이 적용된다.

목록을 제시해 보기로 한다.

(10) ㄱ. 렬 : 烈, 列, 裂, 劣
     ㄴ. 률 : 律, 率, 栗, 慄

이러한 한자들은 어두 위치에서는 물론, 모음이나 'ㄴ' 받침 뒤에 연결되는 경우에도 두음 법칙의 적용을 받는다는 점에서 다른 한자들과 구별되는데, 우선 두음 법칙이 적용된 한자어의 예들을 제시하면 다음과 같다.

(11) ㄱ. 의열(義烈), 치열(熾烈), 선열(先烈), 나열(羅列), 치열(齒列), 서열(序列) 분열(分列), 진열(陳列), 사분오열(四分五裂), 분열(分裂), 균열(龜裂), 비열(卑劣), 우열(優劣), 천열(賤劣)
     ㄴ. 규율(規律), 자율(自律), 비율(比率), 실패율(失敗率), 조율(棗栗), 백분율(百分率), 선율(旋律), 전율(戰慄)

위의 예에서 확인할 수 있는 것처럼, 한자음 '렬, 률'은 어두 위치 외에도 비어두 위치의 모음과 'ㄴ' 다음에서 두음 법칙의 적용을 받게 된다. 그러므로 앞에서 제시한 용례들 가운데 ③의 '*선률'과 ④의 '*백분률'은 각각 '선율'과 '백분율'로 고쳐 써야 한다.

한자음 '렬, 률'의 표기와 관련된 오류 가운데는 특히 '率'과 관련되는 것들이 많은데, 다음은 그러한 오류를 보여주는 전형적인 예들이다.

(12) ㄱ. 지난해 경제위기 탓에 노사가 합의한 협약임금 *<u>인상율</u>이 외환 위기 이후 가장 낮았던 것으로 나타났다.
     ㄴ. 임용고시도 과목마다 *<u>경쟁율</u>이 다르겠지만 힘들 겁니다.
     ㄷ. 선박 <u>건조율</u>, 스타크래프트 상위 랭킹 <u>점유율</u>, 초고속 인터넷 *<u>사용율</u>, 컴퓨터 *<u>보급율</u>, 인터넷 이용시간, TFD-LCD <u>점유율</u>, 제철 조강 생산량, 단일 원자력 발전소 *<u>이용율</u>, 휴대폰 보급

　　　*<u>성장율</u> 등등.
　ㄹ. 이는 사법고시(8%), 행정고시(8%) 등 다른 시험과 비교해도 월
　　　등히 낮은 *<u>합격율</u>로, 기술사 시험을 이공계의 변호사로 부르
　　　는 이유가 여기 있다.
　ㅁ. *<u>경감율</u>은 노인 세대의 경우 재산 가액에 따라, 장애인 세대의
　　　경우 장애 등급에 따라 10~30% 범위 내에서 달라진다.

위 문장들에서 사용되고 있는 '*인상율, *경쟁율, *사용율, *보급율, *이용율, *성장율, *합격율, *경감율'은 모두 두음 법칙이 잘못 적용된 예들이다. '건조율, 점유율'처럼 모음 다음이나 '백분율'과 같은 'ㄴ' 다음이 아니라면 본래의 한자음 그대로 '률'로 적어야 올바른 표기인 것이다.

'ㄹ'를 어두음으로 갖는 한자어에서 실현되는 두음 법칙의 적용은 제10항 [붙임 2]의 규정과 마찬가지로, 독립성이 있는 단어에 접두사처럼 쓰이는 한자어 형태소가 결합하여 된 단어나, 두 개 단어가 결합하여 된 합성어 또는 이에 준하는 구조의 경우, 뒤의 단어에는 두음 법칙이 적용된다([붙임 4]).[14] 다음이 그 예이다.

(14) 몰－이해(沒理解)　　과－인산(過燐酸)　　가－영수(假領收)
　　　등－용문(登龍門)　　불－이행(不履行)　　사－육신(死六臣)
　　　생－육신(生六臣)　　선－이자(先利子)　　소－연방(蘇聯邦)
　　　청－요리(淸料理)　　수학－여행(修學旅行)　낙화－유수(落花流水)
　　　무실－역행(務實力行)　시조－유취(時調類聚)

또한, [붙임 5]에 제시하고 있는 것처럼, '육천육백육십육'(六千六百六十六)이나 '육육삼십육'(6×6=36) 같은 형식도, 둘 이상의 단어가 결합하여 구성된 합성어로 보고 두음 법칙을 적용하여 적는다.[15]

---

14) 사람들의 발음 습관이 본음의 형태로 굳어져 있는 것은 예외 형식을 인정한다.
　　例. 미－립자(微粒子), 소－립자(素粒子), 수－류탄(手榴彈), 파－렴치(破廉恥) 등.

아울러, 고유어 뒤에 한자어가 결합한 경우에도 후행 한자어 형태소는 하나의 단어로 인식되므로, 두음 법칙을 적용하여 적는다.

(14) 개-연(蓮), 구름-양(量)[雲量], 허파숨-양(量)[肺活量], 수-용[雄龍]

그러나 이러한 'ㄹ'의 두음 법칙에는 몇 가지 예외가 있는데, 외자로 된 이름을 성에 붙여 쓸 경우([붙임 2])[16]와, 준말에서 본음으로 소리 나는 경우([붙임 3])이다. 다음이 그 예이다.

(15) ㄱ. 신립(申砬)   최린(崔麟)   채륜(蔡倫)   하륜(河崙)
      ㄴ. 국련(국제연합)   대한교련(대한교육연합회)

또한, 의존명사 '량(輛), 리(理, 里, 厘)' 등은 두음 법칙과 관계없이 본음대로 적는다.

(16) ㄱ. 객차 오십 량(輛)
      ㄴ. 그럴 리(理)가 없다, 십 리(里), 2푼 5리(厘)

한편, 'ㄹ'를 어두음으로 갖는 한자음 가운데 그 음이 '라, 래, 로, 뢰, 루, 르'인 경우는 '랴, 려, 레, 료, 류, 리'의 경우와는 달리, 'ㄹ'를 탈락시키지 않고 두음 법칙에 따라 '나, 내, 노, 뇌, 누, 느'로 적어야 하는데, 이에 대해 규정하고 있는 것이 제12항이다.

---

15) 다만, '오륙도(五六島), 육륙봉(六六峰)' 등은 '오 / 육, 육 / 육'처럼 두 단어로 갈라지는 구조가 아니므로, 본음대로 적는다.
16) 이것은 한 글자 이름의 경우에 국한되는 허용 규정이므로, 두 글자 이름의 경우에는 '박린수(朴麟洙), 김륜식(金倫植)'처럼 적는 것이 허용되지 않는다.

(17) ㄱ. 쾌락(快樂)　　극락(極樂)　　거래(去來)　　왕래(往來)
　　　　부로(父老)　　연로(年老)　　지뢰(地雷)　　낙뢰(落雷)
　　　　고루(高樓)　　광한루(廣寒樓)　강릉(江陵)　　태릉(泰陵)
　　　　동구릉(東九陵)　서오릉(西五陵)　공란(空欄)　　답란(答欄)
　　ㄴ. 낙원(樂園)　　내일(來日)　　노인(老人)　　뇌성(雷聲)
　　　　뇌우(雷雨)　　누각(樓閣)　　능묘(陵墓)

위의 예들 가운데 (17ㄱ)은 '樂, 來, 老, 雷, 樓, 陵, 欄' 등의 한자음이 비어
두 위치에서 본음 그대로 실현되고 있음을 보여주는 반면, (17ㄴ)에서는 그
러한 한자음이 어두 위치에 놓일 때에는 두음 법칙에 의해 'ㄴ'로 교체되어
발음됨을 보여준다.

이와 같은 한자음 '라, 래, 로, 뢰, 루, 르'의 표기와 관련하여 한 가지 특
기할 만한 것으로, 신문이나 잡지와 같은 대중매체에서 일정한 지면을 가리
킬 때 사용하는 '란'(欄)의 표기를 들 수 있다. 다음 예를 보기로 하자.

(18) 　ㄱ. 가정란(家庭欄), 구직란(求職欄), 독자란(讀者欄), 투고란(投稿欄)
　　　ㄴ. 어린이난, 어머니난, 가십(gossip)난

위의 예들을 분석해 보면, (18ㄱ)에서는 '란'(欄)이 '家庭, 求職, 讀者, 投稿'
와 같은 한자어 다음에 결합되어 있으나, (18ㄴ)에서는 '어린이, 어머니, 가
십'처럼, 고유어나 외래어 다음에 결합되어 있음을 알 수 있다. 이러한 차
이 때문에, (18ㄱ)의 '란'(欄)은 하나의 단어 내부의 구성요소로 보아 두음
법칙을 적용하지 않지만, (18ㄴ)의 그것은 (14)의 예를 통하여 설명한 것처
럼, 고유어나 외래어 다음의 한자어 형태소를 하나의 단어로 인식하여 두음
법칙을 적용하고 있는 것이다. 용례 ⑤에서 쓰인 '*가십란'을 '가십난'으로
적어야 하는 이유가 바로 여기에 있다.

한편, 제12항의 [붙임 2]에서는 접두사처럼 쓰이는 한자가 붙어서 된 단

어나 두 단어가 결합하여 된 합성어의 경우, 뒷말을 두음 법칙에 따라 적는
다고 규정하고 있는데, 이는 앞에서 설명한 제10항의 [붙임 2]나 제11항의
[붙임 4]에서 설명한 것과 같은 맥락에 의한 것이라고 할 수 있다. 여기에
몇몇 예를 더 제시하면 다음과 같다.

> (19) ㄱ. 반-나체(半裸體)   실-낙원(失樂園)
>   중-노인(中老人)
>   ㄴ. 육체-노동(肉體勞動)   부화-뇌동(附和雷同)
>   사상-누각(砂上樓閣)   평지-낙상(平地落傷)

위의 예 가운데 (19ㄱ)은 '반-(半), 실-(失), 중-(中)' 등의 한자어가 접두사
처럼 쓰이는 말 뒤에서 두음 법칙이 적용된 경우에 해당한다고 하면 (19ㄴ)
은 합성어의 뒷말로 쓰인 '노동, 뇌동, 누각, 낙상' 등의 어휘에 두음 법칙
이 적용된 경우에 속한다. 특히, (19ㄱ)과 관련하여 용례 ⑥의 '*경노석'은
두음 법칙의 적용 대상이 아니지만, ⑦의 '상노인'은 두음 법칙의 대상에
해당한다는 것을 잘 알아두어야 할 것이다.

끝으로, 국어의 두음 법칙과 관련하여 지적해 두어야 할 점이 있다면, 최
근의 우리말에는 위의 제10항~제12항에서 규정하고 있는 두음 법칙과는
다르게 어두 위치에 'ㄴ'나 'ㄹ'를 지니고 있는 어휘의 수가 늘고 있다는
사실이다. 다음 예들을 보자.

> (20) ㄱ. 니트, 니켈, 니코틴, 뉴스, 뉴 미디어, 뉴턴, 뉴 패션
>   ㄴ. 라면, 램프, 러닝셔츠, 레인지, 로맨스, 루머, 르네상스, 리더십

위의 예들 가운데 (20ㄱ)은 어두음이 'ㄴ'인 예이고, (20ㄴ)은 어두음이
'ㄹ'인 예이다. 주지하는 바와 같이, 이러한 예들은 외래어들이다. 따라서
국어의 어휘 체계 안에 이러한 유형의 외래어들이 유입됨에 따라, 국어가

본래 가지고 있던 제약이 사라져가고 있음을 알 수 있는 것이다. 어쨌든 이와 같은 예외는 서구계 외래어에 국한된다는 사실을 알아둘 필요가 있다 하겠다.

또 한 가지 지적할 만한 언어적 사실로는 두음 법칙과 관련하여 일종의 부정 회귀(false regression)에 의한 표기의 오류가 종종 나타난다는 것이다. 가령, 한자 '難'은 본음이 '난'인데, 많은 국어 사용자들이 이 '난'을 '란'의 두음 법칙에 의해 생성된 한자음이라고 생각하여, 비어두 위치의 '난'을 '란'으로 표기하고 있는 것이 그 예이다.

(21) ㄱ. 그는 또 연초라는 시기적 상황과 사상 최악이라는 *실업란, 서민 경제의 불황 등이 점집을 찾게 하는 원인이 되고 있다고 조심스런 분석을 내놓았다.

ㄴ. 의사 수급 정책의 혼선에 의한 의사 과잉 배출과 IMF 한파로 인한 국가 경제난으로 의료기관의 경영난이 갈수록 악화되고 있는 가운데 개원과 취업이 어려워져 의사 *취업란 시대가 도래, 사회문제로 대두되고 있다는 연구 결과가 발표돼 주목을 끌고 있다.

ㄷ. 경험이 풍부한 전직 CEO를 벤처기업에서 영입토록 해 벤처기업의 힘이 미치지 못하는 마케팅이나 전략 경영 분야에 자문하도록 하면 벤처기업의 *인력란을 덜고 크게는 벤처강국 건설에도 큰 도움이 될 것이라고 믿는다.

(22) ㄱ. 취업난으로 대학마다 복수전공자가 계속 늘어나고 있지만 대부분의 기업에서 제2전공을 아예 무시하거나 입사원서를 내는 자격 정도로만 인정할 뿐이라는 것.

ㄴ. 대졸 고학력자를 비롯한 청년 구직자들이 채용 현장에서 느끼는 실업난과 명퇴자 퇴출 인력 등이 재취업 시장에서 겪는 구직난은 외환위기 때 못지않다.

　(21)의 예들에서 보듯이, 오늘날 우리가 사용하는 국어 자료들 가운데는 '*실업란, *취업란, *인력란' 등처럼 'ㄴ'으로 표기해야 할 자리에 'ㄹ'로 표기하는 오류가 쉽게 발견된다. 특히, 이러한 오용 사례는 대부분 신문이나 잡지와 같은 대중매체에 자주 등장한다는 사실을 감안해 볼 때, 그 파급 효과가 적지 않으리라는 예측이 가능하다. (21)에 사용된 '경제난'과 '경영난', (22)에 사용된 '취업난', '실업난' 또는 '구직난'의 예에서처럼 본래의 한자음을 제대로 알고 올바르게 쓰려는 노력이 필요하다고 하겠다.

이 시대의 죽음 또는 우화

오규원

죽음은 버스를 타러 가다가
걷기가 귀찮아서 택시를 탔다

나는 할 일이 많아
죽음은 쉽게
택시를 탄 이유를 찾았다

죽음은 일을 하다가 일보다
우선 한잔하기로 했다

생각해 보기 전에 우선 한잔하고
한잔하다가 취하면
내일 생각해 보기로 했다

내가 무슨 충신이라고
죽음은 쉽게
내일 생각해 보기로 한 이유를 찾았다

술을 한잔하다가 죽음은
내일 생각해 보기로 한 것도
귀찮아서
내일 생각해 보기로 한 생각도
그만두기로 했다
술이 약간 된 죽음은
집에 와서 TV를 켜놓고

내일<u>17)</u>은 주말여행을 가야겠다고 생각했다

건강이 제일이지—
죽음은 자기 말에 긍정의 뜻으로
고개를 두어 번 끄덕이고는
그래, 신문에도 그렇게 났었지
하고 중얼거렸다

---

17) 죽음이라는 이름을 가지고 있는 사람들이 오늘 일을 <u>내일</u>로 미루는 <u>이유</u>는 무엇인가? 어두 위치에 오는 'ㄹ'를 꺼리기 때문은 아닐까? '래일(來日) → 내일', '리유(理由) → 이유'.

3.3. 제4장 형태에 관한 것

3.3.1. 합성 동사의 표기

1) 용례

① *너머지며 일어서며 상처뿐인 영혼에 놀라워라.
② 가연물이 *떠러지거나 접촉할 우려가 없는 위치에 설치할 것.
③ 첫째, 가장 흔히 볼 수 있는 미소 짓는 모습은 소위 모나리자 미소이고, 두 번째는 미소 지을 때 송곳니가 *들어나는 경우의 견치미소, 세 번째는 전치미소로 큰 어금니를 포함한 모든 치아가 *들어나는 경우로서 가장 드문 유형의 미소입니다.
④ 그러나 지금은 그 큰 마을 백가대촌이 흔적 없이 임하댐 속으로 *살아지고 푸른 물결만 일렁이고 있을 뿐이다.
⑤ 그러나 아오모리현 내에서도 사과 주산지가 논농사 지역보다 뇌졸중으로 *쓸어지는 사람이 적다는 것을 알았다.

2) 규정

제15항 용언의 어간과 어미는 구별하여 적는다.
[붙임 1] 두 개의 용언이 어울려 한 개의 용언이 될 적에, 앞말의 본뜻이 유지되고 있는 것은 그 원형을 밝히어 적고 그 본뜻에서 멀어진 것은 밝히어 적지 아니한다.
(1) 앞말의 본뜻이 유지되고 있는 것

넘어지다	늘어나다	늘어지다	돌아가다
되짚어가다	들어가다	떨어지다	벌어지다
엎어지다	접어들다	틀어지다	흩어지다

(2) 본뜻에서 멀어진 것

드러나다	사라지다	쓰러지다

3) 해설

앞에서 언급한 바와 같이, 현행 ≪한글 맞춤법≫의 중요한 원리 가운데 하나는 형태음소론적 표기, 곧 형태소의 원형을 최대한으로 밝혀 적는 것이다. 그리하여 ≪한글 맞춤법≫ 제4장 1절에서는 체언과 조사를, 2절에서는 용언의 어간과 어미를 구별하여 적는 것을 원칙으로 하는 규정을 정해 놓고 있다. 이는 실질 형태소인 체언과 용언의 어간의 형태를 고정시키고, 조사나 어미도 모든 체언이나 용언 어간에 공통적으로 결합하는 통일된 형식을 유지시켜 적기로 한 것이다. 다음 예를 보기로 하자.

(23) ㄱ. 밭이   밭을   밭에   밭도   밭만
      ㄴ. [바치]   [바틀]   [바테]   [받또]   [반만]

(24) ㄱ. 늙고   늙지   늙는   늙으니   늙어서
      ㄴ. [늘꼬]   [늑찌]   [능는]   [늘그니] [늘거서]

위의 예들 가운데 (23ㄱ)과 (24ㄱ)은 체언과 용언의 어간 형태를 각각 고정시켜 표기한 것이고, (23ㄴ)과 (24ㄴ)은 그와 같은 형태를 고정시키지 않고 소리 나는 대로 표기한 것이다. 만일 'ㄴ'과 같은 표기 방식을 택한다면, 단일한 의미를 갖는 형태가 '밭'의 경우에는 '밫~밭~받~반' 등으로, '늙-'의 경우는 '늘~늑~능~늙'으로 표기됨으로써 체언이나 용언 어간의 본모양이 어떤 것인지 파악하기가 어렵다는 문제를 안게 된다. 따라서 (23ㄱ), (24ㄱ)과 같은 방식의 형태음소론적 표기가 필요하게 된 것이다. 그러나 형태음소론적 표기가 언제나 가능한 것은 아니어서, 많은 예외가 존재하게 되는데, 그 가운데 하나가 여기에 제시한 제15항의 [붙임 1]이다.

[붙임 1]에 의하면, 두 개의 용언이 어울려 한 개의 용언이 되는 경우, 다시 말해, 합성 동사가 되는 경우, 앞말의 본뜻이 유지되고 있는 것은 그 원

형을 밝히어 적고, 그 본뜻에서 멀어진 것은 밝히어 적지 아니 한다고 규정해 놓고 있다. 이를 이해하기 위해서는 이러한 유형에 속하는 합성 동사의 구성 방식을 파악할 필요가 있다.

(25) 합성 동사의 구성 방식 : 동사 어간+ㅡ아/어+동사 어간

(25)에 따르면, [붙임 1]에 속하는 합성 동사들은 선행동사의 부동사형[18]에 또 다른 동사 어간이 결합함으로써 형성됨을 알 수 있는데, 이러한 구성 방식은 현대국어의 합성 동사를 구성하는 가장 일반적인 방식이다.

[붙임 1]에 제시된 합성 동사들은 모두 (25)와 같은 방식에 의해 형성된 합성 동사라는 점에서는 공통점을 지닌다. 그러나 그 표기 방식에서는 차이가 있다. 예컨대, '넘어지다, 늘어나다, 돌아가다'의 경우에는 선행동사의 어간인 '넘ㅡ, 늘ㅡ, 돌ㅡ'이 본래의 의미를 유지하고 있어서, 그 원형을 밝혀 적지만, '드러나다, 사라지다, 쓰러지다'의 경우에는 어간 '들ㅡ, 살ㅡ, 쓸ㅡ'의 본래 의미가 제대로 인식되지 못하거나 변화를 겪음으로써 그대로 유지되고 있다고 보기 어려우므로, 원형을 밝혀 적지 않고 소리대로 적는 것이다. 따라서 위에서 제시한 용례들 가운데 ①, ②의 "너머지며, "떠러지거나'는 전자의 경우에 속하므로, 원형을 밝혀 '넘어지며, 떨어지거나'로 적어야 하며, ③~⑤는 후자의 경우에 속하므로, '드러나는, 사라지고, 쓰러지고'로 각각 적어야 한다.

---

18) 동사의 '부동사형'이란 '정동사형'에 대조되는 말로, 동사 어간에 종결 어미 'ㅡ아/어'가 연결된 상태를 가리킨다.

3.3.2. 종결어미 '-오', 연결어미 '-이요', 보조사 '-요'의 구별

1) 용례

① 눈물겹게 사랑한 카타콤 속에서의 그분과의 약속을 들고 어느 날 문득 기억의 카타콤으로 *오십시요.
② 그나마 이만한 흔적이라도 남기려는 안타까운 몸짓이라고 보아 *주십시요.
③ 그 누구도 외딴 섬이 *아니요. 저 망망한 바다에 뿌려진 파편들처럼 쓸쓸히 홀로 떠 있는 외로운 섬이 *아니요.
④ 내가 곧 길이요, 진리요, 생명이니 나로 말미암지 않고는 아버지께로 올 자가 없느니라.
⑤ 우리들의 입은 갑옷 쇠가 아니요, 우리들의 가진 검은 강철 아니요, 하나님께 받아 가진 평화의 복음 거룩하신 말씀이로다.
⑥ 볼륨매직-곱슬머리의 인생 역전이라 해도 과언은 아니지요?
⑦ 역사 속의 인물을 작가가 재해석하고 연기자가 재창조해서 시청자가 새로운 감각으로 받아들이는 삼위일체가 이뤄진다는 거 너무 멋있지 않나요.

2) 규정

제15항 용언의 어간과 어미는 구별하여 적는다.
　[붙임 2] 종결형에서 사용되는 어미 '-오'는 '요'로 소리 나는 경우가 있더라도 그 원형을 밝혀 '오'로 적는다(ㄱ을 취하고 ㄴ을 버림).

ㄱ	ㄴ
이것은 책이오.	이것은 책이요
이리로 오시오.	이리로 오시요
이것은 책이 아니오	이것은 책이 아니요

　[붙임 3] 연결형에서 사용되는 '요'는 '이요'로 적는다(ㄱ을 취하고 ㄴ을 버림).

ㄱ   ㄴ

이것은 책이요, 저것은 붓이요,   이것은 책이오, 저것은 붓이오,
또 저것은 먹이다.   또 저것은 먹이다.

제17항 어미 뒤에 덧붙는 조사 '-요'는 '-요'로 적는다.

읽어	읽어요
참으리	참으리요
좋지	좋지요

3) 해설

형태음소론적 표기, 곧 형태소의 원형을 최대한 밝혀 적는다는 표기 원칙은 용언의 어간 뒤에 붙는 종결어미 '-오'에도 그대로 적용되는데, 이에 대해 규정하고 있는 것이 제15항의 [붙임 2]이다. 종결어미 '-오'는 위의 용례 ①, ②의 예에서와 같이, '합쇼체'의 종결어미 '-십시오'[19]의 구성 요소로 출현하거나, ③의 예에서와 같은 '하오체'의 평서법 종결어미로 출현하는데, '-오'를 선행하는 요소가 'ㅣ' 모음으로 끝나게 되면, 모음충돌 회피를 위한 장치로 반모음 'j'가 삽입됨으로써 '-요'로 발음될 수가 있다. ①~③은 바로 그와 같은 사실을 말하여 주는 것이다. 그러나 발음상으로는 'j'가 삽입되는 것을 허용하는 경우[20]가 있다고 하더라도 표기에 있어서는 형태소의 원형을 밝혀 '-오'로 표기해야 하는 것이다. 따라서 ①, ②의 '*오십시요, *주십시요'는 각각 '오십시오, 주십시오'로, ③의 '*아니요'는 '아니오'로 고쳐 써야 올바른 표기이다. 그럼에도 불구하고 우리들의 주변에서는

---

19) 주지하는 바와 같이, '-십시오'는 "제 말대로 하십시오."나 "여기서 기다리십시오" 등에서와 같이, 받침 없는 동사 어간이나 'ㄹ' 받침인 용언의 어간 뒤에 붙어 정중한 명령이나 권유를 나타내는 '합쇼체'의 평서법 종결어미이다.

20) 이에 대해서는 <표준 발음법> 제22항 참조.

'-오'로 적어야 할 자리에 '-요'가 쓰이고 있는 표현들을 흔히 발견하게 되는데, 다음이 그러한 예이다.

> (26) ㄱ. '고향길 안전히 다녀 *오십시요'라는 문구에서 '안전히'라는 말
>   이 국어 어법에 맞나요?
>   ㄴ. 일본어로 '안녕히 *가십시요'가 뭔가요?
>   ㄷ. 자료실은 링크로 연결되어 있습니다. 필요한 것 받아 *가십시요.
>   ㄹ. 만일 약속한 일들을 부인께서 지키지 못했다 하더라도 책망하
>   지 *마십시요.

그런데 국어 사용자들이 ①~③을 비롯하여, (26)의 예에서와 같은 오류를 자주 범하게 되는 것은 종결어미 '-오'의 쓰임을 연결어미 '-이요'나 보조사 '-요'의 쓰임과 잘 구별하지 못하는 데서 기인한 것이라고 할 수 있다. 이러한 분석은 종결 어미 '-오'와 연결 어미 '-(이)요' 및 보조사로 쓰이는 '-요'의 쓰임을 잘 구별해야 할 필요가 있음을 시사하는데, 이에 대해 규정하고 있는 것이 [붙임 3]과 제17항이다.

우선, [붙임 3]에 의하면, 연결형에서 사용되는 '-요'는 '-이요'로 적는다고 규정하고 있다. 예문 ④, '길이요, 진리요'와 ⑤의 '쇠가 아니요, 강철 아니요'에서 알 수 있듯이, 이 경우의 '요'는 '이다, 아니다'의 어간에 붙어 사물이나 사실을 연결할 때 쓰는 연결 어미이다. 따라서 이 경우의 '-요'의 기능은 종결어미 '-오'의 그것과는 구별되는 것이다.

다음으로, 제17항에서 규정하고 있듯이, 보조사 '-요'는 '-요'로 표기해야 한다. 이 '-요'는 그 분포가 상당히 자유로워서 ⑥, ⑦에서 보여주는 것과 같은 종결어미 다음은 물론, 체언이나 조사, 부사어 또는 연결 어미 다음에 연결되어 청자에 대한 존대의 뜻을 나타내는 데 쓰인다. 예컨대, 다음과 같은 문장이 그러한 예이다.

(27) 저(요) 지금(요) 학교에서(요) 배가(요) 아파서(요) 병원에(요) 다녀오
      는 길이거든(요).

위의 문장을 통해서 우리는 보조사 '−요'의 성격을 분명히 알 수 있게 된다. 즉, 보조사 '−요'는 문장을 구성하는 요소의 어디에든 비교적 자유롭게 연결되어 청자에 대한 높임의 뜻을 나타내는 데 쓰일 수 있는 것이다. 그런데 이때의 보조사 '−요'는 하나의 문장을 적격한 국어 문장으로 만드는 데 없어서는 안 되는 필수적 요소는 아니어서, 괄호 안에 묶은 것처럼 생략이 가능하다고 할 수 있다. 그러나 (26)에서 사용된 종결어미의 구성 요소로서의 '−오'는 생략이 불가능한 필수적 요소이다. 따라서 '−오'와 '−요'의 문법적 기능의 구별은 경우에 따라 생략 가능 여부를 따져보는 것도 한 가지 방법이 될 수 있다.

길

김소월

어제도 하룻밤
나그네 집에
까마귀 까악까악 울며 <u>새였소</u>.

오늘은
또 몇 십 리
어디로 갈까.

산으로 올라갈까
들로 갈까
오라는 곳이 없어 나는 못 <u>가오</u>.

말 마소 내 집도
정주 곽산
차 가고 배 가는 <u>곳이라오</u>.

여보소 공중에
저 기러기
공중엔 길 있어서 잘 가는가.

여보소 공중에
저 기러기
열십자 복판에 내가 <u>섰소</u>.
갈래갈래 갈린 길
길은 있어도
내게 바이 갈 길은 하나 <u>없소</u>.[21]

책

김수영

책을 한 권 가지고 있었지<u>요</u>.[22] 까만 표지에 손바닥만한 작은
책이지<u>요</u>. 첫 장을 넘기면 눈이 내리곤 하지<u>요</u>.

바람도 잠든 숲속, 잠든 현사시나무들 투명한 물관만 깨어
있었지<u>요</u>. 가장 크고 우람한 현사시나무 밑에 당신은 멈추었
지<u>요</u>. 당신이 나무둥치에 등을 기대자 비로소 눈이 내리기 시
작했지<u>요</u>. 어디에든 닿기만 하면 녹아버리는 눈 그때쯤 해서
꽃눈이 깨어났겠지<u>요</u>.

때늦은 봄눈이었구<u>요</u>. 눈은 밤마다 빛나는 구슬이었지<u>요</u>.

나는 한때 사랑의 시들이 씌어진 책을 가지고 있었지<u>요</u>. 모
서리가 나들나들 닳은 옛날 책이지<u>요</u> 읽는 순간 봄눈처럼 녹
아버리는, 아름다운 구절들로 가득 차 있는 아주 작은 책이었
지<u>요</u>.

---

21) 하오체의 평서법 종결어미로 '―오'와 '―소'가 쓰이고 있음을 보여 준다. 이 시에서 보듯
이, '―오'와 '―소'는 음운론적 조건에 따른 이형태로, '―오'는 모음 다음에, '―소'는 자
음 다음에 연결된다.
22) '있었지요', '책이지요', '하지요' 등에 등장하는 밑줄 친 '―요'는 높임의 뜻을 가지고 있
는 보조사 '―요'이다. 이 작품에는 이와 같이 '―요'가 자주 쓰이고 있음을 볼 수 있는데,
때로는 이 '―요' 때문에 시 전체가 여성적인 어조를 지니는 것으로 보이기도 한다

3.3.3. 모음조화

1) 용례

① 길을 *<u>막어도</u> 대답 없는 엄마야, 가는 엄마야, 아가들을 두고서 산길을 타고 무서운 화장터로 뭐 하러 가나.

② 다리에 감는 천은 모직물, 린넨, 가죽 등이었으며 한 가지만 감거나 폭이 다른 몇 개의 띠를 다리에 *<u>감었다</u>.

③ 원단이 *<u>얇어서</u> 한여름에 적합한 티셔츠입니다.

④ 누군가가 투에! 소리와 함께 침을 *<u>뱉았다</u>. 재수 없는 일이었기 때문이다.

⑤ 친정엄마처럼 맛있게 김치를 담그고 싶습니다. 나이 드신 엄마를 위해 이젠 제가 맛있는 김치를 *<u>담궈</u> 드리고 싶거든요.

⑥ 시동을 끄기 전에 가스 밸브를 *<u>잠궈</u> 연료라인 내에 있는 가스를 소모시키는 것을 잊지 말아야 한다.

⑦ 암만 *<u>추와도</u> 목욕을 해도 춥지를 않다고

⑧ 조신은 아무쪼록 태연한 태도를 지으려 하였으나 인가가 *<u>가까와</u> 올수록 가슴이 울렁거렸다

⑨ 그동안 저희 LG 카드를 아껴 주신 회원님의 성원에 *<u>보답코저</u> 사용 한도를 대폭 올려드렸습니다.

⑩ 여러분들의 사랑에 *<u>보답코져</u> 연중무휴 포장 배달 서비스를 하오니 더 많은 사랑 부탁드립니다.

2) 규정

제16항 어간의 끝 음절 모음이 'ㅏ, ㅗ'일 때에는 어미를 '−아'로 적고, 그 밖의 모음일 때에는 '−어'로 적는다.

　1. '−아'로 적는 경우

나아	나아도	나아서
막아	막아도	막아서
얇아	얇아도	얇아서

돌아	돌아도	돌아서
보아	보아도	보아서

2. '-어'로 적는 경우

개어	개어도	개어서
겪어	겪어도	겪어서
되어	되어도	되어서
베어	베어도	베어서
쉬어	쉬어도	쉬어서
저어	저어도	저어서
주어	주어도	주어서
피어	피어도	피어서
희어	희어도	희어서

3) 해설

모음조화란 다음절 어형에서 모음끼리 일정한 조화 자질(harmonic feature)을 공유하는 순행격음동화현상(順行隔音同化現象)으로서, 형태소 내부나 경계에서 양성모음은 양성모음끼리만, 음성모음은 음성모음끼리만 연결될 수 있으나 이 둘의 연결은 허용되지 않으며, 중립모음, 곧 중성모음은 원칙적으로 어느 모음과도 연결이 가능한 현상을 말한다.

양성모음과 음성모음이란 한 단어 안에 표현 가치가 다른 모음이 교체됨으로써 어감의 차이를 가져오는 음상(音相, phonic phase)의 대립에 의해 구분되는데, 국어 모음의 음상은 대략 다음과 같이 나타낼 수 있다.

〈표 3〉 국어 모음의 음상

구 분	음 상									
양성모음	小	急	密	銳	寡	明	輕	淸	薄	速
음성모음	大	緩	疎	鈍	多	暗	重	濁	厚	遲

국어는 전통적으로 형태소 내부에서나 형태소 경계에서 비교적 강력하게 모음조화를 지켜왔으나, 국어의 역사적 발달의 단계에 따라 변화를 거듭함으로써 현대국어의 경우, 형태소 내부에서는 의성어·의태어에만 모음조화의 잔영이 남아 있고, 형태소 경계에서는 용언의 어간과 '아／어' 계열의 어미23) 사이에서만 모음조화가 유지되고 있다 현대국어의 표준 단모음들이 가지고 있는 조화 자질은 다음과 같다.

<표 4> 현대국어 모음의 조화 자질

조화 자질	모 음	비 고
양성모음	ㅏ, ㅗ	
음성모음	ㅣ, ㅐ, ㅔ, ㅚ, ㅟ, ㅡ, ㅓ, ㅜ	어두 위치의 'ㅡ'
중립모음	ㅡ	비어두 위치의 'ㅡ'

제16항은 이와 같은 모음의 조화 자질에 따라 어간의 끝 음절 모음이 'ㅏ, ㅗ'일 때에는 어미를 '-아'로 적고, 그 밖의 모음일 때에는 '-어'로 적는다고 규정하고 있다. 즉, 어간의 끝 음절 모음이 양성의 조화 자질을 갖는 모음 'ㅏ, ㅗ'일 때에는 모음조화에 의해 양성의 자질을 갖는 '-아'가 연결되고, 그 밖의 모음일 때에는 음성의 자질을 갖는 '-어'가 연결되는 것이다. 위의 용례 ①~③의 '*막어도, *감었다, *앑어서'는 '막아도, 감았다, 앑아서'로, ④의 '*뱉았다'는 '뱉었다'로 적어야 하는 이유는 바로 이러한 모음조화 때문인 것이다.

그런데 제16항의 규정만으로는 국어 모음조화의 양상을 다 파악하기가

---

23) '-아／어' 계열의 어미라 함은 다음과 같은 유형의 어미들을 말한다.
　① 연결어미 : -아／어, -아서／어서, -아도／어도
　② 선어말어미 : -았／었
　③ 종결어미 : -아라／어라

어려운데, 다른 무엇보다도 모음 ‘ㅡ’의 모음조화와 이른바 ‘ㅂ’ 불규칙 활용 어간의 모음조화에 대해서 그러하다.

우선, 모음 ‘ㅡ’는 이른바 부분 중립모음24)으로서, 어두 위치의 ‘ㅡ’는 음성의 자질을 갖지만, 비어두 위치에서는 중립의 자질을 갖는바, 경우에 따라 양성의 자질을 갖기도 하고 음성의 자질을 갖기도 한다. 다음 활용 예들을 보기로 하자.

(28) 뜨− :   떠서   떴다   떠라
      끄− :   꺼서   껐다   꺼라

(29) ㄱ. 담그− :   담가서   담갔다   담가라
         잠그− :   잠가서   잠갔다   잠가라
      ㄴ. 치르− :   치러서   치렀다   치러라
         들르− :   들러서   들렀다   들러라

위의 활용 예들 가운데 (28)은 ‘ㅡ’가 어두 위치에서 음성의 조화 자질을 갖고 있어서, ‘−어’와 연결됨을 보여주며, (29)는 비어두 위치에서 중성의 조화 자질을 갖는바, (29ㄱ)에서는 양성의 자질을 지님으로써 ‘−아’와 연결되는 반면, (29ㄴ)에서는 음성의 자질을 지님으로써 ‘−어’와 연결됨을 보여준다. 따라서 ⑤와 ⑥의 ‘*담궈’와 ‘*잠궈’는 각각 ‘담가, 잠가’로 써야 올바른 표기가 되는 것이다.

다음으로, ‘ㅂ’ 불규칙 활용 어간이 어미와의 결합을 통하여 보여주는 모음조화의 양상을 살펴보면 다음과 같다.

---

24) 부분 중립모음이란 어떤 제한된 조건에서만 중립을 지키는 모음으로, 부분적 합류의 결과로 발생하게 되는 모음을 의미한다. 16세기 국어에 있어서 비어두 음절에서의 ‘·’와 ‘ㅡ’의 합류는 부분적 합류였으므로, 이 경우 ‘ㅡ’는 ‘부분 중립모음’이라 할 수 있다. 즉 ‘ㅡ’는 어두 음절에서는 음성모음이었고, 비어두 음절에서는 중립모음이었다(이기문, 1972 : 139).

(30) ㄱ. 곱─   :   고와서   고와라   고왔다
     돕─   :   도와서   도와라   도왔다
  ㄴ. 춥─   :   추워서   추워라   추웠다
     덥─   :   더워서   더워라   더웠다
     어렵─ :   어려워서   어려워라   어려웠다
     가깝─ :   가까워서   가까워라   가까웠다
     아름답─ :   아름다워서   아름다워라   아름다웠다

위의 활용 예를 보면, 'ㅂ' 불규칙 활용 어간의 경우, (30ㄱ)에서 제시되고 있는 '곱─, 돕─'의 경우를 제외하면, 어간말 모음의 조화 자질과는 무관하게 '─어'가 연결되고 있음을 알 수 있다(30ㄴ). 따라서 용례 ⑦, ⑧의 '*추와도, *가까워'는 '추워도, 가까워'로 바꿔 써야 한다.

국어 모음조화의 흔적으로서 또 한 가지 주목할 만한 것으로서는 연결어미 '─고자'가 있다. 이 형태 또한 양성의 조화자질을 갖는 모음끼리의 연결에 의해 '*─고저' 또는 '*─고져'가 아닌 '─고자'의 형식으로 쓰여야 함은 물론이다. 용례 ⑨, ⑩에 쓰인 '*─고저'와 '*─고져'를 '─고자'로 바로잡아야 하는 이유가 바로 여기에 있다

詩

파블로 네루다[25]

그러니까 그 나이였어……시가
나를 찾아왔어. 몰라, 그게 어디서 왔는지,
모르겠어, 겨울에서인지 강에서인지
언제 어떻게 왔는지 모르겠어,
아냐, 그건 목소리가 아니었고, 말도
아니었으며, 침묵도 아니었어,
하여간 어떤 길거리에서 나를 부르더군,
밤의 가지에서,
갑자기 다른 것들로부터,
격렬한 불 속에서 불렀어,
또는 혼자 돌아오는데 말야
그렇게 얼굴 없이 있는 나를
그건 건드리더군.

나는 뭐라고 해야 할지 몰랐어, 내 입은
이름들을 도무지
대지 못했고,
눈은 멀었으며,
내 영혼 속에서 뭔가 시작되어 있었어,
열(熱)이나 잃어버린 날개,
또는 내 나름대로 해 보았어,
그 불을
해독하며,
나는 어렴풋한 첫 줄을 썼어
어렴풋한, 뭔지 모를, 순전한

---

25) 칠레의 시인이자 외교관으로, 1971년 노벨 문학상을 수상하였다. 시집으로 ≪황혼의 일기≫,
≪스무 편의 사랑의 시와 한 편의 절망의 노래≫ 등이 있다.

난센스,
아무것도 모르는 어떤 사람의
순수한 지혜,
그리고 문득 나는 보았어
풀리고
열린
하늘을,
遊星들을,
고동치는 논밭
구멍 뚫린 그림자,
화살과 불과 꽃들로
들쑤셔진 그림자,
휘감아 도는 밤, 우주를

그리고 나 이 微小한 존재는
그 큰 별들 총총한
虛空에 취해,
신비의
모습에 취해.
나 자신이 그 심연의
일부임을 느꼈고,
별들과 더불어 굴렀으며,
내 심장은 바람에 풀렸어.26)

---

26) 이 작품의 밑줄 친 단어들의 경우, 모음조화에 의한 과거 시제 선어말어미 '-았- / -었-'
의 교체가 활발하게 이루어지고 있음을 볼 수 있다.

3.3.4. 음운 탈락

1) 용례

> ① 미네르바의 부엉이는 황혼녘에 *날은다. 이는 지혜의 여신인 부
> 엉이가 황혼녘에 *날은다라는 의미가 된다. 그러면 여기서 지혜
> 의 여신과 부엉이, 그리고 황혼녘과 *날음에 대한 상관관계가 눈
> 길을 끈다.
> ② 바짝 열에 *달은 대목님과는 달리 30대의 그녀는 어쩐지 시큰둥
> 해 보였습니다.
> ③ 팥빙수 만들 때 얼음을 곱게 *갈을수록 맛있는 것 같습니다.
> ④ 나는 현재 광주 지산동에서 *삶.
> ⑤ *그렇네. 날로 강성해지는 병원균에 조직적인 대항을 하기 위해
> 제군을 사령관으로 임명하네.
> ⑥ 말씀 드리기가 *그렇네요.
> ⑦ 기본적인 정의와 원칙 그리고 상식이 통하는 사회가 되기에는
> 이 사회가 *치루어야 할 대가가 아직도 부족한가 보다
> ⑧ 돌아오는 길에 교수 연구동에 *들렸어야 하는데, 제가 그만 집
> 으로 바로 와서요

2) 규정

> 제18항 다음과 같은 용언들은 어미가 바뀔 경우, 그 어간이나 어미
> 가 원칙에 벗어나면 벗어나는 대로 적는다.
> 1. 어간의 끝 '근'이 줄어질 적
>
> | | | | | | |
> |---|---|---|---|---|---|
> | 갈다 : | 가니 | 간 | 갑니다 | 가시다 | 가오 |
> | 놀다 : | 노니 | 논 | 놉니다 | 노시다 | 노오 |
> | 불다 : | 부니 | 분 | 붑니다 | 부시다 | 부오 |
> | 둥글다 : | 둥그니 | 둥근 | 둥급니다 | 둥그시다 | 둥그오 |
> | 어질다 : | 어지니 | 어진 | 어집니다 | 어지시다 | 어지오 |
>
> [붙임] 다음과 같은 말에서도 '근'이 준 대로 적는다.

마지못하다   마지않다
(하)다마다   (하)자마자
(하)지 마라   (하)지 마(아)

3. 어간의 끝 'ㅎ'이 줄어질 적
그렇다 :   그러니   그럴   그러면   그러오
까맣다 :   까마니   까말   까마면   까마오
동그랗다 :   동그라니   동그랄   동그라면   동그라오
퍼렇다 :   퍼러니   퍼럴   퍼러면   퍼러오
하얗다 :   하야니   하얄   하야면   하야오

4. 어간의 끝 'ㅜ, ㅡ'가 줄어질 적
푸다 :   퍼   펐다   뜨다 : 떠   떴다
끄다 :   꺼   껐다   크다 : 커   컸다
담그다 : 담가   담갔다   고프다 :고파   고팠다
따르다 : 따라   따랐다   바쁘다 :바빠   바빴다

3) 해설

하나의 어휘 의미를 갖거나 동일한 문법적 기능을 가지고 있는 형태소는 그것이 나타나는 음성 조건이나 특수한 형태소와의 결합에 의해 그 모습, 곧 그 음상(音相)이 다르게 나타나는 경우가 있는데, 이와 같은 현상을 일컬어 형태소의 교체(交替, alternation)라 한다.

제18항은 용언의 활용에서 나타나는 형태소의 교체에 대해 다루고 있는데, 이는 규칙적인 것과 불규칙적인 것으로 나누어 볼 수 있다. 규칙적인 교체란 동일한 환경에서는 동일한 교체가 일어나는 것을 말하며 동일한 환경에서도 경우에 따라서는 다른 유형의 교체가 일어나면 불규칙적인 교체이다. 규칙적인 교체에 속하는 것으로는 일정한 음성적 조건이나 특수한 형태소와의 결합 시에 나타나는 음운 탈락 현상이, 불규칙적인 교체에 속하는 것으로는, 이른바, 용언의 불규칙 활용이 제시되고 있는바, 제18항의 규정

을 교체의 유형에 따라 두 가지로 나누어 기술하기로 한다

먼저, 자동적 교체에 속하는 음운 탈락의 유형과 그 교체의 조건을 하나의 표로 정리하면 다음과 같다.

〈표 5〉 음운 탈락의 유형 및 조건

유 형	조 건
'ㄹ' 탈락	**a.** 음운론적 조건 　ⓐ 동기관적 이화 : '−는, −노라면, −니' 등 /ㄴ/로 시작하는 어미와 '−시−, −십시오, −세' 등 /ㅅ/로 시작하는 어미 앞. 　ⓑ 자음군 단순화 : '−ㄴ, −ㄴ다, −ㅁ세, −ㅂ니다, −ㅂ시다'와 같은 어미 및 '−ㄹX', 곧 'ㄹ계 어미' 앞. **b.** 형태론적 조건 　선어말어미 '−옵−', 하오체의 종결어미 '−오', 해라체의 종결어미 '−마' 앞.
'ㅎ' 탈락	'으'계 어미 및 종결어미 '−네' 앞.
'_' 탈락	'아/어'계 어미 앞.

음운 탈락의 첫 번째 유형은 'ㄹ' 탈락이다. 'ㄹ' 탈락은 어간 말음이 'ㄹ'인 용언의 어간이 일정한 음운론적 또는 형태론적 조건하에서 탈락하는 현상을 말하는데, 어간 끝 받침이 'ㄹ'인 용언은 모두 이러한 조건하에서 예외 없이 탈락을 겪게 됨이 특징이다. 다음은 'ㄹ' 탈락을 보이는 예들이다.

(31)　ㄱ. <u>사노라면</u> 언젠가는 밝은 날도 오겠지.

　　ㄴ. 부엌에서 분주히 음식을 <u>만드시던</u> 어머니가 드디어 한 마디 하신다. "아이, 오빠 오는가 신작로에 한번 나가 봐라."

　　ㄷ. 이 제품은 1970년 종합 활성형 비타민제 '아로나민 골드'로 재탄생했으며, '체력은 국력'이라는 슬로건을 <u>내건</u> 홍보 전략이 '대박의 과녁'을 관통하면서 국민 의약품으로 떠올랐다.

　　ㄹ. 자연을 담은 화장품은 많습니다. 그러나 자연을 잘 담은 화장품

은 <u>드뭅니다</u>.
ㅁ. 일반적으로 배는 크기가 크고 모양이 <u>둥글수록</u> 맛이 좋다고 알
고 있는 경우가 많다.

(32) ㄱ. 삼백 예순 날 하냥 섭섭해 <u>우옵니다</u>.
ㄴ. 바람이 <u>부오</u>. 커튼을 젖히고 잠시 평정을 되찾아 창밖을 바라
다보았소.
ㄷ. 너희들을 위하여 아름답고 따뜻한 세상을 <u>만드마</u>.

위의 예들 가운데, (31)은 '살−, 만들−, 내걸−, 드물−, 둥글−' 등 어
간말음이 'ㄹ'인 용언이 '−노라면', '−시−', '−ㄴ', '−ㅂ니다', '−ㄹ수
록' 같은 어미 앞에서 동기관적 이화(homorganic dissimilation) 또는 자음군 단
순화라는 음운론적 기제에 의해 탈락하는 것을 보여주는 예이다. 그리고
(32)는 '울−, 불−, 만들−' 등의 어간말음 'ㄹ'가 '−옵−, −오, −마'와
같은 어미 앞이라는 형태론적 조건하에서 탈락함을 보여준다.[27] 따라서 앞
에서 제시한 용례들 가운데 ①∼③의 '*날은다', '*달은', '*갈을수록'은 어
간말음 'ㄹ'를 탈락시켜 각각 '난다', '단', '갈수록'으로 적어야 한다.

그런데 '말−'[勿]의 경우는 어간말음 'ㄹ'가 <표 5>에 제시한 탈락 환경
이 아닌 곳에서도 탈락함이 특징이다. 즉, 위의 규정 [붙임]에서 제시하고
있는 것처럼, '말−'[勿]의 'ㄹ'는 'ㄷ, ㅈ'와 같은 자음 앞이나 명령형 어미
'−아', '−라' 앞에서도 탈락하는 것이다. 이와 같은 현상은 '말−'[勿]의 경
우에만 특수하게 남아 있는 역사적인 언어적 사실의 흔적, 곧 일종의 언어
화석(linguistic fossils)이라는 점에서 주목할 필요가 있다.

'ㄹ' 탈락 현상과 관련하여 주목할 만한 또 한 가지 중요한 언어적 사실
로는 'ㄹ'가 명사형 어미 '−ㅁ' 앞에서는 탈락하지 않는다는 것이다. 다음

---

27) <표 5>에 제시한 바와 같이, 어간말음 'ㅎ'나 모음 '−' 탈락에 비해 'ㄹ' 탈락은 그 조건
이 상당히 복잡한 양상을 보인다. 이에 대한 구체적인 논의는 강희숙(2009) 참조.

을 보자.

    (33) ㄱ. 고추 <u>값</u>.
         ㄴ. 지점토 <u>만듦</u>.
         ㄷ. 친숙함과 <u>낯섦</u>의 끝없는 이중주.
         ㄹ. 지속적인 이윤 비결은 바로 <u>베풂</u>의 원칙.

위의 문장들에서 쓰인 '값, 만듦, 낯섦, 베풂' 등의 형태는 '갈−, 만들−, 낯설−, 베풀−' 등 어간말음이 'ㄹ'인 형태들이 명사형 어미 '−ㅁ'과 결합하여 명사형으로 사용된 것들이다. 이러한 예들을 통해 알 수 있듯이, 명사형 어미 '−ㅁ' 앞에서는 'ㄹ'가 탈락하지 않는다. 따라서 만일 용례 ④와 같이 '삶'이라고 적어야 할 환경에서 'ㄹ'을 탈락시켜 '삼'이라고 적는 것은 명백한 오류에 해당한다.

  음운 탈락의 두 번째 유형은 어간말음 'ㅎ' 탈락 현상이다. 어간말음 'ㅎ'는 'ㄱ, ㄷ, ㅂ' 같은 파열음이나 'ㅈ'와 같은 파찰음과 만날 경우에는 유기음이 되어 그 음가를 제대로 발휘하지만, '−으니, −을, −으면, −으오' 등의 '으'계 어미와 종결어미 '−네'[28) 앞에서 탈락하게 되는바, 'ㅎ'가 탈락하는 대로 표기해야 하는 것이다. 예컨대, '그렇다'의 활용에서 나타나는 'ㅎ' 탈락의 도출 과정을 제시하면 다음과 같다.

    (34) 기저형   //그렇−+−으니//   //그렇−+−을//   //그렇+−네//
         'ㅎ'탈락   그러으니   그러을   그러네
         '으'탈락   그러니   그럴   ──────
         표면형   [그러니]   [그럴]   [그러네]

---

28) 용언의 어간 뒤에 연결되어 감동을 나타내거나 같은 연배나 손아랫사람에게 이를 때에 쓰는 종결 어미이다.
    例. 꽃이 참 곱네.
      자네만 믿네.

우리는 위의 도출 과정을 통하여 어간말음 'ㅎ'가 '으'계 어미와 종결어미 '-네' 앞에서 탈락하고 있음을 알 수 있다. 따라서 ⑤, ⑥의 '*그렇네', '*그렇네요'는 '그러네, 그러네요'로 바꿔 써야만 올바른 표기이다. 어간말음 'ㅎ'의 탈락이 이와 같은 환경에서만 실현되므로, 예컨대, '-습니다' 같은 어미 앞에서는 'ㅎ'가 그대로 유지된다. 그리하여, 다음 문장들에서처럼 'ㅎ'를 탈락시켜 표기하는 것은 오류인 것이다.

(35) ㄱ. 술도 약이 된다는 말도 들리고, 적당량이 어느 정돈지가 모호해서 그렇지, 실제로 심장질환 예방에 효과가 있다는 연구결과도 발표되고 그래서 혼란스럽고 *<u>그럽니다</u>.
ㄴ. 또 전체적 피부는 *<u>하얍니다</u>. 그런데 얼굴에 열이 많아 항상 빨개요.
ㄷ. 비눗방울이나 이슬방울은 모두 모양이 *<u>동그랍니다</u>.

위의 예문들 가운데 밑줄 친 '*그럽니다, *하얍니다, *동그랍니다'는 모두 '-습니다' 앞에 '그렇-, 하얗-, 동그랗-' 등 같은 형용사 어간이 연결된 것들이다. 이와 같은 환경은 'ㅎ' 탈락이 적용되는 환경이 아니므로, '그렇습니다, 하얗습니다, 동그랗습니다'로 각각 표기해야만 하는 것이다.

또한, 'ㅎ' 탈락은 어간의 음절수가 2음절 이상인 형용사 어간에서만 실현된다는 특징을 갖고 있다. 따라서 '닿-, 맞닿-, 놓-, 찧-, 빻-' 등 같은 동사 어간과 '좋-'과 같은 1음절 형용사 어간의 경우에는 그러한 탈락이 실현되지 않는바, 다음 예문에서 보듯이 동사 어간이나 '좋-'의 'ㅎ'를 탈락시키는 것은 올바르지 못한 표기이다.

(36) ㄱ. 좁쌀은 그냥 쌀을 *<u>찌은</u> 거를 말하는 건가요?
ㄴ. 잘게 *<u>빠은</u> 땅콩이나 아몬드를 뿌려줍니다.
ㄷ. 수평선은 하늘과 바다가 *<u>맞다은</u> 선이고, 지평선은 하늘과 땅

　　(육지)이 *맞다은 선이잖아요 그럼 하늘과 하늘의 선은 무어라
　　부르나요?
　ㄹ. 게임용 컴퓨터는 조립식이 *조은가요, 아니면 정품 컴퓨터가
　　*조은가요?

위 문장들에서 쓰인 '*찌은, *빠은, *맞다은, *조은가요'는 모두 'ㅎ'가 탈락해서는 안 되는 상황에서 'ㅎ'를 탈락시킴으로써 오류를 범하고 있는 사례들이다. 이러한 예들은 '찧은, 빻은, 맞닿은, 좋은가요' 등으로 적어야 올바른 표기인 것이다.

한편, 어간 말음 탈락의 세 번째 유형은 용언의 어간말음 'ㅡ'가 'ㅡ아/ㅡ어' 계열의 어미, 곧 'ㅡ아/ㅡ어, ㅡ아서/ㅡ어서, ㅡ아도/ㅡ어도, ㅡ아서/ㅡ어서, ㅡ았ㅡ/ㅡ었, ㅡ아라/ㅡ어라' 등과 결합하는 경우에 이루어지는 'ㅡ' 탈락 현상이다. 우선, 다음 예들을 살펴보기로 하자.

(37)　ㄱ. 만일 여행에서 돌아올 때 짐이 늘어나서 짐을 부쳐야 할 경우
　　　가 생기면 마음 편히 여분의 열쇠를 이용해 짐을 잠가서 부쳐
　　　놓고 편히 이동할 수 있다는 장점도 있다.
　　ㄴ. 치아가 완전히 빠져도 1시간 내에 다시 심고 주변 치아에 고정
　　　시킬 수 있으므로, 치아가 오염되거나 마르지 않도록 식염수나
　　　우유에 담가서 가져온다.
　　ㄷ. 이라크가 테러를 지원했다는 증거가 아직 없기 때문에 반테러 전
　　　쟁 차원에서 치러서는 안 되고 '악의 축'과의 대결이라는 관점에
　　　서 전쟁이 수행되어야 한다는 주장이 더 설득력을 갖고 있다.
　　ㄹ. 한번 들러서 힘내시라는 말이라도 건네고 싶은데 월급쟁이라
　　　사정이 여의치 않습니다.

위의 예문들을 통하여 우리는 '잠그ㅡ, 담그ㅡ, 치르ㅡ, 들르ㅡ' 등 모음 'ㅡ'를 말음으로 가진 어간들이 'ㅡ아/어' 계열의 어미와 결합하게 되면

'ㅡ'가 탈락하게 되는 결과, '잠그-＋-아서→잠가서', '담그-＋-아서→
담가서', '치르-＋-어서→치러서', '들르-＋-어서→들러서' 등으로
실현됨을 알 수 있다. 그런데 많은 국어 사용자들이 이와 같은 'ㅡ'의 음운
론적 행위를 잘못 이해하거나 어간의 기본형을 혼동함으로써 오류를 범하
고 있는데 다음은 그러한 오류의 전형적인 예들이다.

(38) ㄱ. 추울 땐 잠그고 좀 더울 땐 오픈해서 입을 수 있는 실용적인 점
　　　퍼입니다. *<u>잠궈서</u> 입는다면 귀여운 분위기를 연출할 수 있겠죠
　　ㄴ. 따뜻한 물에 몸을 푹 *<u>담궈서</u> 혈액순환을 좋게 한 후에 베네트
　　　요법을 실시하면 효과가 더욱 좋아진다고 한다
　　ㄷ. 현재 사서자격증 제도는 정보처리기사처럼 시험을 *<u>치뤄서</u> 일
　　　정 점수 이상이 되면 합격이 되어 자격증이 주어지는 형태가
　　　아닙니다.
　　ㄹ. 휴게소마다 *<u>들려서</u> 음식을 살 수도 있으나, 이곳은 다소 비싸
　　　기 때문에 할인점에서 미리 사둘 수 있는 식품들은 사가는 것
　　　이 좋다.

　위의 예들을 통해 알 수 있는 것처럼, 국어 사용자들은 특히 '잠그-, 담
그-, 치르-, 들르-'와 같은 어간의 활용에 대해 오류를 자주 범하고 있
는 것으로 보인다. 앞에서 설명한 바와 같이, 이와 같은 형태들은 '-아/
어' 계열의 어미 앞에서 필수적으로 적용되는 'ㅡ' 탈락을 수행한다는 사실
을 인식할 필요가 있다 하겠다.

　아울러 'ㅡ' 탈락 현상은 앞의 제16항에서 살펴본 모음조화 표기에서 비
어두 위치의 'ㅡ'가 갖는 조화 자질 및 그 음운론적 행동과 관련이 있다는
사실과 함께 후술하게 될 '르', '러' 불규칙 활용을 경험하는 어간말음 'ㅡ'
는 이러한 탈락 현상에서 제외된다는 점도 알아 두어야 할 것이다

　이와 같은 모음 'ㅡ'의 탈락 현상에 덧붙여 한 가지 더 언급해야 할 사실

은 어간 '푸-'에 대해 설정된 이른바 'ㅜ' 탈락 현상이다. 이 'ㅜ' 탈락에 대해서는 제18항의 4에서 'ㅡ' 탈락과 함께 제시되고 있는데, 이는 '푸-'의 다음과 같은 음운론적 특성 때문이라고 할 수 있다.

> (39) 어제저녁 때 할머니 댁 옆의 우물을 양수기로 <u>푸고</u> 다시 아침에 한 번 더 <u>펐다</u>. 일일이 사람의 힘으로 우물을 치고 청소하기보다는 기계를 이용하는 것이 훨씬 편했다. 샘을 다 <u>푸는데</u> 10분 정도밖에 걸리지 않았다. 겨우내 <u>푸지</u> 못하였다가 어제와 오늘 두 번 <u>푸면서</u> 샘 청소를 한 셈이었다.

위 글에는 '푸-'의 활용형으로 '푸고, 펐다, 푸는데, 푸지, 푸면서' 등이 출현함을 알 수 있다. 이러한 활용형들 가운데 여타의 활용형들에서는 어간 '푸-'의 모음 'ㅜ'가 그대로 유지되고 있는 것과는 달리, '펐다'에서는 'ㅜ'가 탈락하고 있는바, 어간 '푸-'의 이와 같은 음운 행위를 일컬어 'ㅜ' 탈락이라 해 왔다. 그러나 김성규(1989)를 비롯하여, 송철의(1993)에서 논의해 온 대로, 공시적인 음운 규칙에 의해서 형성된 활용형이라기보다는 활용형 자체가 굳어져서 화석으로 존재하게 된 것이라고 본다면 'ㅜ' 탈락을 인정하기 어렵다. 즉, '푸-'는 본래 순자음에 의한 원순모음화, 곧 '프->푸-'의 변화를 수행한 것이므로, 'ㅜ' 탈락이 아니라, '프-+-어→퍼'의 변화, 즉 'ㅡ' 탈락의 결과로 나타난 '퍼'가 그대로 유지되었다고 보는 것이 훨씬 더 타당한 분석인 것이다.

해당화

한용운

당신은 해당화 피기 전에 오신다고 하였습니다. 봄은 벌써 늦었습니다.

봄이 오기 전에는 어서 오기를 바랐더니 봄이 오고 보니 너무 일찍 왔나 두려합니다.

철모르는 아이들은 뒷동산에 해당화가 피었다고 다투어 말하기로 듣고도 못 들은 체하였더니

야속한 봄바람은 <u>나는</u>[29] 꽃을 불어서 경대 위에 놓입니다그려

시름없이 꽃을 주워서 입술에 대고 "너는 언제 피었니" 하고 물었습니다.

꽃은 말도 없이 나의 눈물에 비쳐서 둘도 되고 셋도 됩니다.

---

29) 날-[飛]+-는 → 나는. 어간말음 'ㄹ'가 'ㄴ' 앞에서 탈락한 형태이다.

인생의 황금률

작자 미상

네가 열었으면 네가 닫아라.
네가 켰으면 네가 꺼라.
네가 자물쇠를 열었으면 네가 잠가라.[30]
네가 깼으면 그 사실을 인정하라.
네가 그걸 도로 붙일 수 없으면
그렇게 할 수 있는 사람을 부르라.
네가 빌렸으면 네가 돌려주라.
네가 그 가치를 알면 조심히 다루라.
네가 어질러 놓았으면 네가 치우고
네가 옮겼으면 네가 제자리에 갖다 놓아라.
다른 사람의 물건을 사용하고 싶으면 허락을 받고
어떻게 작동하는지 모르면 그냥 놔두라.
네 일이 아니면 나서지 말라.
깨지지 않았으면 도로 붙여 놓으려고 하지 말라.
누군가의 하루를 기분 좋게 해주는 말이라면 하라.
하지만 누군가의 명성에 해가 되는 말이라면
하지 말라.

---

30) '끄-+-어라 → 꺼라', '잠그-+-아라' → 잠가라'. 'ㅡ' 탈락의 전형적인 예들이다.

3.3.5. 불규칙 활용

1) 용례

① 한의원도 그만 다니고 그렇다고 완전히 *낫은 것은 아니나 시간
이 너무 걸리고, 웬만큼 *낫으니 가기가 싫기도 하였다
② 멥쌀로 고슬고슬한 밥을 *짓어서 엿기름물에 섞어 4, 5 시간 정
도 보온밥통의 보온 상태로 둔다.
③ 손으로 한 올 한 올 곁어 만든 대나무 그릇들은 시간이 흐를수
록 쓰는 사람의 손때가 묻고 또 묻어 은은한 아름다움을 준다
④ 면이 팅팅 불어서 그런지 양도 많고요.
⑤ 정의는 항상 우리에게 무슨 일을 하라고 지시하지는 않더라도 옳
지 못한 일을 하여서는 안 된다고 알려 주는 힘을 가지고 있다
⑦ 이상하기도 하여라. 고래는 어류가 아닌데 어부들이 고래를 잡
고, 어시장에서는 아직도 고래 고기를 판다
⑧ 숨이 찬 것은 호흡수를 증가시키려고 해도 한계에 이르러서 더
이상 증가시키지 못하는 상황이다.

2) 규정

제18항 다음과 같은 용언들은 어미가 바뀔 경우, 그 어간이나 어미
가 원칙에 벗어나면 벗어나는 대로 적는다.
2. 어간의 끝 'ㅅ'이 줄어질 적

긋다 :	그어	그으니	그었다
낫다 :	나아	나으니	나았다
잇다 :	이어	이으니	이었다
짓다 :	지어	지으니	지었다

5. 어간의 끝 'ㄷ'이 'ㄹ'로 바뀔 적

걷다[步] :	걸어	걸으니	걸었다
듣다[聽] :	들어	들으니	들었다
묻다[問] :	물어	물으니	물었다

　　　싣다[載] :　　실어　　　　실으니　　　　실었다
6. 어간의 끝 'ㅂ'이 'ㅜ'로 바뀔 적
　　　깁다 :　　　기워　　　　기우니　　　　기웠다
　　　굽다[炙] :　　구워　　　　구우니　　　　구웠다
　　　가깝다 :　　가까워　　　가까우니　　　가까웠다
　　　괴롭다 :　　괴로워　　　괴로우니　　　괴로웠다
　　　맵다 :　　　매워　　　　매우니　　　　매웠다
　　　무겁다 :　　무거워　　　무거우니　　　무거웠다
　　　밉다 :　　　미워　　　　미우니　　　　미웠다
　　　쉽다 :　　　쉬워　　　　쉬우니　　　　쉬웠다
다만, '돕-, 곱-'과 같은 단음절 어간에 어미 '-아'가 결합되어
　'와'로 소리 나는 것은 '-와'로 적는다.
　　　돕다[助] :　　도와　　　도와서　　　도와도　　　도왔다
　　　곱다[麗] :　　고와　　　고와서　　　고와도　　　고왔다
7. '하다'의 활용에서 어미 '-아'가 '-여'로 바뀔 적
　　　하다 :　하여 하여서 하여도 하여라 하였다
8. 어간의 끝 음절 '르' 뒤에 오는 어미 '-어'가 '-러'로 바뀔 적
　　　이르다[至] :　　　　　이르러　　　　이르렀다
　　　누르다 :　　　　　　　누르러　　　　누르렀다
　　　노르다 :　　　　　　　노르러　　　　노르렀다
　　　푸르다 :　　　　　　　푸르러　　　　푸르렀다
9. 어간의 끝 음절 '르'의 'ㅡ'가 줄고, 그 뒤에 오는 어미 '-아/
　-어'가 '-라/-러'로 바뀔 적
　　　가르다 : 갈라　갈랐다　　　부르다 : 불러　불렀다
　　　거르다 : 걸러　걸렀다　　　오르다 : 올라　올랐다
　　　구르다 : 굴러　굴렀다　　　이르다 : 일러　일렀다
　　　벼르다 : 별러　별렀다　　　지르다 : 질러　질렀다

3) 해설

제18항에서는 앞에서 설명한 규칙적인 음운 탈락 현상 외에, 용언의 활용에서 나타나는 불규칙적인 교체 현상으로 6가지 불규칙 활용, 곧 'ㅅ' 불규칙 활용, 'ㄷ' 불규칙 활용, 'ㅂ' 불규칙 활용, 'ㅓ' 불규칙 활용, '르' 불규칙 활용, '러' 불규칙 활용 등에 대한 표기 규정을 제시하고 있다.

첫째로, 'ㅅ' 불규칙 활용 현상은 제18항의 2에 제시된 대로, 어간 말음 'ㅅ'가 모음으로 시작하는 어미 앞에서 탈락하는 것을 말하는데 이러한 탈락을 수행하는 용언으로는 '긋-, 낫-, 붓-, 잇-, 잣-, 젓-, 짓-' 등이 있다. 따라서 위에 제시한 용례들 가운데 ①의 '*낫은, *낫으니'는 '나은, 나으니'로, ②의 '*짓어서'는 '지어서'로 바꿔 써야 올바른 표기이다. 이와 같은 현상을 일컬어 불규칙 활용이라 하는 것은 말음으로 'ㅅ'를 가지고 있는 용언의 어간들 가운데, '벗-, 빗-, 빼앗-, 솟-, 씻-, 웃-' 등은 모음 어미 앞에서도 'ㅅ'를 그대로 유지하기 때문이라고 할 수 있다.

한편, 국어의 하위 방언들 가운데는 표준어의 '줍-' 대신에 'ㅅ' 불규칙 활용을 보이는 '줏-'을 사용하는 방언들이 상당수 있다. 이 '줏-'은 다음 (40)의 예들에서와 같이 상당히 널리 사용되고 있긴 하지만, 표준어의 신분을 얻고 있지는 못하고 있음을 알아둘 필요가 있다.

> (40) ㄱ. 1억을 *<u>줏어서</u> 돌려준 사람들에게 1백만원 *<u>줏어서</u> 돌려준 것
>   은 선행도 아닙니다.
>   ㄴ. 밤 한 말을 *<u>줏어서</u> 살강 밑에 묻었더니 머리 감은 생쥐가 들
>   락날락 다 까먹고 밤 한 톨을 남겼군.
>   ㄷ. 가구 이런 것도 다 *<u>줏어서</u> 살고, 내가 얼굴에 화장이라는 걸
>   모릅니다. 나이가 지금 40이지만은 넘의 헌옷 *<u>줏어</u> 입고, 어떻
>   게 한번 새끼하고 살아볼려고……
>   ㄹ. 막대기를 *<u>줏어서</u> 그걸로 이렇게 그림도 그렸었지.

 불규칙 활용의 두 번째 유형은 제18항의 5에 제시된 'ㄷ' 불규칙 활용이다. 'ㄷ' 불규칙 활용이란 용언의 어간말음 'ㄷ'가 모음으로 시작되는 어미와 결합하면 'ㄹ'로 교체되는 현상을 말한다. 이와 같은 불규칙 활용을 수행하는 단어는 '걷-[步], 듣-, 묻-, 싣-[載], 긷-[汲], 깨닫-, 눋-, 닫-[走], 붇-, 일컫-, 겯-' 등이 있다. 그러나 '걷-[收], 곧-, 굳-, 닫-[閉], 돋-, 뜯-, 묻-[埋], 믿-, 받-, 뻗-, 얻-' 등은 모음으로 시작하는 어미 위에서도 'ㄷ'가 그대로 발음되는 규칙 활용을 한다. 용례 ③의 '걸어'와 ④의 '불어서'는 '겯-+-어→결어', '붇-+-어서→불어서'와 같은 방식의 불규칙 활용에 의해 형성된 것들이다.

 다음으로, 제18항의 6에 제시된 'ㅂ' 불규칙 활용이란 어간말 자음 'ㅂ'가 모음 어미 앞에서 모음 'ㅜ'로 교체되는 현상을 말한다. 교체된 모음 'ㅜ'는 '돕-, 곱-'과 같이 단음절 어간의 모음이 'ㅗ'인 경우에는 모음조화에 의해 'ㅗ'로 교체된다. 이와 같은 방식의 불규칙 활용을 보이는 용언으로는 <제18항> 6에 제시된 예들 외에 다음과 같은 단어들을 더 제시할 수 있다.

> (41) ㄱ. 곱-[麗], 눕-, 돕-, 줍-, 가볍-, 간지럽-, 그립-, 노엽-,
>   더럽-, 덥-, 맵-, 메스껍-, 미덥-, 사납-, 서럽-, 아니꼽-,
>   어둡-, 역겹-, 즐겁-, 지겹-, 차갑-, 춥- 등.
>   ㄴ. '어기+접미사 -답-, -롭-, -스럽-'의 형용사
>   例. 꽃답-, 참답-, 슬기롭-, 지혜롭-, 자연스럽-, 어른스
>   럽- 등.

 다음은 (41)의 어간들이 모음으로 시작하는 어미와의 결합에서 보이는 'ㅂ' 불규칙 활용의 용례들을 몇 가지 제시한 것이다.

(42) ㄱ. 파르라니 깎은 머리 박사(薄紗) 고깔에 감추오고, 두 볼에 <u>흐르</u>
　　　 <u>는</u> 빛이 정작으로 <u>고와서</u> 서러워라.
　　ㄴ. 친구를 <u>그리워하는</u> 글귀에서 나도 모르게 눈시울이 젖을 정도
　　　 이다.
　　ㄷ. 캠프장에서 맞는 아침은 <u>추워서</u> 더 상쾌했다.
　　ㄹ. 설사 남이 나의 덕행을 알아주지 않는다고 하더라도 <u>노여워하</u>
　　　 <u>지</u> 않는 것이 군자의 <u>참다운</u> 모습이라는 뜻이다.

위의 예들을 통하여 우리는 '곱-, 그립-, 춥-, 노엽-, 참답-' 등의
어간말음 'ㅂ'가 모음 어미 앞에서 'ㅗ' 또는 'ㅜ'로 교체됨을 알 수 있다.
그러나 다음 (43)의 어간말음 'ㅂ'는 그러한 교체가 없이 'ㅂ'가 그대로 실
현된다는 점에서 (42)의 예들과는 대조를 이룬다.

(43) 꼽-[屈指], 뽑-, 씹-, 업-, 잡-, 접-, 집-, (손이) 곱-, 굽-
　　 [曲], 좁- 등.

불규칙 활용의 네 번째 예는 이른바 'ㅕ'불규칙 활용으로, 이는 제18항의
7에 제시되어 있다. 'ㅕ'불규칙 활용이란 동사 '하-'가 '-아 / 어' 계열의
어미로 '-아'를 택하지 않고, 특이하게 '-여'를 택한다는 것이다. 다음을
보자.

(44) ㄱ. 가-＋-아서→가서
　　　 나-＋-아서→나서
　　　 자-＋-아서→자서
　　ㄴ. 하-＋-여서

(44ㄱ)을 보면, '가-, 나-, 자-' 등 어간모음이 'ㅏ'인 용언의 어간들은
양성의 조화 자질을 지닌 '-아' 계열의 어미를 택함으로써 모음조화를 꾀

하게 된다. 그러나 이러한 일반적인 경향과는 달리, (44ㄴ)의 '하-'는 '-여'를 택하는 것이다. 용례 ⑥, ⑦의 밑줄 친 '하여서는'과 '하여라'는 이와 같은 불규칙 활용의 모습을 보이는 예이다.

제18항의 8에서는 "어간의 끝 음절 '르' 뒤에 오는 어미 '-어'가 '-러'로 바뀔 적에는 바뀐 대로 적는다."는 규정을 제시하고 있는데, 이와 같은 활용 현상을 일컬어 '러' 불규칙 활용이라 한다. '러' 불규칙 활용을 보이는 용언은 그 수가 매우 제한적이어서 '이르-[至], 노르-, 누르-, 푸르-' 등 네 개뿐이다. 용례 ⑧에 제시한 '이르러' 외에, 또 다른 활용 예들을 몇 가지 더 제시하면 다음과 같다.

> (45) ㄱ. 나뭇잎이 조금씩 <u>누르러지기</u> 시작하였으니 그 밑에 누른 잎 주우러 모이는 소년소녀들을 기다리는 것밖에 딴 재미가 없습니다
> ㄴ. 부용산 산허리에 잔디만 <u>푸르러 푸르러</u>, 솔밭 사이사이로 회오리바람 타고, 간다는 말 한 마디 없이 너만 가고 말았구나

마지막으로, 제18항의 9에서는 '르' 불규칙 활용을 보이는 용언의 표기에 대해 규정하고 있다. '르' 불규칙 활용이란 어간 끝 음절 '르' 뒤에 '-아/어' 계열의 어미가 결합할 때, '르'의 모음 'ㅡ'가 삭제되고 'ㄹ'가 하나 덧나는 현상을 말한다. 이러한 불규칙 활용을 보이는 용언으로는 어간 끝 음절이 '르'인 용언 중 4나 8에 해당하는 단어 이외의 것들이 모두 해당한다. 다음은 그러한 활용 예이다.

> (46) ㄱ. 신정환은 탁재훈과 함께 현재 컨츄리꼬꼬로 활동 중이어서 탁재훈과 <u>갈라서고</u> 룰라에 전격 합류하게 될지가 미지수다.
> ㄴ. 민주당은 재검표가 공연히 혼란과 낭비만 초래한 결과로 나타날 것이라고 예상하면서 한나라당의 책임을 묻겠다고 <u>별렀다</u>.
> ㄷ. 때가 <u>일러서</u>, 혹은 늦어서 괴로운가? 그 말을 했기 때문에 또는

하지 않았기 때문에 문제인가?
ㄹ. "아버님, 무슨 소리를 하시는 깁니까?" 인혜가 비명처럼 소리를
   <u>질렀다</u>.

위의 예들은 '가르-, 벼르-, 이르-[謂], 지르-' 등 '르'를 어간 끝 음절로 가진 어간들이 '-아/어' 계열의 어미와 결합하여 각각 '갈르-, 별르-, 일르-, 질르-'로 어간이 교체됨을 보여주고 있다.

낮에 나온 반달

윤석중

낮에 나온 반달은 하얀 반달은
해님이 쓰다 버린 쪽박인가요
꼬부랑 할머니가 물 <u>길러</u>[31] 갈 때
치마끈에 딸랑딸랑 채워 줬으면

낮에 나온 반달은 하얀 반달은
해님이 신다 버린 신짝인가요
우리 아기 아장아장 걸음 배울 때
한짝발에 딸각딸각 신겨 줬으면

낮에 나온 반달은 하얀 반달은
해님이 빗다 버린 면빗인가요
우리 누나 방아 찧고 아픈 팔 쉴 때
흩은 머리 곱게곱게 빗겨 줬으면

---

31) 윤석중 작사, 홍난파 작곡의 동요로 널리 알려진 작품. '길러'는 '긷―[汲]+―으러→길
으러'의 축약형이다.

저문 강에 삽을 씻고

정희성

흐르는 것이 물뿐이랴
우리가 저와 같아서
강변에 나가 삽을 씻으며
거기 슬픔도 퍼다 버린다
일이 끝나 저물어
스스로 깊어가는 강을 보며
쭈그려 앉아 담배나 피우고
나는 돌아갈 뿐이다
삽자루에 맡긴 한 생애가
이렇게 저물고, 저물어서
샛강 바닥 썩은 물에
달이 뜨는구나
우리가 저와 같아서
흐르는 물에 삽을 씻고
먹을 것 없는 사람들의 마을로
다시 어두워[32] 돌아가야 한다

---

32) 어둡-+-어→어두워. 'ㅂ' 불규칙 활용을 보이는 형태이다.

3.3.6. 접미사가 붙어서 된 말

1) 용언 어간+'-이, -음/-ㅁ', '-이, -히'

α. 용례

① 가을철 집중호우 등으로 올해 벼 수확이 감소할 것으로 예상되는 가운데 **벼훑이**를 이용해 막바지 탈곡 작업을 하는 농촌 노부부의 일손이 바쁘기만 하다.

② 에덴이 순결과 무지를 원했다면 새로운 시원은 정보와 **앎**을 요구한다.

③ CJ 제일제당(097950)이 대형마트에 납품하는 햇반 **묶음** 상품에 대한 공급을 중단시켰다.

④ 14K, 18K 반지, 커플링, **목걸이**, 귀걸이, 팔찌, 발찌 판매.

⑤ **목거리**란 목이 붓고 아픈 병을 말한다.

⑥ 이 날 불은 25평 **넓이**의 집안을 모두 태우고 30여 분 만에 꺼졌다.

⑦ 알프스형 습곡이란 습곡지층의 **너비**가 변형 전에 비해서 몹시 단축된 것으로 보이는 습곡을 말한다.

⑧ 교문을 나서자마자 웅례는 학교 옆 분식집과 문방구 가게 안을 유리창 **너머**로 확인했다.

⑨ 그는 어떻게 하는 것이 현명한 일일까 초조하게 생각하다, 여백사의 **주검**을 뒤로하고 올 때 마음먹었던 것처럼 조조를 죽여 버리는 것이 옳겠다는 결론을 내렸다.

⑩ 순간 할 말을 잃고 멍하니 서 있으니 한 아저씨가 눈에 두려움을 가득 담은 채 어눌한 한국말로 **뜨덤뜨덤** 잘못했다고 용서를 빌었다.

⑪ 경제협력추진위원회 4차 회의를 현 정부 임기가 끝나기 전인 다음달 11~14일(서울)로 **바투** 잡은 점도 일정상 주목할 만하다.

b. 규정

제19항 어간에 '-이'나 '-음/-ㅁ'이 붙어서 명사로 된 것과
'-이'나 '-히'가 붙어서 부사로 된 것은 그 어간의 원형을 밝히
어 적는다.

1. '-이'가 붙어서 명사로 된 것

길이	깊이	높이	다듬이	땀받이
달맞이	먹이	미닫이	벌이	벼훑이
살림살이	쇠붙이			

2. '-음/-ㅁ'이 붙어서 명사로 된 것

걸음	묶음	믿음	얼음	엮음
울음	웃음	졸음	죽음	앎
만듦				

3. '-이'가 붙어서 부사로 된 것

같이	굳이	길이	높이	많이
실없이	좋이	짓궂이		

4. '-히'가 붙어서 부사로 된 것

밝히	익히	작히

다만, 어간에 '-이'나 '-음'이 붙어서 명사로 바뀐 것이라도 그
어간의 뜻과 멀어진 것은 원형을 밝히어 적지 아니한다.

굽도리	다리[髢]	목거리(목병)	무녀리
코끼리	거름(비료)	고름[膿]	노름(도박)

[붙임] 어간에 '-이'나 '-음' 이외의 모음으로 시작된 접미사가
붙어서 다른 품사로 바뀐 것은 그 어간의 원형을 밝히어 적지
아니한다.

(1) 명사로 바뀐 것

귀머거리	까마귀	너머	뜨더귀
마감	마개	마중	무덤
비렁뱅이	쓰레기	올가미	주검

(2) 부사로 바뀐 것

거뭇거뭇	너무	도로	뜨덤뜨덤
바투	불긋불긋	비로소	오긋오긋

> 자주　　　　　차마
> (3) 조사로 바뀌어 뜻이 달라진 것
> 나마　　　　　　　　부터　　　　　　　　조차

c. 해설

　"표준어를 소리대로 적되, 어법에 맞도록 함을 원칙으로 한다."는 현행 ≪한글 맞춤법≫의 대원칙은 새로운 단어의 파생 과정에도 그대로 적용된다. 따라서 파생어 곧 어기(語基, base)에 접사가 결합되어 새로운 단어를 만드는 과정에서도 어기를 이루는 요소의 원형을 밝혀 적어야 한다. 제19항에서는 바로 이와 같은 문제를 다루되, 주로 용언의 어간에 명사 파생 접미사 '－이, －음 / －ㅁ'이나 부사 파생 접미사 '－이, －히'가 결합할 때, 용언의 어간을 밝혀 적는다는 규정을 제시하고 있다. '벼의 낟알을 훑어 내는 농구'를 뜻하는 용례 ①의 '벼훑이'나 '아는 것, 지식'을 뜻하는 ②의 '앎', '한데 모아서 묶어 놓은 덩이'를 의미하는 ③의 '묶음'은 바로 이러한 표기 원칙에 의한 것이다.

　용언 어간에 '－이'나 '－음 / －ㅁ'이 결합되어 새로운 명사를 만들어 내는 것은 비교적 생산적인 단어 형성 과정인데, 어간의 원형을 밝혀 적는 예로는 다음과 같은 것들을 더 들 수 있다.

(47)　ㄱ. 굽이(굽－)　　귀걸이(걸－)　　귀밝이(밝－)　　넓이(넓－)
　　　　　놀(놀－)　　　더듬이(더듬－)　대뚫이(뚫－)　　물받이(받－)
　　　　　물뿜이(뿜－)　배앓이(앓－)　　뱃놀이(놀－)　　손님맞이(맞－)
　　　　　손잡이(잡－)　액막이(막－)　　여닫이(닫－)　　옷걸이(걸－)
　　　　　점박이(박－)　하루살이(살－)　해돋이(돋－)　　호미씻이(씻－)
　　　　　휘묻이(묻－)[33]
　　　ㄴ. 갈음(갈－)　　　　고기볶음(볶－)　　　그을음(그을－)

모짊(모질−)　　　삶(살−)　　　　설움(섧−)

숨음(숨−)　　　수줍음(수줍−)　　앙갚음(갚−)

엮음(엮−)　　　용솟음(솟−)　　　일컬음(일컫−)

탈놀음(놀−)　　판막음(막−)

　위의 예에서 (47ㄱ)은 용언의 어간에 명사 파생 접미사 '−이'가, (47ㄴ)은 '−음/−ㅁ'이 결합하여 새로운 명사를 형성한 예로서, 모두 어간의 원형을 밝혀 적고 있음과 동시에, 또 본디 어간 형태소의 뜻이 그대로 유지되고 있음이 그 특징이라고 할 수 있다. 여기서 어간 형태소의 의미가 유지된다는 것은 매우 중요한 조건인데, 왜냐하면 위 규정의 '다만'에서 밝히고 있듯이, 어간에 '−이'나 '−음'이 붙어서 명사로 바뀐 것이라도 그 어간의 본뜻과 멀어진 것은 원형(原形)을 밝힐 필요가 없으므로, 소리 나는 대로 적어야 하기 때문이다.

　예를 들어, 용례 ④, ⑤의 '목걸이'와 '목거리', ⑥, ⑦의 '넓이'와 '너비'가 그러한 사실을 대조적으로 보여주는 것이다. 즉, '목걸이'와 '넓이'는 '걸−', '넓−'이라는 어간 본래의 의미가 그대로 유지되고 있음에 반하여, '목거리'와 '너비'[34)에서는 그러한 의미가 유지되고 있지 아니하므로, 어간의 원형을 밝혀 적지 않는 것이다.

　한편, [붙임]에서는 어간에 '−이'나 '−음' 이외의 모음으로 시작된 접미사가 붙어서 다른 품사로 바뀐 것은 그 어간의 원형을 밝히어 적지 않는다고 규정하고 있다. 예컨대, ⑧, ⑨의 예에 제시된 '너머'와 '주검'은 '넘−＋−어'와 '죽−＋−엄'의 조어 구조를 가지고 있는바, '−이'나 '−음' 이외

---

33) 식물의 인공 번식법의 한 가지로 나무의 가지를 휘어 그 한 끝을 땅속에 묻고 뿌리가 내린 뒤에 그 가지를 잘라 한 개체를 만드는 방법

34) '넓이'는 '어떤 장소나 물건의 넓은 정도'를 의미하므로, '넓−'의 본래 의미가 유지되고 있다고 할 수 있는 데 반하여, '너비'는 물건 옆의 한 끝에서 다른 한 끝까지의 거리, 곧 폭을 의미하므로, 어원으로부터 멀어졌다고 할 수 있다.

의 접미사와 결합되어 있으므로, 어간을 밝혀 적지 않기로 하였다. ⑩, ⑪의 '뜨덤뜨덤', '바투' 역시 그러한 경우에 해당한다.

　부사 파생 접미사 '‒이, ‒히'도 비교적 높은 생산성을 가지고 있는 접미사인데, 이러한 접미사 역시 그 어기는 용언의 어간들이라고 할 수 있는 바, 3, 4에 제시된 대로, 그 어간의 원형을 밝혀 적어야 한다.

　2) 명사+‒이

ㄱ. 용례

> ① 여기서 글쓴이는 그들이 남긴 출생지나 성장지, 부임지, 유배지, 은둔지 등을 다리품을 팔아 **샅샅이** 뒤져 그 속에 녹아 있는 아름답고 애절한 언어와 감정을 들춰낸다.
> ② 머리가 허연 나무꾼 총각이, **곰배팔이** 총각이 있드래. 곰배팔이. 팔이 하나밖에 없는 곰배팔이 총각이 머리가 허연 게 앉아 있드래
> ③ 사람의 생김새며 하고 다니는 **꼬락서니**가 아주 유난스러우니까 말이다.
> ④ 위기를 간파한 놈은 **모가지**를 단단한 등 껍질 속에 처박은 채 도무지 뺄 생각을 안 했다
> ⑤ **짜개**란 콩이나 팥 등을 둘로 쪼갠 한 쪽을 말한다.

ㄴ. 규정

> **제20항** 명사 뒤에 '‒이'가 붙어서 된 말은 그 명사의 원형을 밝히어 적는다.
> 　1. 부사로 된 것
> 　　곳곳이　　낱낱이　　몫몫이　　샅샅이　　앞앞이
> 　　집집이

> 2. 명사로 된 것
> 곰배팔이　　바둑이　　　삼발이　　　애꾸눈이　　육손이
> 절뚝발이 / 절름발이
> [붙임] '-이' 이외의 모음으로 시작된 접미사가 붙어서 된 말은
> 그 명사의 원형을 밝히어 적지 아니한다.
> 꼬락서니　　끄트머리　　모가지　　　바가지　　　바깥
> 사타구니　　싸라기　　　이파리　　　지붕　　　　지푸라기
> 짜개

c. 해설

본 항은 명사 뒤에 파생접사 '-이'가 연결되어 부사나 새로운 명사를 파생해 낼 때에도, 제19항의 경우와 마찬가지로 명사의 원형을 밝혀 적는다는 것을 규정하고 있다. 용례 ①의 '샅샅이'나 ②의 '곰배팔이'의 경우, '샅샅'이나 '곰배팔'에 파생접사 '-이'가 결합되어 만들어진 단어라고 할 수 있으므로, '샅사치'나 '곰배파리'가 아닌 '샅샅이', '곰배팔이'로 표기해야 하는 것이다.

그러나 [붙임]에서 제시된 대로, '-이' 이외의 모음으로 시작된 접미사가 붙어서 된 말은 그 명사의 원형을 밝혀 적지 않는다. 용례 ③~⑤의 '꼬락서니', '모가지', '짜개' 등을 '꼴악서니', '목아지', '짝애'와 같은 방식으로 표기하지 않는 것은 바로 그러한 이유에서이다.

3) 명사, 용언 어간+자음 접미사

a. 용례

> ① 좌측 산사면으로 가는 길이 더 좋아 시간상 이 봉우리를 직진봉으로 가정하고 좌측 <u>옆댕이</u>를 돌아나가 만나는 능선 안부에서

한숨 돌린다.

② 그녀는 요한을 <u>늙정이</u>라고 매도하고, 결국에는 다른 남자에게로 떠나갔다.

③ 너비아니는 안심이나 등심을 <u>넓적하게</u> 저며서 불고기 양념을 한 다음 팬에 지져 낸 음식으로, 불고기와는 또 다른 독특한 맛이 있다.

④ 북에서 남으로 굽이치며 흐르는 섬진강과 아래로 <u>널찍하게</u> 굽어 보이는 평사리 들판의 모습은 놓칠 수 없는 광경이다.

⑤ 아침이나 저녁에 한 대접 <u>골막하게</u> 덜어, 먹기 좋게 데워서 먹는다.

b. 규정

제21항 명사나 혹은 용언의 어간 뒤에 자음으로 시작된 접미사가 붙어서 된 말은 그 명사나 어간의 원형을 밝히어 적는다.

1. 명사 뒤에 자음으로 시작된 접미사가 붙어서 된 것

값지다	홑지다	넋두리	빛깔
옆댕이	잎사귀		

2. 어간 뒤에 자음으로 시작된 접미사가 붙어서 된 것

낚시	늙정이	덮개	뜯게질
갉작갉작하다	갉작거리다	뜯적거리다	
뜯적뜯적하다	굵다랗다	굵직하다	
깊숙하다	넓적하다	높다랗다	
늙수그레하다	얽죽얽죽하다		

다만, 다음과 같은 말은 소리대로 적는다.

(1) 겹받침의 끝소리가 드러나지 아니하는 것

할짝거리다	널따랗다	널찍하다	말끔하다
말쑥하다	말짱하다	실쭉하다	실큼하다
실컷			

(2) 어원이 분명하지 아니하거나 본뜻에서 멀어진 것

넙치	올무	골막하다	납작하다

c. 해설

제21항은 명사나 용언의 어간 뒤에 자음으로 시작된 접미사가 연결되어 형성된 단어의 경우, 그 명사나 어간의 원형을 밝히어 적는다는 규정을 제시하고 있다. 예컨대, ①의 '옆댕이'는 명사 '옆'에 자음으로 시작되는 접미사 '-댕이'가 연결된 형태이고, ②, ③의 '늙정이', '넓적하게'는 용언의 어간에 '-정이', '-적하-'와 같은 자음으로 시작된 접미사가 연결됨으로써 형성된 단어이므로, '옆', '늙-, 넓-'과 같은 명사 혹은 용언의 어간을 밝혀 적어야 하는 것이다.

그런데 ④의 '널찍하게'는 ③의 '넓적하게'와 그 어원이 동일함에도 불구하고, 어간의 원형을 밝혀 적지 않고 소리대로 표기하고 있다는 점에서 차이가 있다. 이와 같은 표기의 원칙을 밝히고 있는 것이, '다만'에 딸린 규정 (1)이다. 이에 따르면, 겹받침의 끝소리가 드러나지 아니하는 경우, 어간의 원형을 밝혀 적지 않고 소리대로 적어야 한다. 이는 다시 말해, 어간말 위치에 나타나는 겹받침 가운데 두 번째 자음이 발음되는 경우에는 그 어간의 형태를 밝히어 적고, 첫 번째 자음만 발음되는 경우에는 어간의 형태를 밝히지 않고 소리 나는 대로 적는다는 것이다. 다음을 보자.

(48) ㄱ. 굵다랗다(굵- →[국-]), 긁적거리다(긁- →[극-]),
          늙수그레하다(늙- →[늑-])
     ㄴ. 할짝거리다(핥- →[할-]), 말끔하다(맑- →[말-]),
          실쭉하다(싫- →[실-])

위의 예들에서 (48ㄱ)은 '굵-, 긁-, 늙-' 등에 나타나는 겹받침 'ㄺ'의 두 번째 자음이 실현되고 있지만, (48ㄴ)의 '핥-, 맑-, 싫-'의 겹받침 'ㅌ, ㄺ, ㅀ'에서는 첫 번째 자음 'ㄹ'가 실현되고 있음을 알 수 있다. 이러한 겹받침의 실현과 표기와는 밀접한 관련이 있는바, (48ㄱ)처럼 두 번째 자음이 실현되는 경우에는 어간의 원형을 밝혀 적지만, (48ㄴ)의 경우처럼 첫 번째 자음이 실현되는 경우에는 어간의 원형을 밝혀 적지 않고, 소리대로 적어야 하는 것이다. 따라서 ③의 '넓적하게'는 '넓-'이 [넙-]으로 발음되므로 어간의 원형을 밝혀 적지만, ④의 '널찍하게'는 '넓-'이 [널-]로 발음되는 경우이므로 소리대로 표기하는 경우에 해당한다고 하겠다.

　한편, '다만'에 딸린 규정 (2)는, 어원이 분명하지 않거나 본뜻에서 멀어진 것은 소리 나는 대로 적는다는 규정이다. '넙치', '올무', '골막하다',[35] '납작하다' 등이 여기에 해당한다.

　4) 용언 어간+기타 접미사

a. 용례

> ① 요즘 시력이 급격하게 떨어지는 바람에 안경의 도수를 좀 더 <u>돋구려고</u> 안과에 다녀왔다.
> ② 박찬호를 보고 꽥꽥 목청을 <u>돋우다가</u> 냉장고 문에 붙여 놓은 홍길동 님의 사진과 눈이 마주쳤는데 괜히 신웃음이 났다.
> ③ 요즈음 체로 막걸리를 <u>밭치는</u> 사람이 어디 있나?
> ④ 부채를 들어 소리가 나도록 <u>부치다</u> 말고 문득 임상옥은 그 부채를 들여다보았다.
> ⑤ 여기서 '<u>미쁘다</u>'는 낱말의 뜻은 '믿음직하다', '진실하다'는 말입니다.

b. 규정

> **제22항** 용언의 어간에 다음과 같은 접미사들이 붙어서 이루어진 말들은 그 어간을 밝히어 적는다.

---

35) '그릇에 거의 차다'의 뜻.

> 1. '-기-, -리-, -이-, -히-, -구-, -우-, -추-, -으
> 키-, -이키-, -애-'가 붙는 것
>
> | | | | | |
> |---|---|---|---|---|
> | 맡기다 | 옮기다 | 웃기다 | 쫓기다 | 뚫리다 |
> | 울리다 | 낚이다 | 쌓이다 | 핥이다 | 굳히다 |
> | 굽히다 | 넓히다 | 앉히다 | 얽히다 | 잡히다 |
> | 돋구다 | 솟구다 | 돋우다 | 갖추다 | 곧추다 |
> | 맞추다 | 일으키다 | 돌이키다 | 없애다 | |
>
> 다만, '-이-, -히-, -우-'가 붙어서 된 말이라도 본뜻에서
> 멀어진 것은 소리대로 적는다.
>
> | | | |
> |---|---|---|
> | 도리다(칼로 ~) | 드리다(용돈을 ~) | 고치다 |
> | 바치다(세금을 ~) | 부치다(편지를 ~) | 거두다 |
> | 미루다 | 이루다 | |
>
> 2. '-치-, -뜨리-, -트리-'가 붙는 것
>
> | | | | | |
> |---|---|---|---|---|
> | 놓치다 | 덮치다 | 떠받치다 | 받치다 | 밭치다 |
> | 부딪치다 | 뻗치다 | 엎치다 | | |
>
> | | |
> |---|---|
> | 부딪뜨리다 / 부딪트리다 | 쏟뜨리다 / 쏟트리다 |
> | 젖뜨리다 / 젖트리다 | 찢뜨리다 / 찢트리다 |
> | 흩뜨리다 / 흩트리다 | |
>
> [붙임] '-업-, -읍-, -브-'가 붙어서 된 말은 소리대로 적
> 는다.
>
> | | | |
> |---|---|---|
> | 미덥다 | 우습다 | 미쁘다 |

c. 해설

제22항은 어기에 피·사동 접미사 및 강세의 의미와 기능을 갖는 접미사
가 결합되는 경우에도 어기를 구성하는 본래 어간의 원형을 밝혀 적기로
한다는 규정을 제시하고 있다. 즉, '어기+피·사동 접미사 -기-, -리-,
-이-, -히-, -구-, -우-, -추-, -으키-, -이키-, -애-'가 결
합하는 경우는 물론, '어기+강세접미사 -치-, -뜨리-, -트리-'가 연

결되는 경우, 본디의 어간 형태소의 원형을 밝혀 적는 것이다. ①의 ‘돋구-’
와 ②의 ‘돋우-’ 역시 ‘-구-’, ‘-우-’의 의미에는 차이가 있긴 하지
만,36) 어간의 원형을 밝혀 적는다는 점에서는 차이가 없다. 또한, ③의 ‘밭
치-’의 경우도 ①, ②와 마찬가지로 어간의 원형을 밝혀 적은 경우에 해당
한다.

그러나 1의 ‘다만’에 의하면, 피·사동 접미사 ‘-이-, -히-, -우-’
가 연결되어 이루어진 형태 가운데 본뜻에서 멀어진 것은 소리대로 적어야
한다고 규정하고 있음을 알 수 있다. 예컨대, ④의 ‘부치다’는 어원상으로
어기 ‘붙-’에 접미사 ‘-이-’가 결합되어 형성된 것으로 해석되긴 하지만,
본뜻에서 멀어짐으로써 피동이나 사동의 형태로 인식되지 않으므로, 소리
나는 대로 적어야 하는 것이다.

한편, [붙임]에 제시한 대로, 어기에 ‘-업-, -읍-, -브-’와 같은 접
미사가 연결된 경우는 소리대로 적어야 하므로, ‘미덥-(>믿-+-업-),
우습-(>웃-+-읍-), 미쁘-(믿-+-브-)’와 같은 방식으로 표기해야
한다. ⑤의 ‘미쁘다’가 그러한 예이다.

---

36) ‘돋구-’는 ‘안경의 도수 따위를 더 높게 만들다’의 의미로 쓰이며, ‘돋우-’는 그 의미가
    상당히 여러 가지로 나타나는바, 그 의미와 용법에 대한 깊이 있는 이해가 요구된다고 하
    겠다. 다음은 ‘-돋우-’의 의미이다.
    a. 위로 끌어올리거나 높아지게 하거나 도드라지게 하다.
       例. 램프의 심지를 돋우다.
    b. 기분·느낌·의욕 등의 감정을 자극하여 일어나게 하다.
       例. 용기를 돋우다.
    c. 밑을 괴거나 쌓아올려 높아지게 하거나 도드라지게 하다.
       例. 발을 돋우다
    d. 입맛이 좋아지게 하다
       例. 입맛을 돋우는 음식.
    e. 싸움을 부추기다.
       例. 싸움을 돋우다.

5) '—하다'나 '—거리다'가 붙는 어근+'—이'

a. 용례

① 우리말로 *오뚜기라고 하는 것은 넘어져도 금방 '오뚝 일어난
다' 해서 이러한 이름이 붙여졌으며, 옛날부터 어린이들의 사랑
을 받아온 장난감으로 늘 함께 한 소중한 친구였다.
①ʹ 고정민은 MBC 설날특집 드라마 <순덕이>에서 고단한 가운데
서도 오뚝이처럼 살아가는 식모 순덕이 역을 맡아 20여 일간
의 촬영을 마쳤다.
② 외할머니가 순무 *깍둑이를 담갔는데 그것 보면서 책을 읽으니
까 훨씬 생동감이 나요.
②ʹ 깍두기는 배추김치와 더불어 한국의 대표적인 김치로, 무를 큼
직큼직하게 썰어 담그는 것이 비타민 파괴가 적다.
③ 날마다 나는 *얼룩이를 기다립니다. *얼룩이를 못 본 날이면 몇
번이고 창문을 열고 닫습니다.
③ʹ 콩기름과 같이 생긴 얼루기를 지방 얼루기라고 한다.
④ *칼싹둑이 솜씨 보유자
④ʹ 칼싹두기는 칼국수를 칼로 싹둑싹둑 잘랐다는 데서 붙여진 이
름이다. 이 음식들은 강화지방의 옛 음식이다.

b. 규정

제23항 '—하다'나 '—거리다'가 붙는 어근에 '—이'가 붙어서 명사
가 된 것은 그 원형을 밝히어 적는다(ㄱ을 취하고, ㄴ을 버림).

ㄱ	ㄴ	ㄱ	ㄴ
깔쭉이	깔쭈기	살살이	살사리
꿀꿀이	꿀꾸리	쌕쌕이	쌕쌔기
눈깜작이	눈깜짜기	오뚝이	오뚜기
더펄이	더퍼리	코납작이	코납자기
배불뚝이	배불뚜기	푸석이	푸서기

삐죽이	삐주기	홀쭉이	홀쭈기

[붙임] '−하다'나 '−거리다'가 붙을 수 없는 어근에 '−이'나 또는 다른 모음으로 시작되는 접미사가 붙어서 명사가 된 것은 그 원형을 밝히어 적지 아니한다.

개구리	귀뚜라미	기러기	깎두기
꽹과리	날라리	누더기	동그라미
두드러기	딱따구리	매미	부스러기
뻐꾸기	얼루기	칼싹두기	

c. 해설

제23항은 '−하다'나 '−거리다'가 붙는 어근에 '−이'가 붙어서 명사가 된 것은 그 원형을 밝히어 적어야 한다는 규정을 제시하고 있다. 여기에 제시된 예들은 다음과 같이 '−하다'나 '−거리다'가 결합하여 새로운 어간을 형성하게 된 것들이다.

〈표 6〉 어근+'−하다', '−거리다'의 결합 양상

구 분	예	비 고
어근+'−하다'	불뚝−, 오뚝, 납작−, 푸석−, 홀쭉−	오뚝+이 >오뚝이
어근+'−거리다'	깔쭉−, 깜짝, 꿀꿀−, 더펄−, 삐죽−, 살살−, 쌕쌕−, 푸석−	

이와 같이, '−하다'나 '−거리다'가 붙는 어근에 '−이'가 붙어서 명사가 될 경우, 그 어근을 밝혀 적어야 하므로, 예컨대, ①의 '*오뚝기'는 ①에서와 같이 '오뚝이'로 적어야 하는 것이다. 현행 《표준어 규정》의 제8항에서도 표준어로 '오뚝이'를 제시하고 있는바, '*오뚝기'나 '*오뚝이'가 아닌 '오뚝이'로 표기해야 한다. 부사형 역시 '오뚝이'이다. 다만, '오뚝기 식품'

과 같은 회사명의 경우, 그 관례를 인정하여 예외적으로 '오뚜기'로 적는 것을 허용해야 할 것이다.

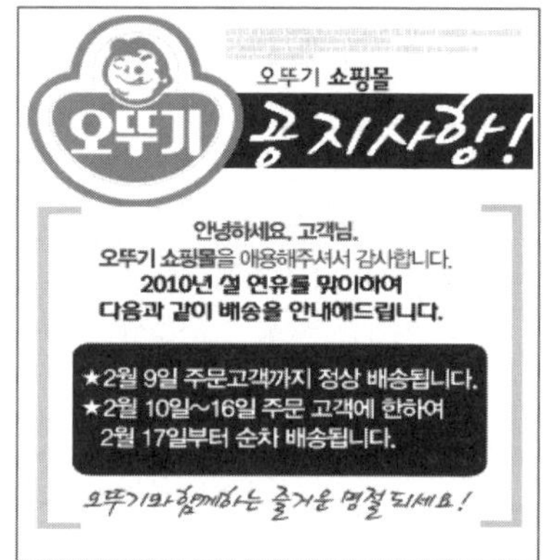

[그림 2] 아이들의 장난감 '오뚝이'와 식품회사 로고 '오뚜기'

그런데 제23항의 [붙임]에 제시한 대로, '-하다'나 '-거리다'가 붙을 수 없는 어근에 '-이'나 다른 모음으로 시작되는 접미사가 결합됨으로써 이루어진 국어의 명사들은 그 원형을 밝혀 적지 않고 소리대로 적어야 한다. ②~④의 '*깍둑이, *얼룩이, *칼싹둑이' 대신 ②'~④'의 '깍두기, 얼루기, 칼싹두기' 등으로 적어야 하는 것은 바로 그러한 이유 때문이다. '얼루기'의 경우, 한때는 '얼룩이'(얼룩무늬의 뜻)와 구별하여 '얼룩무늬가 있는 짐승'을 가리키는 데만 사용하기도 하였으나 현재는 그러한 구별이 없이 '얼루기'만을 쓴다는 것을 알아둘 필요가 있다.[37]

---

37) 표준어에서 사용되는 '얼룩이'의 의미를 제시하면 다음과 같다.
   a. 얼룩얼룩한 점이나 무늬. 또는 그런 점이나 무늬가 있는 짐승이나 물건.
   b. 살갗이 두드러지지 않고 색깔만 달라지는 병. 자색반, 색소 모반, 백반(白斑) 따위가 있다.

6) '−거리다'가 붙는 의태어 어근+'−이다'

a. 용례

> ① 수많은 불면의 밤들 속에서 <u>뒤척이다</u> 일어나 그가 노래한 사랑의 대상은 무엇일까?
> ② 그는 최근 모 휴대전화 광고에서 남성적인 강한 카리스마를 <u>번득이며</u> 얼굴을 알렸고, 두 번째 영화에서 주연을 거머쥐며 가능성을 보였다.
> ③ 학교 가는 학생들, 다 민제를 이상한 눈으로 <u>숙덕이며</u> 간다.
> ④ 그녀는 사내가 <u>지껄이는</u> 말에 더욱 졸음이 와서 몸을 비틀었다
> ⑤ 그래도 거북이의 다리보다는 매미의 날개가 훨씬 길어서인지 몇 번 <u>퍼덕이더니</u> 바로 앉기는 앉았다.

b. 규정

> **제24항** '−거리다'가 붙을 수 있는 시늉말 어근에 '−이다'가 붙어서 된 용언은 그 어근을 밝히어 적는다(ㄱ을 취하고, ㄴ을 버림).
>
> | ㄱ | ㄴ | ㄱ | ㄴ |
> |---|---|---|---|
> | 깜짝이다 | 깜짜기다 | 속삭이다 | 속사기다 |
> | 꾸벅이다 | 꾸버기다 | 숙덕이다 | 숙더기다 |
> | 끄덕이다 | 끄더기다 | 울먹이다 | 울머기다 |
> | 뒤척이다 | 뒤처기다 | 움직이다 | 움지기다 |
> | 들먹이다 | 들머기다 | 지껄이다 | 지꺼리다 |
> | 망설이다 | 망서리다 | 퍼덕이다 | 퍼더기다 |
> | 번득이다 | 번드기다 | 허덕이다 | 허더기다 |
> | 번쩍이다 | 번쩌기다 | 헐떡이다 | 헐떠기다 |

c. 해설

제24항은 '−거리다'가 붙을 수 있는 의태어 어근에 '−이다'가 붙어서

된 용언의 경우, 그 어근을 밝히어 적는다는 규정이다. 예컨대, '깜짝−, 꾸
벅−, 끄덕−'과 같은 어근들은 '−거리다'가 결합할 수 있는 어근들로서,
이러한 어근에 '−이다'가 결합하여 용언을 형성할 경우, 각각의 어근들과
'−이다'를 구별하여 표기해야 하는 것이다. ①∼⑤의 예들도 모두 그러한
예에 속한다.

7) '−하다'가 붙는 어근+'−히', '−이', 부사+'−이'

a. 용례

> ① 주머니에 돈이 떨어지지 않도록 용돈을 <u>넉넉히</u> 줘도 마찬가지
> 였다.
> ② 저 무량수전의 더운 피는 누가 앗아가기에 저리도 싸늘히 식어
> 버렸을까? 난 일생동안 저 무량수전같이 되지 않으려 <u>무던히도</u>
> 애를 썼었다.
> ③ 친구와 같이 걸어가는데 *<u>갑작이</u> 3층의 어떤 교실에서 저를 부
> 르는 것이었습니다.
> ③´ 안정환은 오후 패스 훈련을 하던 도중 <u>갑자기</u> 오른 무릎을 감
> 싸 쥐고 주저앉았다.
> ④ *<u>더우기</u> 의지만 천명하고 시일에 대해 못 박지 않음으로써 불
> 확실성은 오히려 가중됐다.
> ④´ <u>더욱이</u> 한반도 전쟁 발발 시 서울 주둔 미군은 북한의 포격에
> 취약한 상황이라고 신문은 지적했다.
> ⑤ *<u>일찌기</u> 잃어버린 고향을 시로 담아서 먼 후대에까지 가슴에
> 새기도록 남겨준 '향수'와 '고향'의 시인 정지용에게서 우리는
> 민족사의 비극과, 그 통곡을 듣게 된다.
> ⑤´ 그래서 역사를 거슬러 <u>일찍이</u> 남쪽에서 유입되는 백성들이 끊
> 이질 않았다.

ｂ. 규정

> **제25항** '－하다'가 붙는 어근에 '－히'나 '－이'가 붙어서 부사가
> 되거나, 부사에 '－이'가 붙어서 뜻을 더하는 경우에는 그 어근이
> 나 부사의 원형을 밝히어 적는다.
> 1. '－하다'가 붙는 어근에 '－히'나 '－이'가 붙는 경우
>   급히   꾸준히   도저히   딱히   어렴풋이
>   깨끗이
> [붙임] '－하다'가 붙지 않는 경우에는 반드시 소리대로 적는다
>   갑자기   반드시(꼭)   슬며시
> 2. 부사에 '－이'가 붙어서 역시 부사가 되는 경우
>   곰곰이   더욱이   생긋이   오뚝이   일찍이
>   해죽이

ｃ. 해설

   제25항은 파생 부사의 어기가 되는 요소를 밝혀 적는 것과 관련되어 있
는 규정이다. 여기에 제시된 부사 파생법은 다음과 같은 두 가지 유형이다

   (49) ㄱ. '－하다'가 붙는 어근＋부사 파생 접사 '－히', '－이'
            例. 급히(급하다), 꾸준히(꾸준하다), 넉넉히(넉넉하다), 무던히
               (무던하다), 뚜렷이(뚜렷하다), 버젓이(버젓하다)
         ㄴ. 부사＋부사 파생 접사 '－이'
            例. 곰곰이(곰곰), 더욱이(더욱), 일찍이(일찍), 오뚝이(오뚝)

   (49ㄱ)과 같은 부사 파생법은 상당히 규칙적인 생산성을 가지고 있는 단
어 형성법이라고 할 수 있는바, 이때에 어근의 원형을 밝혀 적어야 한다는
것이 제25항의 첫 번째 규정이다. ①, ②의 '넉넉히'와 '무던히도'는 그러한
사실을 입증하여 주는 예이다. 그러나 (49ㄱ)과 달리, '－하다'가 붙지 않는

어근에 '-히'나 '-이'가 결합할 경우에는 어근의 원형을 밝혀 적지 않는 것이 원칙이다. [붙임]에 제시된 대로, '갑자기, 반드시(꼭), 슬며시' 등이 그러한 예에 속한다. 따라서 ③의 '*갑작이'는 ③'와 같이 '갑자기'로 바로잡아야 하는 것이다.

(49ㄴ)과 같은 방식의 부사 파생법은 자립성을 지닌 부사에 '-이'를 결합함으로써 새로운 단어를 형성한 예에 해당하는데, 이 경우에도 부사의 원형을 밝혀 적는 것이 원칙이다. 특히 '더욱이, 오뚝이, 일찍이' 등은 종래의 표기법에서 소리 나는 대로 '더우기, 오뚜기, 일찌기' 등으로 표기해 오던 전통 때문에 언중들이 혼동을 겪는 경우가 많이 있는데, 그러한 사실을 보여주는 것이 ④, ⑤의 예라고 할 것이다.

일찍이 나는

최승자

일찍이 나는 아무 것도 아니었다[38]
마른 빵에 핀 곰팡이
벽에다 누고 또 눈 지린 오줌 자국
아직도 구더기에 뒤덮인 천 년 전에 죽은 시체

아무 부모도 나를 키워 주지 않았다
쥐구멍에서 잠들고 벼룩의 간을 내먹고
아무 데서나 하염없이 죽어가면서
일찍이 나는 아무 것도 아니었다

떨어지는 유성처럼 우리가
잠시 스쳐갈 때 그러므로,
나를 안다고 말하지 마라
나는너를모른다나는너를모른다
너당신그대, 행복
너, 당신, 그대, 사랑

내가 살아 있다는 것
그것은 영원한 루머에 지나지 않는다.

---

38) '일찍이' 나는 무엇이었을까? '일찍'이라는 부사에 파생 접사 '－이'를 결합한 것.

아침 詩

최하림

굴참나무는 공중으로 솟아오른다
해만 뜨면 솟아오르는 일을 한다
늘 새롭게 솟아오르므로 우리는 굴참나무가 새로운 줄을 모른다
굴참나무는 아침 일찍 눈을 뜨고
일어나자마자 대문을 열고 안 보이는
나라로 간다 네거리 지나고 시장통과
철길을 건너 천관산 입구에 이르면
굴참나무의 마음은 벌써 달떠올라
해의 심장을 쫓는 예감에 싸인다

그때쯤이면 아이들도 산란한 꿈에서
깨어나 자전거의 페달을 밟고 검은 숲 위로
오른다 볼이 붉은 막내까지도 큼큼큼
기침을 하며 <u>이파리</u>39)들이 쏟아지듯 빛을
토하는 잡목숲 옆구리를 빠져나가
공중으로 오른다 나무들이 일제히
손을 벌리고 아이들이 일제히
손을 벌리고 아이들은 용케도 피해 간다
아이들의 길과 영토는 하늘에 있다
그곳에서는 새들과 무리지어 비행할
수가 있다 그들은 종다리처럼 혹은
꽁지 붉은 비둘기처럼 이 가지에서
저 가지로 포르릉포르릉 날며 흘러
내리는 햇빛을 굴참나무처럼 느낄 수 있다

---

39) '이파리'는 '잎+-아리'로 분석되는바, '-이' 이외의 모음으로 시작된 접미사가 붙어서
된 말이므로 명사의 원형을 밝히어 적지 아니한다.

3.3.7. 사이시옷

1) 용례

① 엄마, <u>해님</u>은 무얼 먹고 살아?
② 민주당 서울시장 후보 선출을 위한 '모의 시민 공천 배심원 대회'가 열린 5일 오후 국회 의원회관 대회의실에서 김원기 전 국회의장이 <u>인사말</u>을 하고 있다.
③ 아무래도 <u>김칫국</u>부터 마시는 격이지만 워낙 큰돈이다 보니 그럴 만도 하다.
④ 집에서는 부식시킨 <u>깻묵</u>을 포기 사이사이를 덮을 정도로 충분히 준다.
⑤ 뱃사람들이 사나흘씩 죽치고 있다가 한꺼번에 떠난 다음엔 <u>베갯잇</u>에서부터 이불잇은 물론 아예 이부자리 전체를 내다 빨아야 했다.
⑥ 주인의 며느리는 <u>머릿방</u>을 중심으로 생활을 하였다. 특히, 수납 공간이 잘 갖추어진 <u>머릿방</u>(건넌방)과 그 동쪽의 좁은 마당이 만들어내는 며느리 영역은 다른 한옥들에서 찾아보기 힘든 재미있는 공간 구성을 보여준다.
⑦ 또 양치질을 <u>양칫물</u>이 더워질 때까지 계속하고 나서 뱉도록 한다.
⑧ 국회 노동위 의원들이 현장을 방문하는 것만 해도 노동자를 보호하는 효과가 있어 그것이 중요한 <u>가욋일</u>이었다고 해명했다.
⑨ 재정 적자 급증으로 미 정부의 유동성 부족이 심화되면서 5일 미 재무부는 국채 발행 <u>횟수</u>와 규모를 늘리겠다고 전격적으로 밝혔다.
⑩ 문법교육은 주로 문자언어의 사용에 더 기여한다고 보고, 앞으로의 문법교육은 문장 단위에 <u>초점</u>을 맞춰야 한다고 역설하기도 한다.

2) 규정

제30항 사이시옷은 다음과 같은 경우에 받치어 적는다.
1. 순 우리말로 된 합성어로서 앞말이 모음으로 끝난 경우
   (1) 뒷말의 첫소리가 된소리로 나는 것

고랫재	귓밥	나룻배	나뭇가지
냇가	댓가지	뒷갈망	맷돌
머릿기름	모깃불	못자리	바닷가
뱃길	볏가리	부싯돌	선짓국
쇳조각	아랫집	우렁잇속	잇자국
잿더미	조갯살	찻집	쳇바퀴
킷값	핏대	햇볕	혓바늘

   (2) 뒷말의 첫소리 'ㄴ, ㅁ' 앞에서 'ㄴ' 소리가 덧나는 것

멧나물	아랫니	텃마당	아랫마을
뒷머리	잇몸	깻묵	냇물
빗물			

   (3) 뒷말의 첫소리 모음 앞에서 'ㄴㄴ' 소리가 덧나는 것

도리깻열	뒷윷	두렛일	뒷일
뒷입맛	베갯잇	욧잇	깻잎
나뭇잎	댓잎		

2. 순 우리말과 한자어로 된 합성어로서 앞말이 모음으로 끝난 경우
   (1) 뒷말의 첫소리가 된소리로 나는 것

귓병	머릿방	뱃병	봇둑
사잣밥	샛강	아랫방	자릿세
전셋집	찻잔	찻종	촛국
콧병	탯줄	텃세	핏기
햇수	횟가루	횟배	

   (2) 뒷말의 첫소리 'ㄴ, ㅁ' 앞에서 'ㄴ' 소리가 덧나는 것

곗날	제삿날	훗날	툇마루
양칫물			

   (3) 뒷말의 첫소리 모음 앞에서 'ㄴㄴ' 소리가 덧나는 것

가욋일	사삿일	예삿일	훗일

3. 두 음절로 된 다음 한자어

곳간(庫間)	셋방(貰房)	숫자(數字)	찻간(車間)
툇간(退間)	횟수(回數)		

3) 해설

이 항은 국어의 합성 명사 및 일부 한자어에서 나타나는 사이시옷의 표기에 관한 규정이다. 합성 명사라는 것은 예컨대, '꽃잎, 물통, 부엌일'의 경우처럼, 두 개의 명사가 어울려서 하나의 명사가 되는 것을 가리킨다. 그런데 이와 같이 합성 명사가 될 때에, 아래 명사의 첫소리가 된소리로 나는 등 그 중간에 발음의 변화가 생기는 일이 있다. 이때에, 그 된소리로 발음되는 현상 등을 정확하게 표기하기 위하여, 두 명사 사이에 'ㅅ'을 끼어 넣기로 한 것이, 이른바 사이시옷이라 하는 것이다.

국어의 사이시옷 삽입의 기제를 설명해 줄 수 있는 국어학의 이론을 찾기란 쉽지 않다. 그러나 지금까지 제시되어 온 사이시옷에 관한 연구 성과들과 제30항의 원칙을 토대로 몇 가지 원칙을 제시해 보면 다음과 같다.

우선, 사이시옷 표기의 가장 기본적인 원칙은 일부 한자어를 제외하고는 그 단어가 합성 명사여야 한다는 조건을 충족시켜야 한다는 것이다. 따라서 용례 ①의 '해님'과 같은 경우는 '해+-님'의 구조, 곧 '명사+접미사'의 구조를 가지고 있으므로 사이시옷이 삽입되어서는 안 된다. 그러므로 흔히들 잘못 사용하고 있는 것처럼 '*햇님'이 아니라 '해님'으로 표기해야 올바른 표기가 되는 것이다.

[그림 3] 사파리(언어세상)에서 펴낸 동화 〈해님 달님〉 표지

사이시옷을 표기하는 데 필요한 두 번째 원칙은 '명사+명사'의 구조로 이루어진 합성 명사라 하더라도 후행 명사의 첫소리가 별다른 발음의 변화가 없다면, 사이시옷이 삽입되어서는 안 된다는 것이다. 예컨대, '개구멍, 배다리, 새집, 머리말, 인사말, 머리방' 등의 단어에서는 아무런 발음의 변화가 나타나지 않으므로, 사이시옷을 표기하지 않는 것이다. 용례 ②에서 '인삿말'이 아닌 '인사말'을 써야 하는 이유가 바로 그것 때문이다.

결과적으로 국어의 사이시옷은 합성 명사의 형성 과정에서 야기된 발음의 변화를 표시하기 위한 일종의 음운론적 장치인 셈이다. 그렇다면, 제30항의 규정에서는 그러한 발음의 변화를 어떻게 제시하고 있는지, 하나의 표로 제시하면 다음과 같다.

<표 7> 사이시옷의 표기 원칙

구 분	발음 변화	예	비 고
고유어+고유어	된소리화	고랫재, 냇가, 뱃가죽, 샛길	
	'ㄴ' 삽입	멧나물, 아랫니, 텃마당, 깻묵	
	'ㄴㄴ' 삽입	도리깻열, 베갯잇, 욧잇, 댓잎	
고유어+한자어	된소리화	귓병, 머릿방, 셋방, 횃김	
	'ㄴ' 삽입	무싯날, 곗날, 봇물, 팻말	
	'ㄴㄴ' 삽입	가윗일, 사삿일, 예삿일, 훗일	
일부 한자어	된소리화	곳간(庫間) 셋방(稅房) 숫자(數字) 찻간(車間) 툇간(退間) 횟수(回數)	6개에만 한정.

위의 표를 통하여 알 수 있는 바와 같이, 사이시옷의 표기는 '고유어+고유어'의 구조, 곧 순 우리말로 된 합성어나, '고유어+한자어', 곧 순 우리말과 한자어로 된 합성어 및 일부 2음절로 이루어진 한자어에서 이루어지고 있음을 알 수 있다.

이러한 형태론적 특성 외에 사이시옷이 갖는 몇 가지 음운론적 특성을 살펴보게 되면, 맨 먼저 지적할 수 있는 것이 선행명사의 끝소리가 모음이어야 한다는 것이다. 다음을 보자.

  (50) ㄱ. [손뜽] : 손등~손ㅅ등~숤등
        ㄴ. [비빔빱] : 비빔밥~비빔ㅅ밥

사실, '손등'이나 '비빔밥'은 고유어로 이루어진 합성 명사들이다. 그리고 음운론적으로 후행어의 첫소리가 된소리화를 겪는바, 사이시옷의 표기를 필요로 하는 구조를 이루고 있다. 그럼에도 불구하고, '손ㅅ등~숤등'과 같은 표기 방식을 택하지 않고, '손등'으로 표기하는 것은 선행명사가 모음으로 끝나는 개음절의 경우에만 사이시옷을 표기하기 때문이다 선행어가 개음절이어야 한다는 조건 외에도 사이시옷의 표기는 또 다른 음운론적 조건을 필요로 하는바, 후행어의 첫소리가 된소리로 실현되거나, 뒷말의 첫소리 'ㄴ, ㅁ' 앞에서 'ㄴ' 소리가 덧나거나, 뒷말의 첫소리 모음 앞에서 'ㄴㄴ' 소리가 덧나는 경우에만 표기가 이루어진다는 것을 알아둘 필요가 있다. 앞의 용례들 가운데 ③~⑤의 '김칫국, 깻묵, 베갯잇'은 '고유어＋고유어'의 구조에서 사이시옷이 삽입됨으로써 나타나는 발음의 변화를 보여주는 예라고 한다면, ⑥~⑧의 '머릿방, 양칫물, 가욋일'은 '고유어＋한자어'의 구조에서 보여주는 예에 해당한다.

한편, ⑨~⑩의 예는 2음절로 된 한자어의 사이시옷 표기가 어떻게 이루어지는지를 보여주는 것으로서, ⑨의 '초점'(焦點)의 경우는 사이시옷을 표기하지 않지만, ⑩의 '횟수'는 사이시옷을 표기한 형태가 올바른 표기이다. 한자어에 적용되는 이와 같은 표기 원칙은 '초점'은 6개의 한자어에 포함되지 않는 데 반하여, '횟수'의 경우는 6개 안에 포함되기 때문이다. 따라서 일상생활에서 흔히 발견되는 다음과 같은 표기의 오류는 한자어와 관련되는 사이시옷 표기의 원칙을 잘 알지 못한 데서 비롯된 것이다.

(51) ㄱ. 회사 측은 "계약금 5백만 원만 내면 중도금은 전액 무이자 융자를 알선해 줄 예정이기 때문에 입주 *싯점까지 수요자들의 부담은 거의 없다."고 설명했다.

ㄴ. 펜티엄4 1.8~2.0의 중앙 연산 처리장치(CPU)를 장착한 노트북 'X노트'를 구입하면 *싯가 40만원이 넘는 디지털카메라나 컬러 휴대폰을 공짜로 준다.

ㄷ. 다시 말해, 성공하는 사람들은 그 성공에 대한 *댓가를 치르기 때문에 성공하는 것이며, 그렇지 않은 사람들은 야망이나 욕망은 있으나 기꺼이 그 *댓가를 치르지 않기 때문에 실패하는 것이라는 결론을 내리게 된다.

ㄹ. 부상을 치료하려고 의사나 *칫과 의사를 처음 찾아갔을 때는 ACC 청구 양식(Claim form)을 작성하여야 한다.

위 문장들에서 사용되고 있는 '時點, 時價, 代價, 齒科'는 비록 둘째 음절의 첫소리가 된소리로 실현되기는 하지만, 모두 '시점, 시가, 대가, 치과'로 적어야 하는 것들이다. 물론, 이러한 원칙은 이러한 한자어들이 사이시옷의 표기를 필요로 하는 6개의 한자어에 포함되지 않기 때문이다.

흥미 있는 것은 국어의 합성 명사들 가운데는 사이시옷의 개재 여부에 의해 단어의 의미가 달라지는 예들이 상당수 발견된다는 것이다.

(52) 고기배[魚腹] : 고깃배[漁船]
      나무배[木船] : 나뭇배[나무 운반용 배]
      머리방[美容室][40] : 머릿방[안방의 뒤에 달려 있는 방]

위의 예들을 통하여 알 수 있듯이, 국어 화자들은 두 개의 동일한 명사를 결합하여 하나의 단어를 형성하는 경우, 사이시옷의 개재 여부를 통해 상이한 의미 기능을 갖는 단어를 만들어 사용하고 있는 것이다.

마지막으로, 국어의 사이시옷의 표기와 관련하여 알아야 할 중요한 사실 가운데 하나는 뒷말의 첫소리가 본래 된소리거나 거센소리인 경우에는 사이시옷을 표기하지 않는다는 것이다.

(53) ㄱ. 졸졸 흐르는 시냇물 *윗쪽에서 상추 잎 하나가 유유히 떠내려
         오고 있었다.
      ㄴ. 이제 몇 시간만 지나면 자유인이 되는 순간 형사가 찾아왔다.
         *윗층에 숨은 아들이 구멍을 통해 형사를 보고 있었다. 아들이
         없다고 변명하는 어머니의 얼굴은 차라리 간절한 애원이었다.
         이윽고 형사는 아들이 돌아오면 알려 달라며 일어섰다.
      ㄷ. 그래서 겨울이면 *뒷뜰에 묻어놓은 김장 무를 까먹는 게 간식
         이었다.
      ㄹ. '갈라쇼'는 주로 스포츠·뮤지컬·발레 등의 분야에서 공식 행

---

40) '미용실'을 가리키는 말

사가 끝난 뒤 선수들과 함께 기쁨을 나누고 관객들에게 감사를
전하고자 하는 *뒷풀이 형식의 행사를 일컫는다.

위 예문들에서 사용된 '*윗쪽, *윗층, *뒷뜰, *뒷풀이'는 모두 '위쪽, 위층,
뒤뜰, 뒤풀이'로 표기해야 한다. 후행어의 첫소리가 모두 된소리이거나 거
센소리이므로, '위'나 '뒤' 다음에 사이시옷을 표기해서는 안 되는 것이다

자연

박재삼

뉘라 알리
어느 가지에서는 연신 피고
어느 가지에서는 또한 지고들 하는
움직일 줄 아는 내 마음 꽃나무는
내 얼굴에 가지 벋은 채
참말로 참말로
사랑 때문에
햇살[41] 때문에
못 이겨 그냥 그
웃어진다
울어진다 하겠네

---

41) 해＋살→[해쌀]로 발음되는바, 사이시옷을 삽입하여 '햇살'로 적는다.

자작나무 숲으로 가서

고은

광혜원 이월마을에서 칠현산 기슭에 이르기 전에
그만 나는 영문 모를 드넓은 자작나무 분지로 접어들었다.
누군가가 가라고 내 등을 떠밀었는지 나는 뒤돌아보았다
아무도 없다 다만 눈발에 익숙한 먼 산에 대해서
아무런 상관도 없게 자작나무숲의 벗은 몸들이
이 세상을 정직하게 한다 그렇구나 겨울나무들만이 타락을 모른다

슬픔에는 거짓이 없다 어찌 삶으로 울지 않은 사람이 있겠느냐
오래오래 우리나라 여자야말로 울음이었다 스스로 달래어온 울음이었다
자작나무는 저희들끼리건만 찾아든 나까지 하나가 된다
누구나 다 여기 오지 못해도 여기에 온 것이나 다름없이
자작나무는 오지 못한 사람 하나하나와도 함께인 양 아름답다

나는 나무와 <u>나뭇가지</u>와 깊은 하늘 속의 우듬지의 떨림을 보며
나 자신에게도 세상에도 우쭐해서 <u>나뭇짐</u>42) 지게 무겁게 지고 싶었다
아니 이런 추운 곳의 적막으로 태어나는 눈엽이나
삼거리 술집의 삶은 고기처럼 순하고 싶었다
너무나 교조적인 삶이었으므로 미풍에 대해서도 사나웠으므로

얼마만이냐 이런 곳이야말로 우리에게 십여 년 만에 강렬한 곳이다
강렬한 이 경건성! 이것은 나 한 사람에게가 아니라
온 세상을 향해 말하는 것을 내 벅찬 가슴은 벌써 알고 있다
사람들도 자기가 모든 낱낱 중의 하나임을 깨달을 때가 온다

---

42) 자작나무 숲을 이루는 것은 '나무＋가지→나뭇가지, 나무＋짐→나뭇짐'이 아닐까?

나는 어린 시절에 이미 늙어버렸다 여기 와서 나는 또 태어나야 한다
그래서 이제 나는 자작나무의 천부적인 겨울과 함께
깨물어먹고 싶은 어여쁨에 들떠 남의 어린 외동으로 자라난다

나는 광혜원으로 내려가는 길을 등지고 삭풍의 칠현산 험한 길로 서슴없이
지향했다

3.3.8. 준말

1) 어말 모음 탈락

a. 용례

> ① <u>엊그저께</u> 국회에 정식으로 제출해서 그저께 회의에서 저희가
> 문방위원회 정식 의제로 상정을 했습니다.
> ② <u>엊저녁</u> 차로 꿩을 들이받았을 때처럼 다시 가슴에 뻐근한 통증
> 이 내려앉았다.
> ③ 구본무 LG그룹 회장이 LG 계열사 신임 임원들에게 "열정을 <u>갖</u>
> <u>고</u> 몰입하되 즐겁게 일해 달라."고 당부했다.
> ④ 열악한 여건을 <u>딛고</u> 이번 대회에서 금, 동메달을 1개씩 따낸 스
> 키점프는 한국 동계종목에 새로운 희망으로 떠올랐다.

b. 규정

> 제**32**항 단어의 끝 모음이 줄어지고 자음만 남은 것은 그 앞의 음
> 절에 받침으로 적는다.
>
> | (본말) | (준말) |
> |---|---|
> | 기러기야 | 기럭아 |
> | 어제그저께 | 엊그저께 |
> | 어제저녁 | 엊저녁 |
> | 가지고, 가지지 | 갖고, 갖지 |
> | 디디고, 디디지 | 딛고, 딛지 |

c. 해설

준말이란 일정한 모음이나 자음 또는 음절 등 단어를 구성하는 요소의
일부가 줄어듦으로써 만들어진 말이다. 제32항~제40항까지는 '준말'의 표
기에 대해 다루고 있는바, 본말로부터 준말이 형성되는 다양한 음운론적 기

제와 더불어 그 표기 방식에 대해 관심을 둘 필요가 있다.

제32항에서는 단어의 끝 모음이 탈락함으로써 자음만 남아 있을 경우에 그 자음을 어떻게 처리하여 적을 것인가에 대해 규정하고 있는데, 여기에 제시된 대로, 그 자음을 앞 음절의 받침으로 적는 것이 원칙이다. 예컨대, '어제그저께'를 보면, '어제'의 끝 모음 'ㅔ'가 탈락하고 남은 자음 'ㅈ'는 선행음절 '어'의 받침으로 적게 되는 결과, '엊그제'가 되는 것이다. ①의 '엊그제께', ②의 '엊저녁'은 그러한 줄임 현상을 보여주는 예이다.

③, ④의 '가지고→갖고, 디디고→딛고'도 ①, ②와 동일한 과정에 의해 형성된 준말들이긴 하지만, 이 경우에는 단어의 끝 모음이 아니라, 어간의 끝 모음이 줄어든 것이라는 점에서 약간의 차이가 있다.

그런데 '가지고, 디디고'가 '갖고, 딛고'로 줄어드는 현상과 관련하여 주의해야 할 것이 있다면, 이러한 줄임 현상이 모든 어미 앞에서 가능한 것이 아니라, 자음 어미 앞에서만 가능하다는 사실이다. 다음을 보자.

(55) ㄱ. 조금만 관심을 *<u>갖으셔서</u> 중요한 데이터를 잃지 않도록 주의하
       시기 바랍니다.
      ㄴ. 보행하다 잘못 발을 *<u>딛어서</u> 발목을 삐게 되면 다친 쪽의 하지
       에 힘을 적게 주거나, 아예 힘을 싣지 않는 상태로 반대쪽의 하
       지에 힘을 주고 활동하게 된다.

위의 예에서 (55ㄱ)은 '가지-'의 준말 형태인 '갖-'이 모음 어미 '-으셔서'와 결합한 예이고, (55ㄴ)은 '디디-'의 준말 형태인 '딛-'이 역시 모음 어미 '-어서'와 결합한 예이다. 그러나 위에서 기술한 것처럼, 이와 같은 준말 형태를 인정하지 않으므로, '*갖으셔서'는 '가지셔서'로, '*딛어서'는 '디뎌서'로 표기해야 한다. 다음은 그러한 단어들이 사용된 문장들이다.

(56)　ㄱ. 이 후보님이나 한 여사님은 하늘을 더 이상 운운하는 오만함을
버리시고 군 면제를 받은 것에 대해 반성하는 마음을 <u>가지셔야</u>
합니다.

ㄴ. 발을 잘못 <u>딛거나</u> 무서워서 어정쩡하게 있으면 밀린다. 잡을
데라고는 하나도 없고, 발도 잘못 <u>디뎌서인지</u> 막 미끄러질 것
같다.

2) 체언과 조사의 축약

a. 용례

① 농민들은 늘상 로또복권 숫자 맞추기 게임보다도 더 어려운 게
임들을 강요당하고 있는데 <u>그게</u> 뭐 그렇게 대수일까요.
② <u>그걸로</u> 됐어요. 내게 미안해하지 말아요.
③ 하물며 그 숫자가 고무줄처럼 늘었다 줄었다 한다면 <u>무얼</u> 더
말하랴.
④ 동생을 배반한 것도 아닌데, 다 지난 과거 갖고 뭘 그래.
⑤ 시집가기 전날 강아지한테 시집간다고 자랑한다는 말도 있듯이
나도 <u>뭣이</u> 뭣인지도 모르면서 신나했었습니다.
⑥ 그것이 <u>무에</u> 그리 좋은 일이라고 동네방네 떠들고 다니는 거니?

b. 규정

제33항 체언과 조사가 어울려 줄어지는 경우에는 준 대로 적는다.

(본말)	(준말)
그것은	그건
그것이	그게
그것으로	그걸로
나는	난
나를	날
너는	넌

무엇을	뭣을 / 무얼 / 뭘
무엇이	뭣이 / 무에

c. 해설

국어의 준말 가운데는 체언의 곡용형, 곧 체언과 조사의 축약형이 음운의 탈락이나 음절 수 줄이기 등의 방법에 의해 형성되는 것이 있는데, 그러한 준말 형태를 인정하여 준 대로 적어야 한다. 이에 대한 규정이 제33항이다.

체언의 곡용형이 준말로 만들어지는 과정은 크게 두 가지로 나누어 볼 수 있다. 첫 번째는 체언은 줄어들지 않고 조사만 줄어드는 경우로, '나는→난, 너는→넌, 나를→날, 너를→널' 등이 여기에 속한다. 두 번째는 조사뿐만 아니라 체언의 요소도 일부 줄어듦으로써 준말이 형성되는 경우로, '그것이→그게', '무엇을→뭣을→무얼→뭘', '무엇이→뭣이 / 무에' 등이 그 예들이다. 위에 제시한 ①~⑥의 예들은 실제 국어 문장들에서 체언의 곡용형의 준말이 활발하게 사용되고 있음을 보여준다.

그런데 ①~⑥의 예들은 대부분 구어의 성격을 지니고 있다는 사실에 주목할 필요가 있다. 즉, 체언의 본말 형태와 준말 형태는 문체상의 차이를 가지고 있다고 할 수 있는바, 본말 형태는 격식적인 문어에 주로 쓴다고 한다면, 준말 형태는 다분히 비격식적인 성격의 구어에 주로 쓴다고 할 수 있는 것이다. 본말과 준말이 갖는 이러한 문체상의 차이를 어느 정도는 구별할 필요가 있음에도 불구하고, 오늘날 젊은 세대에서는 그러한 구별이 점차로 사라져가고 있음이 눈에 띈다. 특히, 이러한 경향은 인터넷상에서 사용되는 통신언어에서 두드러지게 나타나는 현상이라고 할 수 있다. 예컨대, 다음과 같은 글이 그러한 예이다.

(56) ㄱ. 저번에 보니깐 쿨이오 갖고 있는 분들이 좀 계신 거 같은데, <u>이</u>
　　　<u>거</u> 어찌 해야 하죠? 우선 CARD / BATT 여기서 메모리 카드 이
　　　거 넣는 <u>거</u> 맞죠?
　　ㄴ. 근데…<u>요걸</u> 어케 제거를 하지요…?
　　　시스템 새로 밀어야 하남요…? 에구에구~~ ㅠ.ㅠ
　　　공부를 위해서 <u>요걸</u> 함 분석해 볼려구 하는데…잘 안 되네요.

3) 동일 모음 탈락

a. 용례

① 에이지의 등은 이미 땀에 흠뻑 젖어 있어서 어디 <u>가서</u> 맥주나
한 잔 들이켜고 싶었다.
② 망치를 휘두르는 바람에 안 맞으려고 하다 손톱자국이 <u>났다</u>.
③ 이런 틈을 <u>타서</u> 국내 기업이 해외 BW를 발행한 후 대주주 관
련자가 BW를 다시 인수해 재미를 본 사례도 많았다.
④ 이 밖에 큰 길거리 또는 사람이 많이 다니는 곳에는 어디든지
나무장이 <u>섰었다</u>.

b. 규정

제34항 모음 'ㅏ, ㅓ'로 끝난 어간에 '-아 / -어, -았- / -었-'
이 어울릴 적에는 준 대로 적는다.

(본말)	(준말)	(본말)	(준말)
가아	가	가았다	갔다
나아	나	나았다	났다
타아	타	타았다	탔다
서어	서	서었다	섰다
켜어	켜	켜었다	켰다
펴어	펴	펴었다	폈다

c. 해설

이 항은 용언의 어간과 어미의 모음이 동일 모음의 연결, 곧 'ㅏ＋ㅏ', 'ㅓ＋ㅓ'와 같은 방식으로 연결되는 것을 기피하는 것 때문에, 어미의 모음 'ㅏ' 또는 'ㅓ'가 수의적이 아니라 필수적으로 탈락하는 현상을 표기에 반영하도록 한 것이다. 용례 ①~④의 밑줄 친 활용형들은 다음과 같은 모음 결합과 탈락에 의해 형성된 예들이다.

(57) ㄱ. 가－＋－아서→[가서]
　　 ㄴ. 나－＋－았－＋－다→[났다]
　　 ㄷ. 타－＋－아서→[타서]
　　 ㄹ. 서－＋－었었－＋－다→[섰었다]

그런데 이와 같은 필수적 성격의 동일모음 탈락은 제18항에서 설명한 바 있는 'ㅅ' 불규칙 용언의 어간과 어미의 결합에서는 실현되지 않는다는 제약을 보인다. 예컨대, '낫－'의 활용형들을 제시하면 다음과 같다.

(58) ㄱ. 낫－＋－아→[나아]
　　 ㄴ. 낫－＋－아서→[나아서]
　　 ㄷ. 낫－＋－았－＋－다→[나았다]
　　 ㄹ. 낫－＋－아도→[나아도]

4) 반모음화

a. 용례

① 윤 씨는 "그냥 **둬서**는 안 되겠다 싶어 나라도 나서자는 생각으로 동참했다."고 말했다.
② "죽 **쒀서** 개 준다."는 속담이 이처럼 딱 들어맞는 경우도 별로 없을 것입니다.

③ 이형택이 자신의 배필을 고르는데, 어머니 최 씨가 "감 **놔라**, 배 **놔라**."하지는 않겠단다.

④ 복권 당첨자들에게 판매액의 50%가 돌아가고 나머지 50%를 관련회사 등이 20%, 정부가 30%씩 나눠 갖게 **돼** 있기 때문이다.

⑤ 밖에 나가서 바람도 **쐐** 보았지만 역시 무한히 밀고 들어오는 졸음 때문에 하는 수 없이 의자 칸 사이에 **쪼**그리고 앉아 자고 있었다.

⑥ 이들에 이어 가지 부공보관은 4일 고이즈미 준이치로(小泉純一郎) 총리의 국회 시정 연설을 유창한 영어로 브리핑하는 것을 시작으로 외국인 특파원들에게 선을 **뵀다**.

⑦ 설을 거꾸로 **쉤다**.

⑧ 우즈는 홈페이지를 통해 "이번 대회를 통해 긴장감 속에서도 무릎이 잘 **버텨** 낼 수 있는지, 혹시 걷는 데 어떤 이상이 있는지를 체크할 수 있을 것"이라고 말했다.

⑨ 가장 소중한 것을 파괴하는 행위는 당연히 잠정적인 자기잠식을 가져온다. 그러나 이것을 **견뎌야** 한다.

b. 규정

제35항 모음 'ㅗ, ㅜ'로 끝난 어간에 '−아 / −어, −았− / −었−' 이 어울려 'ㅘ / ㅝ, 왔 / 웠'으로 될 때에는 준 대로 적는다.

(본말)	(준말)	(본말)	(준말)
꼬아	꽈	꼬았다	꽜다
보아	봐	보았다	봤다
쏘아	쏴	쏘았다	쐈다
두어	둬	두었다	뒀다
쑤어	쒀	쑤었다	쒔다
주어	줘	주었다	줬다

[붙임 1] '놓아'가 '놔'로 줄 적에는 준 대로 적는다.

[붙임 2] 'ㅚ' 뒤에 '−어, −었−'이 어울려 'ㅙ, 됐'으로 될 적

에도 준 대로 적는다.

(본말)	(준말)	(본말)	(준말)
괴어	괘	괴었다	괬다
되어	돼	되었다	됐다
뵈어	봬	뵈었다	뵀다
쇠어	쇄	쇠었다	쇘다
쐬어	쐬	쐬었다	쐤다

제36항 'ㅣ' 뒤에 '-어'가 와서 'ㅕ'로 줄 적에는 준 대로 적는다.

(본말)	(준말)	(본말)	(준말)
가지어	가져	가지었다	가졌다
견디어	견뎌	견디었다	견뎠다
다니어	다녀	다니었다	다녔다
막히어	막혀	막히었다	막혔다
버티어	버텨	버티었다	버텼다
치이어	치여	치이었다	치였다

c. 해설

국어의 모음 'ㅣ, ㅗ, ㅜ' 뒤에 'ㅏ, ㅓ'가 연결되면, 모음 'ㅣ, ㅗ, ㅜ'는 반모음화에 의해 'ㅑ, ㅕ, ㅘ, ㅝ'로 실현된다. 물론, 이러한 반모음화는 필수적인 현상은 아니어서 수의적으로 나타나는 현상이라고 할 수 있으므로, 반모음화를 수행하기 이전의 형태는 본말이, 반모음화를 수행한 형태는 준말이 된다. 제35항과 제36항은 바로 이와 같은 반모음화에 의한 준말의 표기에 대해 규정하고 있다.

먼저, 제35항에서는 어간의 끝 모음이 'ㅗ, ㅜ'일 때, '-아 / -어' 계열의 어미가 연결되면 'ㅗ, ㅜ'가 반모음 'w'로 변화하게 되고, 이 반모음이 어미와 결합함으로써 결국 이중모음 'ㅘ / ㅝ, 놨 / 눴'으로 실현되므로, 이를 표기에 반영하도록 규정한 것이다. ①의 '둬서'나 ②의 '쒀서'는 그러한 반모음화를 보여주는 예이다.

한편, [붙임 1]에 따르면, 어간 '놓-'의 경우도 '-아 / -어' 계열의 어미와 결합하게 되면, 어간 모음 'ㅗ'의 반모음화에 의해 준말이 형성되는데, 예컨대, ③의 '놓-+-아라' → '놔라'는 다음과 같은 도출 과정을 통해 이루어진 것이다.

(59) 기저형   //놓-+-아라//
     'ㅎ'탈락   노-+-아라
     반모음화   놔라
     음성형   [놔ː라]

그런데 이러한 반모음화는 '놓-'의 경우에만 가능하다는 점에서 매우 독특한 현상이라고 할 수 있다. 즉, '좋아, 좋아서, 좋았다'나, '낳아, 낳아서, 낳았다' 등 어간말음으로 'ㅎ'를 가진 다른 용언의 활용형들은 이러한 반모음화가 불가능하다는 점에서 (59)와 같은 현상은 매우 흥미 있는 현상인 것이다.

또한, [붙임 2]에서는 'ㅚ' 뒤에 '-아 / -어' 계열의 어미가 연결되는 경우에도 반모음화에 의한 준말 형성이 가능함을 보여주고 있다. ④~⑦의 '돼, 쐐, 뵀다, 쐤다'가 그와 같은 과정에 의한 준말의 사용을 보여주는 예이다. 이러한 예들 가운데 '되-+-어 → 돼'의 준말에 대해서는 좀 더 많은 기술이 요구되는데, 많은 국어 사용자들이 어간 '되-'와 활용형 '돼'의 차이를 구별하지 못하고 있기 때문이다. 다음 예들을 보기로 하자.

(60) ㄱ. 김 선수는 "수혁이 형 사고 이후 가끔씩 의사도 오고, 구급차도
          *배치됬다."고 말했다.
      ㄴ. 컴퓨터가 자주 *다운되서 안타까워요.
      ㄷ. 이은결은 자신의 미니홈피를 통해 "엘프님들, 이제 사과문 그

　만 올리셔도 *<u>되요</u>."라는 글을 남겼다.
ㄹ. 그러면 안 *<u>되</u>. 선생님이 하루 종일 끼라고 했으면 그렇게 해
　　야 *<u>되</u>.

위의 예들은 어간 '되-'에 '-아/-어' 계열의 어미가 연결되었을 경우, 수의적으로 일어나는 반모음화에 의해 '됐다, 돼서, 돼요, 돼'로 표기해야 할 자리에 '되-'를 그대로 쓰고 있는 예들이다. 반모음화를 수행한 형태를 그대로 적지 않고, 어간만을 표기하는 이러한 오류와 함께, 반대로 자음 어미 앞에서 어간만을 표기해야 할 자리에 반모음화형을 사용하는 오류도 또한 발견되는데, 다음이 그러한 예이다.

(61)　ㄱ. 빠른 대답을 원하는데 기다려도 *<u>돼지요</u>?
　　　ㄴ. 현장을 바쁘게 뛰어다니는 아나운서 최은경 씨는 "통화 잘 *<u>돼</u>
　　　　　고 핸드폰 값 빠지고."라고 외치며 환하게 웃는다.
　　　ㄷ. 겨울철만 *<u>돼면</u> 피부가 상해 고생하는 경우가 많다
　　　ㄹ. "여기서 어떤 표정을 지어야 하지?"하고 따지지 않아서 좋고
　　　　　그런 질문에 대답하지 않아도 *<u>돼니까</u> 좋다.

위와 같은 문장들에서의 '되-'는 반모음화가 적용되지 않는 경우들이다. 따라서 (61ㄱ)의 '*돼지요'는 '되지요'로, (61ㄴ)의 '*돼고'는 '되고'로, (61ㄷ)의 '*돼면'은 '되면'으로, (61ㄹ)의 '*돼니까'는 '되니까'로 적어야만 올바른 표기가 되는 것이다.

'되-'의 활용에 대해서는 또 한 가지 언급해야 할 문제가 있는데 그것은 '되-'의 명령형으로 두 가지 활용형이 가능하다는 것이다. 다음을 보자.

(62)　ㄱ. 이어 김정난은 "이병헌에게 모든 것에는 예외가 있다. 오빠가
　　　　　예외가 <u>돼라</u>."고 조언했다며, "그런데 정말 그 예외가 됐다."고
　　　　　자랑스러움을 표현했다.

    ㄴ. 후배들이여, 희망을 만드는 사람이 <u>되라</u>.
    ㄷ. 내가 고생하는 거는 내가 훌륭한 사람이 <u>되라는</u> 거라 생각할
       수밖에 없었어요

위의 예문들에서 (62ㄱ)은 '되-+-어라→돼라'의 형식으로 표기하고 있는 반면, (62ㄴ), (62ㄷ)에서는 '되-+-라→되라'로 표기하고 있다. 그렇다면, 이러한 '돼라'와 '되라'의 차이는 무엇일까? 이는 일차적으로는 문체적 차이에서 비롯된 것이라고 할 수 있다. 즉, '돼라'는 구어체에서 쓰는 형태로, 화자가 청자를 앞에 두고 직접적으로 말하는 경우에 사용한다면 '되라'는 문어체에서나(62ㄴ) 간접 인용문에서만 사용되는 것이다(62ㄷ).

한편, 제36항에서는 'ㅣ'를 말음으로 가진 용언 어간이 '-아/-어' 계열의 어미와 결합할 경우에, 역시 반모음화에 의해 'ㅕ'로 실현됨으로써 형성되는 준말의 표기에 대해 규정한 것이다. 용례 ⑧, ⑨에서 사용된 '버텨', '견뎌'가 그러한 예이다. 물론 이러한 반모음화에 의한 준말의 형성은 수의적인 것이어서, 본말이 원칙적인 표기 형태라고 한다면, 준말은 허용에 의한 것이다.

5) 모음 축약

α. 용례

① 오빠는 장식용 총까지 꺼내 와서 소파 위에 목도리를 <u>뉘어</u> 놓고선 나와 함께 정글놀이를 합니다.
② 물론 통행로에는 왼쪽으로 다니라고 <u>씌어</u> 있지만 본능적으로 오른쪽으로 다니게 된다.
③ 『노자』라는 책과 저자인 노자(老子)는 깊은 안개에 <u>쌔어</u> 있어서 신비스러울 정도이다.
④ 전자레인지에 뜨거운 물을 담은 그릇을 넣어 2, 3분 정도 가열

해 내부에 수증기를 **쐬어주면** 눌러 붙었던 오염이 부드러워져
청소가 쉬워진다.
⑤ 이때 치매로 언어 장애를 가진 노인이 국악 공연을 보면서 말문
이 **틔어** 서로 껴안고 눈물을 흘렸던 감동을 잊을 수가 없다

b. 규정

제37항 'ㅏ, ㅕ, ㅗ, ㅜ, ㅡ'로 끝난 어간에 '-이-'가 와서 각각
 'ㅐ, ㅖ, ㅚ, ㅟ, ㅢ'로 줄 적에는 준 대로 적는다.

(본말)	(준말)	(본말)	(준말)
싸이다	쌔다	누이다	뉘다
펴이다	폐다	뜨이다	띄다
보이다	뵈다	쓰이다	씌다

제38항 'ㅏ, ㅗ, ㅜ, ㅡ' 뒤에 '-이어'가 어울려 줄어질 적에는 준
 대로 적는다.

(본말)	(준말)		(본말)	(준말)	
싸이어	쌔어	싸여	뜨이어	띄어	
보이어	뵈어	보여	쓰이어	씌어	쓰여
쏘이어	쐬어	쏘여	트이어	틔어	트여
누이어	뉘어	누여			

c. 해설

　제32항~제36항이 주로 어간말 모음의 탈락이나 반모음화에 의해 형성
된 준말의 표기를 규정한 것이라고 한다면, 제37항과 제38항은 이른바 모
음 축약에 의해 형성된 준말의 표기에 대해 규정하고 있다. '싸이-→쌔-',
'펴이-→폐-', '누이-→뉘-', '뜨이-→띄-' 등이 바로 그러한 예이다.
　그런데 제38항을 보면, '싸이-, 보이-, 쏘이-, 누이-, 쓰이-, 트이-'

등과 같은 어간에 '-아/-어' 계열의 어미가 연결되는 경우, 두 가지 유형
의 준말이 성립함으로써 복수 표준어가 형성될 수 있음을 보이고 있다. 먼
저, 이 두 유형의 준말이 어떻게 형성되는가를 '싸이어'를 예로 들어 보이
면 다음과 같다.

(63) 기저형   //싸-+-이-+-어//
　　　모음축약   쌔-+-어
　　　표면형   [쌔어]

(64) 기저형   //싸-+-이-+-어//
　　　반모음화   싸-+-여
　　　표면형   [싸여]

위의 도출 과정을 보면, //싸-+-이-+-어//는 두 가지 유형의 음운
과정을 통해 준말을 형성하게 되는데, 그 첫 번째는 (63)에서와 같이, 어간
의 모음과 접미사 '-이-'가 하나의 모음으로 통합되는 모음 축약의 과정
을 통해 '쌔어'가 형성되는 것이다. 두 번째는 (64)에서처럼, 접미사 '-이-'
와 어미 '-어'의 결합에서 접미사 '-이-'가 반모음화함으로써 이중모음
으로 실현되는 방식에 의해 '싸여'가 형성된 것이다. 따라서 ①~⑤의 밑줄
친 준말 형태들은 각각 '누여, 쓰여, 싸여, 쏘여, 트여' 등으로 대체가 가능
하다.

다만, '뜨이-'만큼은 독특한 예외적 행동을 보이는데, 모음 축약에 의한
준말의 형성만 가능할 뿐, 반모음화에 의한 준말 형성은 불가능하다는 것이
그것이다. 따라서 '띄어쓰기, 띄어 쓰다, 띄어 놓다' 등은 '뜨여쓰기, 뜨여
쓰다, 뜨여 놓다' 같은 형태로는 사용되지 않는다. 물론, '뜨여'가 예컨대
"눈이 번쩍 뜨였다."와 같은 문장에서와 같이 '被開'의 의미로 쓰이는 경우
는 반모음화가 가능하다.

6) '-지 않-', '-치 않-'의 축약

a. 용례

① 의약 분업이 실시될 경우, <u>그렇잖아도</u> 불편이 예상되는 터에 의료대란마저 벌어진다면 국민적 비난을 감수키 어려울 것이다
② 이번 주 1등 당첨금이 총 835억 원에 이를 정도로 이상 열기를 일으키고 있는 '로또 바람'의 이면에는 언론의 책임도 <u>적잖은</u> 것으로 보인다.
③ 손가락 하나 자기 마음대로 못 움직이는 임 선수를 옮기려면 불편도 불편이겠지만 비용도 <u>만만찮았습니다</u>.
④ 그렇다고 수입도 <u>변변찮은</u> 처지에 인건비까지 가외로 지출할 수는 없는 일이어서 그녀는 안간힘을 쓰며 한사코 혼자 힘으로 버텨왔었다.

b. 규정

제39항 어미 '-지' 뒤에 '않-'이 어울려 '-잖-'이 될 적과 '-하지' 뒤에 '않-'이 어울려 '찮-'이 될 적에는 준 대로 적는다.

(본말)	(준말)
그렇지 않은	그렇잖은
적지 않은	적잖은
만만하지 않다	만만찮다
변변하지 않다	변변찮다

c. 해설

제39항은 '-지 않-', '-치 않-'이 한 음절로 줄어지는 경우는 각각 '-잖-', '-찮-'으로 적도록 하는 규정이다. 이러한 준말 형성 과정을 앞에서 다룬 제36항의 규정에 비추어 보자면, '-지 않-'은 '-쟎-'으로,

‘-치 않-’은 -찮-’으로 줄여 써야 한다. 그러나 제39항의 예들은 준말 형태가 굳어져 하나의 단어처럼 쓰이고 있으므로, 어원을 밝히지 않고 발음 대로 적어야 하는 것이다. 따라서 ①~④에 제시한 용례들과는 달리 ‘-쟎-, -챦-’으로 표기하고 있는 다음과 같은 예들은 이러한 표기법 규정을 정확히 알지 못한 데에서 비롯된 것이라고 할 수 있다.

(65) ㄱ. 안성맞춤이란 말 유래도 *그렇쟎아요
     ㄴ. 그러고 보면 홍인선은 이미 서울의 무당들 사이에서 *적쟎이 알려진 인물이 되고 있었던 셈이다.
     ㄷ. 한화유통도 30%를 넘는 데다 부채 비율도 200% 수준에 있어 번 대생 인수로 한화계열사들은 결과적으로 *만만챦은 부담을 안게 됐다.
     ㄹ. 하는 일은 *변변챦고 돈벌이는 *시원챦으니 자연스럽게 그런 쪽으로 신경이 가나보다.

위의 예들을 통하여 알 수 있는 것처럼, ‘-지 않-’, ‘-치 않-’의 준말 표기에 대해 ‘-잖-, -찮-’이 아닌 ‘-쟎-, -챦-’으로 적는 사례를 쉽게 발견할 수 있게 된다. 그러나 이러한 형태들은 소리대로 ‘-잖-, -찮-’으로 적어야 한다는 것을 잘 알아둘 필요가 있다

‘-지 않-’, ‘-치 않-’의 구성이 ‘-잖-, -찮-’으로 줄어듦으로써 하나의 단어처럼 쓰이는 예들은 본 항에 제시된 것들 외에도 상당히 많은데, 다음이 그 예이다.

(66) ㄱ. 두렵지 않다→두렵잖다   많지 않다→많잖다
     예사롭지 않다→예사롭잖다   의롭지 않다→의롭잖다
     남부럽지 않다→남부럽잖다   점잖지 않다→점잖잖다
     ㄴ. 대단하지 않다→대단찮다   만만하지 않다→만만찮다
     시원하지 않다→시원찮다   성실하지 않다→성실찮다

심심하지 않다 → 심심찮다   평범하지 않다 → 평범찮다
허술하지 않다 → 허술찮다

(67) 깨끗하지 않다 → 깨끗잖다   의젓하지 않다 → 의젓잖다

위의 예들 가운데 (66ㄱ)은 '-지 않-'이 '-잖-'으로, (66ㄴ)은 '-치 않-'이 '-찮-'으로 줄어든 예이다. 이러한 예들은 물론 본말과 함께 표준어의 신분을 지니고 있는 것들인데, 경우에 따라서는 본말의 의미 그대로를 유지하기보다는 하나의 독립된 의미를 갖는 경우도 있는 것으로 보인다. 예컨대, '시원찮다'는 '시원하지 않다'는 의미 외에 '몸이나 상태 따위가 좋지 않다'는 의미를 지니기도 하며, '심심찮다'의 경우도 본래의 의미 외에 '심심하지는 않을 만큼 사람의 내왕이나 일거리가 이어지다'의 의미를 지니기도 하는 것이다.

한편, (67)의 예들은 약간의 예외적인 경우에 해당하는 것으로서 '-치 않-'의 구성임에도 불구하고, '-찮-'이 아닌 '-잖-'으로 표기됨을 보여주는데, 이에 대해서는 다음 제40항의 규정에서 함께 다루기로 하겠다.

7) 접미사 '-하다' 구성의 준말

α. 용례

① 밑줄 친 부분을 '**간편케**'라는 말로 바꾸어 문장을 다시 읽어보세요. 그래도 자연스럽게 이어지지요? '**간편케**'는 '간편하게'의 준말로 쓰입니다.
② 시민들 사이에 **가타부타** 말들이 많지만, 많은 이들은 태산처럼 쌓인 지메네즈의 돈도 이번에는 그를 구조하기 힘들 것이라 믿는다.
③ 다만 **추측건대** 선분양 방식이 문제가 있기 때문에 주택의 선분양을 전면 금지하고, 후분양만을 하도록 하겠다는 것이 아닌가 한다.

④ 황사는 단순히 <u>깨끗지</u> 못한 시야만 제공하는 것이 아니라, 건강
　에 많은 해를 끼치기 때문에 심각한 문제이다
⑤ <u>이렇든 저렇든</u> 이번 사건은 정치에서 신뢰가 얼마나 중요한가
　를 새삼 느끼게 해준다.
⑥ <u>요컨대</u>, 검색 기능과 지식 정보 제공 기능이야말로 포털사이트
　의 핵심 기능이다.

b. 규정

제40항 어간의 끝음절 '하'의 'ㅏ'가 줄고 'ㅎ'이 다음 음절의 첫소
리와 어울려 거센소리로 될 적에는 거센소리로 적는다.

(본말)	(준말)
간편하게	간편케
연구하도록	연구토록
가하다	가타
다정하다	다정타
정결하다	정결타
흔하다	흔타

[붙임 1] 'ㅎ'이 어간의 끝소리로 굳어진 것은 받침으로 적는다.

않다	않고	않지	않든지
그렇다	그렇고	그렇지	그렇든지
아무렇다	아무렇고	아무렇지	아무렇든지
어떻다	어떻고	어떻지	어떻든지
이렇다	이렇고	이렇지	이렇든지
저렇다	저렇고	저렇지	저렇든지

[붙임 2] 어간의 끝음절 '하'가 아주 줄 적에는 준 대로 적는다.

(본말)	(준말)
거북하지	거북지
생각하건대	생각건대
생각하다 못해	생각다 못해

깨끗하지 않다	깨끗지 않다
넉넉하지 않다	넉넉지 않다
못하지 않다	못지않다
섭섭하지 않다	섭섭지 않다
익숙하지 않다	익숙지 않다

[붙임 3] 다음과 같은 부사는 소리대로 적는다.

결단코	결코	기필코	무심코
아무튼	요컨대	정녕코	필연코
하마터면	하여튼	한사코	

c. 해설

제40항은 국어의 준말 가운데 하나로, 어간의 끝 음절에 위치하는 '－하－'
의 모음 'ㅏ' 또는 음절 전체를 줄임으로써 준말을 형성하는 경우의 표기에
대한 규정이다. 예컨대, ①의 '간편케'는 '간편하게'의 줄임말로, 다음과 같
은 과정을 통하여 형성된 것이다.

(68) 기저형   //간편＋하＋게//
     모음 탈락   간편ㅎ게
     유기음화   간편케
     음성형   [간편케]

이와 같은 도출 과정을 통하여 볼 때, '간편하게→간편케'는 결국 어간
의 끝 음절 '－하－'의 모음 'ㅏ'가 탈락하고 난 후, 고립된 채로 남게 된
자음 'ㅎ'가 어미 '－게'의 첫소리 'ㄱ'와 통합함으로써 'ㅋ'로 유기음화하
여 하나의 음절을 구성한 결과라고 할 수 있다. ②의 '가타부타' 역시 이와
같은 과정을 거쳐 이루어진 준말이다. 이는 어원상으로 '피하다＋'좀하다'의
구성을 가지고 있는데, 이러한 구성에서 'ㅎ' 탈락과 유기음화를 거쳐 '가

타부타'로 굳어진 것이다.

그러나 ③, ④의 '추측건대'와 '깨끗지'는 '간편케'와 '가타부타'와는 달리, '−하−'의 모음 'ㅏ'뿐만 아니라 '−하−' 전체가 탈락함으로써 준말이 형성되고 있다. 즉, '추측하건대 → 추측건대'와 '깨끗하지 → 깨끗지'의 과정을 거쳐 준말이 이루어진 것이다.

그렇다면, '−하−'의 구성에서 이와 같은 두 가지 유형의 준말 형성을 결정하는 요인은 무엇일까? 이는 다름 아니라 '−하−'가 결합되는 어기의 음운론적 조건이라고 할 수 있다. 다음을 보자.

<table>
<tr><td>(69)</td><td>ㄱ</td><td>ㄴ</td></tr>
<tr><td></td><td>간편하게</td><td>거북하지</td></tr>
<tr><td></td><td>연구하도록</td><td>생각하건대</td></tr>
<tr><td></td><td>가하다</td><td>생각하다 못해</td></tr>
<tr><td></td><td>다정하다</td><td>깨끗하지 않다</td></tr>
<tr><td></td><td>정결하다</td><td>넉넉하지 않다</td></tr>
<tr><td></td><td>흔하다</td><td>못하지 않다</td></tr>
</table>

위의 예들은 각각의 어간이 '어기+파생접미사 −하−'로 구성되어 있다는 점에서 공통점을 지닌다. 그러나 (ㄱ)의 예들은 어기의 말음이 모음이거나 공명 자음, 곧 유음 또는 비음인 반면, (ㄴ)의 예들은 폐쇄음이나 마찰음 같은 순수 자음이라는 점에서 차이가 있는 것이다. 따라서 'ㄱ'의 예들과 같이 어기의 말음이 모음이거나 공명 자음인 경우에는 '−하−'의 'ㅏ'만 탈락하지만, (ㄴ)의 예들처럼 어기의 말음이 순수 자음인 경우에는 '−하−' 전체가 탈락함으로써 준말이 형성되는 것이다. 이러한 준말 형성의 기제를 정확히 알지 못함으로써 국어 사용자들은 흔히 오류를 범하게 되는데, 다음이 그 예이다.

(70) ㄱ. *<u>고백컨대</u> 나는 젊은 날 사랑하는 여성에게 꽃을 건네준 적도
없고, 깎아지른 바위 위에 핀 꽃을 목숨 걸고 따서 바치는<헌
화가>를 나이가 들어서도 노래할 줄 모른다.

ㄴ. 이 말도 *<u>적합치가</u> 않다. 나의 머릿속은 혼란이라는 말로 딱 잘
라서 규정할 수 있는 상태도 아니었다.

ㄷ. 또 두 번째 소리 있으되 "하나님께서 *<u>깨끗케</u> 하신 것을 네가
속되다 하지 말라." 하더라.

ㄹ. 하루 이틀, *<u>탐탁치 않게</u> 여겼던 식구들이 관심을 보이기 시작
할 때쯤 버들치들이 헤엄치기 시작했다.

ㅁ. 그런 표현에 *<u>익숙치</u> 못한 독자는 무슨 뜻인지 식별하기 어려
울 때도 있다.

위의 예들은 모두 '−하−'가 결합되는 어기의 말음이 무성 장애음들로,
이러한 조건하에서는 '−하−' 전체가 탈락함으로써 준말이 형성되고 있다.
따라서 '*고백컨대→고백건대, *적합치가→적합지가, *깨끗케→깨끗게, *탐
탁치→탐탁지, *익숙치→익숙지' 등으로 바로잡아야 하는 것이다. 앞에서
설명한 (67)의 '깨끗하지 않다→깨끗잖다', '의젓하지 않다→의젓잖다'의
경우도 '*깨끗찮다, *의젓찮다'로 줄지 않는 것은 바로 '−하−' 전체가 탈
락했기 때문이다.

또한, 다음의 예들은 '−하−'가 결합할 수 없는 어기임에도 불구하고
'−하−'를 결합하거나, 그에 대한 준말을 만드는 등의 오류를 범하고 있는
전형적인 예들이다.

(71) ㄱ. 이에 따라 일부 에너지 전문가들은 시작하지도 않은 RPS가 이
미 실패했다는 평까지 *<u>서슴치</u> 않는다.

ㄴ. 충북청 관계자는 "유가가 크게 상승함에 따라 직원들에게 불필
요한 공회전을 *<u>삼가하고</u>, 대기 상태에서는 시동을 끄는 습관
등 유류비를 절감할 수 있는 교육을 펼치고 있다."고 말했다.

위의 예문들에 등장하는 어기 '서슴-'과 '삼가-'는 '-하-'가 결합되지 않는 요소들이다. 따라서 '*서슴치'나 '*삼가하고'와 같은 활용형들은 성립하지 않는다. 결과적으로 (71ㄱ)의 '*서슴치'는 '서슴지'로, (71ㄴ)의 '*삼가하고'는 '삼가고'로 바로잡아야 할 것이다.

한편, 용례 ⑤의 '이렇든 저렇든'은 '이러하든 저러하든'이 줄어서 된 것이데, '이러튼 저러튼'이 아니라, 'ㅎ'를 어간의 끝소리로 고정시켜 표기한 예에 속한다. 이 경우, 한 개 단어로 다루어지는 준말의 기준은 관용에 따르는데, 대체로 지시 형용사(指示形容詞) '이러하다, 그러하다, 저러하다, 어떠하다, 아무러하다' 및 '아니하다' 등이 줄어진 형태가 이에 해당된다. [붙임 1]에 그러한 예들이 제시되어 있다.

또한, 용례 ⑥의 '요컨대' 같은 경우는 어원상으로 '要하건대'에서 비롯된 것이라고 할 수 있겠지만, 본말 대신 준말 형태만이 한 개의 단어로 굳어져 쓰이고 있는데, '요컨대'를 비롯하여 [붙임 3]에 제시된 예들은 대부분 이러한 경우에 해당하는 것들이다.

제부도

이재무

사랑하는 사람과의 거리 말인가?
대부도와 제부도 사이
그 거리만큼이면 되지 않겠나

손 뻗으면 닿을 듯, 그러나
닿지는 않고, 눈에 삼삼한

사랑하는 사람과의 깊이 말인가?
제부도와 대부도 사이
가득 채운 바다의 깊이만큼이면 되지 않겠나

그리움 만조로 가득 출렁거리는
간조 뒤에 오는 상봉의 길 개화처럼 열리는

사랑하는 사람과의 만남 말인가? 이별 말인가?
하루에 두 번이면 되지 않겠나
아주 <u>섭섭지는</u>[43] 않게 아주 물리지는 않게
자주 서럽고 자주 기쁜 것
그것은 사랑하는 이의 자랑스런 변덕이라네

---

43) 섭섭하지는(본말) → 섭섭지는(준말). 본말과 준말의 거리는 얼마나 될까?

3.4. 제6장 그 밖의 것

3.4.1. 부사파생접사 '-이, -히'의 표기

1) 용례

① <u>가붓이</u> 산보나 하려던 일이 본격적인 삼림욕이 되고 말겠소.
② 세월의 손도 그의 머리 아닌 마음의 정수리에 <u>깊숙이</u> 눌러 씌워진 촌사람의 모자를 만만히 벗겨내지는 못한다.
③ 위스키 향이 입안을 <u>촉촉이</u> 적시고, 그리고 소독하듯 뱃속을 찌르르 훑고 지나가자 갑자기 알지 못할 미지의 괴력이 꿈틀거리기 시작한다.
④ 그날 선생님은 '꼴찌들의 승리'라며 무척 기뻐하셨어요. 그리고 우리들과 <u>일일이</u> 악수하셨죠.
⑤ 대추야자 씨는 바람에 훨훨 날려 어디엔가 떨어져 언젠가는 가슴속에 <u>고이</u> 간직했던 아름다운 생각을 현실로 만들어 피워 올릴 것이다.
⑥ 그는 또 "유독물질이 포함된 퇴적층을 제거하기 위해서라도 4대 강사업이 필요하다고 주장하는 사람이 있을지 모른다. 실제로 그 사람 말이 맞을 수도 있다."며 "그러나 허드슨 강 준설 문제를 놓고 왜 25년이란 긴 검토기간이 필요했는지 <u>곰곰이</u> 생각해 볼 필요가 있다."고 지적했다.
⑦ 불특정 금전 신탁이 사실상 집합 증권 투자 제도 역할을 수행하는 것을 <u>엄격히</u> 금지해야 하며 이를 위해 법적으로 신탁업법과 자산 운용업법이 분명히 구분돼야 한다는 주장이 제기됐다.
⑧ <u>솔직히</u> 말해서 나는 돈이 좋다.
⑨ 이번 정시모집은 대학별로 전형유형이 다르기 때문에 지원하고자 하는 대학의 입시 요강을 <u>꼼꼼히</u> 살펴보는 것이 중요하다.
⑩ 계명산과 금봉산 자락도 하얀 눈을 뒤집어 쓴 채 <u>고요히</u> 누워 있다.

2) 규정

> **제51항** 부사의 끝 음절이 분명히 '이'로만 나는 것은 '-이'로 적
> 고, '히'로만 나거나 '이'나 '히'로 나는 것은 '-히'로 적는다.
>
> 1. '이'로만 나는 것
>
> | | | | |
> |---|---|---|---|
> | 가붓이 | 깨끗이 | 나붓이 | 느긋이 |
> | 둥긋이 | 따뜻이 | 반듯이 | 버젓이 |
> | 산뜻이 | 의젓이 | 가까이 | 고이 |
> | 날카로이 | 대수로이 | 번거로이 | 많이 |
> | 적이 | 헛되이 | 겹겹이 | 번번이 |
> | 일일이 | 집집이 | 틈틈이 | |
>
> 2. '히'로만 나는 것
>
> | | | | |
> |---|---|---|---|
> | 극히 | 급히 | 딱히 | 속히 |
> | 작히 | 족히 | 특히 | 엄격히 |
> | 정확히 | | | |
>
> 3. '이, 히'로 나는 것
>
> | | | | |
> |---|---|---|---|
> | 솔직히 | 가만히 | 간편히 | 나른히 |
> | 무단히 | 각별히 | 소홀히 | 쓸쓸히 |
> | 정결히 | 과감히 | 꼼꼼히 | 심히 |
> | 열심히 | 급급히 | 답답히 | 섭섭히 |
> | 공평히 | 능히 | 당당히 | 분명히 |
> | 상당히 | 조용히 | 간소히 | 고요히 |
> | 도저히 | | | |

3) 해설

국어의 부사들 가운데는 '가붓이'나, '극히' 등과 같이 접미사 '-이'나 '-히'에 의해 파생된 것들이 상당히 많다. 제51항은 그러한 방식에 의해 파생된 부사들을 어떻게 구별하여 표기할 것인가를 규정하고 있는 것인데 주로는 끝 음절의 발음에 근거하여 '-이'나 '-히'로 구별하여 적어야 한

다고 보고 있다. 그러나 단어의 개별적 발음이란 경우에 따라서 상당한 변이가 있게 마련이므로, '−이'나 '−히'의 구별을 음성적 조건 외에 다음과 같은 형태론적 정보까지를 포함시켜 보는 방법이 바람직하다고 할 수 있다.

먼저, 용례 ①의 '가붓이'의 경우처럼 '−이'로 적는 단어들은 대략 다음과 같은 요건들을 갖추고 있다.

〈표 8〉 부사 파생 접사 '−이'의 요건

구 분	예
'−하다'가 붙는 어기의 끝 받침이 'ㅅ'인 경우	가붓하다→가붓이, 깨끗하다→깨끗이, 의젓하다→의젓이 등.
'−하다'가 붙지 않는 용언 어간 뒤	같다→같이, 굳다→굳이 등.
'−하다'가 붙지만 부사의 끝 음절이 분명히 '이'로 소리 나는 경우	깊숙하다→깊숙이, 촉촉하다→촉촉이 등.
'ㅂ' 불규칙 형용사의 경우	곱다→고이, 날카롭다→날카로이 등.
첩어 또는 준첩어인 명사 뒤	간간이, 일일이, 집집이, 틈틈이 등.
부사 뒤	곰곰이, 오뚝이, 일찍이, 히죽이 등.

이와 같은 요건들에 비추어 위에서 제시한 용례들을 검토해 보면 우선 ①의 '가붓이'는 '−하다'가 붙는 어기의 끝 받침이 'ㅅ'인 경우에 해당한다. 그리고 ②, ③의 '깊숙이, 촉촉이'는 '−하다'가 붙지만 부사의 끝 음절이 분명히 '이'로 소리 나는 경우에 해당하며, ④의 '일일이'는 첩어 또는 준첩어인 명사 뒤인 경우이다. 또한, ⑤의 '고이'는 'ㅂ' 불규칙 형용사인 경우이고, ⑥의 '곰곰이'는 어기가 부사인 경우에 해당한다.

그 다음, 부사 파생 접사로 '−이'가 아닌 '−히'로 적는 경우는 다음과 같은 요건들을 갖추고 있다.

<표 9> 부사 파생 접사 '-히'의 요건

구 분	예
'-하다'가 붙는 용언 어간 뒤에서, 부사의 끝 음절이 '히'로만 소리 나는 경우	급히, 딱히, 속히, 족히, 엄격히 등.
'-하다'가 붙는 용언 어간 뒤에서, 부사의 끝 음절이 '이, 히'로 소리 나는 경우	솔직히, 간편히, 나른히, 과감히 등.

위의 <표 9>를 통해 알 수 있는 것처럼, 부사 파생 접사로 '-히'를 선택하는 경우는 그 어기가 '-하다'가 결합하는 용언 어간이되, ⑦의 '엄격히'처럼, 부사의 끝 음절이 '히'로 소리 나는 경우와, ⑧~⑩의 '솔직히, 꼼꼼히, 고요히'의 경우처럼 '이, 히' 두 가지로 소리 나는 경우 두 가지가 있다.

그런데 <표 8>과 <표 9>에 제시한 요건들을 일일이 따져가며 '-이', '-히'를 구별하여 적기란 상당히 번거로운 일일 수 있다. 따라서 '-히'로 표기해야 하는 두 가지 경우만을 별도로 기억해 두는 방법도 바람직한 문제 해결 방법이라고 할 수 있을 것이다.

쉼터

밤(栗) 이야기

문정희

내 어머니는 분명 한쪽 눈이 먼 분이셨다
어릴 적 운동회 날, 실에 매단 밤 따먹기에 나가
알밤은 키 큰 아이들이 모두 따 가고
쭉정이 밤 한 톨 겨우 주워 온 나를
이것 봐라, 알밤 주워 왔다!고 외치던 어머니는 분명 한쪽 눈이 <u>깊숙</u>
<u>이</u>[44] 먼 분이셨다
어머니의 그 노래는 그 이후에도
30년도 더 넘게 계속되었다
마지막 숨 거두시는 그 순간까지도
예나 지금이나 쭉정이 밤 한 톨
남의 발밑에서 겨우 주워 오는
내 손목 치켜세우며
내 새끼 알밤 주워 왔다고
사방에 대고 큰 소리로 외쳤다.

---

44) '깊숙ー'은 '깊숙하다'의 경우처럼 'ー하다'가 연결될 수 있지만, 부사의 끝 음절이 분명히
   '이'로 소리가 나므로 '깊숙이'로 적는다.

3.4.2. 한자어의 발음과 표기

1) 용례

① 세밑에 원고 청탁을 받고 막상 <u>승낙</u>을 하고 나니 여간 고민스러운 게 아니었다.

①´ 조던은 경기가 시작하기 불과 몇 분 전 빈스 카터의 제의를 <u>수락</u>해 선발 출전했다.

② 아귀레는 자신을 '신의 <u>분노</u>'라 말한다. 만약 신에게 감정이 있다면 자신은 분노에 해당한다는 식이다.

②´ 그리스 비극은 단순히 삶의 <u>희로애락</u>을 노래한 예술이 아니라 지극히 정치적인 인간의 미적 반성의 표현이라고 할 수 있다.

③ 정신을 바짝 차려 대엿새째 <u>오륙십</u> 전씩이라도 남겨 나가니 장마가 시작이다.

③´ 인간이 가진 부란 <u>오뉴월</u> 햇살 아래 놓인 한 방울 이슬입니다.

④ 겨울은 <u>시월, 십일월, 십이월</u>이니 시월은 '맹동'(孟冬), 십일월은 '중동'(仲冬), 십이월은 '계동'(季冬)이라 한다.

④´ 저승에서 죽은 사람을 재판한다는 10명의 대왕을 일컬어 <u>시왕</u>이라 한다.

2) 규정

제52항 한자어에서 본음으로도 나고 속음으로도 나는 것은 각각 그 소리에 따라 적는다.

(본음으로 나는 것)	(속음으로 나는 것)
승낙(承諾)	수락(受諾), 쾌락(快諾), 허락(許諾)
만난(萬難)	곤란(困難), 논란(論難)
안녕(安寧)	의령(宜寧), 회령(會寧)
분노(忿怒)	대로(大怒), 희로애락(喜怒哀樂)
토론(討論)	의논(議論)
오륙십(五六十)	오뉴월, 유월(六月)

<table>
<tr><td>목재(木材)</td><td>모과(木瓜)</td></tr>
<tr><td>십일(十日)</td><td>시방정토(十方淨土), 시왕(十王),
시월(十月)</td></tr>
<tr><td>팔일(八日)</td><td>초파일(初八日)</td></tr>
</table>

3) 해설

국어에서 사용되는 한자음들 가운데는 한자음 본래의 음, 곧 원음이 변한 채로 언중들에게 널리 통용되는 음들이 있는데, 이를 일컬어 속음(俗音)이라고 한다. 그런데 원음이 변하여 속음으로만 발음되는 경우는 사전이나 옥편에서도 속음으로만 표기하기 때문에 그다지 큰 문제가 없다. 그러나 경우에 따라 원음으로 나기도 하고 속음으로 나기도 하는 한자음이 있을 수 있는데, 이러한 경우에는 개별적으로 구별하여 표기해야 한다. 이러한 표기 문제에 대해 규정하고 있는 것이 제52항이다. 여기에 제시된 한자어의 음을 비롯하여, 국어에서 널리 통용되고 있는 또 다른 예들을 하나의 표로 정리하면 다음과 같다.

〈표 10〉 한국 한자음의 속음

한 자	한자음		예
諾	본음	낙	승낙(承諾)
	속음	락	수락(受諾), 쾌락(快諾), 허락(許諾)
難	본음	난	만난(萬難), 간난(艱難)
	속음	란	곤란(困難), 논란(論難)
寧	본음	녕	안녕(安寧), 강녕(康寧)
	속음	령	의령(宜寧), 회령(會寧), 보령(保寧)
怒	본음	노	분노(忿怒)
	속음	로	대로(大怒), 희로애락(喜怒哀樂)

한 자	한자음		예
論	본음	론	토론(討論), 담론(談論)
	속음	논	의논(議論)
六	본음	륙	오륙십(五六十), 오륙일(五六日)
	속음	뉴, 유	오뉴월(五六月), 유월(六月)
十	본음	십	십일(十日)
	속음	시	시방정토(十方淨土), 시왕(十王), 시월(十月)
八	본음	팔	팔일(八日)
	속음	파	초파일(初八日)
木	본음	목	목선(木船)
	속음	모	모과(木瓜)
牧	본음	목	목장(牧場)
	속음	모	모란(牧丹)
丹	본음	단	단심(丹心)
	속음	란	모란(牧丹)
宅	본음	택	자택(自宅), 주택(住宅)
	속음	댁	본댁(本宅), 시댁(媤宅), 댁내(宅內)
洞	본음	동	동굴(洞窟)
	속음	통	통찰(洞察)
糖	본음	당	당분(糖分), 당뇨(糖尿)
	속음	탕	사탕(砂糖), 설탕(雪糖)
布	본음	포	공포(公布), 반포(頒布)
	속음	보	보시(布施)
提	본음	제	제공(提供)
	속음	리	보리(菩提)
場	본음	장	도장(道場)
	속음	량	도량(道場)

위의 표를 통해 알 수 있는 바와 같이, 국어의 한자음 가운데는 본음에
서 멀어져 속음으로 발음되는 경우가 적지 않다. 앞의 용례에서 제시한 ①,

①'의 '승낙'과 '수락'에서 쓰인 '諾'을 비롯하여, ②, ②'의 '분노', '희로애락'에서 쓰인 '怒', ③, ③'의 '오륙십, 오뉴월'에서 쓰인 '六', ④, ④'의 '시월, 십일월, 시왕'에서 쓰인 '十'이 그러한 언어적 사실을 예증하고 있는바, 국어 한자음이 보이는 이러한 변이 양상에 대한 깊이 있는 이해가 필요하다고 할 것이다.

3.4.3. '-ㄹ'계 어미의 발음과 표기

1) 용례

① '다른 교통수단을 이용하라고 <u>할걸</u>, 괜히 좌석버스를 타라고 했나?'하는 후회가 들었다.
② 저희가 치우고 설거지도 하고 <u>그럴게요</u>. 그렇지 않으면 아빠만 힘들잖아요.
③ 인생이 엄숙하면 <u>할수록</u> 그만큼 유머가 필요하다.
④ 정말 <u>그럴지도</u> 모르죠, 그럴지도 몰라요.
⑤ 그러므로 지구는 태양의 아들이요, 달은 지구의 아들, 즉 태양의 <u>손자올시다</u>.
⑥ 세상인이 너를 보면 두 손으로 움켜다가 끓는 물에 솟구쳐 끓여내니 자라탕이 별미로다. 세가자제(勢家子弟) 즐기나니, 네 무슨 수로 다시 <u>살아올꼬</u>?

2) 규정

제53항 다음과 같은 어미는 예사소리로 적는다(ㄱ을 취하고, ㄴ을 버림).

ㄱ	ㄴ	ㄱ	ㄴ
-(으)ㄹ거나	-(으)ㄹ꺼나	-(으)ㄹ지니라	-(으)ㄹ찌니라
-(으)ㄹ걸	-(으)ㄹ껄	-(으)ㄹ지라도	-(으)ㄹ찌라도

−(으)ㄹ게	−(으)ㄹ께	−(으)ㄹ지어다	−(으)ㄹ찌어다
−(으)ㄹ세	−(으)ㄹ쎄	−(으)ㄹ지언정	−(으)ㄹ찌언정
−(으)ㄹ세라	−(으)ㄹ쎄라	−(으)ㄹ진대	−(으)ㄹ찐대
−(으)ㄹ수록	−(으)ㄹ쑤록	−(으)ㄹ진저	−(으)ㄹ찐저
−(으)ㄹ시	−(으)ㄹ씨	−올시다	−올씨다
−(으)ㄹ지	−(으)ㄹ찌		

다만, 의문을 나타내는 다음 어미들은 된소리로 적는다.

−(으)ㄹ까?	−(으)ㄹ꼬?	−(스)ㅂ니까?
−(으)리까?	−(으)ㄹ쏘냐?	

3) 해설

국어의 어미 목록 가운데는 'ㄹ'를 미의 첫 음으로 갖는 형태가 상당수 있다. 예컨대, 본 항에 제시된 '−ㄹ걸, −ㄹ게, −ㄹ세' 등이 그것인데, 이때에 'ㄹ' 뒤의 평음들은 필수적으로 적용되는 경음화를 수행함으로써, 각각 '−ㄹ껄, −ㄹ께, −ㄹ쎄' 등으로 발음된다. 이와 같은 현상 때문에 표기에 있어서 형태소의 원형을 밝혀 적을 것인지 아니면 소리대로 적을 것인지 논란의 대상이 될 수 있다. 제53항에서는 이러한 문제에 대해 경음화를 반영하지 않고 평음으로 적기로 한다고 규정하고 있다. 따라서 용례 ①~⑤에 제시된 예들 모두 경음이 아닌 평음으로 적어야 하는 것들이다.

그런데 ②에서 사용된 '−ㄹ게'의 경우, 이전에는 예외를 인정하여 '−ㄹ께'로 표기해 온 오랜 전통 때문에 아직도 '−ㄹ께'로 적는 사례들이 매우 자주 발견되고 있는데, 다음이 그러한 예이다.

(72) ㄱ. 저도 때 되면 시집 *갈께요.

    ㄴ. 남편은 "어릴 때 엄마가 시골 장에서 사주신 새 하얀 고무신이 얼마나 좋았는지 몰라. 딱, 오늘밤만 신고 *잘께." 하는 것이었다.

    ㄷ. "엄마 아빠, 잘못했어요. 앞으로는 밥 잘 *먹을께요!"하는 말을

몇 번이고 되뇌며 용서를 빌었습니다.
ㄹ. 할머니 저 *잘될께요. 꼭 잘되어서 부모님도 기쁘게 해드리고,
　　　동생도 정신 차리고 공부하게 *만들께요.

위의 예들은 모두 '-ㄹ게'로 적어야 할 자리에 '*-ㄹ께'로 적고 있는 전형적인 예들이다. 경우에 따라서는 이와 같은 표기 방식이 친숙하게 느껴질 수가 있겠지만, 현행 ≪한글 맞춤법≫에서는 이를 허용하지 않고 있다.

그러나 '-ㄹ게' 어미의 표기에는 예외가 있다. ⑥의 '-ㄹ꼬'를 통하여 짐작할 수 있듯이, 의문형 어미의 경우에는 'ㄹ' 뒤의 경음화를 표기에 반영하기로 한 것이다. 이러한 어미에 속하는 것으로는 '-ㄹ꼬'를 비롯하여 '-ㄹ까, -ㄹ쏘냐, -리까' 등이 있다. 아울러, 'ㄹ'계 어미는 아니지만, 같은 의문형 어미에 속하는 '-ㅂ니까/-습니까, -ㅂ디까/-습디까'의 경우도 경음으로 적고 있다. 이와 같은 예외는 1957년 6월 30일 한글 학회 총회에서 결정한, ≪통일안≫의 보유(補遺)에서 정한 것을 따라왔던 오랜 관용 때문이라고 할 수 있다.

농민의 모습

문병란

거지가 <u>아니올시다</u>, 더구나
콩고江에서 붙잡혀 와
켄터키 목화밭에서 일하며
잘 사는 나라의 오물통에서 비계 덩어리를 건져 먹는
그런 멋진 링컨의 흑인 노예가 <u>아니올시다</u>
<u>아니올시다</u>, 검둥이보다 더 서러운
우리는 또 하나의 이 땅의 검둥이
버림받고 소외당한 이 땅의 농민
그러나 가난해도 같은 형제끼리 모여
이 땅과 이 민족을 지켜온
우리는 사람, 두드리면 쏟아지는
그런 깨 다발이 <u>아니올시다</u>
양반들의 발길 아래 신음하던
곤장 밑에 모진 피꽃이 피는
슬픈 엉뎅이가 <u>아니올시다</u>
서울에서 뺨 맞고 장성 갈재에서 눈 흘기던
전라도 개땅쇠, 丁哥 李哥 부동산 문서 속에 죽어가는
지지리 못생긴 함평 고구마, 무안 양파 다마네기,
그러나 남의 것 훔치거나 놀고먹지 않는
우리는 도둑놈이 <u>아니올시다</u>
춘향이나 울리는 건달 이도령이 <u>아니올시다</u>
외인부대의 술상 머리에서 춤을 추는
화냥년 명월이 황진이가 <u>아니올시다</u>
우리는 이 땅의 주인,
우리를 주장하고 우리를 지킬 권리가 있는

우리는 이 땅의 일하는 <u>주인올시다</u>
오늘 누가 주인을 밀어내고 큰 소리 치는가?
오늘 누가 이 땅에 멋대로 법을 만드는갸
우리가 우리의 주인이라고 말하라
우리가 이 땅의 왕이라 말하라
우리는 이 땅의 당당한 <u>주인올시다</u>
우리끼리 오손도손 모여
묵은 땅을 갈아엎고 씨를 뿌리는
우리는 이 땅의 당당한 <u>주인올시다</u>[45]

---

45) '아니올시다', '주인올시다'에 쓰이고 있는 어미 '-올시다'는 합쇼할 자리에서 '이다, 아니다'의 어간에 붙어 '-ㅂ니다'의 뜻으로 쓰이는 종결 어미이다. '-올시다' 대신 '-올습니다' 형태를 쓰는 경우도 있는데, 이는 표준어가 아니다.
'-올시다'는 '-ㄹ'계 어미들과 마찬가지로 'ㄹ' 다음에서 경음화하여 '-올씨다'로 발음되긴 하지만, 원래의 형태소 그대로 '-올시다'로 적어야 한다.

3.4.4. 접미사의 표기

1) 용례

① 어디서 보았는지 몰라도 정류장 **심부름꾼**인 성용이가 잽싸게
   할머니 품에 안겨들고 있습니다.
② 매혈, 감옥, **지게꾼** 등 한국 사회의 가장 밑바닥 삶을 고순도의
   세련된 시어로 옮겨놓은 이 시집은 시인의 독특한 이력과 함께
   근대문학 100년의 가장 이색적인 시집으로 자리 잡았다.
③ 그곳에는 매끈매끈한 자갈들과 **때깔** 고운 모래가 깔려 있었고,
   수영을 하다가 물을 발칵 들이켜도 별탈이 없었던 맑은 물이
   흘렀습니다.
④ 그녀는 **스스로도 객쩍었던지** 해죽 웃음을 지어 보였다.
⑤ 다음 날에도 안내원을 따돌리고 택시를 타고 가다 허름한 마을
   어귀에서 내렸다. **볼때기**가 빨갛게 탄 아이들이 따라붙더니 어
   른들까지 줄줄이 쫓아왔다.
⑥ 그 사람은 써주기만 한다면 **이마빼기**에 회사 로고를 문신해서
   애사심을 보여주겠다는 것이었어요.
⑦ "당신 최고야. 당신은 세기에 하나 날까 말까한 미녀야"라는
   객쩍은 농담이 그를, 혹은 그녀를 세상에 둘도 없는 능력남,
   혹은 미인으로 바꿀 수 있다는 사실을 우린 가끔 잊는다.

2) 규정

제54항 다음과 같은 접미사는 된소리로 적는다(ㄱ을 취하고, ㄴ을
   버림).

ㄱ	ㄴ	ㄱ	ㄴ
심부름꾼	심부름군	귀때기	귓대기
익살꾼	익살군	볼때기	볼대기
일꾼	일군	판자때기	판자대기
장꾼	장군	뒤꿈치	뒷굼치

지게꾼	지겟꾼	팔꿈치	팔굼치
때깔	땟깔	이마빼기	이맛배기
빛깔	빛갈	코빼기	콧배기
성깔	성갈	겸연쩍다	겸연적다
객쩍다	객적다		

3) 해설

이 항은 '-꾼, -깔, -때기, -빼기, -꿈치, -쩍다' 등과 같이 된소리로 발음되는 접미사는 모두 된소리로 적어야 한다는 규정이다. 따라서 ①~⑦에 제시된 단어들은 모두 접미사의 형태를 된소리로 표기해야 하는 것이다.

그런데 체언 어기에 접미사 '-꾼'이 결합하여 형성된 '지게꾼, 나무꾼, 낚시꾼, 농사꾼' 등의 경우, 이전 시기에 '지겟군, 나뭇군, 낚싯군, 농삿군' 처럼, 접미사 앞에 사이시옷을 적고 접미사는 '-군'으로 표기해 왔던 전통 때문에 흔히 잘못된 표기 사례가 발생하기 쉬운데 다음이 그러한 예들이다

> (73) ㄱ. 남대문 시장의 *지겟군도 순서가 있다는 말이 있다.
> ㄴ. 그런데 이상한 일은 *나뭇군이 부자에게 잠을 팔고 난 후부터
> *나뭇군의 집에서 그의 코 고는 소리가 들리지 않았다.
> ㄷ. 어둠이 오기 직전의 강가의 정경이, 실루엣으로 처리되어 있는
> *낚싯군과 강에 드리운 긴 낚싯대에 의해 더욱 아늑한 분위기
> 를 자아내게 한다.
> ㄹ. 지금 뒤돌아보면 *농삿군 이원범의 일생보다 임금으로서의 일
> 생이 나았는지 모르지만 글도 잘 몰랐던 이원범의 궁중생활이
> 편안하지만은 않았으리라.

이와 같은 표기의 오류는 특히 접미사 '-꾼'이 결합되는 어기의 말음이 모음으로 끝나는 경우에 나타난다. 제30항에서 살펴본 사이시옷의 표기 규

정에 비추어 보더라도 접미사 앞에서는 사이시옷을 첨가하지 않으므로, 발음 나는 대로 '-꾼'으로 적어야 한다는 것을 알아둘 필요가 있다.

그러나 위의 접미사 목록 가운데 '-빼기'는 '-배기'와, '-쩍다'는 '-적다'와 구별하여 적어야 하는 경우가 있으므로, 이에 대해서는 약간의 언급이 필요하다.

먼저, '-배기/-빼기'의 구별에 혼동의 여지가 있을 수 있는 단어는 다음과 같이 적는다.

(74) ㄱ. [배기]로 발음되는 경우는 '배기'로 적는다.
　　　例. 귀퉁배기, 나이배기, 대짜배기, 육자배기, 주정배기 등.
　　ㄴ. 한 형태소 내부의 'ㄱ, ㅂ' 받침 뒤에서 [빼기]로 발음되는 경우는 '배기'로 적는다.
　　　例. 뚝배기, 학배기 등.
　　ㄷ. 다른 형태소 뒤에서 [빼기]로 발음되는 것은 모두 '빼기'로 적는다.
　　　例. 고들빼기, 과녁빼기, 그루빼기, 대갈빼기, 곱빼기, 머리빼기, 억척빼기 등.

이와 같은 '-배기/-빼기'의 구별과 관련하여 특히 '뚝배기'와 '곱빼기'는 혼동의 여지가 있다는 점에서 약간의 언급을 필요로 한다. 그 이유는 '곱빼기'의 경우 (74ㄴ)에서 규정하고 있는 대로, 'ㅂ' 받침 뒤에서 [빼기]로 발음되는 단어에 속하는 것으로 보이기 때문이다. 그러나 '뚝배기'의 '배기'는 한 형태소 내부에서 쓰인 것인데 반해, '곱빼기'의 '-빼기'는 '곱'이라는 형태소 뒤에서 쓰인 것이라는 점을 알고 보면 분명하게 구별될 수 있으리라 본다.46)

---

46) 다만, 이러한 표기 원칙에는 예외가 있을 수 있는데 '언덕배기'가 그 예이다. 이는 분명히 '언덕'이라는 자립 형태소 뒤에서 '-배기'가 쓰이고 있는 경우임에도 불구하고 (74ㄴ)에 준하여 '언덕배기'로 적기로 한 것이다.

한편, 접미사 '-적다/ -쩍다'의 구별은 다음과 같다.

(74) ㄱ. [적다]로 발음되는 경우는 '적다'로 적는다.
　　　例. 괘다리적다, 괘달머리적다, 딴기적다, 열퉁적다 등.
　　ㄴ. '적다[少]'의 뜻이 유지되고 있는 합성어의 경우는 '적다'로 적
　　　는다.
　　　例. 맛적다47)
　　ㄷ. '적다[少]'의 뜻이 없이, [쩍다]로 발음되는 경우는 '쩍다'로 적
　　　는다.
　　　例. 맥쩍다, 멋쩍다, 해망쩍다, 행망쩍다 등.

3.4.5. 단어의 통합

1) 용례

① 연인인 현빈과 송혜교가 각기 다른 도시에서 다른 파트너와 멜
　로 호흡을 맞추고 있어 눈길을 끈다.
①′ 숭은 연미복과 모닝과 춘추복 한 벌, 동복 한 벌, 딴 바지 하나
　씩 껴서 춘추 외투 한 벌, 겨울 외투 한 벌을 *마추고, 정선도
　혼인식에 입을 드레스 기타 철 찾아 입을 양복 일습(一襲)을 *마
　추었다.
①″ 오후 무렵, 나는 같은 반 친구가 교복을 맞추러 가는 데 따라갔
　다. 옷집은 광주공원 쪽에 있었는데 옷을 맞추고 돌아오던 길
　에 우리는 쫓고 쫓기는 한 떼의 시위군중과 맞닥뜨렸다.
② 디스크가 터져 나오게 되면 그 옆에서 지나가는 신경이 눌려 다
　리로 통증이 뻗치면서 발등 부분의 감각이 이상하며 발가락의
　운동력이 저하됩니다.
②′ 그놈은 아주 멀리서부터 흥얼대며 장단을 맞추어 왔는데, 우린
　그 장단의 곡조조차 헤아리지 못하고 십리 길 넘게 *뻐쳐 있는

---

47) 재미나 흥미가 거의 없어 싱겁다는 뜻. 파생어인 '멋쩍다'의 경우와는 달리, '맛적다'는
　'적다'(少)의 뜻이 유지되는 합성어이다.
　例. 그는 겉보기와는 달리 맛적은 사람이다.

산길을 걸었다.
②″ 이때 왕의 행렬이 얼마나 호화롭고 거창했는지 3리가 넘게 **뻗**
쳤고, 구경꾼이 길옆을 가득 메웠다.

2) 규정

제55항 두 가지로 구별하여 적던 다음 말들은 한 가지로 적는다(ㄱ
을 취하고, ㄴ을 버림).

ㄱ	ㄴ
맞추다(입을 맞춘다. 양복을 맞춘다)	마추다
뻗치다(다리를 뻗친다. 멀리 뻗친다)	뻐치다

3) 해설

이 항은 '맞추−'와 '마추−', '뻗치−'와 '뻐치−'를 구별하여 적어오던
것을 하나로 통합하여, '맞추−, 뻗치−'로 적기로 한 규정이다.

'맞추−'와 '마추−',의 경우, 종래에는 '맞추−'는 '맞도록 하다'의 의미
를, '마추−'는 '주문하다'의 의미를 갖는 것으로 구별해 왔으나, 이러한 구
별이 언중들에는 쉬운 일이 아니어서 혼동의 여지가 없지 않았다. 그리하여
그러한 구별을 없애고 '맞추−' 하나로만 통합하여 적기로 하였다. ①~①″
의 예가 그러한 사실을 보여주는바, 결과적으로 ①′에서 사용된 '*마추−'는
①″처럼 '맞추−'로 표기해야 한다. 이러한 사실과 관련되는 것으로, 종래
에 '안성에 주문함'의 의미로 써오던 '안성마춤'도 '안성맞춤'으로 표기해
야 한다는 것을 알아둘 필요가 있다.

[그림 4] '안성맞춤'의 대명사인 안성 유기

'뻗치-'와 '뻐치-' 역시 전자는 '뻗다'의 힘줄말로, 후자는 '한쪽 끝에서 다른 쪽 끝까지 닿다'의 의미를 갖는 것으로 구별해 오던 것이나, 하나로 통합하여 '뻗치-'로 적기로 하였다. ②는 '뻗치-'가 '뻗다'의 힘줄말로 사용된 예이고, ②', ②″는 '한쪽 끝에서 다른 쪽 끝까지 닿다'의 의미를 갖는바, ②'의 '*뻐치-' 또한 '뻗치-'로 바꿔 써야 한다.

3.4.6. 어미의 구별

1) 용례

① 또 "장나라라는 배우가 중국에서 6년 넘게 톱스타로 활동을 해서 한국말을 잘하나 걱정을 많이 했다. 의사소통이 어려울 줄 알았는데 한국말 <u>잘하더라</u>."고 덧붙여 또 한 번 좌중을 웃겼다.
①′ 강혜정과 박해일이 연기를 너무 *<u>잘하드라</u>. 다음에 또 좋은 영화 있음 같이 보자.

② 앞으로 재협상은 없으며, 이 달 말까지 이 금액에 계약을 <u>하든지 말든지</u> 하라고 못 박았다.
②´ 외진 곳에 폐차 직전의 차를 버리는 비양심적인 행동도 남이야 욕을 *<u>하던지 말던지</u> 이익이라고 생각하니까 서슴없이 그런 행동을 하는 게 아닌가.

2) 규정

제56항 '-더라, -던'과 '-든지'는 다음과 같이 적는다.
  1. 지난 일을 나타내는 어미는 '-더라, -던'으로 적는다(ㄱ을 취하고, ㄴ을 버림).

ㄱ	ㄴ
지난겨울은 몹시 춥더라.	지난겨울은 몹시 춥드라.
깊던 물이 얕아졌다.	깊든 물이 얕아졌다.
그렇게 좋던가?	그렇게 좋든가?
그 사람 말 잘하던데!	그 사람 말 잘하든데!
얼마나 되던지 몰라?	얼마나 되든지 몰라?

  2. 물건이나 일의 내용을 가리지 아니하는 뜻을 나타내는 조사와 어미는 '(-)든지'로 적는다(ㄱ을 취하고, ㄴ을 버림).

ㄱ	ㄴ
배든지 사과든지 마음대로 먹어라.	배던지 사과던지 마음대로 먹어라.
가든지 오든지 마음대로 해라.	가던지 오던지 마음대로 해라.

3) 해설

이 항은 발음상으로 잘 구별되지 않는 '-더라, -던'과 '-든(지)'를 구별하여 적기로 한 규정이다. '-더라, -던'의 '-더-'는 이른바 회상 시제 선어말어미로 과거에 경험한 일을 되돌아보는 뜻을 나타낸다. ①의 '잘하더라'에 쓰인 '−더라'가 그 예이다. 이와는 달리, '−든(지)'는 ②의 '하든지 말든지'처럼, 어떤 일의 내용을 가리지 않는다는 의미를 나타낸다. 그런데 언중들은 흔히 이 두 가지를 혼동하여 '−더−'는 '−드−'로, '−든(지)'는 '−던지'로 적는 일이 많다. ①', ②'가 바로 그러한 예이다. 그러나 이 두 가지는 엄연히 그 의미 기능에 차이가 있으므로 엄격히 구별하여 적어야 할 것이다.

쑥부쟁이 피었구나, 언덕에

이준관

쑥부쟁이 피었구나, 언덕에
쑥부쟁이야, 너를 보니
모두들 소식이 궁금하구나.

늙은 어머니의 마른 젖꼭지를 파고들던
달빛은 잘 있는가.

전봇대에 오줌을 갈기던 개는
달을 보고 걸걸걸 잘 짖어대는가.

해거리를 하는 감나무에
올해는 유난히 감이 많이 열렸는가.

볼때기[48)]에 저녁 밥풀을 잔뜩 묻히고 나와
아아아아 산을 향해
제 친구를 부르던 까까머리 소년은
잘 있는가.

---

48) 볼＋－때기 → 볼때기. '－때기'는 몇몇 명사에 붙어 그 명사를 속된 말로 만드는 역할을
하는 접미사이다. '볼때기' 외에 '귀때기, 배때기, 팔때기' 등이 있다.

연습문제

1 다음 글은 '한글날의 유래와 변천'이라는 제목의 글이다. 이 글을 바탕으로 '한글날의 제정 과정'과 '10월 9일 한글날'의 문제점에 대한 보고서를 작성하라.

> 한글날 기념식을 처음으로 거행한 것은 1926년이다. 이 해는 1446년 한글이 반포된 이후 8회갑(480돌)이 되는 해였다. 기념식은 조선어연구회(현 한글학회)와 신민사의 공동 주최로 식도원(食道園)이라는 요리집에서 거행하였는데 수백 명이 참석하여 당시로서는 성대하였다고 한다. 그런데 1926년에 기념식을 거행한 날은 10월 9일이 아니라 11월 4일이었다. 이 날이 음력으로 9월 29일이었기 때문이다. 음력 9월에 『훈민정음』을 책자로 완성했다는 실록의 기록에 근거하여 9월 29일을 반포한 날로 보고 기념식을 거행한 것이다.
>
> 기념식을 거행하는 중에 이 날을 부를 명칭이 있어야 하겠다는 의논이 나왔고 '가갸날'로 하기로 결정하였다. 당시에 한글을 배울 때 '가갸거겨' 하면서 배웠기 때문에 '가갸날'이라고 한 것이다. 당시는 아직 '한글'이라는 용어가 널리 퍼지기 전이었다. 이후 여러 해 동안 신문 지상 등에서는 '가갸날'이라는 명칭을 사용하였는데, 차차 '한글날'로 부르게 되면서 '한글날'로 굳어지었다.
>
> 이처럼 음력 9월 29일에 기념식을 거행했기 때문에 매년 기념식을 거행하는 날이 바뀌었다. 1931년에 들어와서 모든 생활이 양력을 중심으로 삼는 데 비해 한글날은 음력으로 지내는 것이 불편하다는 의견이 제기되어 1446년 음력 9월 29일이 양력으로는 어느 날에 해당하는가를 계산하게 되었다. 이렇게 하여 나온 날이 10월 29일이다. 양력으로 지내기 시작한 해는 1931~1932년 무렵이었다. 조선어학회 회원이었던 이희승과 이극로의 기록에 따르면 1932년부터 양력으로 지냈다고 하는데, 양력 계산 방법은 이미 1931년에 신문 기사로 소개되었고 또 1931년부터 양력으로 지내기로 했다는 신문 기사도 있다.
>
> 그런데 한글날의 양력 계산을 둘러싸고 논란이 벌어져, 전문가와 전문 기관에 문의한 결과 양력 계산은 맞지만 그레고리력으로 계산

하는 게 좋겠다는 일치된 의견이 나왔다. 율리우스력에 따르면 10월 29일이지만, 양력은 1582년 이후 그레고리력으로 바뀌었으므로 양력 계산을 그레고리력으로 하는 게 좋겠다는 것이었다. 그렇게 해서 나온 날짜가 10월 28일이다. 그래서 1934년부터는 10월 28일에 한글날 기념식을 거행하게 되었다.

이극로의 기록에 따르면 1937년 중일 전쟁이 일어난 이후로는 기념식을 거행하기 어려웠다고 한다. 1942년에는 조선어학회 사건으로 기념식을 주관할 사람들이 모두 감옥에 잡혀갔다.

10월 9일에 공개적으로 기념식을 거행하게 된 것은 일제 강점기 이후인 1945년부터이다. 한글날이 10월 9일로 된 것은 1940년 7월에 발견된 『훈민정음』(해례본)에 나오는 기록에 의한다. 이 책에 실린 정인지의 서문에 9월 상한(上澣)이라는 기록이 나오는데 이 기록에 따라 9월 상한, 즉 상순(上旬)에 반포된 것으로 보고 9월 상한의 마지막 날인 9월 10일을 양력으로 다시 계산한 것이다. 공휴일로 지정된 것도 이 무렵인데, 1991년부터 공휴일에서 제외되었다.

－조남호(1998), 『새국어소식』 제3호, 국립국어연구원.

2 북한의 현행 어문 규범은 1987년 5월 15일 국어사정위원회가 제정하고 1988년 2월 16일 사회과학출판사에서 단행본으로 발간한 ≪조선말 규범집≫의 여러 규정이다. 남한의 ≪한글 맞춤법≫과 북한의 ≪조선말 규범집≫의 규정들 사이에는 어떠한 차이가 존재하며, 그러한 차이를 극복하는 방안은 무엇인가를 제시하는 보고서를 작성하라.

3 다음 글을 읽고, 각 문장의 끝에 쓰인 '-오' 또는 '요'의 문법적 기능을 설명하라.

똑똑똑.

나는 내 심장을 두드리듯이 손끝에 온 신경을 모으며 검사실 문을 두드렸다.

생전 처음 와 보는 검찰청이었다. 왜 검사는 이름도 잘 알지 못하는 피고인의 참고인으로 나를 부른 것일까.

똑똑똑.

또 한 번 문을 두드렸는데도 안에서는 아무 대답이 없었다. 대한민국 관공서에서 문을 두드린다고 들어오십시오, 친절한 대답을 들을 리가 있는가. 나는 조심스럽게 문을 밀고 안으로 들어섰다. 검사는 아니고 검사보 같은 남자가 책상 저 편에 앉아, 이 편에 앉은 어떤 아주머니를 상대로 조사를 하다 말고 나를 향해 버럭 고함을 질렀다.

"아주머니는 뭐요? 나가 기다려요"

　나는 온 용건을 말하려다가 그 고함 소리에 기가 질려 엉거주춤 문밖으로 나오고 말았다. 나와서 둘러보니 바로 맞은편에 대기실이라는 방이 있긴 있었다. 대기실에서 기다리다가 아까 그 아주머니가 나오고 나서 검사실로 다시 들어갔다.

　"아주머니네 건물은 종합 건축업자가 지어야 하는데 보통 집장사가 종합건축업자한테 자격증을 빌려 지었단 말이오 여기저기 불법으로 자격증을 마구 빌려 준 건축업자가 구속되어서 아주머니를 참고인으로 부른 거요. 아주머니가 벌금을 물지 않으려면 구청에 가서 건축 허가서 사본하고 착공 신고서 사본을 떼어오란 말이오 그렇지 않으면 벌금이 3백만 원이오"

　나는 허겁지겁 검찰청을 나와 간신히 택시를 잡아 뒷좌석에 올라탔다. 내가 한숨을 몰아쉬고 있는데 앞쪽에 앉은 운전사가 뒤도 돌아보지 않고,

　"거참, 아주머니. 어딜 갈 건가 말을 해야죠"

　퉁명스레 내뱉었다. 나는 갑자기 누가 손님이고 누가 주인인지 얼떨떨해진 채, 구청이라고 행선지를 밝혔다.

　운전 기사는 합승 손님을 태우기 위해 택시를 몰고 가다가 서고 또 서고 그러기를 수 차례나 하였지만 방향이 달라 손님을더 태우지는 못했다. 대개 합승하려는 손님들은 "주공 아파트, 주공 아파트!" 하고 외치기가 일쑤였다.

　"주공 아파트 가는 손님을 태워야 하는 건데, 에이." 운전사가 노골적으로 투덜거렸다. 구청으로 가는 손님을 태워 택시 수입에 무척 지장이 많다는 투였다. 나는 울컥 부아가 치밀어 택시를 세워 내리고 싶은 충동을 느꼈으나 꾹 참을 수밖에 없었다. 점심 시간이 되기 전에 구청에 도착해야 했다.

　택시에서 내려 구청현관으로 들어서니 어디선가, "어서 오십시오." 하는 간드러진 아가씨의 목소리가 들려 와 멈춰 서서 주위를 살펴보았다.

　"안녕히 가십시오"

　누가 현관문을 밀고 나가자 이번에는 배웅하는 인사말이 들려왔다. 현관 위쪽에 붙어 있는 자동 감식기에서 울려 나오는 기계음이었다. 기계의 성능이 좋지 않은지, 오십시오, 가십시오의 '십'자

가 '된소리'로 들렸다. 나는 한자리에 서서, 맞이하는 인사말과 배웅의 말을 동시에 들은 셈이었다.

2층 건축과로 올라가니 여직원은 현관의 기계가 대신 인사를 했을 거라고 생각하는지, 꿀 먹은 벙어리처럼 아무 말이 없었다.

"아가씨, 건축 허가서와 착공 신고서 사본을 떼러 왔는데요" 결국 내가 여직원에게로 다가가 용건을 꺼내 놓았다

"아가씨라고 부르지 마세요 그리고 건축 허가서와 착공 신고서 같은 것은 사본을 떼 주지 않아요"

"이보세요. 검사가 떼어 가지고 오라고 했는데 떼 주지 않는다니 관공서끼리 왜 이리 서로 맞지가 않죠"

그때서야 안쪽에서 중년 남자 직원이 다가와 제법 정중한 목소리로 말했다.

"마침 담당 직원이 출장을 가고 없군요 오늘 중에는 돌아온다고 했는데 언제 올지 모르겠군요. 담당이 오면 사본을 떼 줄거예요 기다리시든지, 내일 다시 오시든지 하시죠"

나는 기다리기로 하고 바깥 복도로 나가 플라스틱 의자에 앉았다. 2시간이 지나고 3시간이 지나도 담당 직원은 돌아오지 않았다. 이제는 기다린 시간이 아까워서라도 자리를 뜰 수가 없었다 기다린 지 5시간이 훨씬 넘어 오후 5시 10분쯤 담당 직원이 돌아왔다. 담당 직원은 업무 시간이 지났는데 어쩌고 투덜대며 사본을 떼어 주면서 한 마디 하였다.

"나 대신 다른 직원이 떼어 줘도 되는 건데, 검사가 떼어 가지고 오라는 거니까 겁들을 먹고"

—조성기, '기계는 친절하다'에서

4 다음 문장에 들어갈 올바른 단어를 택하라.

(1) 이제 와서 (생각컨대, 생각건대), 그때가 정말 좋았었어.

(2) 집안이 (깨끗치, 깨끗지) 않다고 부끄러워 하고 있어.

(3) (요컨대, 요컨데) 피서법으로는 방콕행 비행기가 제일 좋다고 할 수 있다.

(4) 손에 (익숙치, 익숙지) 않은 일이라 쉽지가 않네요

(5) (섭섭지, 섭섭치) 않게 여비도 주고 했지요.

(6) 발을 (따뜻이, 따뜻히) 해야 건강에 좋다.

(7) 남에 대한 외경심을 (솔직이, 솔직히) 토로할 줄 아는 태일을 보면서, 글은 바로 사람이라는 평범한 말에 승복하게 된다.

(8) 그런 것을 (일일이, 일일히) 다 말해야 하는 것인가요?

(9) (일찌기, 일찍이) 비서대학에 희망을 품고 원서를 제출하였다

(10) 숙고사 갑사치마를 장롱 속 (깊숙이, 깊숙히) 간직하였다.

5 다음 문장들에서 사용된 '넘어, 너머, 너무'의 품사 및 단어 형성 과정을 밝히
고, 그와 같은 표기의 원칙이 무엇인가를 설명하라.

  (1) 산을 <u>넘어</u> 날아간다.

  (2) 산 <u>너머</u>에 있는 마을

  (3) 사람이 <u>너무</u>(부사) 많다.

6 다음 문장들에서 틀린 표기를 찾아서 올바르게 고치고 이와 관련된 국어 현상
에 대해 설명하라.

  (1) 로잔은 제네바 호수가에 있는 아름다운 도시다

  (2) 고령자나 만학도, 혹은 공직자, 어려운 가운데서 학업을 마친 사람,
     뛰어난 논문을 완성한 사람 등등 얘기거리가 될 만한 졸업예정자를
     찾고 있습니다.

(3) 2008년 광우병 수입 소 파동 당시 촛불시위를 배경으로 연두빛 소녀, 소년들의 감성적인 이야기를 담아냈다.

(4) 우리 인삿말에는 몸이 건강하고 마음이 편한지 안부를 전하고 묻는 '안녕하세요'라는 말을 쓴다.

(5) 단 하루이긴 하지만 예비신부를 위해 전시회에 출품 중인 싯가 6억 원짜리 티아라(왕관)를 디자이너에게 부탁해 예비신부에게 씌워주는 이벤트도 함께했다.

(6) 노르데그렌이 골프채를 들고 뒤따라와 우즈의 차 뒷쪽을 몇 차례 내리쳤다.

(7) 팬들의 이런 지나친 관심에 사고를 우려한 소속사는 뒷풀이 장소인 식당 문을 폐쇄하기도 했다.

참고문헌

강희숙(2009), /ㄹ/ 탈락 규칙 재고, 『어문연구』 61, 어문연구학회, 33~54면.
국립국어연구원(1999), 『국어연구원에 물어보았어요 1999』.
국립국어연구원(2001), 『국어연구원에 물어보았어요 2001』.
김민수(1973), 『국어정책론』, 고려대학교 출판부.
김성규(1989), 활용에 있어서의 화석형, 『주시경학보』 3. 탑출판사.
김정남(2008), 한글 맞춤법의 원리―총칙 제1항의 의미 해석을 중심으로, 『한국어 의미
         학』 27, 한국어 의미학회, 21~44면.
남영신(2002), 『나의 한국어 바로 쓰기 노트』, 까치.
리의도(1999), 『이야기 한글 맞춤법』, 석필.
문화체육부(1988), 『국어어문규정집』, 대한교과서주식회사.
미승우(1988), 『(새)맞춤법과 표준어 해설 편』, 지학사.
민현식(1999), 『국어 정서법 연구』, 민현식.
송철의(1993), 언어 변화와 언어의 화석, 『국어사 자료와 국어학의 연구』, 문학과 지성사.
안병희(1988), ≪한글 맞춤법≫의 역사, 『국어생활』 제13호.
원영섭(11995), 『예문으로 배우는 한글 맞춤법』, 세창출판사.
윤석민(2005), 일제시대 어문규범 정리과정에서 나타난 수용과 변천의 양상―<언문철
         자법>과 <한글 맞춤법 통일안>을 중심으로, 『한국언어문학』 55, 한국언
         어문학회, 51~72면.
이상억(1993), 『국어 표기 4법 논의』, 서울대학교 출판부.
이선웅·정희창(2002), 『우리말 우리글 묻고 답하기』, 태학사.
이익섭(1992), 『국어표기법 연구』, 서울대학교 출판부.
이희승·안병희(1989), 『한글맞춤법 강의』, 신구문화사.
최태영(1989), 『한글 맞춤법 강해』, 숭실대학교 출판부.

제 2 장 띄어쓰기

1. 띄어쓰기의 원리

앞에서 확인한 바와 같이, ≪한글 맞춤법≫ 총칙 제2항에서는 "문장의 각 단어는 띄어 씀을 원칙으로 한다."고 규정함으로써, 일견 '단어를 단위로'라는 매우 명쾌한 띄어쓰기 원칙을 제시해 놓고 있다. 그러나 이러한 명쾌한 원칙에도 불구하고, 국어 사용자들이 실제로 띄어쓰기를 해결해 나가는 과정에서 부딪칠 수 있는 문제들은 실로 헤아리기가 어려울 정도로 많은 것이 사실이다.

대부분의 국어 사용자들에게 띄어쓰기의 해결이 만만치 않은 문제가 된 까닭은 첫 번째로 단어란 무엇인가를 정의하기가 결코 쉽지 않기 때문이고 두 번째로는 시행 세칙에 있어 일관성이 결여되어 있거나 허용 규정이 많기 때문이라고 할 수 있다.

첫 번째 문제, 곧 단어가 무엇인가의 문제는 다음과 같은 예들을 통해서 그 문제의 일단을 생각해 볼 수 있다.

(1) ㄱ. 우리글, 우리나라, 우리말
    ㄴ. 우리 민족, 우리 학교, 우리 집

(2) ㄱ. 전주비빔밥
    ㄴ. 영광 굴비

(3) ㄱ. 통행금지, 건강관리, 약소국가
    ㄴ. 품질 관리, 출입 금지, 민주 국가, 잠재 능력

위의 예들 가운데 (ㄱ)의 예들은 하나의 단어로서 붙여 써야 하는 예들이고, (ㄴ)은 단어가 아닌 단어의 연결체, 곧 구(句)의 구성이어서 띄어쓰기가 이루어져야 하는 예들이다. 이러한 예들을 통하여 알 수 있는 것처럼, 비슷한 형태 구조를 가지고 있음에도 어떤 형태는 단어이므로 붙여 써야 하고, 또 어떤 형태들은 단어가 아닌 구이므로 띄어 써야 하는바, 이를 결정하기란 쉽지 않은 일이다.[1] 따라서 우리는 먼저 단어가 지니는 특징적인 성격을 이해할 필요가 있다.

오늘날 단어에 대한 정의로 가장 널리 받아들여지고 있는 것은 단어가 최소 자립형식(minimal free form)이라는 것이다. 자립형식이란 단독으로 쓰일 수 있는 언어 형식을 말한다. 자립형식의 개념을 이해하기 위하여 가령 "그 사람의 아들은 유명한 화가였다."라는 문장을 그 상위 구성 요소로부터 하위 구성 요소로 나누어 보면 다음과 같다.

---

1) 가령, (2ㄱ)은 '전주'라는 지명이 해당 음식의 특정한 종류를 가리키는 구별 표지로 쓰이는 경우이므로 복합어로 처리하여 붙여 쓰지만, (2ㄴ)에서의 지명 '영광'은 단지 물품의 유명한 산지를 가리키는 경우여서 하나의 단어가 아닌 구로 보아 띄어쓰기를 해야 한다.

(4) ㄱ. 그 사람의 아들은 유명한 화가였다. ·························· 문장
    ㄴ. 그 사람의 아들은, 유명한 화가였다 ········ 구(명사구, 동사구)
    ㄷ. 그, 사람의, 아들은, 유명한, 화가였다 ························· 어절
    ㄹ. 그, 사람, (의), 아들, (은), 유명한, 화가, (였다) ··········· 단어
    ㅁ. 그, 사람, 의, 아들, 은, 유명, −하−, −ㄴ, 화가,
        이−, −었−, −다 ······························· 형태소

위의 분석을 통하여 우리는 문장을 구성하는 요소들 가운데 문장 층위로부터 시작하여, 문장의 하위 요소인 구, 어절, 단어의 층위까지는 모두가 단독으로 쓰일 수 있는 자립형식이라는 것을 알 수 있다. 그러나 형태소 층위에 이르게 되면, '−하−, −ㄴ, 이−, −었−, −다' 등 단독으로는 쓰일 수 없는 비자립형식들이 나타나므로, 단어가 문장을 구성하는 요소들 가운데 최소의 자립형식임을 알 수 있다. 따라서 단어는 일단 최소 자립형식이라는 것으로 정의될 수 있다고 할 수 있다.

그러나 단어의 층위, 곧 (4ㄹ)의 요소들 가운데 괄호로 묶은 '은, 이, 였다' 등은 엄밀한 의미로는 자립형식이라고 할 수는 없으므로, 이에 대해 특별한 처리가 필요함을 알 수 있다. 즉, 이들은 국어의 조사들로서 원래는 자립형식이 아니지만, 분포상 언제나 자립성이 있는 말에만 연결됨으로써 쉽게 분리가 가능하다는 사실에 근거하여 국어 문법에서 자립형식으로 처리하여 단어의 범주로 묶어놓고 있는 것이다. 이렇게 보면 (4ㄹ)의 요소들 가운데 조사의 문제가 해결되었으므로, 단어를 최소의 자립형식이라고 정의하는 데에는 별 문제가 없는 것처럼 보인다.

그렇지만, 다음과 같은 예들을 보면 단어의 정의가 최소 자립형식이라고 하는 것만으로는 해결되지 않음을 알 수 있다.

(5) 큰아버지(伯父), 밤낮(항상), 바늘방석, 소나무······

　위의 단어들은 각각 하나의 단어이고 자립형식이므로 띄어쓰기를 하지 않는 언어 단위이다. 그러나 이들을 구성하는 요소를 분석해 보면 그 구성 요소들 또한 분명한 자립형식임을 알 수 있다.

　　(6)　큰, 아버지, 밤, 낮, 바늘, 방석, 소(솔), 나무……

　이렇게 보면 (5)의 단어들은 결국 최소 자립형식이 아니어서 단어라고 보기 어려운 점이 있으므로, 단어를 정의하기 위한 또 다른 장치가 필요함을 알 수 있다. 이와 같은 문제를 해결하기 위해서 제시된 것이 단어의 '분리 불가능성'이다. 즉, 어떤 언어 형식이 단어라고 한다면, 그 내부는 더 이상 분리가 불가능하다는 것이다. 이러한 사실을 입증하기 위해서 흔히 제시되는 예가 다음 (7)과 같은 문장이다.

　　(7)　ㄱ. 키가 <u>큰 아버지</u>께서는 늘 내게 목말을 태워 주시곤 했다.
　　　　ㄴ. 키가 <u>큰 큰아버지</u>께서는 늘 내게 목말을 태워 주시곤 했다.

　위의 문장에서 (7ㄱ)의 문장에 나타난 '큰 아버지'는 이른바 명사구의 구성이고, (7ㄴ)의 '큰아버지'는 하나의 단어, 곧 합성어이다. 여기에서 우리는 구의 구성, 곧 '큰 아버지'는 둘 이상의 단어로 이루어져 있으므로 띄어 쓰지만, 단어, 즉 '큰아버지'는 하나의 단어이므로 띄어 쓰지 않는다는 것을 알 수 있다. 이때 만일 단어인 '큰아버지'의 내부를 분리시켜 놓으면 단어가 아닌 구의 구성이 되어 버린다.

　단어 내부에 분리성이 없다는 것은 다른 의미로는 두 성분 사이에 다른 성분 요소가 끼어 들어갈 수 없다는 것을 의미한다. 가령, (7ㄱ)의 '큰 아버지'는 '큰 우리 아버지'가 가능한 반면, (7ㄴ)의 '큰아버지'는 이를 분리시켜 다른 요소를 끼어 놓으면 백부(伯父)의 의미는 사라지는 것이다.

이상의 논의를 통하여 우리는 단어는 일단 '더 이상 분리가 불가능한 최소 자립형식'이라고 정의할 수 있음을 알 수 있다.[2] 여기에 하나 더, 만일 어떤 언어 형식이 단어의 신분을 갖고 있다면, 그 단어는 '거의 대부분' 국어사전에 등재되어 있다는 사실 또한 알아둘 필요가 있다. 여기에서 '거의 대부분'이라고 하는 것은 단어가 경우에 따라서는 등재되지 않는 경우도 있을 수 있다는 것이다. 그러한 단어들은 시간상으로 형성된 지 얼마 되지 않은 신어(新語)이거나 생산적인 합성어로서 굳이 사전에 등재되지 않더라도 그 의미를 충분히 추출할 수 있는 단어인 경우가 많다. 이러한 경우를 제외하고는 단어는 국어사전에 실리게 된다고 할 수 있으므로, 일정한 언어 형식이 단어인지 아닌지를 확인하여 띄어쓰기의 단위로 삼기 위해서는 사전 등재 여부를 먼저 검토해야만 하는 것이다.

두 번째로, 국어의 띄어쓰기가 국어 사용자들에게 결코 만만한 문제가 아니라고 하는 것은 그 시행 세칙들이 다음과 같이 일관성이 결여되어 있거나 허용 규정이 많기 때문이다.

(8) ㄱ. 집 한 <u>채</u>
     ㄴ. 삼 <u>학년</u> / <u>삼학년</u> / 3<u>학년</u> (제43항)

(9) ㄱ. 그가 올 듯도 <u>하다</u>.
     ㄴ. 비가 올 <u>듯하다</u>. / 비가 <u>올듯하다</u>. (제47항)

(10) ㄱ. 사과를 깎아서 <u>드린다</u>.
      ㄴ. 사과를 깎아 <u>드린다</u>. / 사과를 <u>깎아드린다</u>. (제47항)

---

2) 이러한 정의 역시 완벽할 수 없는데, 그것은 국어 문법에서 단어로 처리되고 있는 국어의 의존명사나 조사의 경우, 이러한 요건을 충족시키지 못하기 때문이다. 그러나 오늘날 이 두 가지 형식에 대해서는 준자립형식으로 보아 단어로 처리하는 것이 일반적인 견해이다

위의 예들 가운데 (ㄱ)은 원칙적으로 띄어 써야만 하는 경우이고, (ㄴ)은 원칙적으로는 띄어 써야 하지만 붙여 쓰는 것도 가능한 경우들이다. 즉, (8)의 경우는 단위를 나타내는 명사는 띄어 쓰는 것이 원칙이지만, 순서를 나타내는 경우나 숫자와 어울리어 쓰는 경우에는 붙여 쓸 수 있다는 것을 말하여 주는 예이다. 또한 (9), (10)은 보조 용언의 띄어쓰기와 관련하여 "보조 용언은 띄어 씀을 원칙으로 하되, 경우에 따라 붙여 씀도 허용한다."는 것 때문에 (9ㄴ) 같은 방식으로 띄어쓰기가 가능함을 보여 준다.

여기에서 보듯이, 띄어쓰기의 예외 또는 허용 규정을 이해하는 것은 결코 쉽지 않은 일이다. 또한 다음 예에서 보는 바와 같이, 제49항에서 제시하고 있는 고유 명사의 표기에서도 원칙과 허용 규정이 있어 그 띄어쓰기를 결정하기란 쉽지 않은 일로 보인다.

(11) ㄱ. 조선 대학교 인문 과학 대학 국어 국문 학과(원칙)
      ㄴ. 조선대학교 인문과학대학 국어국문학과(허용)

또한, 다음 예에서 보듯이, 동일한 단어가 새로운 단어의 구성요소가 되는 경우가 있는가 하면, 단어를 구성하지 못하고 구를 이루는 경우까지 있어서 어쩌면 국어의 띄어쓰기는 요지경 속이라고 할 수 있을 정도이다.

(12) ㄱ. 서울시, 백두산, 영산강, 태백산맥
      ㄴ. 뉴욕 시, 에베레스트 산, 미시시피 강, 알프스 산맥

위의 예를 보면, (ㄱ)에서는 '시, 산, 강, 산맥' 등의 단어가 합성명사의 구성요소가 되어 있어 띄어쓰기를 하지 않는 반면, (ㄴ)에서는 하나의 단어를 이루지 못하고 구를 이루는 요소로 기능하고 있어 띄어쓰기를 하고 있음을 알 수 있다. 그렇다면 이와 같은 방식으로 띄어쓰기를 해야 하는 결정

적인 근거는 무엇일까? 위의 자료를 면밀히 검토해 보면, (ㄱ)에서는 '시, 산, 강, 산맥' 등의 단어의 선행 요소가 고유어 혹은 한자어이지만, (ㄴ)에서는 고유어나 한자어가 아닌 그 밖의 외래어임을 알 수 있다.

지금까지 검토한 사실들에 비추어 볼 때, 우리가 내릴 수 있는 결론은 국어의 띄어쓰기가 결코 만만한 대상은 아니라는 것 정도일 것이다 그러나 결국은 아는 만큼 보이는 법이므로, 우리가 보아야 할 대상에 좀 더 가까이 다가서려는 노력이 절실히 요청된다고 할 것이다

詩人 久甫氏의 一日 1
—久甫氏가 당신에게 보내는 私信 또는 희망 만들며 살기

오규원

1

가을. 하고도가을어느날.

길을가다가자리를잘못잡아地上에서반짝이는별, 그런별몇개로반짝이는黃菊이나野菊을만나면가을동안가을이게두었다가그다음菊을다시별로불러별이되게하고몇개는내주머니에늘넣고다니리라.

내주머니가작기는하지만그곳도우주이니별이뜰자리야있습지요 딴은주머니가낡아서몇군데구멍이있는데혹지나다니는길에무슨모양을하고떨어져있거든눈곱이며그곳이나비누로좀닦아서어디든두고안부나그렇게만전해주시기를.

2

오해하고싶더라도제발오해말아요
시인도詩먹지않고밥먹고살아요
시인도詩입지않고옷입고살아요
시인도돈벌기위해일도하고출근도하고돈없으면라면먹어요
오해하고싶더라도제발오해말아요
오해하고싶다면제발오해해줘요
시인도밥만먹고못살아요
시인도마누라만으로는못살아요
구경만하고는만족못해요

그러니까시인도무슨짓을해야지요
무슨짓을하긴하는데그게좀그래요
정치는정치가들이더좋아하고
사기는사기꾼이더좋아하고
밀수는밀수업자들이더잘하고
작당은꾼들이더잘하고
시인은詩를더좋아하니까
시에미치지요밥만먹고못사니까
밥만먹고못사는이야기에미쳤지요
그래요미쳤지요허지만시인도
밥먹고살아요돈벌기위해일도하고
출근해요출근하지못하면정말곤란해요
순사가검문하면주민등록증보여야해요
순사가검문해도번호가없는詩는그러니까
위법이지요위법이니까그게좀그래요
위법은또하나의法이니유쾌해요그게그래요
거리를가다가혹詩가있거든눈곱이며
그곳이나비누로닦아주고안부나
그렇게만전해줘요그게그렇다구요3)

<hr>

3) 띄어쓰기를 하지 않음으로써 기존의 글쓰기 방식에서 이탈하고 있는 작품 이러한 시적 전
   통은 일찍이 이상(李箱)으로부터 확립되어 1980년대의 포스트모더니즘 계열의 시에서 흔히
   발견된다.

2. '조사'(助詞)의 띄어쓰기

1) 용례

> ① 병장닷컴은 병역비리를 척결하고 올바른 병역문화를 만들어
>   내고자 만들어진 *싸이트 입니다.
> ② 문장에는 *주성분 뿐만 아니라 부속 성분도 있다.
> ③ 유족들은 결국 이 일상성 속의 죽음을 받아들일 *수 밖에 없을
>   것이다.
> ④ 구수하여 *보리차 보다 더 맛이 좋습니다.
> ⑤ *햇살 보다 빛나는 그 남자의 피부 이야기
> ⑥ 어린 *차잎 만을 정성들여 가공하여 그 모양이 참새의 혀와 같
>   이 정교하고 깨끗하게 생겼으며 맛과 향기가 매우 그윽하여 *작
>   설차 라 합니다.

2) 규정

> 제41항 조사는 그 앞말에 붙여 쓴다.
>
> | 꽃이 | 꽃마저 | 꽃밖에 | 꽃에서부터 |
> | 꽃으로만 | 꽃이나마 | 꽃이다 | 꽃입니다 |
> | 꽃처럼 | 어디까지나 | 거기도 | 멀리는 |
> | 웃고만 | | | |

3) 해설

앞에서 우리는 국어 문법에서 조사를 하나의 단어로 처리하여 오고 있다
는 사실을 언급한 바 있다. 그러나 단어에 대한 첫 번째 정의, 곧 단어는 최
소 자립형식이어야 한다는 정의를 조사는 충족시켜 주지 못한다. 이러한 사
실 때문에, 띄어쓰기 문제를 해결하는 데 있어 조사는 단독으로 쓰이지 못

하고 앞말에 붙여 쓰도록 하고 있다.

위의 용례들에서 사용된 '입니다, 뿐, 밖에, 보다, 만을, 라'는 모두 조사의 신분을 가지고 있는 것들이므로 앞말에 붙여 써야 하는바, 다음과 같이 표기해야만 올바른 표기가 될 수 있다.

> (13) ㄱ. *싸이트 입니다 → 사이트입니다
> ㄴ. *한 가지 뿐 → 한가지뿐
> ㄷ. *받아들일 수 밖에 → 받아들일 수밖에
> ㄹ. *보리차 보다 → 보리차보다
> ㅁ. *햇살 보다 → 햇살보다
> ㅂ. *어린 차잎 만을 → 어린 차잎만을
>   *작설차 라 합니다 → 작설차라 합니다

조사의 쓰임과 관련하여 대부분의 언중들이 조사는 앞말에 붙여 쓴다는 규정 자체에 대해서는 알고 있지만, 실제 문장을 쓰는 과정에서 무엇이 조사인가를 잘 구별하지 못해서 문제를 해결하지 못하는 경우가 많은 것으로 보인다. 따라서 국어의 조사로는 어떠한 부류가 있으며, 그것들이 갖는 특성은 무엇인가를 먼저 이해할 필요가 있다.

조사는 주로 체언에 첨가되어 쓰이는 의존 형태소이다. 전통적으로 국어 문법에서는 이 조사를 매우 중요한 요소로 다루어 왔는데 그것은 조사의 수효가 많을 뿐만 아니라, 다양한 문법적 기능과 의미를 드러내기 때문이다.

국어의 조사는 격조사, 보조사, 접속조사 등 세 가지 부류로 구분하는 것이 일반적이다. 격조사는 체언에 붙어 그 말의 다른 말에 대한 관계를 표시하는 역할, 곧 체언으로 하여금 일정한 자격을 갖도록 하는 기능을 갖는 것을 말한다. 여기에 국어 격조사의 목록을 제시하면 다음과 같다.

<표 1> 국어 격조사 목록

구 분	목 록	예
주격	이, 가, 께서, 에서, 서	• 학생들이 노래를 부르고 있다. • 지연이가 일찍 학교에 간다. • 아버지께서 진지를 드십니다. • 우리 학교에서 응원상을 받았다. • 너 혼자서 어디로 가니?
서술격	이다	• 세연이는 학생이다.
목적격	을, 를	• 윤서가 그림책을 샀다. • 아이들이 매미를 잡는구나.
보격	이, 가	• 수지가 반장이 되었다. • 그것은 종이가 아니다.
관형격	의	• 김 군의 논문은 매우 훌륭하다.
부사격	에, 에서, 로, 로써, 과, 라고, 고, 같이	• 지호는 지금 혼자 집에 있다. • 그것은 부산에서 가져 왔다. • 어디로 가십니까? • 칼로(써) 사과를 깎아라. • 배꽃의 희기가 눈과 같다. • 뽕밭이 바다로 바뀌었군! • "알았구나."라고 말씀을 하셨어. • 이리 오라고 아버지가 말씀하신다. • 새벽같이 일어나서 나왔어.
호격	아, 야	• 은혜야, 빨리 와.

이러한 국어의 격조사들 가운데 서술격 조사 '이다'는 여타의 격조사들과는 달리 어미의 변화, 곧 활용을 한다는 점에서 매우 독특한 존재라고 할 수 있는 것이다. 다음이 그 예이다.

(14) 나는 왕이다.
　　　나는 왕이로소이다.

나는 왕<u>이니까</u> 어디든 마음대로 갈 수가 있지요
나는 왕<u>이므로</u> 아무 데도 갈 수가 없습니다.

위의 예에서처럼 서술격 조사 '이다'는 용언과 마찬가지로 활용한다. 따라서 '이다'는 조사가 아닌 다른 문법 범주에 포함시키는 것이 일견 더 타당하게 보이기도 한다. 그럼에도 불구하고 '이다'를 조사로 보는 것은, 활용이라는 형태적 특성보다는 동사나 형용사가 서술어의 기능을 담당하는 반면, 서술격 조사는 조사의 기능을 담당한다는 기능적 특성을 더 중요시하고 있기 때문이다(김광해 외, 1999 : 163).

어쨌든 활용을 함으로써 그 모습이 바뀌기는 하지만, '이다'는 조사라는 문법적 신분을 가지고 있으므로, 반드시 앞말에 붙여 써야 한다. 그럼에도 불구하고, 다음 예들에서처럼 이를 띄어 쓰는 경우가 많다.

> (15) ㄱ. 어두칙칙한 가로등 아래 오줌을 누고
>   취해서 비척비척 헤어져 돌아서
>   갔던 그 밤, 우리는 간재미 눈만도
>   못한 *<u>삶 일지라도</u> 아름다움만 간직하고 살기로 했다
>   ㄴ. 일상의 작은 즐거움 · 보람…
>   개울을 건너는 *<u>징검돌 일뿐</u>
>   때로 슬픔 · 아픔도 우리를 지켜주지만
>   그것들 그대로 인생인 줄 여기지는 마시기를…

위의 예들은 글쓰기를 전문적인 업으로 삼는 시인이나 작가에게 있어서도 이러한 띄어쓰기를 능숙하게 처리하기가 쉽지 않은 일임을 보여주는 예이다.

한편, 국어의 격조사들 가운데 부사격 조사 '같이'는 부사로 사용되는 '같이'와 동일한 형태를 취하고 있어서 구별이 쉽지 않은데, 이에 대해서도 잘 알아둘 필요가 있다.

(16) ㄱ. 이것과 <u>같이</u> 했다.
　　　 나와 <u>같이</u> 가자.
　　　 예상한 바와 <u>같이</u> 사태는 매우 심각하다.
　　ㄴ. 눈<u>같이</u> 희다.
　　　 새벽<u>같이</u> 출발하다.

　위의 예들 가운데 (ㄱ)에서는 '같이'가 부사로, (ㄴ)에서는 조사로 사용되고 있다. 부사로 사용된 '같이'는 '같게, 함께, 바로 그대로' 등등의 의미 기능을 갖는 형태로서 주로 뒤에 오는 동사를 수식하는 기능을 담당한다 그 반면, 조사로 사용된 '같이'는 체언 뒤에 붙어서 '그 정도로 어떠하거나 어찌함을 나타내거나', 때를 나타내는 일부 명사 뒤에 붙어 '그때'를 강조하는 기능을 갖는다고 할 수 있다. 따라서 '같이'의 문법적 구별은 그 분포와 의미를 면밀히 따져 보는 데에서 출발하여 띄어쓰기를 구별하는 문제로 나아가야 할 것이다.

　국어의 조사들 가운데 두 번째 유형이라고 할 수 있는 보조사는 체언의 격을 표시하는 기능을 담당하는 격조사와는 달리, 체언에 일정한 뜻을 더하여 주는 역할을 하는 조사를 말한다. 국어 보조사의 목록과 그 의미 기능은 다음과 같다.

〈표 2〉 국어 보조사의 목록과 의미 기능

목 록	의미 기능	예
은, 는	대조	• 그 여자가 춤<u>은</u> 잘 춘다. • 선생님이 철수<u>는</u> 상을 주셨다.
만, 뿐	단독	• 철수<u>만</u> 먼저 가거라. • 이번 폭설에 건진 건 사진<u>뿐</u>이다.
도	역시	• 그 사과 영희<u>도</u> 하나 주어라.
부터	시작, 먼저	• 그 모임은 열 시<u>부터</u> 시작한다. • 나<u>부터</u> 할까?

목 록	의미 기능	예
까지	미침	• 아내까지 그의 곁을 떠났다.
조차, 마저	추종	• 너조차 나를 못 믿는구나. • 김 씨는 사업 실패로 집마저 팔았다.
마다	균일	• 그 서류는 각 회사마다 배달되었다.
이나, 나	선택	• 할 일도 없는데 영화구경이나 가자. • 누구나 다 같지 뭐.
이라도, 라도	불택	• 어려운 때일수록 한 푼이라도 아껴야 한다. • 누구라도 그러하듯이, 눈을 감으면 생각이 난다.
이나마, 나마	불만	• 고물 자가용이나마 타고 다닐 수 있으니 얼마나 다행이냐? • 잠시나마 뉴욕의 매력을 조금이라도 더 느끼고 갈 수 있으면 좋겠네요.
이야, 야	유별남, 강조	• 그 사람이야 일등으로 합격할 거야. • 우리야 괜찮지 뭐.
요	높임	• 제가요, 오늘요 머리가요 아팠거든요
그려	느낌, 응낙	• 벌써 가을이네그려.
마는	시인, 어긋남	• 그때는 경기가 참 좋았다마는.
이든지, 든지	선택	• 그는 두부든지 생선이든지 다 잘 먹는다.

위의 표를 통하여 알 수 있는 것처럼, 보조사는 격조사처럼 체언 다음에 연결되어 결합하는 체언에 특별한 의미를 더하여 주는 기능을 담당하고 있다. 이러한 보조사들은 실제 문장에서 격조사와 함께 나타나기도 하고, 여러 개의 보조사가 한꺼번에 나타나는 경우도 많다. 다음 예들이 그러한 경우이다.

(17) ㄱ. 여기서부터 광주시가 시작됩니다.
　　　ㄴ. 학교에서만이라도 좀 얌전히 지낼 수는 없겠니?

ㄷ. 그 긴 이야기는 분명 영혼의 부르짖음이었으나 죄의 <u>고백이라
기보다</u> 한이 토해내는 지극히 토속적인 한숨 같은 느낌이 들었
던 것이다.

또한 위의 보조사들 가운데는 언제나 체언 다음에만 결합되는 격조사와
는 달리, 용언의 어미나 부사 다음에도 결합됨으로써 그 분포가 비교적 자
유로운 것들도 있다.

(18) 나도 그 음식을 먹어<u>는</u> 보았다.
책 한 권이 거기 놓여 있었어<u>요</u>.

(19) 정말 잘<u>도</u> 하는구나.
오늘은 빨리<u>도</u> 오는구나.

마지막으로, 접속조사는 둘 이상의 체언을 같은 자격으로 접속시켜 주는
기능을 하는 조사를 말한다. 이 접속조사에는 '와, 과, 하고, 이며, 에다, 랑'
등이 있는데, 예를 들면 다음과 같다.

(20) 철수<u>와</u> 영수는 어깨동무를 하고 뛰놀곤 하였다.
벼루<u>하고</u> 먹<u>하고</u> 가져오너라.
옷<u>이며</u> 신<u>이며</u> 죄다 흩어져 있었다.
밥<u>에다</u> 떡<u>에다</u> 잔뜩 먹었다.
머루<u>랑</u> 다래<u>랑</u> 먹고 즐겁게 놀았다.

요컨대, 국어의 띄어쓰기에서 지켜야 할 첫 번째 중요한 원칙은 "단어를
단위로 띄어 쓰되, 조사는 그 앞말에 붙여 쓴다."는 것이라고 할 때, 지금까
지 제시한 세 가지 유형의 조사 목록들을 분명히 인식하는 것은 매우 중요
한 일이라고 할 것이다.

짧은 노래

류시화

벌레처럼[4]
낮게 엎드려 살아야지
풀잎만큼의 높이라도 서둘러 내려와야지
벌레처럼 어디서든 한 철만 살다 가야지
남을 아파하더라도
나를 아파하진 말아야지
다만 무심해야지
울 일이 있어도 벌레의 울음만큼만 울고
허무해도
벌레만큼만 허무해야지
죽어서는 또
벌레의 껍질처럼 그냥 버려져야지

---

4) '처럼, 만큼의, 만, 을, 를, ㄴ(는), 이, 만큼만' 등 다양한 조사들이 단독으로, 또는 둘씩
   결합된 모습으로 나타난다.

연애

안도현

연애 시절
그때가 좋았는가5)
들녘에서도 바닷가에서도 버스 안에서도
이 세상에 오직 두 사람만 있던 시절
사시사철 바라보는 곳마다 진달래 붉게 피고
비가 왔다 하면 억수비
눈이 내렸다 하면 폭설
오도 가도 못하고, 가만있지는 더욱 못하고
길거리에서 찻집에서 자취방에서
쓸쓸하고 높던 연애
그때가 좋았는가
연애 시절아, 너를 부르다가
나는 등짝이 화끈 달아오르는 것 같다
무릇 연애란 사람을 생각하는 것이기에
문득문득 사람이 사람을 벗어버리고
아아, 어린 늑대가 되어 마음을 숨기고
여우가 되어 꼬리를 숨기고
바람 부는 곳에서 오랜 동안 흑흑 울고 싶은 것이기에
연애 시절아, 그날은 가도
두 사람은 남아 있다
우리가 서로 주고 싶은 것이 많아서
오늘도 밤하늘에는 별이 뜬다
연애 시절아, 그것 봐라

---

5) 이 작품 역시 다양한 조사가 단독으로, 또는 둘 이상씩 결합된 모습으로 나타남으로써 조사
   의 쓰임을 잘 엿볼 수 있게 해 준다.

사랑은 쓰러진 그리움이 아니라
시시각각 다가오는 증기기관차 아니냐
그리하여 우리가 살아 있을 동안
삶이란 끝끝내 연애 아니냐

3. 의존명사 및 연결어미의 띄어쓰기

1) 용례

① 정부의 한 관계자는 민간 부문은 IMF를 거치면서 혹독한 과정을 겪었던 반면 공직 부문은 상대적으로 안정을 *구가한데 대한 비판적 여론이 퇴출제를 촉발시키고 있는 계기라고 봐야 한다고 말했다.

② 이젠 더 이상 아무 말도 어떠한 구절의 표현도 *삼간채 백수는 그저 활홀지경에 빠져 있다.

③ *세끼 변화를 주는 과정에서 정식과 일반식의 원재료를 이용해 새로 조리해서 이용한 겁니다.

④ 꺼질듯, 날려갈듯 하는 불씨를 붙들고 *지나온지 10년

⑤ *세탁하는대로 바로 말려서 바로 입는다.

⑥ 맛이 *진한만큼 영양도 진합니다.

⑦ 보리 100% 외에 *아무것도 섞지 않았다.

2) 규정

제42항 의존명사는 띄어 쓴다.

아는 것이 힘이다.	나도 할 수 있다.
먹을 만큼 먹어라.	아는 이를 만났다.
네가 뜻한 바를 알겠다.	그가 떠난 지가 오래다.

제43항 단위를 나타내는 명사는 띄어 쓴다.

한 개	차 한 대	금 서 돈
소 한 마리	옷 한 벌	열 살
조기 한 손	연필 한 자루	버선 한 죽
집 한 채	신 두 켤레	북어 한 쾌

다만, 순서를 나타내는 경우나 숫자와 어울리어 쓰이는 경우에는 붙여 쓸 수 있다.

<table>
<tr><td>두시 삼십분 오초</td><td>제일과</td><td>삼학년</td><td>육층</td></tr>
<tr><td>1446년 10월 9일</td><td>2대대</td><td>16동</td><td>502호</td></tr>
<tr><td>제1 실습실</td><td></td><td></td><td></td></tr>
</table>

3) 해설

의존명사(bound noun)란 자립성이 없는 특수한 명사를 말한다. 자립성이 없다는 것은 그 앞에 어떤 한정 성분이 나타나지 않으면 홀로 쓰이지 못한다는 것을 의미한다. 모든 명사는 관형어와 어울릴 수 있는 구문론적 성격을 지니고 있지만, 특히 의존명사는 반드시 그 앞에 관형어를 수반해야 한다는 것이다.

국어의 의존명사는 크게 두 가지 부류, 곧 일반 의존명사와 수량 단위 의존명사로 나눌 수 있다. 일반 의존명사는 <제42항>에서 제시된 '것, 만큼, 바, 수, 이, 지' 등과 같이 흔히 의존명사로 알려져 있는 것들을 말한다. 여기에 제시된 것 외에도 국어에는 상당히 많은 수의 일반 의존명사가 존재하는데, 그 특성에 따라 몇 가지로 구분하면 다음과 같다.

〈표 3〉 일반 의존명사의 유형과 특성

구 분	종 류	특 성
보편성 의존명사	분, 이, 것, 데, 바, 따위	주어, 목적어, 서술어, 부사어 등에 두루 쓰임.
주어성 의존명사	지, 수, 리, 나위	주어로만 쓰임.
서술성 의존명사	따름, 뿐, 터, 때문	서술어로만 쓰임. 즉, '-이다' 앞에서만 사용됨
부사성 의존명사	대로, 양, 듯, 체, 척, 만큼, 등, 뻔, 채, 만	부사어로만 쓰임.

앞의 표를 통해 알 수 있듯이, 일반 의존명사는 크게 네 가지, 즉 보편성 의존명사, 주어성 의존명사, 서술성 의존명사, 부사성 의존명사 등으로 구분할 수 있다.

다음으로, 수량 단위 의존명사는 길이, 무게, 수효, 시간 등의 수량을 수치로 나타내는 데 일정한 기준이 될 수 있는 의존명사를 말한다. <제43항>에 제시된 '개, 마리, 손, 채, 대, 벌, 자루, 켤레, 돈, 살, 죽, 쾌' 등이 여기에 속한다. 이 밖에도 국어의 수량 단위 의존명사로는 상당히 다양한 종류가 있다. 이를 하나의 표로 제시하면 다음과 같다.

<표 4> 수량 단위 의존명사의 유형(서정수 1996 : 483)

구 분	형 태
길이	자, 치, 푼, 마, 리, 마장, 발, 뼘
넓이	간, 평, 마지기, 정보
부피	섬, 가마니, 포대, 말, 되, 홉, 통, 동이, 잔, 병, 접시, 그릇
무게	양, 돈, 푼, 근, 관
액수	양, 돈, 푼, 리, 전, 원
시간	시, 분, 초, 월, 연, 세기
사물 수량	개, 낱, 손, 꾸러미, 점(點), 바퀴, 단, 뭇, 다발, 자(字), 번(차, 회), 판, 건(件), 그루, 포기, 자루, 켤레, 채, 대, 척, 장, 권, 편, 짐, 쌈, 두름, 돗, 쾌
사람	사람, 쌍, 분, 명, 인
동물	마리, 필, 쌍, 두(頭)

<제42항>과 <제43항>에 제시한 대로, 국어의 의존명사들은 띄어쓰기를 해야 한다고 되어 있으므로, 앞의 용례들은 다음과 같이 띄어 써야만 정확한 표기이다.

(21) ㄱ. *구가한데 → 구가한 데
     ㄴ. *삼간채 → 삼간 채
     ㄷ. *세끼 → 세 끼
     ㄹ. *지나온지 → 지나온 지
     ㅁ. *구가하는대로 → 구가하는 대로
     ㅂ. *진한만큼 → 진한 만큼
     ㅅ. *아무것도 → 아무 것도

그런데 일반 의존명사의 경우, 국어의 연결 어미와 그 형태적 유사성을 지니는 것들이 있어서 언중들이 이를 구별하기가 쉽지 않은 경우가 많다. 다음 예들이 그러한 경우에 속한다.

(22) ㄱ. 4장과 5장은 언어지리학과 사회방언학에 대한 이론적 골간과 개념을 소개하는 데 할애하였다.
     ㄴ. 하나는 근대 서구 계몽사상의 계보를 잇고 있는 인간 중심적 관점이고, 다른 하나는 새롭게 대두하고 있는 생명사상에 바탕을 두고 있는 관점인데, 전자가 주로 환경문제를 문제 삼는 데 비해, 후자는 생태를 문제 삼는다.

(23) ㄱ. 올해는 남북한이 각각 대한민국과 조선인민주의 인민공화국이라는 사실상 분단된 두 개의 주권국가를 건립한 지 50년이 되는 해이다.
     ㄴ. 블룸필드 교수의 이 같은 조사 결과는 인터넷을 통한 학생들의 표절 행위가 얼마나 심각한지 잘 드러내고 있다.
     ㄷ. 비가 올지 모르겠어.
     ㄹ. 낯선 두 사람의 영국인이 열차의 객실에서 처음으로 만나게 되면 어떤 대화가 오고갈는지 쉽게 짐작할 수 있다.

(24) ㄱ. 금강산에 가 본바, 과연 절경이더군.
     ㄴ. 그 일은 고려해 본 바 없다.

앞의 예들을 통하여 알 수 있는 것처럼, 일반 의존명사들 가운데 '데, 지, 바' 등은 '-ㄴ데', '-ㄴ지'와 '-ㄴ바' 등의 어미를 구성하는 요소로 나타나는 '데, 지, 바' 등과의 구별이 쉽지 않아 띄어쓰기에 어려움을 겪는 경우가 흔히 발견되는 것이다.

그렇다면, 의존명사와 연결어미의 구별은 어떻게 하는 것이 좋을까? 다음 문장들을 다시 보기로 하자.

(25) 개념을 <u>소개하는 데(에)</u>……
　　 문제 <u>삼는 데(에)</u>……
　　 <u>건립한 지(가)</u>……
　　 그 일은 <u>고려해 본 바(가)</u> 없다. (결합 가능)

(26) *생명사상에 바탕을 두고 있는 <u>관점인데(에)</u>,
　　 *<u>심각한지(가)</u> 잘 드러내고 있다.
　　 *<u>오고갈는지(가)</u> 쉽게 짐작할 수 있다.
　　 *금강산에 <u>가 본바(가)</u> 과연 절경이더군. (결합 불가능)

여기에서 볼 수 있는 것처럼 '데, 지, 바' 등이 의존명사로 쓰인 경우에는 조사가 결합할 수 있는 반면, 어미의 일부로 쓰였을 때에는 조사와의 결합이 불가능함을 알 수 있다. 그리하여 조사의 결합이 가능하면 띄어 쓰고, 그렇지 않다면 붙여 쓰는 방식으로 문제를 보는 것도 한 가지 가능한 해결 방안이라고 할 수 있을 것이다.

또한, 의존명사는 국어의 보조사들과 동일한 형태를 취하고 있어서 그 분포와 의미 기능의 파악을 통한 띄어쓰기의 구별을 필요로 한다. 다음이 그러한 예들이다.

(27) ㄱ. 인간 어머니였다면 아이 손등을 '탁' 하고 때렸겠지만, 플로는
　　　　 끊임없이 뻗는 딸의 손을 부드럽게 걷어낼 <u>뿐</u>이었다.

ㄴ. 자신의 꿈을 좇아 아프리카로 갔지만 고작 스물여섯의 그녀는
　　미래가 두려웠고 의문<u>뿐</u>이었다.

(28)　ㄱ. 아는 <u>대로</u> 말했어.
　　　ㄴ. 약속<u>대로</u> 이행하라.

(29)　ㄱ. 아는 <u>만큼</u> 말할 수 있다.
　　　ㄴ. 키가 전봇대<u>만큼</u> 하다.

(30)　ㄱ. 떠난 지 사흘 <u>만에</u> 돌아왔다.
　　　ㄴ. 하나<u>만</u> 알고 둘은 모른다.

　위의 예들 가운데 (ㄱ)은 '뿐, 대로, 만큼, 만' 등이 의존명사로 기능하고 있는 것들이어서 띄어 쓰지만, (ㄴ)은 조사로 쓰이고 있으므로 앞말에 붙여 써야 올바른 표기가 된다.

　그렇다면, 여기에 출현하는 형태소들이 의존명사로 기능하고 있는지, 조사로 기능하고 있는지는 어떻게 구별하는 것이 좋을까? 대부분의 경우 의존명사는 용언의 관형사형 다음에 분포하는 반면, 조사는 체언 바로 다음에 연결된다고 보면 비교적 간단하게 해결의 실마리를 찾을 수 있다. 위의 예들 가운데, (27)~(29)에서 사용된 '뿐, 대로, 만큼'의 경우가 바로 그러한 경우에 해당하는 것들이다. 다만, (30)의 '만'은 그러한 일반적인 원칙만으로 설명하기가 어렵다. 즉, '만'은 분포상의 차이가 아니라 의미상의 차이에 의해 문법 범주가 달라지는바, '만'이 의존명사로 쓰일 때에는 '시간의 경과'를, 조사로 쓰일 때에는 '한정'이나 '비교'의 뜻을 나타낸다.

노동의 밥

백무산

피가 도는 밥을 먹으리라
펄펄 살아 튀는 밥을 먹으리라
먹은 대로 깨끗이 목숨 위해 쓰이고
먹은 대로 깨끗이 힘이 되는 밥
쓰일 데로[6] 쓰인 힘은 다시 밥이 되리라
살아 있는 노동의 밥이

목숨보다 앞선 밥은 먹지 않으리
펄펄 살아오지 않는 밥도 먹지 않으리
생명이 없는 밥은 개나 주어라
밥을 분명히 보지 못하면
목숨도 분명히 보지 못한다

살아 있는 밥을 먹으리라
목숨이 분명하면 밥도 분명하리라
밥이 분명하면 목숨도 분명하리라
피가 도는 밥을 먹으리라
살아 있는 노동의 밥을

---

6) '대로'와 '데로'의 차이에 유의하며 읽을 필요가 있다. '대로'는 '그 모양과 같이'의 의미를 갖는 의존명사이고, '데로'는 '경우', 혹은 '처지'의 의미를 갖고 있는 의존명사 '데'와 조사 '로'가 결합한 구성상의 특징을 지닌다. 어떤 경우든 의존명사가 쓰였으므로 띄어쓰기를 할 필요가 있다.

4. 관형사의 띄어쓰기

1) 용례

> ① 설레었던 우리의 *첫만남을 생각한다면 지금 이런 너에 대한 대우가 못내 섭섭하기도 하겠지.
> ② 이 두 편의 시는 형의 시집 <섬진강>에 실려 있는 것인데 둘 다 *첫시집의 성과를 고스란히 간직하고 있다.
> ③ 잠시 뒤 항공기 문이 열리고 신문 *한부가 안으로 던져진다.
> ④ 이 작은 *한병에 건강의 소중함을 담았습니다.
> ⑤ 단지 아내와 남편이라는 *한줄에 매달린 마리오네트 인형의 관계
> ⑥ 그 사내의 깎인 머리와 바랑 위에 *한줌의 따뜻한 솜을 얹어놓기도 할 것입니다.
> ⑦ *두개의 에세이를 준비하는 데 평균 10~20여 권의 책을 읽어야 한다.
> ⑧ 하루 *두알 뼈로 간다.

2) 규정

> **《한글 맞춤법》 총칙**
> 제2항 문장의 각 단어는 띄어 씀을 원칙으로 한다.

3) 해설

체언의 수식어로서, 명사구를 이루는 요소를 통틀어 관형어라고 한다. 이와 같은 기능을 지니는 국어의 관형어로는 관형사와 체언과 용언의 관형사형이 쓰이게 된다. 이 가운데 관형사는 관형어들 가운데 가장 기본이 되는 형태로서 체언을 수식하는 기능만을 담당하는 불변의 형태를 말한다

관형사들은 원래부터 체언의 수식어로 굳어진 어휘 범주로서, 엄연히 자립

성을 지닌 단어의 신분을 가지고 있는 것들이다. 따라서 "문장의 각 단어는 띄어 씀을 원칙으로 한다."는 원칙을 토대로 반드시 띄어 써야 한다. 그럼에도 불구하고, 앞의 용례들에서 드러나듯이 관형사를 후행하는 체언에 붙여 쓰는 경우가 많은데, 이 예들은 다음과 같이 바로잡아야 올바른 표기이다.

(31) ㄱ. *첫만남을 생각한다면   →   첫 만남을 생각한다면
     ㄴ. *첫시집의 성과를   →   첫 시집의 성과를
     ㄷ. 신문 *한부가   →   신문 한 부가
     ㄹ. 이 작은 *한병에   →   이 작은 한 병에
     ㅁ. *한줄에 매달린   →   한 줄에 매달린
     ㅂ. *한줌의 따뜻한 솜을   →   한 줌의 따뜻한 솜을
     ㅅ. *두개의 에세이를   →   두 개의 에세이를
     ㅇ. 하루 *두알   →   하루 두 알

이와 같은 방식으로 띄어쓰기가 필요한 국어의 관형사들은 관형사 자체의 어휘적 의미와 그 구문론적 결합 관계에서 드러나는 특성을 바탕으로 하여 일반적으로 다음과 같은 네 가지 범주로 유형화할 수 있다(서정수, 1996 : 552). 그 목록과 함께 예를 제시하면 다음과 같다.

〈표 5〉 국어 관형사의 유형과 목록

구 분	형 태	예 문
지시	이/요, 그/고, 저/조, 딴, 여느, 별(別), 각(各), 어느, 웬, 모(某) 등.	• 이 가방은 누구 것이니? • 그 옷이 마음에 드니? • 저 책으로 주세요. • 이것 말고 딴 물건은 없어요? • 그이는 여느 사람과 다르다. • 나 원 별 사람을 다 보았네. • 각 신문마다 기사내용이 같습니다. • 어느 사람이 웬 노래를 부릅니다. • 모 회사의 사람이 명함을 가지고 왔습니다.

구 분	형 태	예 문
수	모든, 온, 온갖, 갖은, 전(全), 총 (總) 등.	• <u>모든</u> 국민은 세금을 낼 의무가 있다. • <u>온</u> 나라가 월드컵 열기로 들끓고 있다. • 전쟁 중에 <u>온갖</u> 고생을 다 겪었다. • <u>갖은</u> 양념을 다 넣었습니다. • <u>전</u> 세계의 관심이 집중되고 있다. • <u>총</u> 인원을 파악해 주세요
성상	첫, 새, 헌, 옛, 맨, 순(純) 등.	• <u>새</u> 집과 <u>헌</u> 집이 이웃해 있다. • 그는 <u>옛</u> 노래를 좋아한다. • 올해 <u>순</u> 이익이 얼마지? • 지수는 <u>맨</u> 앞으로 나와라.
의문	어느, 웬 등.	• <u>어느</u> 책이 좋습니까? • 이것은 <u>웬</u> 책입니까?

위와 같은 네 가지 유형의 국어 관형사 가운데 첫 번째 유형에 속하는 지시 관형사(demonstrative determinative)는 체언 가운데 사물이나 사람을 단순히 가리키거나 지정하는 역할을 하는 것을 말하며, 수 관형사(numeral determinative)는 후행하는 체언의 수효나 수량을 한정하는 어휘 범주를 말한다. 그 다음, 성상 관형사(attributive determinative)는 '새'나 '헌'처럼 후행어의 성질이나 상태를 한정하는 역할을 하는 것을 가리키며, 마지막으로 의문 관형사(interrogative determinative)는 후행 체언의 어떤 면을 가리켜 묻는 역할을 하는 것들이다. 하나의 단어로서의 역할을 수행하는 이와 같은 유형의 관형사들을 구별하여 띄어쓰기를 제대로 할 수 있는 능력은 우리의 국어 능력을 구성하는 중요한 요소라고 할 것이다.

관형사의 띄어쓰기 문제와 관련하여 또 한 가지 유의해야 할 것은 수사의 관형사형들이다. 이들은 본래 관형사는 아니지만, 체언을 수식하는 기능을 담당하는 관형어들이고, 띄어쓰기가 이루어져야 하는 단어의 신분을 가지고 있다.

> (32) ㄱ. 한, 두, 세(서, 석), 네(너, 넉), 닷, 다섯, 여섯, 일곱, 여덟……
> ㄴ. 한두, 두어, 두세, 두서너, 서너, 너덧, 대여섯, 예닐곱, 일고여
> 덟……

위의 예들 가운데 (ㄱ)은 단일어로, (ㄴ)은 합성어로 사용되는 관형사형이
다. 이들은 당연히 단어의 신분을 가지고 있는 형식이므로 띄어쓰기가 철저
하게 이루어져야 할 필요가 있다. 특히 (ㄴ)과 같이 합성어로 나타나는 관
형사형의 띄어쓰기를 잘못 하고 있는 경우를 흔히 보게 되는데, 이에 대해
서도 유의해야 할 것이다.

> (33) ㄱ. 속상하고 바쁘고 힘겨운 일이 *한 두 번이 아니었지만, 그녀는
> 대체로 그 주변의 일들에 담담한 편이다.
> ㄴ. 샌디에이고 선수들은 여기에 과일 한 종류 등 *두 세 가지 식
> 단이 추가될 뿐 내용은 거의 비슷하다.

위의 예 가운데, (ㄱ)은 '한두'를 '*한 두'로, (ㄴ)은 '두세'를 '*두 세'로
잘못 띄어 쓰고 있는 전형적인 예라고 할 수 있는바, '한두' 또는 '두세'가
각각 한 개의 단어이므로 반드시 붙여 써야만 한다.

또한, 수사의 관형사형 '세'와 '네'는 후행하는 명사가 무엇인가에 따라
각각 '서, 석', '너, 넉'과 같은 이형태가 사용되고 있다는 사실을 알아둘 필
요가 있다. 참고로, 관형사형과 후행 명사의 결합 관계를 표로 제시하면 다
음과 같다.

〈표 6〉 수관형사형의 이형태

관형사형	후행명사	비　고
서, 너	말, 발, 푼, 돈	'ㅁ, ㅂ, ㅍ' 등으로 시작하는 단위명사 앞. '돈'은 예외임(例. 서 돈, 너 돈).
석, 넉	냥, 달, 섬, 자	'ㄴ, ㄷ, ㅅ, ㅈ'으로 시작하는 단위명사 앞.
세, 네	위의 경우를 제외한 모든 명사	

　　그런데 문제는 이러한 관형사들이 새로운 단어를 구성하는 데 사용되어 단일어가 아닌 합성어의 구성 요소로 출현하는 경우나, 체언을 한정한다는 점에서 관형사와 동일한 기능을 하는 요소라고 할 수 있는 접두사와 구별이 잘 되지 않는 경우가 있어 띄어쓰기 문제가 쉽게 해결되지 않는다는 데에 있다.

　　다음 어휘들은 관형사 혹은 용언의 관형사형들이 새로운 단어, 곧 합성명사를 구성하는 요소로 나타나는 예들이다.

(34)　ㄱ. 첫인상, 첫사랑, 첫가을, 첫걸음, 첫겨울, 첫국밥, 첫길, 첫나들이, 첫눈, 첫닭, 첫더위, 첫딸, 첫마디, 첫머리 등.

　　　　ㄴ. 새것, 새날, 새달, 새댁, 새말, 새물, 새봄, 새사람, 새색시, 새살, 새살림, 새서방, 새순, 새신랑, 새싹 등.

　　　　ㄷ. 헌것, 헌계집, 헌솜, 헌쇠,[7] 헌신짝 등.

　　　　ㄹ. 옛길, 옛날, 옛말, 옛사람, 옛사랑, 옛이야기, 옛정, 옛적, 옛집, 옛터, 예전 등.

(35)　ㄱ. 큰집, 큰딸, 큰아들

　　　　ㄴ. 작은집, 작은딸, 작은아들

---

7) 오래 되어 못 쓰게 된 쇠붙이. 고철.

여기에 제시된 합성명사들은 다음과 같은 구성 방식에 의해 이루어진 하나의 단어라고 할 수 있으므로, 띄어 쓰지 않고 붙여 써야 한다.

(36)

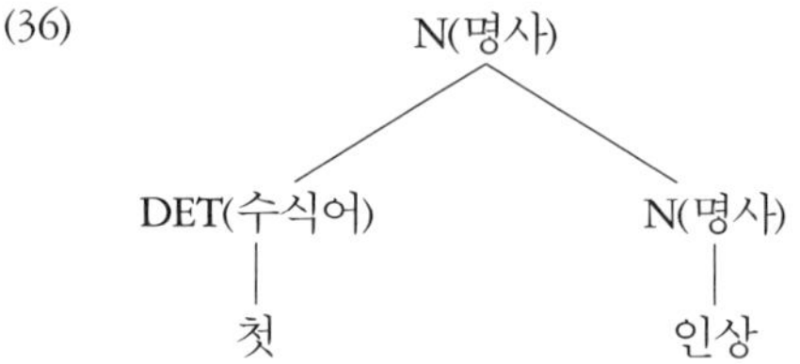

이와 같이 합성어를 구성하는 요소로 나타나는 관형사를 경우에 따라서는 접두사로 보는 견해도 없지 않다. 그러나 어떤 합성어 속의 앞 성분이 독립된 단어로 쓰일 때와 의미가 같다면 접두사로 볼 수 없다는 견해(김창섭, 1998 : 8)에 비추어 본다면, 여기에 제시된 관형사들은 접두사로 처리해서는 안 되는 것들이다.

문제는 기존의 단어가 새로운 단어, 곧 합성어를 구성하는 데 사용되어 더 이상 띄어 써서는 안 되는 단어가 된 것을 어떻게 판별할 수 있는가이다. 이는 곧 구 단위와 구별되는 합성어의 변별 기준이 무엇인가 하는 것인데, 여기에서는 서정수(1996)에서 제시한 세 가지 기준을 토대로 이 문제를 검토하기로 하겠다.

서정수(1996 : 96)에서는 합성어와 구를 구분할 수 있는 기준을 세 가지 곧 '구문론적 기준', '의미론적 기준', '그 밖의 보조적 기준'으로 나누어 제시하고 있다.

첫 번째, 구문론적 기준이란 '내적 비분리성'과 '외적 분포 관계' 두 가지를 말한다. 합성어 성분의 내적 비분리성(indivisibility)이란 합성어의 성분은 쉽사리 갈라놓을 수 없을 정도의 의미적 또는 통사적 결합관계를 보인다는 것이다. 다음 예들을 보기로 하자.

(37) ㄱ. 그이는 <u>밤 낮</u> 구별하지 않았다.
      ㄴ. 그이는 <u>밤과 낮</u> 구별하지 않았다.

(38) ㄱ. 그이는 <u>밤낮</u> 남의 칭찬만 하였다.
      ㄴ. ?그이는 <u>밤과 낮</u>에 남의 칭찬만 하였다.

위의 예에서 (37)의 '밤 낮'은 명사구로서 두 성분 사이에 '과'와 같은 조사가 개입되어도 문제가 없지만, 합성어인 (38)의 '밤낮'에 '과'를 삽입하게 되면, 부자연스러운 결과를 가져옴을 알 수 있다. 따라서 합성어는 그 성분을 쉽게 갈라놓을 수 없는 내적 비분리성을 가진다고 할 수 있을 것이다.

다음으로, 합성어 성분의 외적 분포(external distribution) 관계란 합성어 성분이 다른 수식어와의 결합에서 보여주는 제약을 말한다.

(39) ㄱ. 우리는 <u>큰집</u>에 가 보았다.
      ㄴ. *우리는 매우 <u>큰집</u>에 가 보았다.
      ㄷ. 우리는 매우 <u>큰 집</u>에 가보았다.

위의 예에서 우리는 '큰집'이라는 합성어는 '매우'와 같은 부사어의 수식을 받는 것에 제약을 받고 있지만(39ㄴ), 명사구인 '큰 집'은 그와 같은 제약이 존재하지 않는다는 사실을 확인할 수 있다(39ㄷ). 이러한 사실들을 토대로 할 때, 합성어는 통사적으로 구와는 달리 내적 비분리성과 외적 분포 관계에 있어서의 제약을 갖고 있음을 알 수 있다.

합성어와 구를 구별할 수 있는 두 번째 기준은 합성어는 구와는 달리 의미적 융합 관계를 갖는다는 것이다. 의미의 융합이란 합성어를 구성하는 두 성분들이 서로 의미상으로 녹아 붙어서 쉽사리 가를 수가 없을 정도로 밀착된 것을 말한다. 물론 이때에 두 성분의 의미 변화는 경우에 따라 차이가 있어서 의미 변화가 뚜렷하지 않은 것에서부터 두 성분들의 의미만으로는 그 합성적 의미를 짐작하기 어려운 것까지 여러 가지 모습으로 나타난다고 할 수 있다. 예컨대, 다음 예들을 보기로 하자.

> (40) ㄱ. 밤나무(밤이 열리는 나무), 콩나물(콩을 길러 만든 나물)
> ㄴ. 큰집(형의 집), 빈말(거짓말), 벼락부자(갑자기 된 부자), 일손(일 하는 사람), 몸살(몸 아픔), 큰그릇(큰 인물)
> ㄷ. 집안(친척, 일가), 피땀(노력), 쑥밭(황무지), 바늘방석(괴로운 자리)

위의 예들 가운데 (40ㄱ)은 합성어를 이루는 성분이 의미적으로 그다지 많이 달라지지 않음으로써 합성적 의미가 쉽게 짐작되는 경우이다. 이러한 합성어는 구와 같은 단어의 연속체와의 구별이 어려운 경우도 생기기도 한다. 그러나 어떤 경우든 단어의 연속체가 합성어를 이루는 경우에는 두 성분의 의미 변화가 다소라도 생기는 법이어서 그러한 의미 변화가 합성어와 구를 구별할 수 있는 변별 기준이 된다고 할 수 있다. '밤나무'의 경우를 예로 들어 이를 좀 더 분명히 해 보기로 하자.

> //밤＋나무//
> (41) ㄱ. 밤과 나무
> ㄴ. 밤의 나무
> ㄷ. 밤이 열리는 나무

'밤'과 '나무'라는 단어의 연쇄는 (41)에 제시한 것처럼 세 가지 정도의 의미를 지니게 된다. 그런데 '밤나무'가 합성어로서 하나의 단어로 사용될 때에는 일반적으로 (41ㄷ)과 같은 의미를 갖는다고 할 수 있다. 따라서 '밤나무'의 '밤'은 원래의 의미 그대로가 아니라 '밤이 열리는' 정도로 의미 변화를 겪었다고 할 수 있을 것이다.

한편, (40ㄴ)은 합성어를 구성하는 두 요소들 가운데 하나, 곧 앞 성분 또는 뒤 성분의 의미가 크게 달라짐으로써 그 의미가 색다르게 형성된 단어의 예들이다. 가령, '큰집'의 경우는 앞 성분인 '큰'의 의미가, '큰그릇'에서는 뒤 성분인 '그릇'의 의미가 본래의 단어가 갖는 의미와는 다른 의미를 갖게 됨으로써, 새로운 합성적 의미를 형성하게 된 경우에 해당되는 것이다.

물론, (40ㄷ)의 예는 흔히 융합 합성어라고 하는 것으로서, 합성어의 성분이 본래 가지고 있었던 의미를 상실하고 완전히 새로운 의미를 형성하게 된 단어의 예들이라고 할 수 있는 것들이다.

이와 같이, 합성어는 구문론적 관점에서 '내적 비분리성'과 '외적 분포 관계의 제약'을 지닌다는 사실 외에, 의미론적 관점에서 두 성분의 결합이 이루어진 후에는 그 정도의 차이가 있긴 하지만, 단순한 단어의 연쇄와는 달리 의미의 융합, 또는 변화를 수반하게 된다는 점을 변별 기준으로 삼을 수 있을 것이다.

그 밖에도 합성어를 구분하는 기준으로는 음운 변화, 휴지 혹은 연접, 강세, 어순 관계 등이 제시되고 있다. 즉, 합성어는 구와 같은 구성과는 달리, 성분의 일부가 음운 변화를 일으킬 수 있다든지(例. //솔+나무//→소나무), 합성어의 성분 사이에는 휴지가 없고, 연접이 폐쇄적인 경향이 있다든지 하는 특성을 드러낸다고 할 수 있는 것이다.

결론적으로, 이상의 논의를 통하여 우리는 하나의 자립형식인 관형사로서 띄어쓰기가 필요한 경우와, 그 관형사가 다른 성분과의 결합을 통해 새로운 단어를 구성하는 요소로 사용됨으로써 띄어쓰기를 필요로 하지 않는 경우를 변별할 수 있는 기준을 마련하게 된 셈이다. 이와 같은 기준들은 서로 보완적인 기준으로 사용되어 우리의 주된 관심인 관형사와 합성어의 띄어쓰기 문제를 해결할 수 있는 열쇠가 될 수 있을 것이다.

흰 광목빛

나희덕

먼 길 가는 모양이다
동네 어귀 느티나무 그늘 아래
어떤 부부가 버스를 기다리며 서 있다
조금은 떨어져 선 두 사람은
목도리가 같아서인지 한눈[8]에 부부 같다
지아비가 한 손[9]을 올린 채 앞으로 나와 있고
지어미는 조금 뒤에서 웃고 있다
시골버스의 유일한 승객인 나는
그 부부를 발견하고 내심 반가웠지만
운전기사는 조금의 망설임도 없이 지나치는 게 아닌가
두 사람이 늘 거기 서 있으면서도
한번도 버스를 탄 적이 없다는 듯이
아아, 버스로는 이를 수 없는 먼 길 가는 모양이다
그 부부는 이미 오랜 길을 걸어 저기 당도했을 것이고
잠시 나무 그늘에서 쉬고 있는지 모르겠다
그런데 정갈하게 풀을 먹인 광목 목도리는
누가 둘러주고 간 것일까
목도리에 땀을 닦고 있을 그들을 뒤돌아보니
미륵 한 쌍이 석양 속으로 사라진다
두 개의 점, 흰 광목빛

---

8) '한눈'과 '한번'은 '관형어＋명사'의 구성으로 '한＋눈'과 '한＋번'으로 이루어진 합성어이
다. '한눈'은 '한번 또는 잠깐 봄'의 의미를, '한번'은 '기회 있는 어떤 때'의 의미를 지닌다.
9) '한 손, 한 쌍'은 모두 명사구로서 띄어 씀.

5. 보조 용언의 띄어쓰기

1) 용례

① 그가 살고 있는 디트로이트는 과거의 공업도시로서의 광명을 <u>잃어 버린</u> 지 오래고, 거리에는 부랑자들과 가난한 흑인들이 넘쳐난다.

①′ 수많은 시위 인파들 속에 <u>갇혀버린</u> 것이었다.

② 또한, 정지용은 '향수', '고향' 등에서 향토적 서정을 신선한 감각으로 처리하였으나, '유리창' 등에서는 주지주의 시풍을 <u>보여 주었다.</u>

②′ 이 고귀한 작품을 특징짓는 명료한 비전, 방대한 지식 그리고 표현에 있어 보기 드문 정확성은 우리에게 깊은 인상을 <u>심어주었다.</u>

③ 지은 지 적어도 백 년은 <u>넘을 성싶었다.</u>

③′ 네가 커서 학교에 들어가면 <u>올성싶다.</u>

④ 목을 <u>안아도 보고</u> 일어나지 못하게 <u>잡아도 보고</u> 굴레를 씌워 넘어지는 충격을 줄여 주려고도 하였다.

⑤ 벼들이 누렇게 <u>타들어 가면</u> 농민들의 마음도 시커멓게 타들어 간다.

2) 규정

제47항 보조 용언은 띄어 씀을 원칙으로 하되, 경우에 따라 붙여 씀도 허용한다(ㄱ을 원칙으로 하고, ㄴ을 허용함).

ㄱ	ㄴ
불이 꺼져 간다.	불이 꺼져간다.
내 힘으로 막아 낸다.	내 힘으로 막아낸다.
어머니를 도와 드린다.	어머니를 도와드린다.
그릇을 깨뜨려 버렸다.	그릇을 깨뜨려버렸다.

> 비가 올 듯하다.   비가 올듯하다.
> 그 일은 할 만하다.   그 일은 할만하다.
> 일이 될 법하다.   일이 될법하다.
> 비가 올 성싶다.   비가 올성싶다.
> 잘 아는 척한다.   잘 아는척한다.
>
> 다만, 앞말에 조사가 붙거나 앞말이 합성 동사인 경우, 그리고 중간에 조사가 들어갈 적에는 그 뒤에 오는 보조 용언은 띄어 쓴다.
>
> 잘도 놀아만 나는구나!   책을 읽어도 보고…….
> 네가 덤벼들어 보아라.   강물에 떠내려가 버렸다.
> 그가 올 듯도 하다.   잘난 체를 한다.

3) 해설

용언은 그 서술 기능면에서 본용언(本用言, main verb)과 보조 용언(補助用言, auxlliary predicate)으로 나뉜다. 본용언은 단독으로 서술 기능을 드러낼 수 있는 용언인 반면, 보조 용언은 반드시 본용언과 더불어 쓰이면서 그 서술 기능을 보완하는 역할을 해 주는 용언을 말한다.

서정수(1996 : 631~633)에 의하면, 보조 용언은 다음과 같은 특징을 갖는다.

첫째, 보조 용언은 특정한 문법 형태를 매개로 하여 본용언과 밀접한 관계를 가지고 결합한다. 예컨대, '꺼져 간다'의 경우는 본용언 '꺼지-'와 보조 용언 '간다'가 연결어미 '-어'를 매개로 결합하고 있음을 알 수 있다. 참고로, 후술하게 될 보조 용언의 의미 범주에 따라 선행 용언과 보조 용언을 연결해 주는 문법 형태를 하나의 표로 제시하면 다음과 같다.

<표 7> 보조 용언의 유형과 연결 표지

의미 범주	선행용언	연결 표지	보조 용언
완결	동사	아 / 어	버리다, 나다, 내다
수혜	〃	〃	주다, 드리다
시행	〃	〃	보다
반복	〃	〃	쌓다, 대다
보유	〃	〃	두다, 놓다, 가지다
기동	동사 / 형용사	〃	지다
사동	동사	게	만들다(/ 하다)
지속	〃	아 / 어	가다, 오다
	〃	고	있다
결과상	〃	아 / 어, 고	있다
희망	〃	고	싶다
추정 / 의도	동사 / 형용사	─는가, ─나, ─ㄹ까, ㄴ가	보다, 싶다

둘째, 본용언과 보조 용언 사이에는 <표 7>에 제시한 표지를 제외한 단어나 문법 형태가 끼어들기 어려울 만큼, 그 결합 관계가 매우 긴밀하다. 예를 들어 설명하면 다음과 같다.

(42) ㄱ. 아이가 종이를 찢어 버렸다
　　　ㄴ. ?아이가 종이를 찢어 얼른 버렸다.

위의 예문에서 (42ㄱ)의 경우는 본용언과 보조 용언의 연결 구성으로 '버리다'가 '완결'의 의미를 갖고 있지만, 두 성분 사이에 '얼른'이라는 부사가 끼어든 (42ㄴ)과 같은 문장에서는 '버리다'가 '완결'의 의미가 아닌 본래의 용언으로서의 의미, 곧 '내던져 없애다'의 의미를 지니게 되므로, (42ㄱ)과는 별개의 의미를 지니게 되는 것이다. 따라서 본용언과 보조 용언은 그 관계가 상당히 긴밀하다고 할 수 있을 것이다.

셋째, 보조 용언은 본용언의 서술 기능을 돕는다. 주된 의미 기능은 본용언이 맡고, 보조 용언은 그것을 돕는 역할을 하는 것이다. (42ㄱ)의 '찢어 버렸다'의 경우, '찢는 행위 자체'는 본용언인 '찢다'가 담당하고, 보조 용언인 '버리다'는 그러한 행위가 완결되었다는 일종의 서법적 기능을 담당하게 되는 것이다.

넷째, 보조 용언은 그 자체가 각각 고유한 의미 기능을 가지고 있다. <표 7>에 제시한 대로, 보조 용언들은 '완결, 수혜, 시행, 반복, 보유, 기동, 사동' 등등 각기 고유한 의미 기능을 가지고 그러한 의미들을 본용언에 부여하는 역할을 담당하게 되는 것이다.

다섯째, 보조 용언은 서술 보조사나 접속 기능소 등을 지탱하는 역할을 한다. 즉, 본용언에 첨가되도록 되어 있는 문법 요소들은 보조 용언이 나타나는 경우에는 보조 용언 쪽으로 옮기어 그 기능을 드러내게 되는 것이다.

> (43) ㄱ. 그이는 이제까지 책을 <u>읽었습니다</u>.
>   ㄴ. 그이는 이제까지 책을 <u>읽고 있었습니다</u>.

(43ㄱ)의 본용언 '읽었습니다'에 나타나는 과거 시상 선어말 어미 '-었-'은 (43ㄴ)에서처럼 보조 용언이 나타나는 경우에는 본용언이 아닌 보조 용언 쪽으로 옮겨서 그 기능을 드러내게 된다.

한편, 제47항은 본용언과 보조 용언의 구성에서 본용언 다음의 보조 용언을 띄어 쓰는 것을 원칙으로 하며, 경우에 따라서는 붙여 쓸 수 있다는 규정이다. 따라서 위에 제시한 용례들을 통하여 확인할 수 있는 것처럼, '버리다', '주다', '성싶다' 등의 보조 용언들은 ①, ②, ③에서와 같이, 본용언과 구별하여 띄어 쓰는 것을 원칙으로 하되, ①', ②', ③'에서처럼 붙여 쓰는 것도 허용하는 것이다.

그러나 보조 용언을 본용언과 붙여 쓰는 것을 허용하지 않고, 띄어쓰기만을 원칙으로 하는 경우가 있는데, '다만'에서 규정하고 있는 것처럼, 다음과 같은 세 가지 경우가 이에 해당한다.

(44) ㄱ. 본용언 다음에 조사가 붙는 경우
例. 잘도 놀아<u>만</u> 나는구나!
책을 읽어<u>도</u> 보고
ㄴ. 본용언이 합성어인 경우
例. 네가 <u>덤벼들어</u> 보아라.
강물에 <u>떠내려가</u> 버렸다
ㄷ. '듯하다, 만하다, 법하다, 성싶다, 척하다' 등의 보조 용언 중간
에 조사가 들어가는 경우
例. 그가 올 <u>듯도</u> 하다.
잘난 <u>체를</u> 한다.

따라서 예문 ④의 '안아도 보고, 잡아도 보고'는 본용언 다음에 조사가 결합한 경우에 해당하며, ⑤의 '타들어 가면'은 역시 본용언이 합성어인 경우에 해당하므로, 띄어 쓰는 것만을 원칙으로 해야 한다.

이러한 규정과 관련하여 알아두어야 할 것은 본용언과 보조 용언을 연결해 주는 문법 형태 '아/어'는 ≪한글 맞춤법≫ 제15항 [붙임 1]에서 다루어진 합성동사 '늘어나다, 돌아가다, 접어들다'처럼, '아/어' 뒤에 다른 단어가 붙어서 된 단어들과 그 결합 방식이 동일하므로, 합성어인지 본용언과 보조 용언의 구성인지를 구별하기가 쉽지 않다는 것이다. 예컨대, '놀아나다, 늘어나다'에서의 '나다'와 '고난을 겪어 났다'에서의 '나다'의 차이가 그것이다. 요컨대, '놀아나다, 늘어나다'와 같은 합성동사는 하나의 단어이므로 '*놀아 나다', '*늘어 나다'처럼 띄어 써서는 안 되고, '겪어 났다'와

같은 구성의 경우에만 띄어 쓸 수 있다는 것을 알아야 할 것이다

　문제는 어떤 경우에는 하나의 단어로 다루어 붙여 쓰고, 어떤 경우에는 두 단어로 다루어 띄어 써야 하는지, 명확하게 분별하지 못하는 곤혹을 겪을 수가 있다는 것인데, 우선 이러한 문제를 해결하는 한 가지 쉬운 방법으로는 국어사전을 활용하는 방법이 있을 수 있다. 즉, '늘어나다, 돌아가다, 접어들다'와 같이, 합성동사의 경우에는 사전의 표제어로 등록이 되어 있다는 것을 참조하여 띄어쓰기를 결정하면 되는 것이다.

나의 생명의 생명이신 이여

타고르

나의 생명의 생명이신 이여
나는 항상 내 몸을 <u>정결하게 하리니</u>
당신의 살아계신 손이 내 온몸 구석구석 <u>닿고 있음을</u> 아옵기 때문입니다.
나는 항상 내 마음에서 모든 거짓을 멀리 하렵니다
당신의 진리가 내 마음 속의 이성의
불을 켰음을 아옵기 때문입니다

나는 항상 내 가슴에서 모든 악을 내쫓고
내 사랑을 <u>꽃피게 하렵니다.</u>[10]
당신께서 내 가슴 깊은 성전에 자리하셨음을 아는 때문입니다

그러나 내가 할 바는 당신을 내 손발로 나타내는 것입니다.
나에게 일할 힘을 베푸시는 이가
바로 당신인 줄 믿기 때문입니다.

---

10) 밑줄 친 '정결하게 하리니', '닿고 있음을', '꽃피게 하렵니다'는 모두 본용언과 보조 용언
이 연결된 구성으로, 원칙적으로 띄어쓰기를 해야 한다. 이 표현들의 경우, 본용언과 보조
용언의 연결 표지로 'ㅡ게'와 'ㅡ고'가 사용되고 있다.

6. 성명, 호칭어 및 관직명의 띄어쓰기

1) 용례

① 천주교 서울 대교구는 <u>김수환 추기경</u> 선종 1주기(2월 16일)를 맞아 다채로운 추모 행사를 마련하였다.

② 그 대표적인 것이 호남의 정자 문화로 <u>정송강(鄭松江)</u>과 <u>윤고산(尹孤山)</u>의 숨소리와 발자취다.

③ 이 날 강의에서 <u>이 박사</u>는 자신의 어릴 적 꿈과 우주인이 되기까지의 과정, 우주인 훈련 과정, 비행 과정, 우주에서의 임무 등에 대해 자세히 설명하였다.

④ <u>정 대표</u>는 이날 오후 당직자들과 함께 현대제철소에 도착해 <u>홍승수 부사장</u>으로부터 제철소 현황에 대한 보고를 들었다.

⑤ 지난 10월 30일 한국인물전기학회에서는 '펄벅 여사의 생애와 문학'을 주제로 한 서강대 영문학과 <u>장영희 교수</u>의 발표가 있었습니다.

⑥ 서울옥션 관계자는 "<u>박 전 대통령</u>의 휘호를 갖고 싶어 하는 사람이 늘고 있다."며 "<u>박 전 대통령</u>의 휘호는 역대 지도자 휘호 중 최고가로 거래되는 <u>백범 김구 선생</u>의 휘호를 뛰어넘었다."고 밝혔다.

2) 규정

제48항 성과 이름, 성과 호 등은 붙여 쓰고, 이에 덧붙는 호칭어, 관직명 등은 띄어 쓴다.

김양수(金良洙)	서화담(徐花潭)	채영신 씨
최치원 선생	박동식 박사	충무공 이순신 장군

다만, 성과 이름, 성과 호를 분명히 구분할 필요가 있을 경우에는 띄어 쓸 수 있다.

남궁억 / 남궁 억	독고준 / 독고 준
황보지봉(皇甫芝峰) / 황보 지봉	

3) 해설

　제48항에서는 국어의 성명과 이에 붙는 호칭어 및 관직명의 띄어쓰기에 대해 규정하고 있다. 이에 따르면, 성과 이름, 성과 호 등은 붙여 쓰고, 이에 덧붙는 호칭어, 관직명 등은 띄어 쓰는 것을 원칙으로 하고 있음을 알 수 있다.

　국어의 성과 이름은 별개 단어의 성격을 지니고 있다. 곧, 성은 혈통을 표시하며, 이름은 특정한 개인에게만 부여된 식별 부호(識別符號)이므로, 순수한 고유 명사의 성격을 지니는 것이다. 이렇게 볼 때, 성과 이름을 띄어 쓰는 것이 합리적이긴 하지만, 한자 문화권에 속하는 나라들에서는 성명을 붙여 쓰는 것이 통례이고, 우리나라에서도 붙여 쓰는 게 관용이라고 할 수 있으므로, 성과 이름은 붙여 쓰기로 한 것이다. 이름과 마찬가지 성격을 지닌 호(號)나 자(字)가 성에 붙는 형식도 이에 준한다. 예문 ①의 ‘김수환 추기경’의 ‘김수환’이나 ②의 ‘정송강’과 ‘윤고산’ 등의 성과 이름, 혹은 성과 호를 붙여 쓰는 것은 바로 이러한 규정 때문이다.

　한편, 성명 또는 성이나 이름 뒤에 붙는 호칭어나 관직명(官職名) 등은 고유 명사와 별개의 단위이므로 띄어 쓴다. 호나 자 등이 성명 앞에 놓이는 경우에도 마찬가지이다. 예문 ③의 ‘이 박사’와 ④의 ‘정 대표’, 홍승수 부사장, ⑤의 ‘펄벅 여사’, ‘장영희 교수’, ⑥의 ‘박 전 대통령’ 등의 표기는 성이나 이름 뒤에 붙는 호칭어나 관직명을 각각 띄어 쓴 예이고, ⑥의 ‘백범 김구’는 성명 앞에 호가 놓이는 경우, 뒤에 놓이는 경우와는 달리 띄어쓰기로 한 것을 보여주는 것이다.

　성명 또는 성이나 이름 뒤에 붙는 호칭어를 띄어 쓴다는 규정의 적용은 가령, 한 개인을 다음과 같은 방식으로 호칭을 하고 그에 따라 표기할 수 있다는 것을 의미하므로 참고할 필요가 있다.

(45) ㄱ. 나영희 양 / 영희 양 / 나 양에게 내 방에 들르라고 하게.
　　　ㄴ. 김형수 군 / 형수 군 / 김 군, 어디를 그리 급히 가나?

　이러한 호칭어의 표기와 관련하여 한 가지 더 기억해 둘 것은 '씨'(氏)의 경우는 그 용법을 다음과 같이 두 가지 경우로 구분하여 띄어쓰기를 달리 해야 한다는 것이다.

(46) ㄱ. 성년이 된 사람의 성이나 성명, 이름 아래에 쓰여 그 사람을 높이거나 대접하여 부르거나 이르는 말. 공식적, 사무적인 자리나 다수의 독자를 대상으로 하는 글에서가 아닌 한 윗사람에게는 쓰기 어려운 말로, 대체로 동료나 아랫사람에게 쓴다.
　　　　 例. 김 씨 / 길동 씨 / 홍길동 씨 / 그 일은 김 씨가 맡기로 했네.
　　　ㄴ. 인명에서 성을 나타내는 명사 뒤에 붙어 '그 성씨 자체'의 뜻을 더하는 접미사.
　　　　 例. 김씨 / 이씨 / 박씨 부인 / 최씨 문중 / 그의 성은 남씨입니다.

　위의 설명과 예를 통하여 알 수 있는 것처럼, '씨'(氏)가 호칭어로 쓰이는 경우에는 띄어 쓰지만(47ㄱ), 인명에서 '그 성씨 자체'의 뜻을 더하는 경우에는(47ㄴ) 접미사로 쓰였으므로 붙여 써야 한다.

조성환의 죽음

김기택

조성환이 죽었다. 아무 때나 아무 데서나 아무나 잘 웃기던 조성환. 어른이 되어서도 어린애처럼 작고 개구쟁이마냥 잘 까불던 조성환. 잘못했어요. 안 그러께요. 한번만 용서해 주세요 밧따 맞을 차례가 되면 울며 싹싹 잘도 빌던 조성환. 한 대 맞으면 펄쩍 퉁겨 잘도 나둥그라지던 조성환. 불쌍하면 불쌍할수록 더 웃겨 보이던 조성환. 불쌍하면 불쌍할수록 더 웃겨 보이던 조성환. 죽음 앞에서도 그 실력 유감없이 발휘했을 테지 잘못했다고, 다음부터 안 그럴 테니 딱 한번만 용서해 달라고, 요번만 살려주면 정말 말 잘 듣겠다고……두려움에 떠는 그 작은 얼굴을 떠올리는데, 그 모습이 얼마나 웃겼을까, 느닷없이, 뚱딴지 같은 생각이 쳐올라왔다. 그의 죽는 모습이 정말로 웃겼을까봐 두려웠다. 그동안 그가 웃긴 모든 웃음이 갑자기 서늘해져왔다. 안 웃기려고 애쓸수록 더 웃기게 죽었을 것 같아 그 죽음이 더 우스스해 보였다. 언제나 바보같이 얼굴에 그려져 있었던 웃음, 코나 입처럼 얼굴에 붙박여 있었던 웃음, 울거나 찡그릴 때조차도 멈추지 않았던 웃음, 그 웃음들이 죽어가는 그를 마지막으로 웃기려고 달려들고 있었다 죽음 앞에서 떨고 있는 조성환을, 보육원에서 매일 밤마다 밧따 맞으며 자란 조성환을, 너무나 조그맣고 가여운 조성환을, 더 살려두어도 이 세상에 아무런 표시가 나지 않을 조성환을.[11]

---

11) 너무나 조그맣고 가여운 조성환의 이름은 그러나 이 시에서 비로소 선명하게 표시 나는 이름 '조성환'으로 남아 있을 터……

7. 한자어의 띄어쓰기

1) 용례

> ① 21세기를 목전에 둔 <u>현 시점</u>에서 구조 조정은 21세기를 대비해 치밀하게 단계적으로 추진되어야 마땅합니다.
> ② 구개열은 아이가 <u>출생 시부터</u> 성장함에 따라 젖 빨기 장애, 치과적 문제, 이비인후과적 문제, 언어 장애, 심미적 문제 등 여러 가지 문제가 나타나는 질환이다.
> ③ 만일, 인간에게 언어가 없다면 <u>개인 간</u>의 교류와 협동은 거의 이루어질 수가 없다.
> ④ <u>통화 중</u>에 목소리가 경미하게 떨렸고, 인사도 제대로 못하고 황망히 전화를 끊었던 기억은 당시의 사정을 잘 말해 준다.
> ⑤ <u>제5장의</u> 내용은 《표준어 규정》 중 〈표준 발음법〉을 다룬 것이다.
> ⑥ 매일같이 <u>1시간여</u>의 버스 여행을 하면서도 일산을 떠날 수 없는 이유가 생겼습니다.

2) 해설

우리말 띄어쓰기가 어렵다고 보는 것은 일정한 단어 혹은 형태소의 문법 범주를 결정하기가 쉽지 않다는 데에서 비롯되기도 한다. 예컨대, '첫인상, 첫걸음, 첫눈'의 '첫'은 합성어를 구성하는 요소이므로 후행 명사에 붙여 써야 하지만, '첫 경험, 첫 시험, 첫 월급' 등의 '첫'은 명사구를 구성하는 관형사이므로 띄어 써야 하는 것이 그러한 경우이다.

국어에 들어와 쓰이는 한자어 가운데 특히 1음절 한자들 역시 그 문법 범주를 결정하기가 쉽지 않아 띄어쓰기에 어려움을 느끼는 경우가 많다. 위에서 제시한 용례들 가운데 ①의 '현'(現)은 관형사로, ②~④의 '시(時), 간(間), 중(中)'은 의존명사로 쓰였으므로 후행 또는 선행 요소와 구별하여 띄어

쓰기를 해야 하지만, ⑤의 '제(第)', ⑥ '여(餘)'는 접사, 즉 접두사와 접미사이므로 선행 요소에 결합시켜 띄어 쓰지 않는다는 것도 국어 사용자들로 하여금 상당한 어려움을 겪게 하는 요인이라고 할 수 있는 것이다. 이러한 문제를 해결하기 위한 방안으로 여기에서는 1음절 한자어가 관형사나 의존명사로 쓰여서 띄어쓰기가 필요한 경우, 접두사와 접미사로 쓰임으로써 어기가 되는 요소에 붙여 쓰는 경우로 나누어 그 의미 기능과 용례를 차례로 제시해 보기로 한다.

첫 번째로 관형사로 쓰이는 한자어들의 의미와 그 용례는 다음과 같다.

〈표 8〉 한자 기원 관형사의 의미 및 용례

한자어	의 미	용 례
각(各)	낱낱의.	이번 포럼은 정부 <u>각</u> 부처 기후 변화 적응 정책의 올해 사업 계획을 공유하고 논의하는 자리다.
고(故)	이미 세상을 떠난.	현직 대통령을 미화하려고 한 듯한 부분도 살짝 살짝 보이는 듯했지만 전체적인 모습은 서거한 <u>고</u> 노무현 대통령이랑 많이 비슷하지 않나 싶다.
당(當)	그, 바로 그, 이, 지금의.	<u>당</u> 열차는 30초 후 출발하겠습니다.
동(同)	앞에서 말한 것과 같은.	회사에서 채무 변제를 하지 않아서 <u>동</u> 회사의 재무제표 등본 교부를 요청하였으나, 회사에서는 등본 교부를 계속 거부하고 있다.
만(滿)	일정하게 정해진 기간이 꽉 참.	이 일을 <u>만</u> 하루 동안 다 끝냈다.
매(每)	하나하나의 모든. 또는 각각의.	• <u>매</u> 회계연도 • 우리 가족은 <u>매</u> 경기마다 빠지지 않고 응원하였다.
본(本)	어떤 대상이 말하는 이와 직접 관련되어 있음.	<u>본</u> 학회 임원의 임무는 다음과 같다.

한자어	의 미	용 례
양(兩)	둘 또는 두 쪽 모두.	문오는 <u>양</u> 무릎 안에 얼굴을 파묻고 아이처럼 엉엉 울었다.
연(延)	연인원(延人員), 연일수(延日數) 등의 준말.	민주당은 <u>연</u> 사흘째 의원총회 등을 열어 이 문제를 논의했으나 아직 분명한 방침을 정하지 못하고 있다.
전(全)	'모든' 또는 '전체'의 뜻을 나타내는 말.	<u>전</u> 20권으로 된 할아버지의 문집이 남아 있다.
주(主)	주요한, 일차적인.	내 조카의 <u>주</u> 무기는 울며 떼쓰기다.
전(前)	'이전 경력'의 뜻.	최규하 <u>전</u> 대통령에 이어 집권한 전두환 <u>전</u> 대통령도 유력 집안과 혼맥을 이어갔다.
	'이전' 또는 '앞', '전반기' 따위의 뜻.	직전 학기 또는 <u>전</u> 학기까지 이수한 전 과목의 평점 평균이 4.0(A급) 이상인 자는 학기당 3학점을 초과 신청할 수 있다.
현(現)	현재의 또는 지금의.	그의 아버지가 <u>현</u> 교장이시다.

여기에 제시한 단어들은 모두 관형사로서 자립성을 지닌 하나의 단어들이라고 할 수 있으므로, 단어를 단위로 띄어 쓴다는 《한글 맞춤법》 띄어쓰기의 대원칙에 따라 띄어 쓰고 있는 단어들이다. 대개의 경우, 이들 한자어가 1음절이라는 이유 때문에, 자립성이 없는 접두사로 파악하여 뒷말에 붙여 쓰는 오류를 범하기 쉬운데 다음이 그러한 예들이다.

(47) ㄱ. 2차 대전의 복식은 남성적 분위기가 가장 많이 표현된 시대. 장식성이 없어지고 *<u>양어깨가</u> 각지고 넓어졌다.

ㄴ. *<u>연나흘째</u> 계속되는 비 때문에 배낭을 싸는 데 주저되었지만 더 이상 머뭇거릴 수 없는 절박함이 더 컸다.

ㄷ. 이 때문에 속공을 *<u>주무기</u>로 하는 팀들이 손해를 많이 봤다는 설명이다.

ㄹ. 이근영 금감위원장은 현대상선 대북 지원금 문제와 SK에 대한 검찰 수사로 *<u>현정권</u>의 눈 밖에 나 있다.

이러한 문장들에서 사용된 '양(兩), 연(延), 주(主), 현(現)' 등의 단어들은 <표 8>에 제시한 대로 각각 자립성을 지닌 하나의 단어이므로 띄어쓰기를 해야만 올바른 표기가 된다.

다음은 1음절 한자어 가운데 의존명사로 쓰임으로써 띄어쓰기가 이루어져야 할 필요성이 있는 한자어의 의미와 그 용례를 제시한 것이다.

<표 9> 한자 기원 의존명사의 의미 및 용례

한자어	의 미	용 례
간(間)	한 대상에서 다른 대상까지의 사이.	서울과 부산 간 야간열차.
	일부 명사 뒤에 쓰여 '관계'의 뜻을 나타냄.	부모와 자식 간에도 예의를 지켜야 한다.
	앞에 나열된 말 가운데 어느 쪽인지를 가리지 않는다는 뜻.	• 공부를 하든지 운동을 하든지 간에 열심히만 해라. • 맛난 김치가 가득한 김장은 누가 먹든지 간에 맛있게 먹어질 것이니 김장은 김장의 본분을 다한 것이니 행복할 것 같네.
내(內)	일정한 범위의 안.	바다에서 수영할 때에는 반드시 안전선 내에서 해야 한다.
외(外)	일정한 범위나 한계를 벗어남.	가족 외의 사람은 병실 출입을 제한합니다.
시(時)	어떤 일이나 현상이 일어날 때나 경우.	수정 화장 시 피부의 번들거림을 잡지 않고 파우더나 트윈 케이크를 덧바르면 메이크업이 범벅이 되어 더욱 지저분해진다.
중(中)	여럿의 가운데.	유엔 가맹 국가 중 20개국 대표가 워싱턴에 모였다.
	무엇을 하는 동안.	이규는 '삐삐익' 잡음을 뿜어내고 있는 라디오를 조절하려고 안간힘을 쓰고 있는 중이었다.
	어떤 상태에 있는 동안.	소속은 말단 소총 소대였고 한 달 동안의 작전이 끝나서 휴양소에서 특별 휴가 중이었다.

한자어	의 미	용 례
중(中)	어떤 시간의 한계를 넘지 않는 동안.	오전 <u>중</u>으로 모찌기를 다 마치지 못하면 점심 먹고 뒷골로 올라가서 마지기 논을 다 심을 수가 없다.

여기에 제시한 한자어들은 모두 국어에 들어와 의존명사로 쓰이고 있는 것들이다. 따라서 앞에서 제시한 ≪한글 맞춤법≫ 제42항에서 규정하고 있는 대로 이들 의존명사들은 선행어와 분리시켜 띄어 써야 하는 것들이다.

한편, 용례 ⑤, ⑥의 예를 통해 알 수 있듯이, 국어의 1음절 한자어 가운데는 어기에 결합하여 파생어를 만드는 데 사용되는 접사가 있어 띄어 쓰지 않고 반드시 어기에 붙여 써야 한다. ⑤의 '제5장'의 '제'(第)는 접두사로, ⑥의 '1시간여의' '여'(餘)는 접미사로 쓰여 각각 결합하는 어기에 붙여 쓰고 있는바, 다음은 국어의 한자어들 가운데 비교적 생산성이 높은 접두사의 목록이다.

〈표 10〉 한자 기원 접두사의 의미 및 용례

한자어	의 미	예
가(假)	가짜, 거짓, 임시적인.	삼성탈레스가 방위 사업청을 상대로 군의 전술정보 통신체계(TICN) 사업과 관련해 입찰 절차의 속행 금지 <u>가처분</u> 신청을 제기했다.
고(高)	높은, 훌륭한.	신규 등록자 추이는 전년도 같은 기간보다 대학 졸업자는 72%, 대학원 이상은 41%나 급증해 <u>고학력자</u> 취업난의 심각성을 보여줬다.
노(老)	늙은, 나이가 많은.	그때 택시 한대가 우리 앞으로 다가오더니 멈춰섰고 마침 <u>노신사</u> 한 분이 내리셨다.
경(輕)	가벼운, 간단한.	태권무 음악으로는 스타크래프트에서 나오는 효과음을 이용한 베토벤 바이러스란 곡 앞에 빠른 템포의 <u>경음악</u>을 첨부해서 만들었다.

한자어	의 미	예
공(空)	힘이나 돈이 들지 않은, 빈, 효과가 없는, 쓸모없이.	• <u>공것</u>이라면 비상도 먹는다. • 지난해 이동통신 3사 CEO의 '경쟁 자제'라는 약속은 결국 <u>공염불</u>에 그쳤다.
대(大)	큰, 위대한, 훌륭한, 범위가 넓은.	러시아의 <u>대문호</u> 도스토예프스키를 '돈'이라는 키워드로 날카롭게 분석했던 저자의 남다른 눈썰미는 이번에도 여전하다.
몰(沒)	그것이 전혀 없음.	국회 본청에 들어가게 된 것에 대해 사죄해야 마땅할 사무총장이 언론노조에 대해 건조물 침입죄 운운하는 것은 <u>몰염치</u>의 극치라고 비난했다
본(本)	바탕이 되는, 애초부터 바탕이 되는.	한국도자기(대표 김영신)가 본차이나의 <u>본고장</u>인 영국 시장에 진출한다.
불(不)	아님, 아니함, 어긋남.	<u>불사조</u>처럼 되살아난 그들, 매혹적인 음악으로 팬들 앞에 서다.
비(非)	아님.	월드컵 본선 진출에 극적으로 성공한 프랑스대표팀이 공격수 티에리 앙리(32·바르셀로나)의 <u>비양심적</u> 행동으로 논란에 휩싸였다.
제(第)	그 숫자에 해당되는 차례의.	이 책의 <u>제5장</u>에서는 표준 발음법에 대해 다룬다
준(準)	구실이나 자격이 그 명사에는 못 미치나 그에 비길 만한.	<u>준회원</u>이 코레일 클럽에 가입하기 위해서는 예매에 사용할 신용 카드가 반드시 필요합니다.
초(超)	어떤 범위를 넘어선 또는 정도가 심한.	미국 발 금융위기가 전 세계를 강타하는 와중에, 엔화는 유래 없는 <u>초강세</u>를 유지하고 있다.
총(總)	전체를 아우르는 또는 전체를 합한.	주민등록 인구에 그동안 제외됐던 거주불명 등록자(옛 주민등록 말소자)도 포함돼 우리나라 <u>총인구</u>가 처음으로 5000만 명을 넘어설 전망이다.
친(親)	혈연관계로 맺어진, 부계 혈족 관계인, 그것에 찬성하는, 그것을 돕는	• <팥쥐 엄마의집>에서 가장 인상적인 대목은 <u>친엄마</u>가 나타나는 후반부입니다. • 파키스탄의 대중 운동이 <u>친미</u> 부패 정부를 위기에 빠트리게 된 것이라고 할 수 있습니다.

앞의 표에서 제시한 바와 같이, 국어의 1음절 한자어 가운데는 결합되는 어기(語基)에 일정한 의미를 더하여 주는 접두사로 기능하는 것들이 상당히 많다. 이러한 접두사들은 새로운 단어를 파생하는 데 비교적 생산적인 기능을 하는 것들로서 반드시 뒷말인 어기에 붙여 써야 하는 것들임은 물론이다.12)

또한, 1음절 한자어들 가운데는 ⑥에서 사용된 '여'(餘)처럼, 애초부터 접미사의 기능을 담당하는 한자어가 있는가 하면 앞에서 제시한 관형사나 의존명사들 가운데 그 출현 환경이나 의미 기능에 따라 접미사로 쓰이는 한자어들이 있는데, 다음이 그러한 예들이다.

<표 11> 한자 기원 접미사의 의미 및 용례

한자어	의 미	예
간(間)	기간을 나타내는 일부 명사 뒤에 붙어 '동안'의 뜻을 더해줌.	당초 10월 20일까지 열릴 예정이었던 이 전시회는 한 달간을 연장 11월 20일까지 전시된다.
당(當)	앞에, 마다의 뜻.	신원이 확인된 사망자 47명의 유족에게 1인당 위로금과 장례비로 6천만 원, 부상자 147명에게 1인당 500만 원을 이번 주 안에 지급할 계획이다.
여(餘)	수량을 나타내는 말 뒤에 붙어 '그 수를 넘음'의 뜻을 더하는 접미사.	무수한 인간들이 전쟁의 포화 속에 죽어 갔으나 삼 년여를 끈 이 전쟁에는 어느 쪽에도 승리가 없다.
상(上)	일부 명사 뒤에 붙어 '~에 관하여, ~에 따라서 ~의 관계로'의 뜻을 나타냄.	특검법의 내용과 절차상의 문제점을 지적하되 당에서 직접 압박하는 모양새를 취하는 것은 바람직하지 않다는 신주류 측 입장의 차이에서 비롯된 것으로 보인다.

___

12) 접두사로 쓰이는 한자어의 목록에 대해서는 방향옥·강희숙(2009) 참조.

한자어	의 미	예
하(下)	그것과 관련된 조건이나 환경의 뜻을 더해줌.	<황산벌>은 삼국시대 신라와 백제가 지금과 같은 사투리를 썼다는 가정하에 기존의 역사를 코믹하게 뒤집어 본 역사 코믹 영화이다.

위의 표에 제시한 한자어들 가운데, '간'(間)은 의존명사로, '당'(當)은 관형사로 쓰이던 것이 그 의미와 분포를 달리하여 접미사로 쓰이는 것이고, 나머지는 애초부터 접미사로서의 기능을 갖고 있는 것들이다. 이러한 접미사들 역시 접두사로 쓰이는 한자어와 마찬가지로 어기에 결합하여 일정한 의미를 더하여 주는 기능을 하는 것들로 반드시 어기에 붙여 써야 한다.

요컨대, 이와 같은 한자어의 띄어쓰기 문제를 해결하는 한 가지 중요한 전략은 각 형태소나 단어의 문법 범주나 의미 기능을 정확히 파악함으로써 그것이 자립성을 지닌 하나의 단어로 쓰이고 있는지, 아니면 접두사나 접미사와 같이 자립성이 없는 성분으로 쓰이고 있는지를 구별할 줄 아는 능력을 갖추는 것이라고 할 것이다. 한자어의 경우만 놓고 보더라도 한자어 하나하나의 의미 기능과 문법 범주를 정확히 아는 것이 매우 중요한 문제 해결 전략이라고 할 수 있는바, 국어사전이나 문법서 등을 통해서 이에 대한 지식을 갖추는 일에 특히 많은 관심을 기울여야 할 것이다.

오지만디아스

P. B. 셸리[13]

옛 땅에서 찾아온 나그네를 만나 얘기를 들어 보니
사막에 세워 놓은 석상이 몸뚱어리는 없어지고
거대한 두 개의 다리만 남았다고 했다.
근처에는 산산조각 부서진 석상의 얼굴이
반쯤 모래 밑에 묻혔는데, 험상궂은 표정과
꽉 다문 입술, 차가운 위엄이 담긴 비웃음을 보니
그러한 감정을 조각가가 훌륭한 솜씨로 담아내어
생명이 없는 돌덩이에 새겨진 격렬한 감정은
그것을 조롱한 손이나 경배를 드렸을 마음을 이겨냈고
대좌(臺座)에는 이런 글이 적혔노라고 했다.
"내 이름은 오지만디아스, 왕 중의 왕[14]이니,
위대한 자여, 내 업적을 둘러보고 절망하라."
그것만이 남았다. 거대한 몰락의 폐허 주변에는
끝도 없이 황량하게 쓸쓸하고 헐벗은 모래밭이
멀리멀리 뻗어나가기만 했단다.

---

13) Percy Bysshe Shelly(1792~1822). 영국의 낭만파 시인이다. 이 작품은 원래 14행시, 곧 소
　　네트(sonnet)로, 오지만디아스(Ozymandias)라는 막강한 군주의 영광이 몰락해 버리고 폐허
　　만 남은 사막의 풍경을 노래하고 있는 작품이다.
14) '왕 중의 왕'의 '중'(中)은 '여럿의 가운데'라는 의미로 쓰이는 의존명사.

연 습 문 제

1 현행 ≪한글 맞춤법≫ 총칙에서 규정하고 있는 띄어쓰기의 원칙에 대해 설명하라.

2 다음은 이상(李箱)의 작품 〈오감도(烏瞰圖)〉 제1호이다. 주지하는 바와 같이, 이 작품은 띄어쓰기가 되어 있지 않은데, 이를 띄어쓰기 원칙에 맞게 다시 고쳐 써 보고, 띄어쓰기 여부가 작품을 이해하는 데 어떠한 역할을 할 수 있는지 자신의 생각을 말해보라.

> 13인의 *兒孩*가도로로질주하오
> (길은막다른 골목이적당하오)
>
> 제1의아해가무섭다고그리오
> 제2의아해도무섭다고그리오
> 제3의아해도무섭다고그리오
> 제3의아해도무섭다고그리오
> 제4의아해도무섭다고그리오
> 제5아해도무섭다고그리오
> 제6의아해도무섭다고그리오

제7의아해도무섭다고그리오
제8의아해도무섭다고그리오
제9의아해도무섭다고그리오
제10의아해도무섭다고그리오
제11의아해도무섭다고그리오
제12의아해도무섭다고그리오
제13의아해도무섭다고그리오

13인의아해는무서운아해와무서워하는아해와그렇게뿐이모였소
(다른사정은없는것이차라리나았소)

그중에1인의아해가무서운아해라도좋소
그중에2인의아해가무서운아해라도좋소
그중에2인의아해가무서워하는아해라도좋소
그중에1인의아해가무서워하는아해라도좋소

(길은뚫린골목이라도적당하오)
13인의아해가도로로질주하지아니하여도좋소

3 다음 문장들 가운데 띄어쓰기가 틀린 부분을 바로잡고, 그와 같은 방식으로 띄어쓰기를 해야 하는 이유를 설명하라.

(1) 아우내 장터는 18살의 꽃 같은 나이에 조국의 독립을 외치다 순국한 유관순열사의 애국충절정신을 가슴 속 깊이 느낄 수 있는 곳으로 아이들의 산교육장으로 권할 만하다.

(2) 옛사람들은 인간은 태어나면서 부터 자신의 운명이 정해져 있다고 생각해 왔다.

(3) 너무 꾸미거나 어렵고 복잡하면 감동은 커녕 오히려 역효과를 내기 쉽습니다.

(4) 물론 이런 일과 노동은 중세기 이후 문학 뿐만 아니라 거의 모든 예술 분야에서 널리 사용되어 온 주제이다.

(5) 좋은 사랑은 역시 서로를 아끼며 주고받는 교감이 있을 때 라는 표현
을 잘 나타낸 것 같더군요

(6) 오랜 전통을 자랑하는 명문 웰튼 고등학교의 새학기가 시작된다.

(7) 정치개혁은 한 두 사람의 정치인이 하는 게 아니라 우리국민들이 만
들어 내는 것입니다.

(8) 물은 높은데에서 낮은데로 흐른다.

(9) 네가 무엇인 데 그런 소릴 하나?

(10) 어머님이 떠나신지 닷새가 되었다.

(11) 저 사람이 내게 득이 되는 지 안 되는 지부터 생각하고 다가가는 건
아닌지 모르겠다.

(12) 민주당과 노후보가 설사 약속 지키지 않더라도 우리는 약속을 지켜
야 한다는게 오늘 결의 내용이며 이에 반대한 사람은 없었다.”고 밝
혔다.

(13) 금강산에 가본 바 과연 절경 이더구나.

(14) 2002학년도 제2학기 성적처리시 유의사항 및 성적평가지침을 첨부
파일로 보내드리오니 참고하시기 바랍니다.

(15) 지진피해는 진앙지인 자스와 바추를 비롯해 아라건(阿拉根) 등의 지
역에서 심했고, 특히 학교 건물이 지진으로 무너지는 바람에 수업중
이던 학생들이 대부분 희생됐다.

참고문헌

국립국어연구원(1997), 『가나다 전화 자료집』.

국립국어연구원(2001), 『국어연구원에 물어보았어요 2001』.

김광해 외 4인(1999), 『국어지식탐구』, 박이정.

김창섭(1998), 「접두사의 사전적 처리」, 『새국어생활』 8-1, 국립국어연구원.

방향옥·강희숙(2009), 「한국 한자어와 중국어의 접두파생어 대조 연구」, 『새국어교육』 83호, 한국 국어교육학회.

서정수(1996), 『국어문법』, 한양대학교 출판원.

시정곤(2002), 「명사 연결체의 띄어쓰기 실상과 처리 방향」, 『새국어생활』 12-1, 국립국어연구원.

이승구·이인제·최용기(2001), 『띄어쓰기 편람』, 대한교과서(주).

이익섭(2002), 「띄어쓰기의 현황과 전망」, 『새국어생활』 12-1, 국립국어연구원.

정희성(2002), 「틀리기 쉬운 띄어쓰기」, 『새국어생활』 12-1, 국립국어연구원.

조영희(1988), 『새 한글 맞춤법 띄어쓰기의 이론과 실제』, 신아출판사.

제3장 문장 부호

1. 문장 부호의 개념 및 유형

문장 부호란 문장의 각 부분 사이에 표시하여 논리적 관계를 명시하거나 문장의 정확한 의미를 전달하기 위하여 표기법의 보조 수단으로 쓰이는 부호를 말한다. 모든 글에는 쉼표나 마침표, 따옴표 등의 문장 부호가 거의 필수적으로 사용되게 마련이며, 그러한 부호들은 한 편의 글을 구성하는 중요한 요소로서 기능을 하게 된다.

글에서 문장 부호가 쓰이지 않는다든지 잘못 쓰이게 되면 필자가 의도하는 대로 문장의 의미를 정확하게 전달하기가 쉽지 않을 뿐만 아니라 경우에 따라서는 글의 품격을 손상시키는 결과를 가져오기도 한다. 따라서 글을 구성하는 다른 요소들 못지않게 중요성을 지니는 문장 부호의 용법을 정확히 알고, 실제 글쓰기에서 그러한 용법을 지키려는 노력과 더불어 문장 부호를 효과적으로 사용함으로써 일종의 수사적 장치로 활용하는 것도 좋은 방법이라고 할 것이다.

서구 문헌의 초기 형태에서는 글자를 일렬로 계속 이어서 썼지만 그 후 차츰 하나의 행 안에 여백을 두어 단어를 구분하게 되었다. 문장 안에 점을 찍기 시작한 것은 그 후였고, 알도 마누치오(Aldo Manuzio)[1]가 처음으로 구두점의 표준 체제를 도입하였다.

국어 문장에서 쓰인 문장 부호는 크게 두 가지로 구분된다. 그 하나는 한문 문장의 점찍기의 영향을 받은 것으로, 의미상으로 끊어지는 것을 나타내기 위하여, 혹은 읽을 때의 편의를 위하여 문장의 중간에 몇 종류의 점을 찍는 것이고, 다른 하나는 서구의 구두점(句讀點) 체계가 일본을 통하여 우리나라에 유입된 것이다(장소원, 1983 : 389).

박지홍(1979 : 62)에 따르면, 중국 원나라 시기의 운서인『운회거요』(韻會擧要)에 점찍기에 관한 부분이 있는데, 말이 끊어지는 곳에서는 글자의 곁에 구점(句點)을 찍고, 말은 끊어지지 않지만, 읊조릴 때의 편의를 위하여 문장의 중간을 나누는 두점(頭點)은 글자의 사이에 찍었다.

이와 같은 구두점 방식이 우리나라에 그대로 전해지게 되었는데, 최초로 점찍기가 나타나는 문헌은『훈민정음』(1446)이다. 여기에서는 고리점(。)이 보이는데, 그 용법은 중국의 구점, 두점의 그것과 정확히 일치한다. 이 구두점은 현재의 마침표와 쉼표에 대응되는 것으로, 그 표시 방법만 차이가 있다고 할 수 있다.

---

1) Aldo Manuzio(1547. 2. 13. 이탈리아 베네치아~1597. 10. 28. 로마) : 이탈리아의 유명한 출판업자.

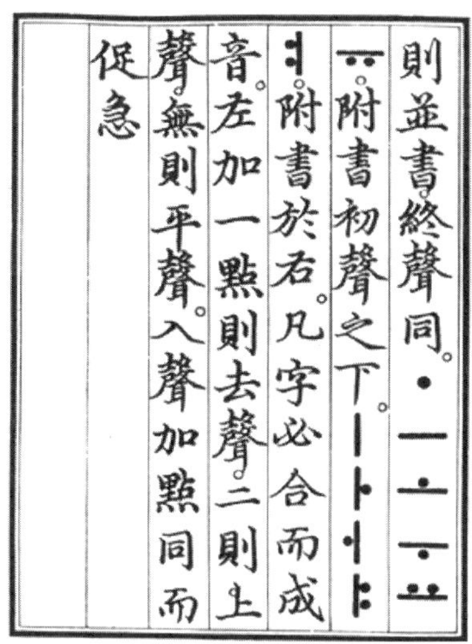

[그림 1] 『훈민정음』의 구두점

　[그림 1]은 구두점이 사용되고 있는 모습을 보여주는 『훈민정음』(1446) 예의의 마지막 부분이다.

　여기에서 보듯이, 『훈민정음』에서는 구두점을 표시한 사례를 분명하게 보여주고 있다. 예컨대, "則並書終聲同"이라는 첫 번째 문장에서 고리점(。)을 사용하여 '則並書' 다음의 가운데에 두점을, '終聲同' 다음의 오른쪽 끝 쪽에 구점을 표시하고 있음을, 우리는 쉽게 확인할 수 있는 것이다.

　이와 같은 구두점의 용법은 그 이후의 다른 문헌에서도 동일하게 나타나며, 한글 문헌인 『용비어천가』(龍飛御天歌)에서도 마찬가지 모습을 보인다.

　앞에서도 언급한 바와 같이, 서구의 구두법 체계가 우리나라에 도입된 것은 일본을 통해서이다. 김병철(1978)에 따르면, 일본에서의 구두점은 문필가들에 의해 처음으로 서구에서 도입되었으며 그 후 교과서 편찬자들의 도움을 얻어 널리 보급되게 되었다. 우리나라의 경우도 1896년에 간행된 『新訂 尋常小學』 교과서에 가장 먼저 구두점이 사용되었는데, 이 교과서는 1887년 일본 문부성 편집국에서 간행한 소학교 교과서인『尋常小學讀本』의 내용을 거의 그대로 번역하면서 그 구두점 역시 그대로 도입되었다.

일본을 통하여 간접적으로 도입되었던 서구의 구두점이 국어에 토착화됨에 따라, 20세기 초에 간행된 신소설과 번안소설, 번역소설 등에서는 쉼표, 물음표, 인용부호, 말줄임표 등 여러 가지 문장 부호들이 사용되기 시작하며, 그 이후 여러 문법서2)에서도 이에 대한 언급이 다양하게 전개되어 왔다.

1933년에 이루어진 조선어학회의 ≪통일안≫에서는 문장에서 쓰이는 중요한 부호 17종을 처음으로 규정하였다. 1940년 개정 때에 총 39종에 대하여 문장에서 쓰이는 명칭과 출판상의 명칭을 붙였고, 다른 43종의 부호를 덧붙였다.

이러한 문장 부호는 순수하게 논리적인 목적에서 사용되는 경우와 어조상(語調上)의 쉼을 위하여 사용할 때와는 차이가 있다. 시(詩)에서는 리듬을 위해 사용하기도 한다.

다음은 현행 ≪한글 맞춤법≫ 부록에 제시된 문장 부호의 체계와 그 명칭을 하나의 표로 정리한 것이다.

<표 1> 문장 부호의 체계와 명칭

구 분	명 칭	부 호	비 고
마침표 (終止符)	온점	.	세로쓰기에는 고리점(。)을 씀.
	물음표	?	
	느낌표	!	
쉼표 (休止符)	반점	,	세로쓰기에는 모점(、)을 씀.
	가운뎃점	·	
	쌍점	:	
	빗금	/	

2) 예를 들어, 이상춘(1925), 최현배(1937) 등을 들 수 있다.

구 분	명 칭	부 호	비 고
따옴표 (引用符)	큰따옴표	" "	세로쓰기에는 겹낫표(『 』)를 씀.
	본용언	' '	세로쓰기에는 낫표(「 」)를 씀.
묶음표 (括弧符)	소괄호	( )	
	중괄호	{ }	
	대괄호	[ ]	
이음표 (連結符)	줄표	—	
	붙임표	‒	
	물결표	~	
드러냄표 (顯在符)	드러냄표	°, ·	
안드러냄표 (潛在符)	숨김표	××, ○○	
	빠짐표	□	
	줄임표	……	온점 6개를 씀.

위의 표를 통하여 알 수 있는 바와 같이, 현행 ≪한글 맞춤법≫에 제시된 국어의 문장 부호는 크게 7가지 유형으로 나뉘며, 그 수효는 19개이다. 그렇다면, 이러한 문장 부호들의 쓰임은 어떠한가를 그 유형별로 살펴보기로 하겠다.

마침표를 먼저 찍다

이대흠

　. 세상살이의 시작이 막장이고 보니 난 어쩜 마침표를 먼저 찍은 문장 아닌지 .막장은, 마침표는 이전의 것을 보여주는 구멍이다 .그 캄캄한 것을 오래 들여다보면 한 세상이 보인다 .이 캄캄한 공사장의 먼지, 이 무수한 마침표를 통해 본다 .오래된 짐승의 알처럼 둥근 마침표 .내 생의 처음이었던 어머니, 그 마침표 .그녀의 검은 눈동자 .한 세상의 아픔이 그득하여 그녀의 눈빛은 맑다 .파이프 메고 어두운 계단을 오르며 난간에만 빛이 웅성거림을 본다 .난간에 버려진 저 작은 쇳조각, 깨어진 돌멩이가 결국 하나의 사상임을 너무 늦게 알았다 .어두운 곳이라 난간이 길이다 .난간을 걷는 나의 生 .언제든 죽을 수 있으므로 고개 숙이지 않으리 .무겁다 . 무거운 것들이 적어 세상은 무거워졌다 .대부분 이 짐을 지지 않는다 .마침표를 찍자 . 여기부터가 시작이다 .3)

---

3) 마침표의 온점(.)을 이제는 더 이상 나아갈 수 없는 막다른 갱도이자 새로운 세상을 향한 출발점으로 보고 있다. 문장 부호에 대한 시인의 인식이 매우 철저하면서도 새롭다는 것을 알 수 있게 해 준다.

1997, 슬픈산책, '본때'

김경미

오후 네시 반. 그저 옷 갈아입고 나선다
마음이 낡은 흑백사진을 이기지 못하니
천천히 걸어 4·19탑 근처 2층 레스토랑에 오른다
이름이 '본때'다
역사의 본때를 보여주었다는 것일까
요즘 그런 레스토랑 이름이 있으려고
혹은 불어거나 스페인어쯤일지……
아무려나 그랬으면 좋겠다
지금은 본때, 그 아픈 한국 단어를 되새기고 싶지 않다
삶을 모욕했거나 벼르게 한 죄 그토록 많아
자주도 쓰라린 대가들 치러야 했는지
아직도 맛봐야 할 생의 본때들이 안 가본 나라의
요리처럼 많이도 남아 있을지
내 쪽엔 생에 보여줄 아무 뜨거운 본때도 없으니
저절로 두렵고 쓸쓸해라 창 아래 '본때' 길가 간판에
전깃불 들어온다 이제 일어나야 하리라
곧 연인들이 밀려들 시간이리라 일어나 혼자 앉았던
자리를 잠시 돌아본다 빈 옆자리는 늘 서운했던가
사랑도 결별도 한겨울 쇠손잡이에 쩍, 손 데는 일
순간적으로 오해하는 뜨거움이려니
그런들 오해에 기뻐하는 게 마음 스스로 짓는 울타리일지
이제는 바삐 돌아가 저녁을 지어야 할 시간

레스토랑 '본때'로의 산책은 언제나 가파르다4)

---

4) 여러 가지 문장 부호를 적극적으로 사용하고 있다는 점에서 흥미 있는 작품이다 그러나 이
   러한 적극성에도 불구하고 마침표는 전혀 사용되지 않고 있다.

2. 문장 부호의 기능

2.1. 마침표

'마침표'란 문장의 끝에 씀으로써 문장을 종결해 주는 기능을 하는 부호를 말한다. <표 1>에서 제시한 대로, 이와 같은 기능을 담당하는 '마침표'에는 온점(.), 물음표(?), 느낌표(!) 등 세 가지 종류가 있다.

우선, 온점(.)의 기능부터 살펴보면, 다음과 같다.

<표 2> 온점의 기능

구 분	보 기	비 고
서술, 명령, 청유 등을 나타내는 문장의 끝	• 젊은이는 나라의 기둥이다. • 황금 보기를 돌같이 하라. • 집으로 돌아가자.	세로쓰기에는 고리점(。)을 씀.
아라비아 숫자만으로 연월일 표시	1919.3.1. (1919년 3월 1일)	
표시 문자 다음	1. 마침표 ㄱ. 물음표	
준말	B.C.(Before Christ, 기원전)	

위의 표를 통하여 드러나듯이, 온점은 첫 번째로 서술, 명령, 청유 등을 나타내는 문장의 끝에 사용함으로써, 문장이 끝났음을 말하여 주는 기능을 담당한다. 따라서 서술, 명령, 청유 등을 나타내는 문장을 쓸 때에는 반드시 온점을 사용함으로써 문장이 종결됨을 보여 주어야 한다. 다만, 여기에는 예외가 있는데, 표제어나 표어에는 온점을 사용하지 않으며, 시에서는 일종의 시적 장치로서 문장 부호를 사용하지 않는 경우가 흔히 있다.

(1) 압록강은 흐른다(표제어)
　　 꺼진 불도 다시 보자(표어)

(2) 뒷산 귀밑쯤에 손바닥만한 밭뙈기를 얻어 거기다 푸성귀를 심어
　　 놓고서야 알았다 산이 얼마나 예민한 성격을 가졌는지를 얼마나
　　 제 몸에 손대는 것을 싫어하는지를 내가 밭에 나타나 흙을 파 뒤집
　　 고 잡초를 뽑아내고 있으면 산은 생선 비린내를 따라온 도둑고양
　　 이처럼 가만히 웅크린 자세로 지켜보고 있다가 내가 손을 털고 돌
　　 아가기가 무섭게 재빨리 자기 식구들을 보내어 상처를 치료한다
　　 지난 장마 때 비 때문에 한 열흘 밭을 비웠더니 산은 그 틈을 타
　　 내가 심어 놓은 상추와 쪽파와 부추와 고추나무를 맥도 못 추게 자
　　 기 식구들로 덮어 버렸다 그러다 큰비를 만나면 그동안의 상처를
　　 하소연하는 듯 온몸을 산발로 풀어 퍼질러 앉아 밤낮없이 주룩주
　　 룩 울음 울다가 그래도 안 되겠다 싶으면 ―휘익 제 몸을 그어 뻘
　　 건 생피를 토해 내며 겁을 준다 용(龍)문신이 꿈틀거리는 팔뚝을 내
　　 보이며 볼펜을 파는 사내처럼 팬티 끝이 보일락 말락 다리를 꼬고
　　 앉아 술을 따르는 계집처럼 산이든 그 무엇이든 마지막 궁지에 몰
　　 리면 제 몸을 그어서라도 자신을 지키는 용기 하나쯤은 가진 것이
　　 다 생존의 거룩한 목표 하나는 가진 것이다

―조은길, '산사태' 전문

　　(1)은 서술 혹은 청유의 기능을 갖는 문장이긴 하지만, 그 문장이 표제어
나 표어로 사용되고 있기 때문에 온점을 사용하지 않은 예이고, (2)는 시에
서 그러한 문장 부호가 사용되지 않고 있음을 보여주는 예이다. 특히 이 시
는 거의 산문에 가까운 형식의 시임에도 불구하고 단 한 개의 온점도 사용
하지 않는 모습을 보인다. 이와 같이, 시에서 마침표 가운데 특히 온점을
잘 사용하지 않는 것은 흔히 각 문장들이 담고 있는 시상(詩想)이 마침표로
인하여 단절되는 것을 방지하려는 데에서 연유한 것이라고 할 수 있다.
　　온점의 기능 가운데 또 한 가지 중요한 것은 아라비아 숫자만으로 연월

일을 표시하는 데 사용한다는 것이다. 이 말의 의미는 온점이 '연'과 '월' 및 '일'을 각각 대신하여 쓰는 것이라는 것이다. 이를 구체적으로 이해하기 위해서는 다음과 같은 대응 관계를 생각해 볼 필요가 있다.

> (3) 1919년 3월 1일
>   ↓   ↓   ↓
>   1919.   3.   1.

　결과적으로, '연월일'을 대신하여 온점을 사용하는 경우, 세 번째의 '일'을 대신하는 점까지를 찍어야 한다는 사실에 유의해야만 한다. 대부분의 사람들이 '일'을 대신하는 점을 생략해 버리는 경우가 많은데, 이는 정확하지 않은 문장 부호법이다.

　마지막으로, 주목할 필요가 있는 것은 준말을 만드는 경우에 온점을 사용하는 것이다. 우선, 다음 예들을 보기로 하자.

> (4) ㄱ. 서.(서기)
>   ㄴ. A.D.(Anno Domini)
>   C.I.A.(Central Intelligence Agency)
>   M.T.(Membership Training)
>   U.S.A.(United States of America)

　위의 예들 가운데, (4ㄱ)은 국어 준말의 예이고, (4ㄴ)은 영어 준말의 예이다. 그런데 위의 예에서 볼 수 있는 것처럼, 국어의 준말에는 온점을 찍는 경우가 많지 않고, 주로 영어의 준말을 표기하는 데 온점을 사용한다는 것을 알아둘 필요가 있다. 이러한 유형의 영어 준말을 흔히 두문자어(頭文字語, acronyms)라고 하는데, 여기에서 유의해야 할 점은 앞에서 살펴본 연월일 대신 찍는 온점의 경우에서처럼, 두문자 하나하나에 각각 점을 찍어 주어야 한다는 것이다. 예컨대, '*A.D', '*M.T', '*U.S.A'와 같은 방식으로 써서는 안 되는바, 마지막 알파벳 다음에도 반드시 온점을 표시하여 'A.D.', 'M.T.', 'U.S.A.'와 같이 써야 한다.

마침표의 두 번째 유형은 물음표(?)이다. 주지하는 바와 같이, 물음표(?)는 의심이나 물음을 나타내는 경우에 사용하는 문장 부호로, 그 중요 기능은 다음 <표 3>과 같이 세 가지로 나누어 볼 수 있다.

<표 3> 물음표의 용법

구 분	보 기	비 고
직접 질문할 때에	• 이제 가면 언제 돌아오니? • 이름이 뭐지?	
반어나 수사 의문 (修辭疑問)을 나타낼 때	• 제가 감히 거역할 리가 있습니까? • 이게 은혜에 대한 보답이냐? • 남북통일이 되면 얼마나 좋을까?	
특정한 어구 또는 그 내용에 대하여 의심이나 빈정거림, 비웃음 등을 표시할 때, 또는 적절한 말을 쓰기 어려운 경우	• 그것 참 훌륭한(?) 태도야. • 우리 집 고양이가 가출(?)을 했어요	소괄호 안에 씀.

이러한 마침표의 쓰임은 대부분의 국어 사용자들이 큰 어려움을 느끼지 않는 요소라고 할 수 있다. 다만, 물음표의 사용법 가운데 유의할 점이 있는데, 다음과 같은 두 가지 사항이 그것이다.

첫째, 물음표는 한 문장에서 몇 개의 선택적인 물음이 겹쳤을 때에는 맨 끝의 물음에만 쓰지만, 각각 독립된 물음인 경우에는 물음마다 쓴다.

(5) ㄱ. 너는 한국인이냐, 중국인이냐?
     ㄴ. 너는 언제 왔니? 어디서 왔니? 무엇 하러?

위의 예에서 (5ㄱ)은 선택적인 물음이 겹친 경우여서 맨 끝의 물음에만 물음표를 쓴 경우이고, (5ㄴ)은 각각 독립된 물음인 경우에는 물음마다 물음표를 쓴 경우에 해당한다.

둘째, 의문형 어미로 끝나는 문장이라도 의문의 정도가 약할 때에는 물음표 대신 온점(또는 고리점)을 쓸 수도 있다.

(6) 이 일을 도대체 어쩐단 말이냐.
아무도 그 일에 찬성하지 않을 거야 혹 미친 사람이면 모를까.

다음에 제시한 글들을 통해서도 이와 같은 물음표의 용법을 파악할 수 있다.

(7) ㄱ. 새들이 그곳에 있었다. 가슴을 두근거리게 할 만큼 수많은 새들이. 모두들 어디서 날아왔을까? 텃새들일까, 아니면 나그네새들일까?

—류시화, '삶이 나에게 가르쳐 준 것들'에서

ㄴ. 소속 사단은? 학벌은? 고향은? 군인에 나온 동기는? 공산주의를 어떻게 생각하시오? 미국에 대한 감정은? 그럼…… 동무의 말은 하나도 이치에 정치 않소

—오상원, '유예'에서

ㄷ. "난 모르겠다. 암만해도 난 모르겠다. 삼팔선, 그래 거기에다 하늘에 꾹 닿도록 담을 쌓았단 말이냐, 어쨌단 말이냐. 제 고장으로 제가 간다는데 그래 막을 놈이 도대체 누구란 말이냐"

—이범선, '오발탄'에서

'물음표'의 용법을 보여주는 위의 문장들 가운데 (7ㄱ)은 선택적인 물음이 겹친 경우여서 맨 끝의 물음에만 '물음표'를 쓰지만, (7ㄴ)에서는 각기

독립된 물음이기 때문에 모든 물음에 '물음표'를 쓰고 있는 것이다. 그리고 (7ㄷ)의 밑줄 친 부분에서는 문장의 형식이 '–냐'라는 의문형 어미로 끝나는 의문문이긴 하지만, 그 의문의 정도가 강하지 않으므로, 물음표 대신 온점으로 문장을 종결하고 있는 예에 해당한다.

한편, 다음에 제시하는 시 텍스트는 물음표의 사용과 관련하여 매우 흥미 있는 사례를 보여준다.

(8)   ?누가 네게 가르쳐 주었니
      ?이렇게 재빠르게 남의 몸에 낙인찍는 법을
      ?벙어리처럼 손가락으로 말하는 법을
      ?네 손가락 하나하나가 바늘이 되는 법을
      ?왜 네가 새긴 무늬들은 내 심장박동마저 방해하니
      ?도대체 너는 어디에서 배웠니
      ?무늬에서 뿌리가 자라게 하는 법을
      ?뿌리 끝마다 자잘한 닻을 내리는 법을
      ?너 나한테 이거 하나만 가르쳐 줄래
      ?손가락 끝에서 어떻게 보이지도 않는 잉크가 나오는 거니
      ?내 발자국을 덮던 그 숱한 그림자를 태워 만든 검은 잉크가
      ?어떻게 나오는 거냐구
      ?나는 왜 밤마다 신문지같이 하찮은 것에 가위눌리니
      ?너는 왜 어째서 내 몸에 보초를 세우니
      ?무늬 새겨진 몸은 왜 밖으로 나갈 수 없니
      ?너는 왜 나를 자꾸 상처로 가두니
      ?내 몸 속의 얇디얇은 실크숄이 상처를 덮고 싶어서
      ?파르르파르르 떠는 거, 너 아니
      ?레퀴엠보다 무거운 문신
      ?젖은 외투보다 무거운 문신
      ?그물보다 무거운 문신
      ?오늘 저녁 그 카페의 소음으로 만든 문신
      ?허공에 얽힌 우리 마음

> ?내가 그물 속의 노예처럼 울부짖는 소리 그렇게도 듣기 좋니
> ?그런데 어째서 날마다 이 문신은 깊어지기만 하니
> ?내 몸은 왜 이다지도 깊은 거니
>
> ―김혜순, '문신' 전문

우선 이 작품은 모든 행의 첫머리에 물음표를 제시함으로써 기존의 형식 혹은 규범으로부터의 이탈을 보여주고 있다는 점에서 참신함을 보여주는 작품이라고 할 수 있을 것이다. 여기에서 무엇보다 중요한 것은 행의 첫머리에 제시된 물음표가 어떠한 시적 기능을 발휘하는가 하는 것인데 '물음표'는 이 시의 화자가 지니고 있는 정서, 곧 인간관계에 대한 회의 혹은 빈정거림 등을 드러내는 데 매우 효과적으로 작용하고 있다고 할 것이다.

2.2. 느낌표(!)

느낌표(!)는 일반적으로 감탄이나 놀람, 부르짖음, 명령 등 강한 느낌을 나타내는 데 사용되는데, 다음 <표 4>와 같이 그 기능을 크게 네 가지로 나누어 생각해 볼 수 있다.

<표 4> 느낌표의 기능

구 분	예	비 고
느낌을 힘차게 나타낼 때	• 앗! • 아, 달이 밝구나!	감탄사나 감탄형 종결어미 다음에 씀.
강한 명령문 또는 청유문의 경우	• 지금 즉시 대답해! • 부디 몸조심하도록!	
감정을 넣어 다른 사람을 부르거나 대답할 때	• 춘향아! • 예, 도련님!	
놀람이나 항의의 뜻을 나타내는 경우	• 이게 누구야! • 내가 왜 나빠!	

앞의 표에서 드러나는 바와 같은 느낌표의 기능을 좀 더 구체적으로 이해하기 위해, 우리에게 잘 알려진 문학 텍스트를 예로 들어 살펴보기로 하겠다.

(9) "길상아!"①
"예에!"②
대답과 함께 급히 뛰는 발소리가 들려 왔다. 뜰 아래서
"나으리 마님, 부르셨습니까?"
앳된 소년의 목소리였다.
"방이 왜 이리 차냐!"③
"곧 불을 지피겠습니다."
"내가 지금, 방이 왜 이리 차냐고 묻지 않았느냐!"④
푸른 정맥이 이마빼기에서 부풀어올랐다. 서희의 얼굴이 질린다.
"예, 지금 곧, 불을 지피겠습니다."
"이놈! 방이 왜 이리 차냐고 물었겠다! 고얀 놈!"⑤
"잘못했습니다, 나으리마님."
소년은 겁을 먹은 소리를 냈으나, 매양 당하기 때문인지 길들은 사냥개처럼 뒤쪽으로 달려가서 장작 한 아름을 안고 뛰어온다.
"으흐 컥!"⑥
신경질은 심한 기침을 유발했다.

—박경리, '토지'에서

위의 예에서 ①과 ②는 감정을 넣어 다른 사람을 부르거나 대답하는 경우에 사용된 느낌표의 예이고, ③, ④는 놀람이나 항의의 뜻을 나타내는 경우에 사용된 예이다. 그리고 ⑤는 앞의 두 가지 경우가 한꺼번에 나타난 예이며, ⑥은 말하는 이의 느낌을 나타내는 데에 사용된 느낌표의 예이다.

이러한 예에서 살펴본 바와 같이, 하나의 느낌표가 실제 문장 안에서는 여러 가지 다양한 문법적 기능을 담당하고 있음을 알 수 있는바 글을 쓰는 이는 이러한 문장 부호의 용법을 잘 익혀서 효과적으로 사용해야 할 필요가 있다고 할 것이다.

2.3. 쉼표[休止符]

쉼표, 곧 휴지부(休止符)로는 반점(,), 가운뎃점(·), 쌍점(:), 빗금(/) 등 네 가지 문장 부호가 있다.

반점(,)은 주로 문장 안에서 짧은 휴지를 나타낼 때에 사용하는데 다음 <표 5>에 제시한 것처럼, 다양한 문법적 기능을 수행한다.

<표 5> 반점의 기능

구 분	예 문	비 고
같은 자격의 어구를 열거할 때에	• 근면, 검소, 협동은 우리 겨레의 미덕이다. • 충청도의 계룡산, 전라도의 내장산, 강원도의 설악산은 모두 국립공원이다.	조사로 연결될 적에는 쓰지 않음.
짝을 지어 구별할 필요가 있을 때에	닭과 지네, 개와 고양이는 상극이다.	
바로 다음의 말을 꾸미지 않을 때에	• 슬픈 사연을 간직한, 경주 불국사의 무영탑 • 성질 급한, 철수의 누이동생이 화를 내었다.	
대등하거나 종속적인 절이 이어질 때에	• 콩 심으면 콩 나고, 팥 심으면 팥 난다. • 흰 눈이 내리니, 경치가 더욱 아름답다.	
부르는 말이나 대답하는 말 뒤	• 애야, 이리 오너라. • 예, 지금 가겠습니다.	
제시어 다음	• 빵, 빵이 인생의 전부이더냐? • 용기, 이것이야말로 무엇과도 바꿀 수 없는 젊은이의 자산이다.	
도치된 문장	• 이리 오세요, 어머님. • 다시 보자, 한강수야.	
가벼운 감탄을 나타내는 말 뒤	아, 깜빡 잊었구나.	

구 분	예 문	비 고
문장 첫머리의 접속이나 연결을 나타내는 말 뒤	• 첫째, 몸이 튼튼해야 된다. • 아무튼, 나는 집에 돌아가겠다.	일반적으로 쓰이는 접속어(그러나, 그러므로, 그리고, 그런데 등.) 뒤에는 쓰지 않음.
문장 중간에 끼어든 구절 앞뒤	• 나는, 솔직히 말하면, 그 말이 별로 탐탁하지 않소. • 철수는 미소를 띠고, 속으로는 화가 치밀었지만, 그들을 맞았다.	
되풀이를 피하기 위하여 한 부분을 줄일 때	여름에는 바다에서, 겨울에는 산에서 휴가를 즐겼다.	
문맥상 끊어 읽어야 할 곳에	• 갑돌이가 울면서, 떠나는 갑순이를 배웅했다. • 철수가, 내가 제일 좋아하는 친구이다.	
숫자를 나열할 때	1, 2, 3, 4	
수의 폭이나 개략의 수를 나타낼 때	• 5, 6 세기 • 6, 7 개	
수의 자릿점을 나타낼 때	14,314	

이와 같은 반점의 기능을 좀 더 분명히 이해하기 위해서 문학 테스트 안에서 사용된 반점의 예들을 제시하면 다음과 같다.

    (10) ㄱ. <u>혀가자미, 달강어, 홍어</u>가 밤의 여로에서 돌아오고 있었다. 날은 새기 시작했다.

－이윤기 역, '그리스인 조르바'에서

ㄴ. 나는 우선 아직 때가 되지 않았는데, 내가 세상을 떠나야 한다
는 것에 대해 슬픔, 절망, 쓰라림, 분노, 공포, 후회 등의 감정
을 느낍니다.

－공경희 역, '모리와 함께 한 화요일'에서

ㄷ. 바다는, 크레파스보다 진한, 푸르고 육중한 비늘을 무겁게 뒤
채면서, 숨을 쉰다.

－최인훈, '광장'에서

ㄹ. 욕은 그 부당한, 번지수가 틀린 도전에 대한 응전일지도 모른
다. 아니, 도전보다 악질인 도발에 대한 응징인지도 모른다. 이
에는 이, 눈에는 눈 식의 대응인지도 모른다.

－김열규, '욕, 그 카타르시스의 미학'에서

ㅁ. 양딸기 맛이 아니요, 확실히 들딸기 맛이었다. 멍석딸기, 나무
딸기의 신선한 감각에 마음은 흐뭇이 찼다.

－이효석, '들'에서

ㅂ. "여보, 저어리 내려가서 빨려건 빨우. 온, 참, 천하에……."
"아아니, 저 웬 예펜네야? 보지두 못 허든 인데……."

－박태원, '천변풍경'에서

ㅅ. "생원, 시침을 떼두 다 아네……충줏집 말야."

－이효석, '메밀꽃 필 무렵'에서

ㅇ. 인도, 까닭 없이 내 머리를 뜨겁게 하던 나라……인도 여행 중
에 나는 운 좋게도 인도 대피리 연주의 일인자 하리 프라사드
와 시타르연주의 세계적 거장 라비 샹카의 연주회를 이틀에 걸
쳐 들을 수 있었다.

－류시화, '삶이 내게 가르쳐 준 것들'에서

ㅈ. "어머, 귀여운 우리 아기……."
대성통곡을 하다가 정신을 잃고 그 자리에 쓰러질 것을 염려한
사람들의 예상을 뒤엎고 어머니의 입에서 흘러나온 첫 마디였다.

　　　　　　　　　　　　　　－오토다케 히로타다, '오체불만족'에서

ㅊ. 어쨌든 그들은 그가 유폐의 방문을 열고 바깥으로, <u>그곳이 어</u>
<u>디든</u>, 나가기를 바랐다.

　　　　　　　　　　　　　　－이승우, '나는 아주 오래 살 것이다'에서

ㅋ. 세계 어느 나라를 가든지 <u>시골로 갈수록</u>, 가난할수록 나그네를
온갖 정성을 다해 대접하면서도 결코 돈은 받지 않는다.

　　　　　　　　　　　　　　－한비야, '나 홀로 여행은 나 자신과의 여행'에서

ㅌ. 좀 걸쭉걸쭉한 젊은 <u>놈이면야</u>, 세상에 계집이 <u>너뿐이더냐</u>, 하
늘의 별 만큼이나 많은 게 여자더라 하고 씩씩하게 다음 조개
로 <u>달려간다든가</u>, 그것을 계기로 무슨 분발심을 내는 게 <u>보통</u>
<u>일 텐데</u>, 저 친구는 그렇지 못했거든요.

　　　　　　　　　　　　　　－최인훈, '구운몽'에서

ㅍ. 어제 S병원 전염병실에서 본 일이다. A라는 소녀. <u>7, 8세밖에</u>
안 된 귀여운 소녀가 죽어 나갔다.

　　　　　　　　　　　　　　－주요섭, 미운 간호부에서

　반점(,)의 다양한 용법을 실제적으로 보여주는 위의 예들 가운데, (10ㄱ)
과 (10ㄴ)은 같은 자격의 어구를 열거할 때에 사용하는 반점의 예이다. 이
러한 용법의 반점의 사용에서 우리가 유의해야 할 것은 몇 개의 어휘를 나
열하든 간에 다른 어떤 연결소를 필요로 하지 않는다는 점이다. 이 말은 어
휘의 나열이 다음과 같이 이루어져서는 안 된다는 말이다.

(11) *a, b, c 그리고 d⋯⋯

그런데 오늘날 우리는 이와 같은 형식으로 어휘가 연결된 문장을 흔히 보게 되는데, 이는 영어 문장에서 나타나는 형식이 국어 사용자들에게도 영향을 미치고 있기 때문이다. 예컨대, 다음과 같은 문장이 그러한 예이다.

(12) 당신은 역사가, 작가, <u>그리고</u> 언론에 종사하는 사람들이 일반적인 사건이나 어떤 사실들을 각기 다른 방식으로 표상한다고 생각하는가? 뉴스거리가 될 만한 어떤 사건을 생각해 보라. <u>그리고</u> 이 사건을 표상할 수 있는 여러 방법들을 포트폴리오 방식으로 텔레비전·라디오·신문뿐만 아니라 역사적 사건, 회고록, 논평, <u>그리고</u> 인터뷰와 같은 것들로 생각해 보라.

위의 예문은 서양의 작문 이론을 번역해 놓은 번역서의 일부분이다. 이 글에서는 세 번의 '그리고'가 사용되고 있는데, 두 번째의 '그리고'는 문장과 문장을 연결해 주는 기능을 하는 접속부사로서 문장의 연결성을 기하는 데 필요한 문장성분이라고 할 수 있지만, 첫 번째와 세 번째의 '그리고'는 두 번째와는 달리 그와 같은 기능을 필요로 하지 않는 요소로서, 생략하더라도 아무런 문제가 없는 것이다.

이와 같은 오류는 번역문에서 흔히 발견되는 것인데, 그것은 영어 문장에서는 어떠한 요소를 나열하는 경우에 반드시 마지막 어구 앞에 우리말의 '그리고'에 해당하는 'and'를 써 주기 때문에, 그러한 문장 구조가 국어 문장에도 적용되고 있는 데에서 기인한 것이라고 할 수 있다. 그러나 국어의 문장 구조에서는 그와 같은 용법을 필요로 하지 않는바, 불필요한 '그리고'를 사용하지 않도록 유의해야 할 것이다.

아울러 이러한 문제와 관련하여 한 가지 더 알아두어야 할 것은 다음 예와 같이, 일정한 어구들이 조사를 사용하여 연결될 적에는 반점을 사용하지 않는다는 것이다.

(13) 매화와 난초와 국화와 대나무……

한편, 앞에서 언급한 바와 같이, 일반적으로 시에서는 문장 부호를 잘 안 쓰는 경향이 있다. 그러나 경우에 따라서는 문장 부호를 의도적으로 사용함으로써 특별한 시적 효과를 꾀하기도 한다. 예컨대, 다음 시에서는 반점(,)을 사용하여 일정한 호흡 단락을 구성함으로써, 음악적 리듬을 보여주고 있다고 할 수 있다.

(14) 그 저녁 무수히
　　　작은 돌들이 얼마나 오랫동안
　　　금강석으로 몸을 바꾸기 위해 몰래
　　　숨 쉬고 있었는지 까마귀는 안다 밤나무 숲
　　　가장 높은 가지에 앉아 어둠 지배하고 있으니까
　　　새벽이면 소리 없이 푸른 천장 날아다니며
　　　졸리운 별들 쪼아 먹고 투명하게
　　　사라졌으니까 만약 구름 위 몸
　　　눕힌다면 살점 물어뜯으리

　　　나는 죽었다, 그들이 눈꺼풀에 큰못을, 박았으므로
　　　나는 죽었다, 그들이 목구멍에 모래를, 뿌렸으므로
　　　나는 죽었다, 그들이 귓바퀴의 뚜껑을, 덮었으므로

　　　그 언덕 위에는
　　　믿지 못할 만큼의 많은 태양이
　　　주렁주렁 맺혀 익어가는 커다란 나무가
　　　빛나는 별들의 나라 거느리고 서있었는데 그들도
　　　가까이 가면 또한 태양이었는데 모두들 생명의 불 찾아
　　　땅 깊숙이 뿌리 뻗어가며 그 힘으로 세계를 둥글게

움켜쥐는데 그 거대한 언덕 위 나도 묶인
사슬 벗어던지고 불꽃 피우는 한 그루
나무로 자라날 수 있다면!

나는 죽었다, 가슴에 불을 심고 나는, 죽었으니까
나는 죽었다, 가부좌 틀고 앉아 나는, 죽었으니까
나는 죽었다, 쓸개를 꺼내 씹는 나는, 죽었으니까

저기 흐르는 강은
나의 목마름이고 여기 누워 있는
들판은 나의 잠이다 지나간 날들은 어디에
있는지 다가올 세월은 어떤 옷을 마련했을까 잠
못 드는 밤은 검은 장미로 묶어 두고 별을 본다 내가 본
모든 것들은 곧 사라졌고 그림자만 남아 바람에 흔들
렸지만 견디기 힘든 밤 추억의 옷을 입고 다시
조금씩 머리맡으로 되돌아와 부풀어 오르는
무덤 속 춤추는 악마들과 함께

나는 죽었다, 죽었다고 그들이 생각한, 그곳에서
나는 죽었다, 죽었다고 그들이 노래한, 그곳에서
나는 죽었다, 죽었다고 그들이 춤추던, 그곳에서

—하재봉, '그들과 함께 언덕을 오르면서'에서

이 작품은 서체가 서로 다른 시연의 반복을 통해서도 독특한 시적 효과
를 꾀하고 있지만, 반점을 문장 부호로 사용한 연들을 통해서 비장하면서도
단호한 시적 화자의 목소리를 강조하는 효과를 꾀하고 있다. 물론, 그러한
화자의 목소리는 반복적으로 사용된 동일한, 또는 비슷한 구조의 문장을 통
해서 시의 운율을 형성하고 있기도 하다.

쉼표의 두 번째 유형으로는 가운뎃점(·)이 있다. 이 가운뎃점의 주된 기
능은 열거된 여러 단위가 대등하거나 밀접한 관계임을 나타내는 것이지만,

그 밖에도 특정한 의미를 가지는 날을 나타내는 숫자에 쓴다든지 하는 기능을 추가로 갖는다. 이를 좀 더 구체적으로 살펴보면 <표 6>과 같다.

<표 6> 가운뎃점의 기능

구 분	예 문
쉼표로 열거된 어구가 다시 여러 단위로 나뉘는 경우	• 철수·영이, 영수·순이가 서로 짝이 되어 윷놀이를 하였다. • 공주·논산, 천안·아산·청원 등 각 지역구에서 2명씩 국회의원을 뽑는다. • 시장에 가서 사과·배·복숭아, 고추·마늘·파, 조기·명태·고등어를 샀다.
특정한 의미를 가지는 날을 나타내는 숫자	• 3·1 운동 • 8·15 광복
같은 계열의 단어 사이	• 경북 방언의 조사·연구 • 충북·충남 두 도를 합하여 충청도라고 한다. • 동사·형용사를 합하여 용언이라고 한다.

위의 <표 6>에서 제시한 바와 같은 가운뎃점의 기능 가운데 한 가지 유의해야 할 사항은 특정한 의미를 가지는 날을 나타내는 숫자에 이를 사용한다는 것이다. '3·1 운동', '8·15 광복' 이외에도, '4·19 혁명', '5·16 군사 쿠데타', '6·25 동란'에 이어 최근의 '9·11 테러' 등등 가운뎃점을 사용하여 나타내는 특정한 날은 상당히 많은 편이다. 다음에 제시한 신문기사의 내용은 이 가운뎃점의 기능을 파악하는 데 도움이 될 수 있는 것이다.

(15) 5·18 표기 "소수점 아닌 가운뎃점"
　　　"'5.18'이 아니라 '5·18'입니다."

　　　5·18의 명칭에 대해 광주시가 공식 이의를 제기하고 잘못된 표기를 시정해 줄 것을 5월 관련단체 및 교육청 등에 요청하는 협조공

문을 보냈다.

이 같은 지적은 상당수 언론매체와 각종 단체에서 내건 플래카드, 도로이정표, 인터넷사이트 등에는 잘못된 표기가 계속 사용되고 있는 데 따른 것.

시는 3일 "5·18이 광주민주화운동 또는 민중항쟁 등 역사적 사건으로 자리 매김한 현 시점에서 아무런 뜻이 없는 수량 표기(소수점)에 불과한 '5.18'로 쓰이는 것은 그 숭고한 의미를 깎아내리는 갓"이라고 밝혔다.

시는 그 근거로 한글 맞춤법 상용부호 표기 편에 "특별한 의미를 갖는 역사적인 날엔 가운뎃점(·)을 사용한다."는 원칙이 명기돼 있고 이에 따라 '3·1운동', '8·15해방' 등으로 표기하고 있다는 점을 들었다. 이와 함께, 중국의 '5·4운동', 미국의 '7·4독립기념일' 등 국제적 관행에 따르더라도 이 같은 가운뎃점 표기가 맞다고 지적했다.

-동아일보, 2001년 5월 3일자

위의 기사에 근거하자면, '5·18'을 '5.18'로 표기하는 것은 이 날이 갖는 숭고한 역사적 의미를 깎아 내리는 것이라고 할 수 있다. 물론, 앞에서 언급한 대로 말하자면, 아무런 의미를 부여할 수 없는 평범한 하루로서의 1980년 5월 18일은 '1980. 5. 18'이 아니라, 연월일을 대신하여 적는 온점을 세 개 다 찍어 '1980. 5. 18.'이라고 적어야 한다. 다만, 이 날을 특정한 의미를 부여할 수 있는 날로 간주한다면, 분명히 '5. 18.'이 아닌 '5·18'로 적어야 한다는 점을 잘 알아두어야 할 것이다.

다음 기사문에서 보이는 '6·15', '8·15' 등의 표기에서도 가운뎃점의 용법을 다시 한 번 확인할 수 있다.

(16) 음력으로 칠월칠석인 8월 15일, 57년의 긴 이별 끝에 남과 북이 견우와 직녀가 되어 만났다.

15일 아침 **8·15** 민족통일대회 개막식이 열린 서울 광장동 쉐라톤

워커힐호텔 제이드가든의 잔디밭 주변은 어수선했지만 만남의 설렘은 변함이 없었다.
"우리 민족끼리 힘을 합쳐 6·15 공동선언 실현하자"(남),
"력사적인 6·15 북남공동선언을 철저히 리행하자!"(북)

조금 다른 글꼴과 맞춤법만이 남과 북의 현수막을 가를 뿐 한글(조선어)로 쓰인 현수막 글귀는 한민족이라면 누구나 알 수 있는 같은 염원을 담고 있었다.

"반~갑습니다 반~갑습니다 형제 여러분 동포 여러분"
단결과 화합의 분위기는 개막식 행사로 이어졌다. 예정보다 1시간여 늦은 오전 10시 50분께 남쪽에도 잘 알려진 북녘 노래 <반갑습니다>의 선율이 울려 퍼지는 가운데 김영대 단장을 앞세운 북쪽 대표단이 개막식장에 들어섰다. 곧이어 한복을 곱게 차려 입은 남과 북의 젊은 여성들이 대형 한반도기를 들고 입장했다. 푸른색 한반도 깃발이 연단에 오르자 박수가 터지고 함성이 쏟아졌다.
개막식에 이은 민족단합대회에서 '우리 민족끼리'를 새긴 부채를 펼쳐 든 한상렬 통일연대 상임대표는 "통일의 통자만 들어도 가슴이 통통통 뛰며 설렐진대 분단사상 처음으로 남녘땅 서울에서 '우리 민족끼리' 만나는 감격으로 온몸이 떨려 온다."고 환영연설을 했다. 김명철 북쪽 농근맹 부위원장은 "해방의 8·15를 통일의 8·15로 이어가자."고 화답했다. 개막식 열기는 은방희 한국여성단체협의회 회장과 최휘 김일성사회주의청년동맹 비서가 '7천만 겨레에게 보내는 공동호소문'을 읽으며 절정에 이르렀다.

– 한겨레신문(2002년 8월 15일자)에서

쉼표의 세 번째 종류로는 '쌍점'(:)이 있다. 오늘날, 많은 국어 사용자들이 이 '쌍점'을 외래어를 사용하여 '콜론'이라고 부르고 있는데, 이는 국어 순화의 차원에서 보더라도 바람직하지 않다고 할 수 있을 것이다. '쌍점'(:)은 다음과 같은 네 가지 기능을 담당하고 있다.

<표 7> 쌍점의 기능

구 분	예 문	비 고
내포되는 종류를 들 경우	• 문장 부호 : 마침표, 쉼표, 따옴표, 묶음표 등. • 문방사우 : 붓, 먹, 벼루, 종이	
소표제 뒤에 간단한 설명이 붙는 경우	• 일시 : 1984년 10월 15일 10시 • 마침표 : 문장이 끝남을 나타낸다.	
저자명 다음에 저서명을 적는 경우	• 정약용 : 목민심서, 경세유표 • 주시경 : 국어문법, 서울 박문서관, 1910.	
시(時)와 분(分), 장(章)과 절(節) 따위를 구별할 때나, 둘 이상을 대비하는 경우	• 오전 10 : 20(오전 10시 20분) • 요한 3 : 16(요한복음 3장 16절) • 대비 65 : 60(65 대 60)	

마지막으로, 쉼표의 네 번째 유형은 빗금(/)인데, 이는 다음과 같은 두 가지 기능을 갖고 있다.

첫째, 대응, 대립되거나 대등한 것을 함께 보이는 단어와 구, 절 사이에 쓴다.

(17) 남궁만 / 남궁 만   백이십오 원 / 125원
      착한 사람 / 악한 사람   맞닥뜨리다 / 맞닥트리다

둘째, 분수를 나타낼 때에 쓰기도 한다.

(18) 3 / 4 분기 3 / 20

2.4. 따옴표[引用符]

따옴표 곧 인용부에는 두 가지가 있다. 큰따옴표 (" ")와 작은따옴표

(' ')가 그것이다. 이 두 가지 따옴표는 일반적으로 가로쓰기에 사용되고, 세로쓰기에서는 겹낫표『 』와 낫표「 」를 사용한다. 오늘날에는 세로쓰기가 잘 사용되지 않기 때문에 흔히 인용부라 함은 큰따옴표와 작은따옴표를 가리키는 경우가 많으며, 겹낫표와 낫표는 특정 학문 영역에서 참고 문헌을 표시하는 데 사용하기도 한다.

큰따옴표(" ")는 글 가운데서 직접 대화를 표시할 때나 남의 말을 인용하는 경우에 사용한다.

(19) 비닐봉지를 방바닥에다 어색하게 내려놓으며 나는, 어디가 아프냐고 문병 온 격식을 갖추었고, 그 물음을 던지면서 그의 걷어 올린 팔뚝에서 잉크가 밴 듯한 시퍼런 멍과 긁힌 자국을 보았다
  "그 팔뚝의 상처는 뭔가요?"
  "별거 아냐."
  "어젯밤에 다친 상처 같은데, 나도 어젠 몸을 못 가누게 취해 버린 바람에……."
  "난 멀쩡했어."
  마치 내가 그의 만취를 책망하기라도 한 듯 방어적인 반응을 즉각 보내왔다.

—이승우, '구평목 씨의 바퀴벌레'에서

(20) 금강산 관광안내를 3년째 맡고 있다는 김아무개 씨는 "서해교전 사태가 발생한 날 설봉호에 타고 있었는데, 동요하는 관광객이 거의 없었다. 금강산 현지에서도 다들 관광에만 열중했을 뿐, 위축감이나 긴장감을 느낀 사람은 없었다."고 말했다. 한국전쟁 참전 군인이라고만 밝힌 한 노인은 "처음 이곳에 도착했을 때 보초를 서고 있는 북한 군인들을 보고는 '이놈들 때문에 내가 지난 세월 그렇게 고생했구나.'라는 생각에 분노가 치밀어 올랐으나 나중에는 그래도 오기는 잘했다는 판단을 했다."고 말했다. 그는 "금강산의 빼어난 경치에도 감동했지만, 무엇보다 북한주민들이 사는 이런저런 모습을 멀리서나마 보니까

동포애 같은 것이 솟구쳤다.”고 덧붙였다.

-'한겨레 21'에서

(19)에서 굵은 글씨로 씌어진 부분은 소설의 인물들이 주고받는 대화이다. 이러한 대화를 지문과 구별하기 위하여 큰따옴표가 사용되고 있는 것이다. (20)에서는 큰따옴표가 누군가의 말을 직접 인용할 때에 사용된다는 사실을 보여주는 것이다.

그런데 만일 인용하는 말 가운데 다시 인용하는 말이 있거나, 마음 속으로 한 말을 적을 때에는 작은따옴표를 써야 하는데 (20)의 내용 가운데 밑줄 친 부분은 마음속으로 한 말에 해당하므로 작은따옴표가 사용되었음을 알 수 있다.

인용하는 말 가운데 다시 인용하는 말이 있다는 것은, 예컨대 다음과 같은 글에서 발견할 수가 있다.

(21) “그런 것을 데리고 갔더니 참말 알지 못하는 마누라님이 앉아. 계셔요. 그 마누라가 이걸 호떡이라 군밤이라 감이라 먹을 것을 사다주면서 ‘나하고 우리 집에 가 살자. 이쁜 옷도 해주고 맛난 밥도 먹고 좋지. 나하고 가자, 가자.’ 하시니까 이것은 먹기에 미쳐서 대답도 아니하고 앉았어요”

-전영택, '화수분'에서

위 글의 내용은 소설 <화수분>의 인물들 가운데 한 사람인 '어멈'의 말을 인용한 대목이다. 이 내용 가운데 밑줄 친 부분은 '어멈'이 자신의 아이를 양녀로 데려간 '마누라'의 말을 다시 인용하고 있는 대목이 들어 있는바, 큰따옴표(“ ”)가 아닌 작은따옴표(' ')를 사용하고 있음을 알 수 있다.

작은따옴표의 기능 가운데 더 중요한 것은 문장에서 중요한 부분을 두드러지게 하기 위해 드러냄표 대신 쓰는 경우이다. 다음 예문을 보자.

(22) 이 글의 시작은 물론 <워낭소리>가 되어야 할 것이다. 거의 아무
      도 예측하지 못했던 흥행 돌풍이 일어났을 때, 몇 십 년간 늘 그 자
      리를 지키고 있던 '독립영화'라는 이름, 혹은 담론이 마치 어느 날
      갑자기 땅에서 솟아난 진귀한 물건처럼 다루어지기 시작했다 역사
      도 뿌리도 삭제된, 그러나 어느 순간 실체가 되어버린 단어. 각종
      언론매체들은 최소 비용으로 최대 효과를 이루어낼 수 있는 독립
      영화야말로 한국 영화 침체기의 진정한 구원자가 될 것이라고 보
      도했다. 상업영화가 제대로 해내지 못하는 상품으로서의 기능을 떠
      맡아줄 구원자 말이다. 그러니까 그때, 유행처럼 번졌던 '독립영화'
      담론은 엄밀히 말해 독립영화가 아니라 독립영화라는 환상이었다.
      그 환상은 최근 얼마간 자본을 확대 재생산하는 데 실패해 온 주류
      문화, 특히 상업영화의 구멍을 메워주었다.
      <워낭소리>가 인공적인 사운드를 통해 시골 풍경과 워낭소리를
      재구성하고 농촌 판타지, 혹은 영화적 환영을 완성해냈을 때, 관객
      에게 중요한 건 그것이 진짜 현실인지에 대한 의문이 아니라, 그것
      이 얼마나 그들이 믿고 싶어 하는 현실에 근접하는지의 여부였다.
      독립영화라는 환상과 <워낭소리>의 환상은 아마도 그렇게 서로에
      게 겹쳐지고 의존하며 확장되었을 것이다. 주류 문화와 현실의 구
      멍을 드러내는 방식으로, 혹은 그 구멍 자체로 존재해온 그간 독립
      영화의 역사는 한동안 그 환상 앞에 무력했다. 이 환상은 말할 것
      도 없이 '독립'이나 '문화'가 아닌 '상품'에의 친밀성을 바탕으로
      작동한다. <워낭소리>의 성공 이후, 영화진흥위원회(위원장 강한
      섭·이하 영진위)를 필두로 한 각종 단체들이 독립영화를 화두로
      삼을 때마다 '독립'이라는 말을 비상업, 다양성 따위의 단어로 바
      꿔야 한다며 벌인 논쟁은 우습기는 해도 충분히 예상 가능한 일이
      었다. 정치색을 제거한 저예산 영화에 대한 일련의 논의들은 '문화
      적 다양성'이라는 말로 포장되곤 했지만, 그것이 자본의 다양성이
      라는 사실은 분명했고 대체로 틈새시장 공략 같은 모양새로 전개
      되었다.

–남다은, '누가 독립영화를 식민화하나',

『르몽드 디플로마티크』 한국판 제16호(2010. 1. 6.)에서

앞 글에서 '독립영화', '오빠', '독립', '문화', '상품', '문화적 다양성' 등은 글쓴이가 글의 화제(話題) 또는 글의 전개 과정에서 중요한 의미를 담고 있다고 여기는 요소를 '작은따옴표'를 사용하여 강조하고 있는 부분이다. 여기에서 보듯이, '작은따옴표'는 일정한 글이나 문장의 핵심적인 요소를 드러내는 기능을 하고 있다.

2.5. 묶음표[括弧符]

묶음표, 곧 괄호부(括弧符)에는 소괄호(( )), 중괄호({ }), 대괄호([ ]) 등 세 가지가 있다. 우선, 이러한 묶음표의 기능을 하나의 표로 정리하면 다음과 같다.

〈표 8〉 묶음표의 유형과 기능

유 형	기 능	예 문
소괄호(( ))	원어, 연대, 주석, 설명 등을 넣을 경우	• 커피(coffee)는 기호 식품이다. • 3 · 1 운동(1919) 당시 나는 중학생이었다. • '무정'(無情)은 춘원(6 · 25 때 납북)의 작품이다. • 니체(독일의 철학자)는 이렇게 말했다.
	기호 또는 기호적인 구실을 하는 문자, 단어, 구의 경우	(1) 주어 (ㄱ) 명사 (라) 소리에 관한 것
	빈자리임을 나타내는 경우	우리나라의 수도는 ( )이다.
중괄호({ })	여러 단위를 동등하게 묶어서 보일 때	주격조사 { 이 / 가 }
대괄호([ ])	묶음표 안의 말이 바깥 말과 음이 다를 때	• 나이[年歲] • 낱말[單語] • 手足[손발]

유 형	기 능	예 문
대괄호([ ])	묶음표 안에 또 묶음표가 있는 경우	명령에 있어서의 불확실[단호(斷乎)하지 못함.]은 복종에 있어서의 불확실[모호(模糊)함.]을 낳는다.

이와 같은 묶음표의 기능들 가운데 한 가지 유의해야 할 점은 단어의 원음을 밝히는 경우, 소괄호를 사용해야 하는 경우와 대괄호를 사용해야 하는 경우 두 가지로 구분되어 있다는 사실이다. 가령, '무정'(無情)의 예처럼, 묶음표 안의 말과 바깥 말의 음이 같을 때에는 소괄호를 사용하지만 '나이[年歲]'의 예처럼 묶음표 안의 말과 바깥 말의 음이 서로 다를 때에는 대괄호를 사용해야 한다. 다음 글에서 볼 수 있는 괄호의 사용에서도 이러한 사실을 확인할 수 있다.

(23) ㄱ. 가을부터 나는 대구어(大口魚) 장사를 하였다. 삼 원을 주고 대구 열 마리를 사서 등에 지고 산골로 다니면서 콩[대두 : 大豆]과 바꾸었다.

－최서해, '탈출기'에서

ㄴ. 삼월 이십이일 오전 열 시! 학다리[학교 : 鶴橋] 정거장은 일백 호의 가족 사백 명의 이민(移民)과 그들이 전송하는 이백오륙십 명의(정거장 생긴 이후 처음 되는) 굉장하게 많은 손님들을 가져 보았다.

－박화성, '고향 없는 사람들'에서

위의 예를 보면, '대구어'(大口魚)와 '이민'(移民)은 묶음표 안의 말과 바깥 말의 음이 서로 동일하므로, 소괄호(( ))를 사용하고 있지만, '콩[대두 : 大豆]'과 '학다리[학교 : 鶴橋]'는 서로 다르므로 대괄호([ ])를 쓰고 있음을 알 수 있다. 한편, (23ㄴ)의 '(정거장 생긴 이후 처음 되는)'은 묶음표 안에 설명을 넣고 있는 예에 해당한다.

2.6. 이음표[連結符]

이음표, 곧 연결부에는 줄표(—)와 붙임표(-), 물결표(~) 등 세 가지 부호
가 있다. 각각의 기호들이 갖는 기능을 정리하면 다음과 같다.

<표 9> 이음표의 유형과 기능

유 형	기 능	예 문
줄표(—)	문장 중간에 앞의 내용에 대해 부연하는 말이 끼여들 때	그 신동은 네 살에—보통 아이 같으면 천자문도 모를 나이에—벌써 시를 지었다.
	앞의 말을 정정 또는 변명하는 말이 이어지는 경우	어머님께 말했다가—아니, 말씀드렸다가—꾸중만 들었다.
붙임표(-)	사전, 논문 등에서 합성어를 나타내거나 접사나 어미임을 나타내는 경우	• 겨울-나그네 • 불-구경 • 손-발 • 휘-날리다 • 슬기-롭다 • -(으)ㄹ걸
	외래어와 고유어 또는 한자어가 결합되는 경우를 보일 때에	• 나일론-실 • 디-장조 • 빛-에너지 • 염화-칼륨
물결표(~)	'내지'라는 뜻에	•9월 15일~9월 25일
	어떤 말의 앞이나 뒤에 들어갈 말 대신 쓴다	• 새마을 : ~운동 ~노래 • -가(家) : 음악~ 미술~

이러한 이음표의 유형과 기능 가운데 '줄표'(—)는 이미 말한 내용을 다
른 말로 부연하거나 보충함을 나타내는 경우에 주로 사용하는데, '붙임표'
(-)와 달리 부연 또는 보충하는 말의 앞뒤 두 군데에 다 삽입되며, 그 길이
도 '붙임표'(-)의 두 배 정도의 길이로 써야 한다는 사실을 잘 알아둘 필요

가 있다. 이를 좀 더 구체적으로 이해하기 위해 문학텍스트에서 사용된 '줄
표'(—)의 예를 몇 가지 제시하기로 하겠다.

(24) ㄱ. 성동리 사람들은—농사조합 평의원 진수와 구장과 그 다음 몇
　　　　사람 빼놓고는 대개 중년이 넘은 아낙네들과 쓸데없는 아이놈
　　　　들뿐이었지만—장꾼같이 떼를 지어 절로 올라갔다.

—김정한, '사하촌'에서

　　ㄴ. 나는 우선 누구에게나 그 사내—아마 틀림없는 사내리라. 그
　　　　것도 약간 기분 나쁜 잿빛 얼굴색을 하고, 어쩌면 두껍고 검은
　　　　안경을 썼을—에 대해서 물어 보려고 했던 것인데, 이 여자와
　　　　같이 있게 된 뒤로는 여러 번 그것이 생각나기는 했으나 그때
　　　　마다 금방 다시 잊어버리곤 해서 여태 물어보지 못했던 것이다.

—이청준, '줄'에서

(25) ㄱ. 그날 밤—아니 그날 새벽—아내에겐 한번도 들려준 일이 없
　　　　는 그날 새벽의 서글픈 동행을, 나 자신도 한사코 기억의 피안
　　　　으로 사라져 가주기를 바라오던 그 새벽의 눈길의 기억을 노인
　　　　은 이제 받아낼 길이 없는 묵은 빚 문서를 들추듯 허무한 목소
　　　　리로 되씹고 있었다.

—이청준, '눈길'에서

　　ㄴ. 문 안—거기도 문 밖은 아니지만—에 들어간답시는 앞집 마
　　　　나님을 전찻길까지 모셔다 드린 것을 비롯으로, 행여나 손님이
　　　　있을까 하고 정류장에서 어정어정하며, 내리는 사람 하나하나
　　　　에게 거의 비는 듯한 눈길을 보내고 있다가 마침내 교원인 듯
　　　　한 양복쟁이를 동광학교(東光學校)까지 태워다 주기로 하였다.

—현진건, '운수 좋은 날'에서

ㄷ. 나는 술상을 물리고서, 건우의 공부방을 — 어머니의 방일 테지
만 — 잠깐 들여다보았다.

—김정한, '모래톱 이야기'에서

위의 예들 가운데 (24)의 예들은 문장 중간에 앞의 내용에 대해 부연하는 말이 필요할 때 사용한 '줄표'의 예이고, (25)의 예들은 앞의 말을 정정 또는 변명하는 말이 필요할 때 사용한 '줄표'의 예이다. 여기에서 제시된 것처럼, 이 '줄표'는 분명히 문장 중간의 위치에, 그리고 부연이나 정정하는 말의 앞뒤에 놓이게 됨을 알 수 있다. 문학 작품 안에서 사용된 '줄표'의 이와 같은 용법은 문장의 표현상의 단조로움을 줄이고 그 표현을 보다 풍부하게 만드는 데 작용하고 있다고 할 수 있을 것이다.

2.7. 드러냄표[顯在符]

드러냄표(˚, ·)란 문장 내용 중에서 주의가 미쳐야 할 곳이나 중요한 부분을 특별히 드러내 보일 때 쓰는 문장 부호로, '˚'이나 '·'을 가로쓰기에는 글자 위에, 세로쓰기에는 글자 오른쪽에 쓴다. 예를 들어, 다음과 같이 나타내는 것이 드러냄표이다.

(26) 한글의 본 이름은 훈민정음이다.
중요한 것은 왜 사느냐가 아니라 어떻게 사느냐 하는 문제이다.

여기에 제시한 드러냄표(˚, ·) 대신, 가로쓰기에서는 밑줄_, ~~)을 치기도 한다. 다음이 그 예이다.

(27) 다음 보기에서 명사가 <u>아닌</u> 것은?

2.8. 안드러냄표[潛在符]

안드러냄표, 곧 잠재부(潛在符)에는 '숨김표'(××, ○○)와 '빠짐표'(□) 및 '줄임표'(……) 등 세 가지 유형의 부호가 있다. 먼저, 각각의 기능을 하나의 표로 제시하면 다음과 같다.

〈표 10〉 안드러냄표의 유형과 기능

유　형	기　능	예　문
숨김표 (××, ○○)	금기어나 공공연히 쓰기 어려운 비속어의 경우	• 배운 사람 입에서 어찌 ○○○란 말이 나올 수 있느냐? • 그 말을 듣는 순간 ×××란 말이 목구멍까지 치밀었다.
	비밀을 유지할 사항일 경우	• 육군 ○○부대 ○○○명이 작전에 참가하였다. • 그 모임의 참석자는 김×× 씨, 정×× 씨 등 5명이었다.
빠짐표(□)	옛 비문이나 서적 등에서 글자가 분명하지 않을 때에	大師爲法主□□賴之大□薦(옛 비문)
	글자가 들어가야 할 자리를 나타낼 때	훈민정음의 초성 중에서 아음(牙音)은 □□□의 석 자다.
줄임표 (……)	할 말을 줄였을 때	"어디 나하고 한 번……." 하고 철수가 나섰다.
	말이 없음을 나타낼 때에	"빨리 말해!" "……."

이와 같은 문장 부호들 가운데 '숨김표'(××, ○○)는 알면서도 고의로 드러내지 않음을 나타내는데, 이때에 숨김표는 숨겨진 글자의 수효만큼 쓴다. 따라서 독자는 숨김표의 숫자를 바탕으로 숨겨진 어휘를 추론할 수 있다.

예컨대, 다음과 같은 글에서 그러한 사례를 확인할 수 있다

> (28) ㄱ. 군은 ××단에 몸을 던져 ×선에 섰다는 말을 일전 황군에게서
> 듣기는 하였으나 그렇다 하여도 나는 그것을 시인할 수 없다
> 가족을 못 살리는 힘으로 어찌 사회를 건지랴
>
> —최서해, ‘탈출기’에서
>
> ㄴ. ××× 여사는 어머니처럼 혼자 사시는 분이라 그런지 그분의 글
> 에는 한결 감동되는 바가 있었다.
>
> —김정한, ‘모래톱이야기’에서
>
> ㄷ. 그녀가 새우젓 옹배기를 이고 선출이가 있는 차주백이네 주막
> 앞에 지날 때면 술잔이나 걸친 성모와 수송이 으레 ‘쌀 보리
> 주구 새우젓 사유……’ 하던 소릴 흉내내며 션찮은 발음으로
> ‘딸 보× 주구 사위 × 사유…… 하며 낄낄대곤 하지만 그녀 또
> 한 과부만 안다는 설움으로 십 년은 지샌 터라 뒤도 안 돌아보
> 고 ‘간간허구 새곰헌 새우젓 들여놔유……’ 소리로 응대하면서
> 내닫곤 했다.
>
> —이문구, ‘암소’에서

위와 같은 예에서 우리는 ‘숨김표’ 대신에 사용될 수 있는 언어적 표현이 어떤 것인지 어느 정도 짐작을 할 수 있다. (28)의 예에서는 사실 그대로 밝히기가 어려운, 기밀 사항에 해당되는 단체의 이름이나 인명, 혹은 공공연히 쓰기 어려운 비속어 등을 대신하여 ‘숨김표’를 사용하고 있는 것이다. 앞에서 지적한 바와 같이, 이때에 ‘숨김표’는 숨겨진 글자의 수효만큼 써야 함은 물론이다.

그런데 우리가 여기에서 생각해 볼 수 있는바 특히 문학 작품에서의 ‘숨김표’는 작가의 상상력에 의하여 창조된 허구의 세계로 하여금 마치 실재하는 공간에서 실존하는 인물이 어떠한 행동을 전개해 나가는 것 같은 리

얼리티를 갖도록 해 준다는 점에서 그 표현적 효과가 크다고 할 수 있을 것이다.

한편, 안드러냄표의 용법 가운데 한 가지 중요한 사항은 '줄임표'(……)의 사용과 관련되는 것인데, 다음과 같은 사실에 주의할 필요가 있다.

첫째, '줄임표'에 사용되는 온점의 수효는 여섯 개라는 점이다. 많은 국어 사용자들이 이 줄임표의 온점으로 여섯 개가 아닌 세 개를 사용하는 경우를 발견하게 되는데, 이는 잘못된 문장 부호법이다. 예컨대, 다음과 같은 글에서 그러한 사실을 확인할 수 있다.

> (29) ㄱ. 내가 죽음을 생각했을 때 음악에 대한 열정이 나를 붙들었다 문득 신이 내게 명령하신 일을 다 끝내기 전에는 이 세상을 떠날 수 없다는 생각이 들었다. 앞으로 내 손을 통해 태어나야 할 음악들… 그것을 생각하며 나는 지금 비참한 삶을 견뎌 내고 있다.
>
> —『좋은생각』, 2002년 8월호에서

> ㄴ. "소년원에 있는 아이들을 만나면 가슴이 미어져 내 아픔은 정말 아무 것도 아니었구나 그런 생각이 들어. 나보다 더 있는 사람에겐 고개 빳빳이 들고 따져도 나보다 부족한 사람들에겐 노력하며 산다고 생각했는데, 과연 그랬는지… 반성이 되는 거야."
>
> —『한겨레21』, 제415호(2002. 7. 4.)에서

위의 예를 통하여 알 수 있는 것처럼, 우리에게 비교적 잘 알려져 있는 잡지인 『좋은생각』이나 『한겨레21』의 자료에서도 문장 부호를 잘못 표기하고 있는 사례가 종종 눈에 띄고 있음은 유감스러운 일이라고 할 것이다.

또한, 다음의 시에서도 줄임표로 일정하게 세 개의 점만을 사용하고 있음을 보여준다.

(30) 저어…오늘이…예약일이라…네…동위원소 검살 받아얀다고…
아니, 아뇨 담당의가 오전만 진료키 때문에…아… 그럼요 보강 자
료 제출했고…네…검사 끝나는 대로 달려와 하던 일을 마자 해야
지요 그럼요. 죄송합니다 같은 말을 네 군데서 반복한 후 붉은 날
인을 득하고 달린다 삐리릭— 안 보이던 교도관이 호각을 분다 일
육오팔 번, 짝홀제 모르세요? 아 네네… 계도기간이죠 병원이 …
급… 죄송합니다 네… 네. 그렇고 말고요

—김추인, '수인번호—이미지의 고집'에서

이 시는 병원에서 진료를 기다리고 있는 환자가 누군가와 통화를 하고
있는 장면을 그려놓은 시인데, '말줄임표'를 사용하여 대화상의 머뭇거림
을 나타내거나 해야 할 말을 줄이고 있음을 보여준다. 물론, 문학 테스트,
특히 시에서는 이와 같은 이탈이 얼마든지 허용될 수 있는 것이긴 하지
만, 어쨌든 일반적인 문장 부호법과는 거리가 있음을 알아둘 필요가 있을
것이다.

'줄임표'(……)의 사용과 관련된 두 번째 중요한 사실은, 줄임표를 사용하
는 것으로 문장을 끝내려고 한다면, 줄임표 뒤에 마침표를 찍어줌으로써 문
장이 끝났음을 제시해 주어야 한다는 것이다. (29)의 예 가운데 (29ㄱ)은 문
장의 끝에, (29ㄴ)은 문장의 중간에 줄임표를 사용하고 있는바, (ㄱ)의 경우,
줄임표 다음에 온점을 찍고 있음은 좋은 예라고 할 수 있을 것이다. 이러한
사실을 좀 더 분명히 인식하기 위해서는 다음과 같은 소설 텍스트의 대사
부분을 유심히 읽어볼 필요가 있다.

(31) "선학동 쪽에 하룻밤 묵어 갈 만한 곳이 있을까요? 옛날엔 그쪽 길
목에 술도 팔고 밥도 먹여 주는 조그만 주막이 하나 있었던 걸로
알고 있습니다만……."
여자는 그제서야 쉰 길을 거의 거의 다 들어서고 있는 듯한 사내의
행적을 새삼 눈여겨보는 듯했다. 하지만, 그녀는 어딘가 피곤기 같

은 것이 어려 있는 사내의 표정과 허름한 몰골에 금세 흥미가 떨어
지는 어조였다.
"손님도 아마 선학동이 첫길은 아니신가 본디 그야 사람 사는 동
네에 하룻밤 길손 묵어 갈 곳이 없을랍디요? 동네로 건너가는 길목
엔 아직 주막도 하나 <u>남아 있고요……</u>."

—이청준, '선학동 나그네'에서

우리는 이와 같은 사례를 통하여 문장 부호들이 어떻게 서로 어울려 일
정한 문법적 기능을 담당하고 있는가를 이해할 수 있게 된다 (31)의 밑줄
친 두 부분에서, 우리는 줄임표와 온점 및 큰따옴표가 각각의 문법적 기능
을 담당하면서 함께 쓰이고 있음을 알 수 있는 것이다 다시 말해, 줄임표
는 해야 할 말을 줄이고 있음을 보여주고 있으며, 온점은 평서문의 문장이
끝났음을, 큰따옴표는 소설이라는 공간에서 이루어지는 인물들의 대화를
직접적으로 제시하는 역할을 각각 담당하고 있는 것이다.

다음 진술들 가운데 버트란트 러셀卿의
'확정적 기술'을 포함하고 있는 것은

황지우

돈만 넣으면 눈에 불을 켜고 작동하는
낫 놓고 ㄱ도 <u>모른다.</u>

내가 꽃에게 다가가 '<u>꽃</u>'이라고 불러도 꽃이 되지 않았다. 플라스틱 <u>造花</u>였다.

암버마제비는 교미 후 수컷의 목을 잘라 죽여 먹어 <u>버린다.</u>

지난 2월 31일 우리나라를 방문한 중앙 아프리카 라콜라코 공화국 대통령 아카라카치 아카라카쵸쵸씨는 곱슬머리이거나 곱슬머리가 아니다 一年前 그는 육군 <u>상사였다.</u>

四季節 全天候 金星 韓國型 冷藏庫 안의 거대한 <u>빙산이여,</u>
환한 얼음 속, 新生代의 魚族이 뜬눈으로 잠들어 <u>있다.</u>

모든 사건은 원인을 <u>갖는다.</u>

"<u>유신체제 철폐하라!</u>
박정희는 물러가라!
언론인은 반성하라!
구속학생 석방하라!
<u>노동3권 보장하라!</u>"
校門은 닫혀 있었다.

하늘에 계신 우리 아버지…… 뜻이 하늘에서 이루어진 것 같이 땅에서
도 이루어지이다.

아부지이—이년이, 어쩔라고 날 버리고 가느냐, 이년아, 널 잃고 내가 눈
뜬들 무슨 소양이 있겠느냐, 못 간다 못 가아—허이 조타아.

고로 피고에게 징역 8년과 자격 정지 8년을 선고한다.

형사 기동대 차량이 경적을 울리며 쏜살같이 질주하는 오늘 오전 11시
30분 용산 美8軍 본부 앞에서 사람들은 우두커니 서서 신호등이 바뀌기만
을 기다리고 있었다.

그놓고 낫도 몰라!5)

---

5) 다양한 문장 부호들을 사용함으로써 보다 생동감 있는 시적 분위기를 담고 있는 작품이다

연|습|문|제

1 다음 글은 소설의 일부분을 띄어쓰기와 문장 부호를 표시하지 않은 채 제시한 것이다. 문장의 의미가 통하도록 띄어쓰기와 문장 부호를 표시하여 다시 고쳐 써 보라.

집사립문앞에이르자동길이는흠칫그자리에멈추어섰다 마루에벌렁드러누워있는사람이있었던것이다

어머니도아니었다 남자였다 동길이는조심조심사립안으로걸어들어갔다 어머니는부엌문앞에서무엇을북북치대고있었다 인기척에후딱뒤를돌아본어머니는마루에누워있는사람을눈으로가리켰다 어머니의두눈에는슬픈빛이서려있었다

동길이는어찌된영문인지알수가없었다 그러나마루에누워있는사람이누구라는것을알아챘다

아부지

동길이는얼른누워있는아버지곁으로가까이갔다 아버지는자고있었다 그러나동길이는아버지를향해꾸벅절을했다

아까그기차를타고오신모양이지 헤참 그런줄알았으면얼른집에올걸

꼬빡2년만에돌아온아버지 동길이는조심스럽게아버지의얼굴을들여다보았다 시꺼멓게탄얼굴에움푹꺼져들어간두눈자위 그리고코밑이랑턱에는수염이지저분했다 목덜미로식은땀이흐르고있었고 입언저리에는파리떼가바글바글붙어있었다 그러나아버지는그런줄도모르고푸푸코를불면서자고만있다 동길이는파리란놈들을쫓았다

어머니가조심스러운눈길로동길이를힐끗돌아본다 집에와서갈아입었는지아버지의입성은깨끗했다 징용에나가기전 목공소에다닐때입던누런작업복하의에삼베상의 그런데

에

이게웬일일까 동길이는두눈이휘둥그레지고 입이딱벌어졌다 그러나어머니는동길이의놀라는모습을돌아보지않고후유한숨을쉴따름이었다

동길이는떨리는손으로한쪽소맷부리를들추어보았다 없다 분명히
없다 동길이는어머니를향해소리쳤다
어무이 아부지팔하나없다
……
팔하나없어 팔
……
잉
……

말없이돌아보는어머니의두눈에는눈물이홍건히괴어있었다 동길
이는아버지가슬그머니무서워지는것이었다 어머니곁으로가서부엌
문에붙어서서도곧장아버지의한쪽소맷자락을힐끗힐끗건너다보았다
어머니는또한번한숨을쉬면서함지박을들고부엌으로들어갔다 밀
가루수제비를뜨는것이었다 어머니의손끝에서떨어져서부글부글끓
어오르는물속으로들어가는수제비를보자 동길이배에서꼬르륵소리
가났다 꿀꺽침을삼켰다 아버지의팔뚝생각같은것은이미없었다
수제비를떠서두그릇상에받쳐들고어머니가부엌을나오자 동길이
는앞질러마루로올라갔다 아버지는아직쿨쿨자고있었다 아버지의한
쪽소맷자락이눈에띄자 동길이는다시흠칫했다
보이소예 그만일어나이소 점심가져왔구마
어머니가흔들어깨우는바람에아버지는
으으윽
한 개밖에없는팔을내뻗어기지개를켜며부스스일어났다 동길이는
저도모르게뒤로한걸음물러섰다 그리고얼른아버지를향해절을하기는
했으나 겁을집어먹은듯이눈이둥그레졌다 아버지는동길이를보더니
으으…… 핵교잘댕기나 어무이말잘듣고
그리고 아아욱 커다랗게하품이었다 점심상을가운데놓고아버지
와동길이가마주앉았다 그곁에어머니는뚝배기를마룻바닥에놓고앉
았다
물씬물씬김이오르는수제비…… 동길이는목젖이튀어나오는것같
았다. 후딱숟가락을들었다. 그리고그뜨끈뜨끈한놈을푹한숟가락떠
올리기가무섭게입을짝벌렸다.
아버지도숟가락을들었다. 왼쪽손이었다. 없어진팔이하필오른쪽이

었던것이다. 어머니는그것을보자이마에슬픈주름을지으며얼른외면
했다. 그러나동길이는수제비를퍼올리기에바빠서아버지의남은손이
왼손인지오른손인지그런덴도무지관심이없는듯했다.
　돼지새끼처럼한참을그렇게퍼먹고나서야좀숨이돌리는듯동길이는
힐끗아버지를거들떠보았다. 아버지의숟가락질은도무지서툴기만했다
　아부지, 팔이하나없어져서참클일났제. 저런! 오른쪽팔이없어졌
구나. 우짜다가저랬는고이?
　그러고동길이는남은국물을훌훌마저들이마셨다. 콧등에는맺힌땀
방울이또르르굴러내린다. 아아이제좀살겠다는것이다.

2 다음 두 편의 시는 문장 부호 사용과 관련하여 대조적인 작품들이다. 두 작품
을 비교해 보고 문장 부호를 사용하지 않은 작품과 문장 부호를 적극적으로
사용한 작품의 시적 효과가 어떠한지 기술하라.

(1)　나는 이제 너에게도 슬픔을 주겠다
　　사랑보다 소중한 슬픔을 주겠다
　　겨울밤 거리에서 귤 몇 개 놓고
　　살아온 추위와 떨고 있는 할머니에게
　　귤값을 깎으면서 기뻐하던 너를 위하여
　　나는 슬픔의 평등한 얼굴을 보여 주겠다
　　내가 어둠 속에서 너를 부를 때
　　단 한 번도 평등하게 웃어 주질 않은
　　가마니에 덮인 동사자가 다시 얼어죽을 때
　　가마니 한 장조차 덮어 주지 않은
　　무관심한 너의 사랑을 위해

흘릴 줄 모르는 너의 눈물을 위해
나는 이제 너에게도 기다림을 주겠다
이 세상에 내리던 함박눈을 멈추겠다
보리밭에 내리던 봄눈들을 데리고
추워 떠는 사람들의 슬픔에게 다녀와서
눈 그친 눈길을 너와 함께 걷겠다
슬픔의 힘에 대한 이야길 하며
기다림의 슬픔까지 걸어가겠다

-정호승, '슬픔이 기쁨에게' 전문

(2) 비가, 하루 종일 내린다, 비가, 사람들의 발목을 자르고, 비가,
사람들의 무릎을 자르고, 비가,

사람들은 모두 어디로 가고, 키 큰 나무들만 머리통만 빼꼼히
내밀고,

비가, 키 큰 나무들의 머리통을 출렁출렁 씹어 삼키는 비가, 고
층 빌딩의 허리를 자르고, 비가,

고층 빌딩도, 높은 산도, 출렁출렁 씹히고 씹히는 나날들,

비가, 별을 삼키고, 비가, 태양을 삼키고, 비가, 무지개여 안녕—

-여정, '비가,' 전문

3 '5 · 18'과 '5. 18.'의 의미에 어떤 차이가 있는지, 앞에서 제시한 문장 부호의
쓰임과 기능을 토대로 설명하라.

4 따옴표에는 큰따옴표(" ")와 작은따옴표(' ')가 있다. 이 두 가지 유형의 따
옴표의 기능이 어떻게 차이가 있는지를 실제 문헌 자료에서 사용된 예들을 토
대로 제시하라.

참고문헌

국어정보학회(1996), 「간행문 양식과 문장 부호 실태조사 및 표준화 방안 연구」.

김병철(1978), 「韓國句讀點起源考」, 『韓國學報』 9.

박지홍(1979), 「한문본 훈민정음의 번역에 대하여」, 『한글』 164.

신선희(1985), 「국어 문장 부호에 관한 이론적 고찰」, 『국어과교육』 5, 부산교대 국어교육연구회.

이복규(1996), 「우리의 옛 문장 부호와 교정부호」, 『고문서연구』 9・10, 한국고문서학회.

이승후(2001), 「국어 문장 부호에 관하여」, 『새국어교육』, 한국국어교육학회.

장소원(1983), 「국어문장 부호연구서설」, 『관악어문연구』 8, 서울대 국문과.

제 4 장 표준어 규정

1. 표준어의 개념과 기능

표준어란 방언의 차이에서 오는 의사소통의 불편을 덜기 위해 한 국가 안에서 전 국민이 공통으로 쓰도록 정해 놓은 말로, 표준으로 정해진 어휘, 발음, 문법 등을 포괄하는 개념이다. 예컨대, '(병을) 고친다'(낫운다×)가 어휘 차원의 표준어라면, '읽는다[잉는다]'(일른다×)는 발음 차원의 표준어이다. 또, 함경방언의 '먹어 못 봤슴매'에 대해 표준어 '먹어 보지 못했어요'에서의 '못'의 어순은 표준어 문법에 속하는 사항이다.

표준어는 해당 국가 안에서는 어디서나 공통으로 의사소통이 가능하도록 다듬은 것이므로 자연히 공통어(common language)로서의 성격을 지니게 된다. 그러나 표준어는 공통어인 동시에 규범성을 지니는 말이라는 점에서 공통어와는 구별되는 개념이다. 즉, 올바른 말이 아니더라도 현실적으로 통용이 가능한 것이 공통어라면, 표준어는 반드시 올바른 말이어야 한다는 규범성을 띠는 것이다.

일반적으로, 방언 간의 차이가 두드러져 표준화의 필요성이 가장 절실한 부분은 어휘이므로 표준어에 대한 규정은 어휘에 집중된다. 이때 '대가리·주둥이·소갈머리'와 같은 비속어(卑俗語)도 적절한 상황에서는 누구나 쓸 수 있는 말이므로 표준어에 포함된다. 점잖고 고상한 말만 표준어는 아니기 때문이다. 반면에, 특수집단에서만 통용되는 은어는 표준어에 들지 않는다.

표준어로는 대체로 하나의 개별 언어를 구성하는 여러 방언 중에서 가장 영향력이 크고 보급이 쉬운 방언, 지역적으로는 수도의 방언이 선택되는 일이 많다. 우리나라에서는 서울에서 쓰는 말이 영국에서는 런던에서 쓰는 말이, 프랑스에서는 파리에서 쓰는 말이 표준어가 되는 것도 바로 그러한 이유 때문이다. 그러나 표준어는 인공적으로 다듬어지게 되므로 서울말이 그대로 국어 표준어가 되는 것은 아니다. 서울에서는 보기 힘든 물건에 대한 명칭이 서울말에 없고 다른 방언에 있을 때 그 방언의 단어가 표준어로 인정될 수도 있는 것이다.

이익섭(1983 : 44~5)에 따르면, 표준어에는 다음과 같은 네 가지 기능이 있다.

(1) ㄱ. 통일의 기능(unifying function) : 한 개인, 또는 소수집단을 보다
　　　 큰 집단과 이어줌으로써 의사소통을 원활하게 해 준다.
　　ㄴ. 독립의 기능(separating function) : 하나의 통일된 언어를 사용함
　　　 으로써 일정한 국가와 민족을 다른 국가 또는 민족과 구별해
　　　 준다.
　　ㄷ. 위신 기능(prestige function) : 표준어란 사회적으로 우위에 있는
　　　 사람들이 쓰는 말이므로, 표준어를 구사함으로써 그러한 사람
　　　 들과의 일치를 성취하였다는 자부를 느끼게 해 준다.
　　ㄹ. 준거의 기능(frame-of-reference function) : 표준어를 어느 정도
　　　 정확히 구사하느냐에 따라 그 사람이 표준어의 규범에 얼마나

잘 순응하였는가를 재는 척도가 될 수 있다.

　표준어가 갖는 이러한 기능들 가운데 세 번째 위신 기능을 제외하고는 모두 순기능을 지닌다고 할 수 있는 것들이다. 특히, 통일의 기능은 다민족 국가일수록 국가 내의 다양한 민족의 통합을 위해 표준어 정책을 강력히 추진할 수 있다는 점에서 필요한 기능이며, 준거의 기능은 방언들 가운데 어떤 형태가 표준형인지 또는 표준어에 가까운지를 판단하는 데 도움을 줄 수 있다는 점에서 중요성을 지닌다.

　표준어의 기능들 가운데 위신 기능은 역기능적인 측면이 있을 수 있다는 점에서, 언어 정책의 수립 과정에서 세심한 배려가 필요하다. 표준어를 사용하는 계층은 비표준 방언을 사용하는 계층에 비해 정치·경제·문화적으로 지도층이거나 상류층인 경우가 많아 심리적으로 우월감을 가질 수도 있지만, 언어학적인 의미로 어떤 언어나 방언도 다른 어떤 언어나 방언보다 우월하거나 열등할 수 없다는 사실에 비추어 본다면 표준어의 위신 기능은 자칫 다른 비표준 방언 문화를 위축시킬 수도 있기 때문이다. 따라서 한 국가의 언어 정책을 수립하고 실천하는 과정에서는 표준어의 보급과 함께, 지리적·사회적 요인에 의해 이루어지는 방언의 분화와 그 문화 현상에 대해서도 폭넓게 이해시키려는 태도가 요구되는 것이다.

수문 양반 왕자지

이대흠

예순 넘어 한글 배운 수문댁
몇 날 지나자 도로 표지판쯤은 제법 읽었는데

자응 자응 했던 것을
장흥 장흥 읽게 되고
과냥 과냥 했던 것을
광양 광양 하게 되고
광주 광주 서울 서울
다 읽게 됐는데

새로 읽게 된 말이랑 이제껏 썼던 말이랑
통 달라서
말 따로 생각 따로 머릿속이 짜글짜글 했는데

자식 놈 전화 받을 때도
옴마 옴마 그래부렀냐? 하다가도
부렀다와 버렸다 사이에서
가새와 가위 사이에서
혀와 쎄가 엉켜서 말이 굳곤 하였는데

어느 날 변소 벽에 써진 말
수문 양반 왕자지
그 말 하나는 옳게 들어왔는데

그 낙서를 본 수문댁

입이 눈꼬리로 오르며
그람 그람 우리 수문 양반
왕자거튼 사람이었제
왕자거튼 사람이었제[1]

---

[1] 표준어와 비표준어, 곧 방언과의 거리가 어떤 것인가를 잘 말하여 주는 작품이다. '자웅'과 '장흥', '과낭'과 '광양', '부렀다'와 '버렸다', '가새'와 '가위', '쎄'와 '혀' 사이에서 발음과 어휘적 차원의 거리를 확인함과 동시에 두 가지 유형의 어휘가 지니는 미학적 기능의 차이를 엿볼 수 있도록 해 준다.

2. ≪표준어 규정≫의 변천

1930년대, 오늘날 한글학회의 전신인 조선어학회는 민족의 자긍심과 실용적인 교육, 당시의 전반적 사회·문화적 배경에서 절실하게 요구되었던 한글 사전을 편찬하기 위해서 두 가지 중요한 작업에 착수하게 된다 첫 번째는 1장에서 논의한 ≪통일안≫(1933)을 공포한 것이고, 두 번째는 그로부터 3년 후인 1936년에 ≪사정한 조선어 표준말 모음≫을 완성함으로써 최초의 국어 표준어 규정을 마련한 것이다.[2]

그러나 여기에서 한 가지 지적해야 할 사실은 엄밀한 의미에서 규범적인 표준어가 처음으로 출현하게 된 것은 1933년부터라는 것이다. 맞춤법의 적용 대상은 당연히 표준어라고 할 수 있으므로, ≪통일안≫의 전체적인 강령을 대변하는 제1장 총론에서 "(1) 한글 마춤법(綴字法)은 표준말을 그 소리대로 적되, 어법에 맞도록 함으로써 원칙을 삼는다. (2) 표준말은 대체로 현재 중류 사회에서 쓰는 서울말로 한다."는 표준어 사정의 기본 원칙이 이미 수립되어 있었던 것이다(최전승, 2001 : 238). 또한, ≪통일안≫의 '부록 1'에는 표준어의 일부가 8개 항목으로 분류되어 처음으로 선을 보이기도 했다. 따라서 1936년에 완성된 ≪사정한 조선어 표준말 모음≫은 ≪통일안≫에 제시된 표준어 사정 원칙을 토대로 총 9,412개의 단어(동의어 5363, 유의어 3915, 약어 134, 한자어 100)를 사정한 결과이다.

사정한 표준어의 발표는 제490회 한글날인 1936년 10월 28일에 이루어졌다. 조선어학회가 주최가 되어 완성한 표준어 사정 과정과 그 역사적 의의에 대해서는 당시의 언론 기관들에서 앞 다투어 보도하였는데 조선일보

---

2) 그러나 국어의 표준어가 明文으로 규정된 것은 일제 치하인 1912년 4월, 조선총독부가 제정한 「普通學敎用 諺文綴字法」에서 "京城語를 標準語로 함."이라고 규정한 것으로부터라고 할 수 있다. 그러나 이는 일제에 의해서 이루어진 것이고, 진정한 의미에서의 본격적인 국어 표준어 사정의 첫 성과는 조선어학회의 주도하에 이루어졌다고 할 것이다.

사설의 내용의 일부를 예로 들어 살펴보면 다음과 같다.

한글 標準語 發表

語文 統一運動의 一步 前進

今 十月 二十八日은 한글 頒布 第 四百九十回의 記念日에 當하는데, 이
날에 朝鮮語學會에서는 『한글 맞춤法 統一案』 發表 以後 第二段의 프
로그람으로, 再昨年부터 査定에 着手하여, 去年 一月의 溫陽溫泉의 第
一讀會, 同 八月의 牛耳洞의 第二讀會 今年 七月의 仁川의 第三讀會를
거쳐 査定된 標準語를 發表하게 되었다. 第一發表된 標準語 自體에 대
한 論議는 此欄에서 早急히 論及할 수 없는 것으로, 今後 專門家 諸位
및 社會一般의 愼重한 批判이 있을지도 모르나, 如何흐든 이로써 標
準語 統一의 大業을 完了한 것은 한글 統一運動을 위하여 實로 慶賀
할 일이라고 않을 수 없는 同時에 標準語가 한글 頒布 記念日에 發表
된 것도 또한 意義 깊은 일이라 할 것이다(下略).

—朝鮮日報(第五千五百四十八號)

위 기사에 따르면, 조선어학회의 조선어문 통일 운동 가운데 하나로 수행된
표준어 사정은 한글 운동의 획기적 성과로 수확으로 인식되고 있다. 이러한
표준어 사정의 과정을 살펴보면 1935년 1월에 제1독회를, 8월에 제2독회를
개최함으로써 사정안의 초안을 마련하였고, 이듬해인 1936년 7월 30일~8월
1일까지 3일 동안 개최한 제3독회를 통하여 최종안이 마련되었다.[3]

이와 같은 과정을 통해 마련된 ≪사정한 조선어 표준말 모음≫은 그 후

---

3) 이윤재(1936)에 의하면, ≪사정한 조선어 표준말 모음≫의 내용은 크게 세 부분, 곧 ‘같은
말’[同義語], ‘비슷한 말’[類義語], ‘준말’[略語] 부분으로 이루어져 있다. ‘같은 말’의 경우
에는 하나의 사물에 대해 이렇게도 쓰고 저렇게도 쓰는 말 가운데 하나만 뽑아 표준어로
정하고, 나머지는 사투리로 처리하여 다 버린다는 것이며, ‘비슷한 말’의 경우에는 얼른 보
아서는 그 의미가 동의어처럼 보이지만 엄밀한 의미에서는 서로 상이한 의미를 지니게 되
므로 모두 표준어의 자격을 부여하였다.

이루어진 국어사전의 편찬과 실제 언어생활에서 표준어의 역할을 해 왔다. 그러나 세월이 흐르는 동안 말이 바뀌고 발음도 달라져 국어사전의 표제어 사이에도 서로 다른 것이 많아지게 됨으로써 표준어 개정의 필요성이 제기되었고, 이러한 필요성에 따라 이루어진 국어의 두 번째 표준어 규정이 현행 ≪표준어 규정≫(1988)이다.

1970년 4월, 정부에서는 '국어 심의회'(國語審議會)를 열고, '국어 조사 연구 위원회'를 별도로 구성하여 한글 맞춤법과 표준어 개정 작업을 추진하기에 이르렀다. '국어 조사 연구 위원회'는 '표준말심사위원회'를 두고, 문제성이 있는 16,500여 어휘를 사정하고, 그 후 국어 심의회의 심의를 거쳐 '표준말 재사정 시안'(1979)을 마련하였다. 이 시안을 다시 학술원에서 손질한 것이 '표준어 개정안'(1983)이며, 이에 대한 국어 연구소의 심의를 거친 것이 '표준어 규정안'(1987)이다. 이 '표준어 규정안'에 대한 국어 심의회의 의결을 거친 것이 현행 ≪표준어 규정≫인데, 이는 1988년 1월 19일에 문교부 고시 제88-2호로 공표되어, 1989년 3월 1일부터 시행되었다.

≪표준어 규정≫에서 이루어진 개정의 실제적인 대상은 다음과 같은 네 가지 요소로 정리할 수 있다.

> (2) ㄱ. 그동안 자연스러운 언어 변화에 의해 1933년에 표준어로 규정 하였던 형태가 고형(古形)이 된 것.
> ㄴ. 그때 미처 사정의 대상이 되지 않아 표준어로서의 자격을 인정 받을 기회가 없었던 것
> ㄷ. 각 사전에서 달리 처리하여 정리가 필요한 것
> ㄹ. 방언, 신조어 등이 세력을 얻어 표준어 자리를 굳혀 가고 있는 것

이와 같은 요소들을 개정 대상으로 하고 있는 현행 ≪표준어 규정≫은 크게 두 부분, 곧 '제1부 표준어 사정 원칙'과 '제2부 표준 발음법'으로 이

루어져 있다. 이를 좀 더 구체적으로 이해하기 위하여 그 구성을 하나의
<표>로 제시하면 다음과 같다.

〈표 1〉 현행 ≪표준어 규정≫의 구성

제1부 표준어 사정 원칙

- 제1장 총칙
- 제2장 발음 변화에 따른 표준어 규정
  제1절 자음 : 제3항, 제4항, 제5항, 제6항, 제7항
  제2절 모음 : 제8항, 제9항, 제10항, 제11항, 제12항, 제13항
  제3절 준말 : 제14항, 제15항, 제16항
  제4절 단수 표준어 : 제17항
  제5절 복수 표준어 : 제18항, 제19항
- 제3장 어휘 선택의 변화에 따른 표준어 규정
  제1절 고어 : 제20항
  제2절 한자어 : 제21항, 제22항
  제3절 방언 : 제23항, 제24항
  제4절 단수 표준어 : 제25항
  제5절 복수 표준어 : 제26항

제2부 표준 발음법

- 제1장 총칙 : 제1항
- 제2장 자음과 모음 : 제2항~5항
- 제3장 소리의 길이 : 제6항~7항
- 제4장 받침의 발음 : 제8항~9항
- 제5장 소리의 동화 : 제10항~16항, 제17항~22항
- 제6장 된소리되기 : 제23항~25항, 제26항~28항
- 제7장 소리의 첨가 : 제29항, 제30항

위의 <표 1>에 따르면, 현행 ≪표준어 규정≫의 제1부 '표준어 사정 원

칙'은 모두 3장으로 이루어져 있다. 제1장은 '총칙'으로 총괄적인 표준어 사정 원칙을 밝히고 있는 부분이며, 제2장은 발음의 변화에 따른 표준어 규정으로, 언어의 변화 가운데 발음의 변화가 현저하여 종래의 표준어를 따를 수 없어서 개정한 표준어를 규정한 것이다. 그리고 제3장은 단어의 일생과 관련된 문제, 즉 시간의 흐름에 따라 새로운 단어가 생성되어 사용되고, 이전에 쓰이던 단어가 쓰이지 않게 되는 현실을 수용하여 표준어로 삼도록 한 규정이다.

한편, 제2부 '표준 발음법'은 종래에 없던 규정을 새로이 마련한 것으로, 혼동을 보이고 있는 국어의 발음 생활에 대한 규범을 제시하기 위하여 제정한 것이다. 이 '표준 발음법'은 제1부의 '표준어 사정 원칙'만큼 그 중요성이 큼은 물론, 논의해야 할 문제 또한 적지 않으므로, 본 장에서는 '표준어 사정 원칙'만을 다루고, 제2부 '표준 발음법'에 대해서는 장을 달리하여 제5장에서 다루기로 하겠다

바다와 나비

김기림

아무도 그에게 수심(水深)을 일러 준 일이 없기에
흰나비는 도무지 바다가 무섭지 않다.

청(靑) 무우밭4)인가 해서 내려갔다가는
어린 날개가 물결에 절어서
공주(公主)처럼 지쳐서 돌아온다.

삼월(三月)달 바닷가 꽃이 피지 않아서 서글픈
나비 허리에 새파란 초생달이 시리다.

---

4) '정지용' 시대의 나비가 바다를 '푸른 무우밭'으로 보았다면, 우리 시대의 나비는 '푸른 무
   밭'으로 보았으리라.

시래기국 한 사발

서정우

장독대 위 곳곳마다 널려 있는 무[5] 이파리들
차운 날 세상 온통 얼어붙어
생명 있는 것 모두 제 몸 감싸도
시린 잎새 그대로 누워 있다.

사방에서 죄어드는 추위, 여린 줄기로 받아들여
비 내리면 비 맞고
눈 내리면 뒤집어썼다가
햇빛 나면 언뜻언뜻 얼굴 내미는 이파리들
그 위로 바람 떼거지로 몰려와 험하게 놀아 대면
허리 들썩거려 벗삼아 놀아 주는
장독대 위 무 이파리들

그래 그렇게 겨울 넘기기에
어느 늦은 저녁 문득 생각이 나서 다가선 여인
툭툭 털어 뜯어낸 이파리
따뜻한 물에 삶아 불려지면
참 맛있는 시래기국이 되는 것이다

청 무청 이파리 다만 한 색으로만 살았어도
부딪쳐오는 것 모두 받아들였기에
마지막 가는 길 뱃속 가득 시원하게 만드는
한 겨울 시래기국 한 사발.
저 마음 통 틀어 전수해 주었기에
내 평범한 식사가 이렇게도 편안했던 것이다

---

5) '무우→무'의 변화를 보여주는 또 다른 예이다.

3. 표준어 사정 원칙

3.1. 제1장 총칙

≪표준어 규정≫ '제1장 총칙'은 두 개의 항으로 이루어져 있는데, 제1항에서는 표준어의 조건을, 제2항에서는 외래어의 사정에 대해 제시하고 있다. 우선 그 규정을 보이면 다음과 같다.

> **제1항** 표준어는 교양 있는 사람들이 두루 쓰는 현대 서울말로 정함을 원칙으로 한다.
> **제2항** 외래어는 따로 사정한다.

제1항에서 제시되고 있는 표준어의 조건은 1933년의 ≪통일안≫에서 제시된 것과 세 가지 점에서 차이가 있다. 앞에서 제시한 것처럼, ≪통일안≫에서는 "표준말은 대체로 현재 중류 사회에서 쓰는 서울말로 한다."라고 그 조건이 규정되어 있다. 따라서 두 규정 사이에는 몇 가지 변화가 수반되어 있음을 알 수 있다.

우선, ≪통일안≫에서는 '표준말'이라는 용어를 쓰고 있는 데 대하여 현행 ≪표준어 규정≫에서는 '표준어'라는 용어를 쓰고 있다. 이와 같이, '표준말'을 '표준어'로 바꾼 것은 '비표준어'와의 대비에서 '표준말 : 비표준말'이 말결에 맞지 않기 때문이다.

그 다음으로, ≪통일안≫에서는 표준어의 조건이 되는 계층 요인을 '중류 사회'라고 한 것과는 달리, ≪표준어 규정≫에서는 '교양 있는 사람들'로 개정하였다. 이와 같은 개정은 '중류 사회'의 기준이 모호하다는 점과, 이렇게 정해 놓음으로써 앞으로는 표준어를 못하면 교양 없는 사람이 된다는 점을 강조하기 위해서이다. 즉, 표준어는 국민 누구나 공통으로 쓸 수 있도록 마련한 공용어(公用語)이므로, 공적(公的) 활동을 하는 이들이 표준어를 익혀 올바르게 사용하는 것은 너무나 당연한 필수적 교양으로 여긴 것이다.

마지막으로, ≪통일안≫에서는 시대의 구획을 '현재'라고 한 것과는 달리, ≪표준어 규정≫에서는 '현대'라고 바꿔 쓰고 있다. 이와 같은 변화는 역사의 흐름에서의 구획을 인식해서이다. '현재'란 '과거'의 현재, '현재'의 현재', '미래'의 현재, 즉 영원한 현재로서 일정한 역사 속에서 한 시대의 구획을 위한 개념으로는 적절치 않기 때문이다.

한편, 제2항에 제시하고 있는 외래어의 사정은 표준어 사정의 중요한 대상이긴 하지만, 이번 사정에서는 일단 보류되었다. 물밀듯이 쏟아져 들어오는 외래어는 그때그때 사정하여 국어의 일원으로 수용할 것인가의 여부를 결정해 주어야 함에도 불구하고 현행 ≪표준어 규정≫에서 외래어의 사정을 보류한 것은, 외래어를 사정 대상에 포함시키는 데에는 시간 제약이 따른다는 점과, 외래어는 그 성격이 고유어와는 다르기 때문이라는 것이 그 이유이다(이희승·안병희, 1994 : 185).

다만, 외래어의 사정과 관련하여 참고로 해야 할 것은 문교부 고시 제 85-11호(1986. 1. 7.)로 공표된 ≪외래어 표기법≫인데, 이에 대해서는 제6장에서 다룰 것이다.

3.2. 제2장 발음 변화에 따른 표준어 규정

제2장 '발음 변화에 따른 표준어 규정'은 제1절 '자음', 제2절 '모음', 제3절 '준말', 제4절 '단수 표준어', 제5절 '복수 표준어' 등 모두 다섯 가지로 나누어 표준어를 규정하고 있는 부분이다. 본 절에서는 각 절별로 전체적인

내용의 개요를 제시한 다음, 필자가 판단하기에 그 중요성과 의의가 큰 것으로 보이는 규정에만 논의를 한정시키기로 한다.

3.2.1. 제1절 자음

제1절의 '자음'에서는 '끄나풀, 칸' 등의 예에서처럼 거센소리로 나는 형태를 표준어로 삼은 경우와, '가을갈이, 거시기' 등처럼, 거센소리로 나지 않는 형태를 표준어로 삼은 경우, 어원(語源)이 분명함에도 불구하고 어원에서 멀어진 형태가 굳어져 널리 쓰이면 그것을 표준어로 삼고, 어원 의식이 남아 있어 그 형태가 쓰이고 있는 것들은 그들대로 인정하여 표준어로 삼기로 한 경우가 규정되어 있다.

1) 어원에서 멀어진 형태

a. 용례

① 감자밥은 흰쌀을 감자와 섞어 지을 수 있지만 *강남콩, 보리, 밀 등 잡곡을 섞어 지으면 더 구수하고 독특한 별미가 난다.
② 이엉을 얹고 나면 바람에 날리지 않도록 새끼줄로 매는데 이것을 <u>고삿</u> 맨다고 한다. <u>고삿</u> 매기를 할 때 안으로 들어가는 <u>고삿</u>을 <u>속고삿</u>이라고 하고, 밖으로 드러나는 <u>고삿</u>을 <u>겉고삿</u>이라고 한다.
③ 어린 날의 동네 <u>고샅길</u>이며 뒷산과 고개를 넘어 이웃 마을까지 동냥 밥을 빌러 다니던 일들이 생각났다.
④ 첨단지구에 있는 모든 아파트 매매, 전세, 월세, *삭월세가 특히 전문이며 인터넷을 통해 전국의 토지 및 기타 부동산을 취급합니다.

b. 규정

> 제5항 어원에서 멀어진 형태로 굳어져서 널리 쓰이는 것은 그것
> 을 표준어로 삼는다(ㄱ을 표준어로 삼고, ㄴ을 버림).
>
> | ㄱ | ㄴ | 비고 |
> |---|---|---|
> | 강낭–콩 | 강남–콩 | |
> | 고삿 | 고샅 | 겉~, 속~ |
> | 사글–세 | 삭월–세 | '월세'는 표준어임. |
> | 울력–성당 | 위력–성당 | 떼를 지어서 <u>으르고</u> 협박하는 일 |

c. 해설

위 규정은 어원(語源)이 분명함에도 불구하고 어원에 대한 언중(言衆)들의 의식이 약해짐으로써 어원으로부터 멀어진 형태가 굳어져 널리 쓰이게 되면 그것을 표준어로 삼고, 아무리 어원에 충실한 형태이더라도 현실적으로 쓰이지 않는 것은 표준어로 삼지 않는다는 것을 다룬 항이다. 여기에 제시한 사항들을 좀 더 구체적으로 살펴보면 다음과 같다.

첫째, '강낭콩'은 그 어원이 중국 강남 지방에서 들여온 콩이라는 의미의 '강남콩'(江南~)이지만, 이미 어원을 인식하지 않고 '강낭콩'으로 쓰이고 있는 것을 감안, '강낭콩'으로 쓰기로 한 것이다. 따라서 용례 ①의 '*강남콩'은 '강낭콩'으로 바꿔 써야 한다.

둘째, 종래에 '지붕을 이을 때에 쓰는 새끼'와 '좁은 골목이나 길'을 다 함께 '고샅'으로 써 왔으나, 전자의 의미를 가진 어휘로는 어원에서 멀어진 '고삿'을 쓰기로 함으로써 두 단어를 분화시켜 사용하기로 하였다. 위의 예문들 가운데 ②의 '고삿'은 '지붕을 이을 때에 쓰는 새끼'를 의미하고, ③의 '고샅'은 '좁은 골목이나 길'을 의미하는바, 이들을 그 의미 기능에 따라 잘 구별해서 써야 할 필요가 있다.

[그림 1] 초가지붕을 매는 데 쓰이는 새끼줄 '고삿'의 모습

셋째, '사글세'의 경우, '월세'(月貰)와 동일한 의미를 지니는 것으로 보고, 함께 사용해 오던 '삭월세'(朔月貰)를 단순한 한자취음(漢字取音)으로 판단하여 '사글세'만을 표준어로 삼았다. 따라서 ④의 '*삭월세'는 '사글세'로 바로잡아야 한다.

넷째, '울력성당'의 경우 역시 그 어원을 '위력성당'(威力成黨)으로 볼 수 있으나, 언중들에게 그러한 인식이 거의 남아 있지 않다는 이유로 '울력성당'으로 쓰기로 하였다.

2) 의미의 구별을 하지 않는 형태의 표기

a. 용례

① 아이를 낳으면 남자에게도 출산휴가를 주어*둏 때까지 부모가 키우게 하고, 그 다음은 나라가 책임지고 키워 출산율을 1.5 이상으로 유지해야 한다.

> ② *<u>세째</u>, 디지털 콘텐츠의 소유권 논쟁(소리바다 사태, 불온통신
>   관련법 위헌판결) 등이다.
> ③ *<u>네째</u>, 절세형 상품을 주목하라.
> ④ 이 자리를 *<u>빌어</u> 이 행사를 위하여 협조하고, 노력하여 주신 분
>   들께 감사드리고 싶습니다.

b. 규정

> **제6항** 다음 단어들은 의미를 구별함이 없이, 한 가지 형태만을 표
> 준어로 삼는다(ㄱ을 표준어로 삼고, ㄴ을 버림).
>
> | ㄱ | ㄴ | 비고 |
> |---|---|---|
> | 돌 | 돌 | 생일, 주기 |
> | 둘-째 | 두-째 | '제2, 두 개째'의 뜻 |
> | 셋-째 | 세-째 | '제3, 세 개째'의 뜻 |
> | 넷-째 | 네-째 | '제4, 네 개째'의 뜻 |
> | 빌리다 | 빌다 | 1. 빌려 주다, 빌려 오다 |
> | | | 2. '용서를 빌다'는 '빌다'임. |

c. 해설

국어 어휘 가운데는 의미상의 차이가 그다지 크지 않음에도 불구하고,
두 개의 상이한 형태를 취함으로써 용법의 차이가 있는 것으로 규정해 온
것들이 상당수 있다. 문제는 일반인들에게는 그러한 구별이 쉽지 않아 혼란
을 야기하는 경우가 많았다는 것인바, 제6항은 더 이상 그와 같은 구별을
하지 않고 하나로 통합하여 쓰기로 하였음을 제시한 것이다.

첫째, '돌'은 생일, '돐'은 '한글 반포 500돐'처럼 주기의 의미로 세분해
썼던 것을, 그러한 구분이 다소 인위적인데다 불필요하게 세분하였다고 판
단하여 '돌' 하나로 통합하였다. 용례 ①의 '*돐'을 '돌'로 바로잡아야 하는

이유도 바로 이것 때문이다.

둘째, '두째, 세째'는 '첫째'와 함께 차례를, '둘째, 셋째'는 '하나째'와 함께 "사과를 벌써 셋째 먹는다."에서처럼 수량을 나타내는 것으로 구분해 왔다. 그러나 언어 현실에서 이와 같은 구분 역시 인위적인 것으로 판단하여 '둘째, 셋째'로 통합하였다. 따라서 용례 ②, ③의 '*세째'와 '*네째'는 '셋째', '넷째'로 각각 써야 올바른 표현이다.

셋째, 종래에는 '빌다'에 [乞, 祈]의 의미 외에, [借]의 뜻이 있다고 보아, [貸]의 의미를 갖는 '빌리다'와 구별하여 사용해 왔다. 그러나 이러한 구별은 결코 쉽지 않은 일이어서 언중들로 하여금 심한 혼란을 겪게 하였다. 이러한 이유로 현행 ≪표준어 규정≫에서는 '빌다'가 가지고 있었던 '借'의 의미를 제거하고, '빌리다'가 이를 대신하도록 하였다. 결국, 종전에는 '빌다'와 '빌리다'를 구별하여 사용해 오던 것을 통합하여 '빌리다'에 '借, 貸'의 뜻이 다 들어 있는 것으로 처리한 것이다. 따라서 위의 용례 ④에서 밑줄 친 '*빌어'는 '빌려'로 고쳐 써야만 올바른 표현이라고 할 수 있다. 그럼에도 불구하고 많은 국어 사용자들이 아직까지 그러한 인식을 잘하지 못하여 잘못된 용례를 흔히 사용하고 있다. 다음이 바로 그러한 예이다.

(3) ㄱ. 구조주의의 용어를 *빌어 표현한다면 리얼리즘은 문학 작품에서 기호보다는 오히려 그것을 매체로 하여 표현되는 메시지를 한결 더 중시하는 것이다.
    ㄴ. 정말로 귀를 막고 눈마저 질끈 감은 약한(?) 모습으로나마 폭죽도 터뜨리며 남의 생일을 *빌어 한껏 잔치 기분을 냈습니다
    ㄷ. 주술(呪術)이란 초자연적 존재의 힘을 *빌어 길흉을 점치고 화복을 가져오려는 술(術)로서 초자연적 존재에 대한 찬미는 물론 때로는 위협, 회유, 투쟁 등의 내용을 보이기도 하는데 원시 종합 예술 형태에 많이 나타나는 요소이다.
    ㄹ. 향찰(鄕札)이란 한자의 음과 훈을 *빌어 국어 문장을 표기하던

신라 시대 우리말 표기법으로 대체로 의미부(실질형태소)는 '훈'을, 형식부(형식형태소)는 '음'을 *빌어 표기했다.

3) 접두사 '수—'(수컷을 이르는 말)의 표기

a. 용례

① 곁에 있던 *숫놈은 천성적으로 겁이 많으면서도 카메라를 정면으로 쏘아봤고 암컷을 부축해 끝내 함께 숲 속으로 달아났다.
② 길거리를 가다보면 암소갈비 집들은 있는데 왜 *숫소갈비는 없을까요?
③ 혹서기를 지낸 *숫돼지는 가을에 수태율이 저하되는 경향이 있으므로 가을에는 *숫돼지의 결함 여부를 확인하여 볼 필요가 있는데, 특히 더위에 약한 랜드레이스나 햄프셔는 주의하여 관찰할 필요가 있다.
④ *수염소가 그리스의 상징이었음에 관하여, 뉴톤 경은 이미 다니엘 시대 200년 전부터 그리스인들은 염소족(the goat people)이라고 불리었다고 말했는데, 그 까닭은 그들의 왕 카라누스(Caranus)가 신탁(神託)에 의하여 염소를 마케도니아 새 영토의 안내자로 삼으라는 지시를 받았기 때문이라 한다.

b. 규정

제7항 수컷을 이르는 접두사는 '수—'로 통일한다(ㄱ을 표준어로 삼고, ㄴ을 버림).

ㄱ	ㄴ	비고
수—꿩	수—퀑, 숫—꿩	'장끼'도 표준어임.
수—놈	숫—놈	
수—사돈	숫—사돈	
수—소	숫—소	'황소'도 표준어임.
수—은행나무	숫—은행나무	

다만 1. 다음 단어에서는 접두사 다음에서 나는 거센소리를 인정
한다. 접두사 '암-'이 결합되는 경우에도 이에 준한다(ㄱ을
표준어로 삼고, ㄴ을 버림).

ㄱ	ㄴ	비고
수-캉아지	숫-강아지	
수-캐	숫-개	
수-컷	숫-것	
수-키와	숫-기와	
수-탉	숫-닭	
수-탕나귀	숫-당나귀	
수-톨쩌귀	숫-돌쩌귀	
수-퇘지	숫-돼지	
수-평아리	숫-병아리	

다만 2. 다음 단어의 접두사는 '숫-'으로 한다(ㄱ을 표준어로 삼
고, ㄴ을 버림).

ㄱ	ㄴ	비고
숫-양	수-양	
숫-염소	수-염소	
숫-쥐	수-쥐	

c. 해설

　오늘날 접두사로 쓰이는 '암-', '수-'는 역사적으로 'ㅎ 종성 체언', 곧
'ㅎ'를 말음으로 가진 명사 '암ㅎ', '숳'이었다. 따라서 '암캐, 수캐', '암탉,
수탉' 등에 남아 있는 'ㅎ'는 일종의 언어 화석, 곧 역사적인 흔적이라고 할
수 있다. 그러나 오늘날 '암ㅎ'과 '숳'은 '암수'라는 합성어에서만 명사로
쓰이고 있으며, 그 이외에는 접두사로만 쓰이고 있다. 이와 같은 언어 변화
의 결과, 받침 'ㅎ'의 실현이 복잡하게 되었다. 특히, '암'의 경우보다는

'수'의 경우가 훨씬 더 그러한데, 그리하여 <제7항>과 같은 규정이 필요하게 되었다.

<제7항>에 의하면, 접두사 '수-'의 표기 방식은 크게 세 가지로 구분된다.

첫째, 가장 보편적인 경우로서, 접두사 '수-'의 기본형은 '수-'이다. 따라서 '다만 1'과 '다만 2'에 제시된 예들을 제외하고는 <제7항>에 제시된 '꿩, 놈, 사돈, 소, 은행나무' 등의 어기(語基)는 물론, '거미, 개미, 할미새, 나비, 술' 등의 모든 형태들이 언제나 '수-'와 결합되게 된다. 따라서 용례 ①의 '*숫놈'과 ②의 '*숫소갈비'는 각각 '수놈'과 '수소갈비'로 써야 올바른 표준어가 된다.

둘째, 어기의 첫 음이 'ㄱ, ㄷ, ㅂ' 같은 평폐쇄음인 경우로, '수ㅎ', 곧 역사적인 흔적으로서 어간말음 'ㅎ'를 보유하고 있는 형태를 그대로 사용하는 경우이다. 이 경우에 어간말음 'ㅎ'는 다음 음절 첫소리와 거센소리를 이루게 된다. 따라서 ③의 '*숫돼지'는 '수퇘지'로 써야 올바른 표현이 된다.

그런데 여기에는 한 가지 문제가 있는데 그것은 화석 'ㅎ'이 어기의 첫 음이 평폐쇄음인 모든 경우에 유지되어 있는 것이 아니라, 예컨대 '개미'나 '거미', '벌' 등의 경우에는 그러한 성격의 언어 화석이 나타나지 않는다는 것이다. 따라서 언어적 화석 'ㅎ'의 존재를 인정해야 하는 형태로서는 '다만 1'에 제시된 어휘들에 한해서만 인정된다는 사실을 알아둘 필요가 있다.

셋째, 특수한 경우로서, '다만 2'에 제시된 대로, 어기가 '양, 염소, 쥐'의 경우에는 '숫-'의 형태를 취한다. 이 경우에 '숫-'을 취하는 것은 발음상 사이시옷과 비슷한 소리가 있다고 판단하였기 때문이다. ④의 예에서 나타나는 '*수염소'를 '숫염소'로 표기해야 하는 것은 바로 이러한 이유 때문이다.

이상에서 살펴본 대로, 접두사 '수-'는 어기(語基)의 음운론적 또는 형태론적 조건에 따라 그 이형태로 '숳-', '숫-'을 가지고 있다. 이러한 사실

을 좀 더 분명히 이해하기 위해서는 다음 글을 참고할 필요가 있다

> 글을 읽다가 '수탉'과 같은 표기를 보고 의아한 생각을 해 보았을 것이다. 왜 '수닭'이나 '숫닭'이 아니고 난데없이 '탉'이 되었느냐 하는 의문이 생길 것이다. 이런 경우는 '수탉'만이 아니고 '수캉아지·수캐·수컷·수탕나귀·수퇘지·수평아리' 등도 마찬가지다. 또 '암'을 붙여도 '암탉·암캉아지·암캐·암컷·암탕나귀·암퇘지·암평아리'로 된다.
>
> 왜 이렇게 '암'이나 '수' 밑에서는 보통소리가 거센소리로 변하는 것일까? 쉽게 설명하자면 옛말의 찌꺼기가 묻어 있어서 그렇다. 우리의 옛말에는 이른바 'ㅎ종성체언'이라는 것이 있어서 거센소리가 될 수 있는 소리와 이어질 때는 꼬리에 [ㅎ]이 드러나서 아래 말을 변화시킨다. '살고기'가 '살코기'로 되는 것도 같은 이유에서이다. 'ㅎ종성체언'의 대표적인 두 말인 '암'과 '수'가 현대어에 와서는 적잖은 골칫거리가 되고 있다.
>
> 수정을 위해 서로의 피부를 밀착한 한 쌍의 '부부'에게 제3의 숫놈이 암놈에 눈이 어두워 염치불구 달려든 것으로 풀이된다.
>
> 개구리 세 마리가 어울린 사진과 함께 게재된 '이성 잃은 개구리'라는 제목의 중앙일보 기사 중의 일부이다. 여기서는 '수놈'을 '숫놈'으로 표기하고 있다.
>
> 현재 우리말 표준어 규정에는 수컷을 이르는 접두사는 '수-'로 통일한다고 되어 있다. 그래서 '수꿩·수나사·수놈·수사돈·수소·수은행나무'로 써야 한다. '숫꿩·숫나사·숫놈·숫사돈·숫사돈·숫소·숫은행나무'는 표준어가 아니다. 당연히 위에 인용한 신문 기사의 '숫놈'은 틀린 표기이다.
>
> 접두사 '수-' 다음에 이어지는 거센소리는 소리대로 적는다. '수캉아지·수캐·수컷·수꿩·수키와·수탉·수탕나귀·수톨저귀·수퇘지·수평아리'가 바른 표기이다. 따라서 '숫강아지·숫개·숫

것·숫범······' 따위는 틀린 표기이다. 이것은 앞에서 설명한 대로, 옛말의 잔재가 아직 남아 있기 때문이다.

여기에 약간의 예외가 있다. '벌'의 경우에는 '수펄·암펄'을 표준어로 하지 않고 '수벌·암벌'을 표준어로 삼는다. 또 하나의 예외는 부분적으로 '숫-'을 쓰는 경우이다. '숫양·숫염소·숫쥐'가 그것이다. 이때는 '수양·수염소·수쥐'가 오히려 틀린 표기가 된다. 표준어 규정에 예를 들어 놓지는 않았지만 '숫쥐'를 표준어로 한다면 같은 소리로 시작하는 말인 '조개·조롱이'의 경우에도 '수초개·수초롱이'가 아니라 '숫조개·숫조롱이'로 해야 일관성이 있을 것이다.

그러나 같은 소리로 시작하는 말이면서도 '병아리'는 '수평아리·암평아리'로 하면서 '벌'은 '수벌·암벌'로 하는 것을 보면 함부로 유추해서 쓸 수도 없게 되어 있다.

이렇게 일관성도 없고 예외도 많은 규정을 통일하여 수컷을 나타내는 접두사는 모두 '숫-'으로 하고 그 뒤에 따르는 거센소리도 인정하지 않는다는 새로운 규정이 마련되었으나 아직 시행되지는 않고 있다.

요컨대, 수컷을 가리키는 접두사는 '수-'로 통일하되, 어기의 음운론적, 또는 형태론적 조건에 따라 '숳-', '숫-'으로 교체됨을 잘 알아둘 필요가 있다 하겠다.

황혼

오장환

직업 소개에는 실업자들이 일터와 같이 출근하였다. 아모 일도 안 하면 일할 때보다는 야위어진다. 검푸른 황혼은 언덕 알로 깔리어 오고 가로수와 절망과 같은 나의 기-인 그림자는 군집의 대하에 짓밟히었다.

바보와 같이 거물어지는 하늘을 보며 나는 나의 키보다 얕은 가로수에 기대어 섰다. 병든 나에게도 고향은 있다. 근육이 풀릴 때 향수는 실마리처럼 풀려 나온다. 나는 젊음의 자랑과 희망을, 나의 무거운 절망의 그림자와 함께, 뭇 사람의 웃음과 발길에 채우고 밟히며 스미어오는 황혼에 맡겨버린다.

제집을 향하는 많은 군중들은 시끄러히 떠들며, 부산히 어둠 속으로 흐터저버리고. 나는 공복의 가는 눈을 떠, 희미한 노등(路燈)을 본다. 띄엄띄엄 서 있는 포도(鋪道) 우에 잎새 없는 가로수도 나와 같이 공허하고나.

고향이여! 황혼의 저자에서 나는 아리따운 너의 기억을 찾어 나의 마음을 전서구(傳書鳩)와 같이 날려 보낸다. 정든 *고삿.6) 썩은 울타리. 늙은 아베의 하-얀 상투에는 몇 나절의 때 묻은 회상이 맺어 있는가. 우거진 송림 속으로 곱-게 보이는 고향이여! 병든 학(鶴)이었다. 너는 날마다 야위어가는

어디를 가도 사람보다 일 잘하는 기계는 나날이 늘어나가고 나는 병든 사나이. 야윈 손을 들어 오랫동안 타태(墮怠)와, 무기력을 극진히 어루만졌다. 어두워지는 황혼 속에서, 아무도 보는 이 없는, 보이지 않는 황혼 속에서, 나는 힘없는 분노와 절망을 묻어버린다.

---

6) 여기에서 쓰인 '고삿'은 '좁은 골목길'을 뜻하므로 '고샅'으로 표기해야 한다.

악연

심호택

그 도시하고는 무슨 악연인가
가기만 하면 괜히 간 것이 된다

고양이가 아니라 폭군
네로 같은 사내가 있고 한술 더 떠서
다음과 같은 일도 없지 않다
망월동 시인 추모한 날
동구청 뒷골목 마지막 막걸리집
뻔한 인사들 모여 앉았는데
이번엔 또 어느 딴 광역시에서 왔다는
해반주그레한 숙녀께서 적극적으로
옆 사람들 마음 뒤흔들더니
웬걸, 상대적으로 젊은 귀 큰 녀석 나타나자
두말 없이 울타리 뛰어넘는다
한번 남의 수중에 떨어진 암말은
끝내 젊은 <u>수탕나귀</u>7) 울음소리 따라가고
구석에 버려져 뒤숭숭한 마음
서로들 달래던 일이여

그 고약한 <u>당나귀</u> 녀석보다
상대적으로 젊지 못함의 화두여

---

7) 수탕나귀 : '숳−＋당나귀'로 분석, '숳−'의 'ㅎ'는 언어적 화석임. '암탕나귀'의 '암ㅎ'도
　마찬가지이다.

3.2.2. 제2절 모음

1) 모음조화의 붕괴(양성모음의 음성모음화) 반영

ɑ. 용례

① 아무 것도 모르는 웅아의 어린 딸은 무덤가를 ***깡충거리며** 뛰어다니고, 늙은 어머니는 잡초를 걷어내고 있었다.
② 비실비실 배삼룡, ***막둥이** 구봉서.
③ 없긴 왜 없어? ***오뚝이**가 방학 과제물이었잖아.
④ 맘대루 해. ***부주** 까짓거 식장비 제하믄 남는 것두 없겠더구만.
⑤ 우리 ***사둔댁** 체면이 땅바닥에 곤두박질치게 생겼는디 어떻게 상관이 없어요, 내가?

b. 규정

> **제8항** 양성모음이 음성모음으로 바뀌어 굳어진 다음 단어는 음성모음 형태를 표준어로 삼는다(ㄱ을 표준어로 삼고, ㄴ을 버림).

ㄱ	ㄴ	비고
깡충−깡충	깡총−깡총	큰말은 '껑충껑충'임.
−둥이	−동이	←童−이. 귀−, 막−, 선−, 쌍−, 검−, 바람−, 흰−
발가−숭이	발가−송이	센말은 '빨가숭이', 큰말은 '벌거숭이, 뻘거숭이'임.
보퉁이	보통이	
봉죽	봉족	←奉足, ∼꾼, ∼들다
뻗정−다리	뻗장−다리	
아서, 아서라	앗아, 앗아라	하지 말라고 금지하는 말
오뚝−이	오똑−이	부사도 '오뚝−이'임.
주추	주초	←柱礎. 주춧−돌

> 다만, 어원 의식이 강하게 작용하는 다음 단어에서는 양성모음 형태를 그대로 표준어로 삼는다(ㄱ을 표준어로 삼고, ㄴ을 버림).

ㄱ	ㄴ	비고
부조(扶助)	부주	~금, 부좃─술
사돈(査頓)	사둔	밭~, 안~
삼촌(三寸)	삼춘	시~, 외~, 처~

c. 해설

1장(3.3.3. 참조.)에서 언급한 대로 국어의 모음조화 규칙은 후세로 오면서 상당히 많이 약화되었고, 오늘날에는 더욱 약해지고 있는 실정이다. 이 규칙의 약화는 대체로 한쪽 양성모음이 음성모음으로 바뀌면서 나타난다. 제8항에서 다루고 있는 모음의 변화는 바로 이러한 음성모음화를 반영하는 것들이다. 여기에서 반영하고 있는 음성모음화 현상을 구체적으로 제시하면 다음과 같다.

첫째, 종래의 '깡총깡총'은 언어 현실, 곧 음성모음화에 따라 '깡충깡충'으로 한다. 따라서 용례 ①의 '*깡총거리며' 또한 '깡충거리며'로 써야 한다.

둘째, '─동이, 발가송이, 보통이'도 음성모음화를 인정하여 '─둥이, 발가숭이, 보퉁이'로 했다. 그러므로 ②의 '*막동이'는 '막둥이'로 적어야 한다. 그 밖에 '쌍둥이, 순둥이, 귀둥이, 금자둥이, 은자둥이'[8] 등도 마찬가지다.

셋째, '봉족(奉足), 주초(柱礎)'는 한자어로서의 형태를 인식하지 않고, 쓸 때 '봉죽, 주추'와 같이 음성모음 형태를 인정하였다.

넷째, '뻗정다리'[9]는 어원상으로는 '뻗장다리'가 맞지만, 이것 역시 '뻗정다리'로 발음하는 언어 현실을 그대로 수용한 것이다.

다섯째, 종래의 금지사(禁止辭) '앗아, 앗아라'는 '빼앗다'는 원뜻과는 멀어

---

8) '금자둥이, 은자둥이'란 '금이나 은과 같이 귀하다는 의미'로, 어린아이를 일컫는 말이다. 어원은 '金子童'과 '銀子童'.

9) 꾸부렸다 폈다 하지 못하고 늘 뻗치기만 하는 다리 또는 그런 다리를 가진 사람.

져 단지 '하지 말라'는 뜻이므로 발음대로 쓰기로 하고, 다시 언어 현실에 따라 음성모음 형태를 취하여 '아서, 아서라'로 한 것이다.

여섯째, '오똑이' 역시 음성모음화를 반영한 형태인 '오뚝이'를 표준형으로 취하기로 하였다. 따라서 ③의 '*오똑이'는 '오뚝이'로 적어야 한다. 아울러 '오뚝이'는 명사형은 물론이거니와, 부사형 역시 '오뚝이'로 쓰인다는 점을 알아둘 필요가 있다.

일곱째, '*부주, *사둔, *삼춘' 등의 한자어는 음성모음화 형태가 널리 쓰이고 있기는 하지만, 화자들이 어원을 의식하는 경향이 크므로 음성모음화를 인정하지 않았다. ④, ⑤의 '*부주'와 '*사둔'을 '부조', '사돈'으로 적어야 하는 이유는 바로 이와 같은 사실 때문이다.[10]

2) 'ㅣ' 모음 역행동화 반영

a. 용례

① 하기야 자식들도 *애비 말을 안 듣는데…….
② *풋나기 건달 김두한의 재능을 한눈에 알아본 것도 쌍칼이다.
③ *아지랭이 같은 사랑아, 눈물 같은 내 사랑아.
④ 화성도, 각 건물 설계도, 과학기재와 부속건물그림, 목수, *미쟁이, 석수 화공 등 이름 명단, 자재 외 비용 등 기록.
⑤ 진짜 *멋장이나 귀족층은 맞춤 명품, 명품 브랜드라도 로고가 안 박혀서 어디 것인지 모르는 아주 고급스러운 상품들을 사용합니다.

---

10) '査頓'은 우리나라에서만 쓰이는 단순한 한자 취음어(漢字取音語)이므로 '사둔' 형태를 취하자는 의견도 있었으나, 한자 표기 의식이 아직은 강하게 남아 있으므로, 그대로 '사돈'으로 하기로 하였다.

b. 규정

> **제9항** '｜' 역행동화 현상에 의한 발음은 원칙적으로 표준 발음으
> 로 인정하지 아니하되, 다만 다음 단어들은 그러한 동화가 적용
> 된 형태를 표준어로 삼는다(ㄱ을 표준어로 삼고, ㄴ을 버림).
>
> | ㄱ | ㄴ | 비고 |
> |---|---|---|
> | -내기 | -나기 | 서울-, 시골-, 신출-, 풋- |
> | 냄비 | 남비 | |
> | 동댕이-치다 | 동당이-치다 | |
>
> [붙임 1] 다음 단어는 '｜' 역행 동화가 일어나지 아니한 형태를
> 표준어로 삼는다(ㄱ을 표준어로 삼고, ㄴ을 버림).
>
> | ㄱ | ㄴ | 비고 |
> |---|---|---|
> | 아지랑이 | 아지랭이 | |
>
> [붙임 2] 기술자에게는 '-장이', 그 외에는 '-쟁이'가 붙는 형
> 태를 표준어로 삼는다(ㄱ을 표준어로 삼고, ㄴ을 버림).
>
> | ㄱ | ㄴ | 비고 |
> |---|---|---|
> | 미장이 | 미쟁이 | |
> | 유기장이 | 유기쟁이 | |
> | 멋쟁이 | 멋장이 | |
> | 소금쟁이 | 소금장이 | |
> | 담쟁이-덩굴 | 담장이-덩굴 | |
> | 골목쟁이 | 골목장이 | |
> | 발목쟁이 | 발목장이 | |

c. 해설

주지하는 바와 같이, '｜' 역행 동화, 곧 움라우트(umlaut)란 국어의 모음
가운데 'ㅏ, ㅓ, ㅗ, ㅜ, ㅡ' 등의 후설 모음이 다음 음절에 오는 전설모음
'｜'나 활음 'j'의 영향을 받아 각각 전설 모음 'ㅐ, ㅔ, ㅚ, ㅟ, ｜'로 역행

동화하는 현상이다. 이러한 움라우트 현상은 일상적인 말투(casual speech style)에서는 국어의 하위 방언들에서 매우 일반화되어 있는 현상이지만 신중한 말씨(careful speech style)에서는 피할 수 있는 발음이므로, 그 동화형(同化形)을 표준어로 삼기가 어려운 실정이다. 따라서 'ㅣ' 역행 동화 현상을 표준어로 인정하는 범위를 극소화하여, 위의 <제9항>에 제시된 '−내기',11) '냄비', '동댕이치다' 등과 같은 예들을 제외하고는 거의 인정하지 않게 된 것이다. 위의 용례들 가운데 ①의 '*애비'를 표준어로 인정하지 않는 것은 바로 그러한 이유 때문이다. 그러나 ②의 '*풋나기'는 움라우트를 수행한 형태를 표준어로 인정하므로, '풋내기'로 적어야 한다.

　한 가지 유의해야 할 필요가 있는 것은 '아지랑이'의 경우이다. 지금까지는 '아지랑이'의 움라우트를 수행한 형태인 '아지랭이'가 사전이나 교과서에 반영될 정도로 '아지랭이'가 표준어로 행세해 왔으나, 현실 언어가 '아지랑이'이므로 1936년에 정한 대로 '아지랑이'로 되돌린 것이다.

　한편, '−장이'는 논란이 많았던 항목인데, 하나의 타협안으로서 '匠人'이란 뜻이 살아 있는 말은 '−장이'로, 그 외는 '−쟁이'로 하기로 하였다. 따라서 '미장이[泥匠], 유기장(鍮器匠)'은 각각 '미장이, 유기장이'로 써야 한다. ④의 '*미쟁이'는 '미장이'로, ⑤의 '*멋장이'는 '멋쟁이'로 적어야 하는 이유는 바로 이것 때문이다. 이와 같은 이유로, '갓

[그림 2] 갓 만드는 匠人, '갓장이'의 모습

---

11) '−나기'의 경우, 서울에서 났다는 뜻의 '서울나기'는 그대로 쓰임 직하나, '신출나기, 풋나기'는 어색하므로 일률적으로 '−내기'로 쓰기로 한 것이다.

을 만드는 것을 업으로 하는 사람은 '갓장이', '갓을 쓴 사람'은 '멋쟁이'의 경우에 준하여 '갓쟁이'12)로 분화된다는 사실도 알아둘 필요가 있다.

3) 이중모음의 단모음화 반영

a. 용례

> ① 당신을 부르는 내 목소리 키 큰 *미류나무 사이로 잎잎이 춤춥니다
> ② *윈달같이 둥근 배미에다 한 포기 두 포기 꽂아보세
> ③ 그날은 *윈종일 재수가 없었다.
> ④ 기득권을 대변하는 사람들은 *으례 '시장 논리의 맹신도'들이다.
> ⑤ 체스터튼은 남달리 *허위대가 크고 뚱보였는데, 버스 안에서 그가 자리를 양보하면 그 자리에 세 사람(일설에는 다섯 사람)의 부인이 앉을 수 있었다고 할 만큼 믿기 어려운 에피소드가 전해지고 있다.

b. 규정

> 제10항 다음 단어는 모음이 단순화한 형태를 표준어로 삼는다(ㄱ을 표준어로 삼고, ㄴ을 버림).
>
> | ㄱ | ㄴ | 비고 |
> |---|---|---|
> | 괴팍-하다 | 괴퍅-하다 / 괴팩-하다 | |
> | -구먼 | -구면 | |
> | 미루-나무 | 미류-나무 | ←美柳~ |
> | 미륵 | 미력 | ←彌勒. ~보살, ~불, 돌~ |

---

12) '갓쟁이'의 의미를 좀 더 정확히 말하자면, '갓을 쓴 사람을 낮잡아 이르는 말'이라는 뜻을 지니고 있다. 따라서 '-쟁이'는 일정한 사람을 낮잡아 부르는 경우에 쓰이기도 하는바 '갓쟁이' 외에 '양복쟁이, 점쟁이, 침쟁이, 풍각쟁이, 환쟁이' 등의 어휘가 그러한 예에 속한다.

여느	여늬	
온-달	왼-달	만 한 달
으레	으례	
케케-묵다	케케-묵다	
허우대	허위대	
허우적-허우적	허위적-허위적	허우적-거리다

c. 해설

국어의 모음들이 역사적으로 겪어온 변화 가운데는 원래는 이중모음이었던 모음이 단모음화한 경우가 있다. <제10항>의 예들은 바로 그와 같은 단모음화를 수행한 형태들이 표준어로 채택된 예들이다.

이를 좀 더 자세히 들여다보면, 우선, '괴팍하다'는 '괴팍하다'로,[13] '-구면'은 '-구먼'[14]으로 각각 단모음화하였음을 알 수 있다. 또한, '미루나무'는 어원상으로 분명히 '미류(美柳)~'인데,[15] 두 번째 음절 '류'가 단모음화하여 '루'로 변화한 결과 '미루~'가 표준어로 채택된 것이다. 따라서 ①의 '*미류나무'는 '미루나무'로 적어야 한다.

---

13) '괴팍하다'는 같은 계열의 단어인 '강퍅하다, 퍅하다, 퍅성' 등이 개정에서 빠졌다는 사실에 비추어 본다면, 다소 특이한 존재이다. 물론, 후자들은 '괴팍하다'만큼 자주 쓰이지 않는 단어이므로 현실적으로 별 문제는 일으키지 않는다고 할 수 있지만, 얼마간의 불균형을 안고 있는 것이다.

14) '-구먼'은 형용사의 어간이나 선어말 어미 '-았/었-', '-겠-' 등에 붙어 반말이나 혼잣말로 새삼스런 감탄을 나타내는 종결어미이다.

15) 미루나무는 북아메리카 원산으로, 우리나라 각처의 하천 가, 논밭 둑, 마을 부근에 심는 낙엽 교목으로 흔히 '포플러'라고도 한다. '미류(美柳)나무'라는 어원은 '북미에서 들어온 버들'이라는 뜻을 지니고 있다.

[그림 3] 미루나무 숲

한편, '온공일, 온달, 온마리, 온음, 온종일, 온통' 등의 어휘에 결합되는 접두사 '온-'은 약간은 독특한 존재라고 할 수 있다. '온-'은 '오온>온'의 변화16)를 수행한 형태로서 어원상으로 단모음이었는데 현대국어로 오는 중간 단계에서 'ㅣ'가 첨가되어 이중모음으로 변화하였다가 다시 단모음화한 것으로 보이기 때문이다. 결론적으로, 용례 ②, ③의 '*왼달', '*왼종일'은 '온달', '온종일'로 적어야 올바른 표준어가 된다.

'으레' 역시 원래 '의례'(依例)에서 비롯된 것으로, '의례>으레>으레'의 과정을 통하여 단모음화하였다. 따라서 ④의 '*으례'는 '으레'로 적어야 한다.

나머지 예들 역시 모두 이중모음이 단모음화한 예들이다. '허위대' 또한 단모음화의 결과인 '허우대'로 쓰이고 있음을 감안한다면, ⑤의 '*허위대'가 왜 잘못된 것인지를 쉽게 짐작할 수 있을 것이다.

---

16) '오온'은 중세국어 단계에서 '온전하다'의 의미를 지닌 관형사 '오올다'의 관형사형으로 출현하고 있다. 즉, '오올-+-ㄴ'을 어원으로 하고 있다.

4) 그 밖의 모음의 발음 변화 반영

a. 용례

> ① 앞자리의 영감은 자가용 뒷자리에서 조간신문을 보면서 08 : 00
>   경에 회의에 늦겠다고 서울의 도로를 *나무래곤 했던 것을 모
>   두 잊은 경비아저씨가 틀림없다.
> ② 그것은 우리의 *바램이었어.
> ③ 국감장에서 김 의원은 *미싯가루 등 각종 식품에서 몇 마리의
>   세균이 나왔다는 등 구체적인 데이터를 들이대며 공급계약 체
>   결 시 상품검사를 철저히 할 것을 당부하였다.
> ④ 아삭아삭 *양상치 고소한 맛!
> ⑤ 고저장단 없이 *지리하게 이어지는 경찰의 수사과정을 보여주
>   며 관객에게도 잠복근무에 동참하라는 식이다.
> ⑥ 신라인들은 운문은 향찰로, 산문은 문예문은 한문으로, 실용문(문
>   서, 비문 명기, 현판 등)은 *트기글(>이두문)로 적어서 읽었다.

b. 규정

> 제11항 다음 단어에서는 모음의 발음 변화를 인정하여 발음이 바
>   뀌어 굳어진 형태를 표준어로 삼는다(ㄱ을 표준어로 삼고, ㄴ을
>   버림).
>
> | ㄱ | ㄴ | 비고 |
> |---|---|---|
> | −구려 | −구료 | |
> | 깍쟁이 | 깍정이 | 1. 서울~, 알~, 찰~ |
> | | | 2. 도토리, 상수리 등의 받침은 '깍정이'임. |
> | 나무라다 | 나무래다 | |
> | 미수 | 미시 | 미숫−가루 |
> | 바라다 | 바래다 | '바램[所望]'은 비표준어임. |
> | 상추 | 상치 | ~쌈 |

시러베	―아들	실업의―아들
주책	주착	← 主着. ~망나니, ~없다
지루―하다	지리―하다	← 支離
튀기	트기	
허드레	허드래	허드렛―물, 허드렛―일
호루라기	호루루기	

C. 해설

제11항은 앞에서 살펴본 제8항~제10항의 모음 변화처럼 어느 한 가지 현상으로 묶기 어려운 모음 변화에 의한 것들을 모은 항이다. 여기에 제시된 모음 변화들 가운데 몇 가지만을 추려 좀 더 상세히 기술해 보기로 하자.

첫째, '나무라―[叱], 바라―[希]'는 흔히 '나무래―, 바래―'로 발음되기도 하지만, 그와 같은 형태들은 표준어가 아닌 방언으로 해석하여 '나무라다, 바라다'를 표준어로 삼았다. 위의 용례들 가운데 ①의 '*나무래곤'을 '나무라곤'으로, ②의 '*바램'을 '바람'으로 고쳐 써야 하는 것도 바로 이러한 이유 때문이다. 다만, '바라―'와 '바래―'에 대해서는 더 알아 두어야 할 것이 있는데, 후자의 경우, 다음과 같은 의미를 지닌 동사로 쓰인다는 것이다.

(4) ㄱ. 볕이나 습기를 받아 빛이 변하다. 오래되어 변색하다.
        例. 빨아도 <u>바래지</u> 않는 옷감.
     ㄴ. 가는 사람을 중도까지 따라가거나 바라보면서 보내다.
        例. 손님을 <u>바래</u> 드렸다.

이와 같은 예를 통하여 알 수 있듯이, '바라―'와 '바래―'는 각기 다른 의미 기능을 가지고 있다는 사실을 기억하고 이 둘을 잘 구별하여 사용해야 할 것이다.

둘째, '미수'와 '상추'는 이전 시기에는 '미시'와 '상치'17)로 각각 쓰였으나, 여기에서 나타나는 두 번째 음절의 모음 'ㅣ'를 'ㅅ, ㅊ'와 같은 치찰음 아래에서의 전설모음화로 해석하여 일종의 부정회귀(false regression)18) 또는 과도수정(hyper-correction)을 한 결과가 '미수'와 '상추'라고 할 수 있다. 다시 말해, 언어적 유추에 의해 형성된 형태인 '미수'와 '상추'가 표준어의 신분을 얻게 된 것이다. 따라서 ③의 '*미싯가루'와 ④의 '*양상치'는 '미숫가루'와 '양상추'로 표기해야 옳다.

셋째, 한자어 어원의 국어 어휘들 가운데는 일정한 음성 변화에 의하여 원래의 한자음으로부터 멀어진 것들이 상당수 있다. '주책'(←주착, 主着)이나 '지루하다'(←지리하다, 支離)의 경우가 바로 그러한 예이다. 이러한 형태들은 한자어 어원을 버리고 변화한 형태를 표준어로 채택하고 있으므로, ⑤의 '*지리하게'는 '지루하게'로 바로잡아야 한다.

넷째, '튀기'는 '혈통이 다른 종족 사이에서 생겨난 새끼나 아이'를 말하는데, 일종의 단모음화에 의해 흔히 '트기'로 발음되고 있다. 그러나 아직 원형을 유지하고 있다고 보아 '튀기'를 표준어로 삼고 있다. 따라서 ⑥의 '*트기'는 '튀기'로 적어야 한다.

다섯째, '시러베아들(←실업의아들),19) 허드레(←허드래), 호루라기(←호루루기)' 등의 형태 또한 어원으로부터 멀어진 현실 발음 형태를 표준어로 받아들인 것이다.

---

17) 예컨대, '상추'의 어원은 '生菜'로서 '숭치>상치>상추'의 변화를 겪었다고 보는 것이 일반적인 견해이다. 이에 대해서는 김민수 편(1997 : 558) 참조.
18) 부정회귀(不正回歸)란 옳지 않다고 생각되는 어형을 올바르다고 생각되고 있는 것으로 되돌리기 위하여, 즉 회귀시키려고 오히려 올바른 어형까지 잘못 고쳐 버리는 현상으로, 언어적 유추 현상 가운데 하나이다.
19) 실없는 사람을 낮게 이르는 말로 '시러베자식'이라고도 한다.

5) '윗–'의 변이 현상 반영

a. 용례

① 정확한 원인은 아직 명확하게 밝혀져 있지 않으나 외상(교통사고, 부딪히는 것, 얻어맞는 것 등), 아래 *웃니가 서로 잘 맞물리지 않는 경우(교합부조화), 나쁜 습관(평소에 아래 *웃니를 서로 물고 있는 습관, 이갈이, 자세불량 등), 심리적 원인(불안, 긴장, 우울) 등 복합 요인에 의한 것으로 알려져 있습니다.

② 사장과 임원들도 파란색 실로 소속과 이름이 박혀 있는 흰색 *웃도리와 바지를 입는다.

③ 백사장 *윗쪽 각양각색으로 모여 있는 바위들이 해맞이의 설렘을 더해준다.

④ 우리는 가장 *윗층으로 올라갔는데, 그곳에는 마침 학생들은 하나도 없었어요.

⑤ 이 축제 기간 중 아랫사람들은 *윗어른들에게 너그러움을 구한다.

⑥ *웃옷을 아무렇게나 걸쳐 입은 남성은 그렇다 치고, 정작 우리들의 시선을 붙들어 매는 건 여성의 손이다.

b. 규정

제12항 '웃–' 및 '윗 –'은 명사 '위'에 맞추어 '윗 –'으로 통일한다(ㄱ을 표준어로 삼고, ㄴ을 버림).

ㄱ	ㄴ	비고
윗–넓이	웃–넓이	
윗–눈썹	웃–눈썹	
윗–니	웃–니	
윗–당줄	웃–당줄	
윗–덧줄	웃–덧줄	
윗–도리	웃–도리	
윗–동아리	웃–동아리	준말은 '윗동'임.

윗–막이	웃–막이	
윗–머리	웃–머리	
윗–목	웃–목	
윗–몸	웃–몸	~ 운동.
윗–바람	웃–바람	
윗–배	웃–배	
윗–벌	웃–벌	
윗–변	웃–변	수학 용어.
윗–사랑	웃–사랑	
윗–세장	웃–세장	
윗–수염	웃–수염	
윗–입술	웃–입술	
윗–잇몸	웃–잇몸	
윗–자리	웃–자리	
윗–중방	웃–중방	

다만 1. 된소리나 거센소리 앞에서는 ‘위 –’로 한다(ㄱ을 표준어
　　로 삼고, ㄴ을 버림).

ㄱ	ㄴ	비고
위–짝	웃–짝	
위–쪽	웃–쪽	
위–채	웃–채	
위–층	웃–층	~구름[上層雲].
위–치마	웃–치마	
위–턱	웃–턱	
위–팔	웃–팔	

다만 2. ‘아래, 위’의 대립이 없는 단어는 ‘ 웃–’으로 발음되는 형
　　태를 표준어로 삼는다(ㄱ을 표준어로 삼고, ㄴ을 버림).

ㄱ	ㄴ	비고
웃–국	윗–국	
웃–기	윗–기	
웃–돈	윗–돈	
웃–비	윗–비	~ 걷다.

웃-어른	윗-어른
웃-옷	윗-옷

c. 해설

위 규정에 의하면, '윗'은 그 뒤에 연결되는 어기의 음운론적, 형태론적 조건에 따라 '위', '웃'을 이형태로 갖는다. 이를 좀 더 구체적으로 살펴보면 다음과 같다.

첫째, 가장 일반적으로는 '윗'을 사용하는데, 이는 명사 '위'(上)에 사이시옷이 결합한 형태로 대개의 경우, '위-아래'의 대립이 있는 어휘들과 결합하게 된다. 예문 ①의 '*웃니'와 ②의 '*웃도리'를 각각 '윗니'와 '윗도리'로 써야 하는 것도 바로 이러한 이유 때문이다.

둘째, '다만 1'에서 제시하고 있는 대로, 된소리나 거센소리 앞에서는 '윗'이 아닌 '위'를 쓴다. 이는 제1장에서 언급한 사이시옷 표기 원칙과 관련이 있는 것으로, 된소리나 거센소리 앞에서는 사이시옷을 표기하지 않는다는 원칙에 따른 것이다. 따라서 용례 ③, ④의 '*윗쪽'과 '*윗층'은 각각 '위쪽'과 '위층'으로 써야 한다.

셋째, '다만 2'에서 제시하고 있는 대로, 아래위의 대립이 없는 단어는 '웃'을 쓴다. 이와 같이 '웃'을 쓰는 이유는 아래위의 대립이 없기 때문이기도 하지만, 발음이 거의 '웃'으로 굳어버린 경우가 많기 때문이기도 하다. 그러므로 용례 ⑤, ⑥의 '*윗어른'과 '*윗옷'은 각각 '웃어른'과 '웃옷'[20]을 표준어로 삼아야 한다.

---

20) 여기에서 사용된 '웃옷'은 '맨 겉에 입는 옷'이라는 뜻으로 쓰인 것이다. 그러나 '아래옷'과 대립을 이루는 의미의 '윗옷'이 쓰일 수도 있는데, 다음이 그러한 예이다.
例. 그녀는 여행을 떠나기 위해 <u>윗옷</u> 두 벌과 <u>아래옷</u> 세 벌을 준비하였다.
결과적으로, '웃옷'과 '윗옷'은 상이한 의미를 지니는 별개의 어휘라고 할 수 있으므로, 문맥에 따라 구별해서 써야 한다.

아지랭이

윤곤강

머언 들에서
부르는 소리
들리는 곳.

못 견디게 고운 *아지랭이[21] 속으로
달려도
달려가도
소리의 임자는 없고.

또 다시
나를 부르는 소리.
머얼리서
더 머얼리서
들릴 듯 들리는 듯……

---

21) *아지랭이 → 아지랑이.

이 겨울에

김남주

한파가 한차례 밀어닥칠 것이라는
이 겨울에
나는 서고 싶다 한 그루의 나무로
우람하여 듬직한 느티나무로는 아니고
키가 커서 남보다
한참은 올려다봐야 할 미루나무[22])로도 아니고
삭풍에 눈보라가 쳐서 살이 터지고
뼈까지 하얗게 드러나 키 작은 나무쯤으로
그 나무 키는 작지만
단단하게 자란 도토리나무
밤나무골 사람들이 세워둔 파수병으로 서서
그 나무 몸집은 작지만
다부지게 생긴 상수리나무
감나무골 사람들이 내보낸 척후병으로 서서
그 나무 몸집은 작지만
다부지게 생긴 상수리나무
감나무골 사람들이 내보낸 척후병으로 서서
싸리나무 옻나무 너도밤나무와 함께
마을 어귀 한구석이라도 지키고 싶다.
밤에는 하늘가에
그믐달 같은 낫 하나 시퍼렇게 걸어놓고
한파와 맞서고 싶다.

---

22) 어원상으로는 '미류나무'로 표기해야 하지만, '미루나무'로 발음되는 관습을 따라 '미루나무'가 표준어로 쓰이고 있다.

3.2.3. 제3절 준말

1) 준말 단수 표준어

a. 용례

① 해태제과는 고향만두 후속 편으로 최근 속이 담백하고 푸짐한 김치를 주원료로 한 *또아리형 가정식 고급 수제 만두 '고향김치손만두'를 출시, 마케팅을 강화하고 있다.

② *무우생즙은 여러 소화효소로 인해 소화 촉진과 강장에 효과적이고, 해독 작용과 거담의 작용도 있으므로 애연가는 종종 *무우생즙을 마시는 것이 좋다.

③ 리틀 부부는 스튜어트라는 *새앙쥐를 데려온다.

④ 그러나 이 *소리개에 대한 기억은 단지 기억일 뿐 결코 추억이 아니다. 날카로운 이빨과 견고한 발굽을 앞세운 채 연약한 병아리를 향해 달려드는 *소리개의 모습이 어찌 추억이란 아름다운 이름으로 우리의 머릿속을 채울 수 있을 것인가.

⑤ 전국에서 모여든 *장사아치들이 한몫 벌어 보겠다고 벌여 놓은 난장엔 국산, 외제를 가리지 않고 없는 것이 없다.

b. 규정

제14항 준말이 널리 쓰이고 본말이 잘 쓰이지 않는 경우에는, 준말만을 표준어로 삼는다(ㄱ을 표준어로 삼고, ㄴ을 버림).

ㄱ	ㄴ	비고
귀찮다	귀치 않다	
김	기음	~ 매다.
똬리	또아리	
무	무우	~강즙, ~말랭이, ~생채, 가랑~, 갓~, 왜~, 총각~.
미다	무이다	1. 털이 빠져 살이 드러나다.

<table>
<tr><td colspan="2"></td><td>2. 찢어지다.</td></tr>
<tr><td>뱀</td><td>배암</td><td></td></tr>
<tr><td>뱀—</td><td>장어</td><td>배암—장어</td></tr>
<tr><td>빔</td><td>비음</td><td>설~, 생일~.</td></tr>
<tr><td>샘</td><td>새암</td><td>~바르다, ~바리.</td></tr>
<tr><td>생—쥐</td><td>새앙—쥐</td><td></td></tr>
<tr><td>솔개</td><td>소리개</td><td></td></tr>
<tr><td>온—갖</td><td>온—가지</td><td></td></tr>
<tr><td>장사—치</td><td>장사—아치</td><td></td></tr>
</table>

c. 해설

제14항~제16항은 본말과 준말의 관계를 맺고 있는 국어의 어휘들 가운데 어느 한 가지를 표준어로 삼거나, 아니면 둘 다를 표준어로 삼는 문제와 관련되는 규정이다.

먼저, 제14항은 준말이 본말보다 널리 쓰이는 경우에 준말만을 표준어로 삼을 것을 규정하고 있다. 여기에서 다루어진 내용들 가운데 몇 가지를 골라 구체적으로 살펴보면 다음과 같다.

첫째, '또아리'(짐을 일 때 머리에 받치는 고리 모양의 물건 또는 둥글게 빙빙 틀어 놓은 것을 말함.)의 경우 준말 형태인 '똬리'가 훨씬 더 널리 쓰이고 있으므로, '똬리'를 표준어로 삼았다. 따라서 용례 ①의 '*또아리형'은 '똬리형'으로 바로잡아야 한다.

둘째, '무우' 역시 '또아리'와 마찬가지로 준말 형태인 '무'가 더 널리 쓰이고 있다. '비고란'에 제시된 '무강즙, 무말랭이, 무생채, 가랑무, 갓무, 왜무, 총각무' 등의 어휘도 마찬가지이다. 물론, 용례 ②의 '*무

[그림 4] 여인들이 짐을 머리에 일 때 쓰는 '똬리'

우생즙' 또한 '무생즙'으로 바로잡아야 한다.

　셋째, '*새앙쥐, *소리개, *장사아치' 등 또한 본말보다는 준말이 더 자주 쓰이는 어휘들이다. 용례 ③~⑤의 예들에서 확인할 수 있듯이, 아직도 많은 글들에서 표준어의 신분을 갖고 있지 않은 비표준어들이 자주 발견되고 있는데, 이들은 각각 '생쥐, 솔개, 장사치' 등의 준말 어휘로 바로잡아야 한다.

2) 본말 단수 표준어

a. 용례

> ① '<u>내왕꾼</u>'이란 절에서 여러 가지 심부름을 하는 <u>속인(俗人)</u>을 말한다.
> ② 1960년대 '대본소 체제'의 등장과 검열의 강화는 만화에 '불량' 이미지라는 <u>낙인을 찍는</u> 계기가 됐다.
> ③ 정치인들이 끈 떨어진 <u>뒤웅박</u>이 돼서 갈 데 없이 고개를 숙이고 자식 보기도 부끄럽고, 친구 보기도 부끄럽고, 정치 선후배 보기도 부끄러운 얼굴로, 소위 갈 데 없는 신세가 되고 말았습니다.
> ④ 그 이름이 지닌 대로 조촐한 꽃처럼 연연하면서도 <u>맵자한</u> 앳된 맵시를 지닌 것은 이 정자의 아름다움을 여성미에 새긴 설계자의 의도가 너무 잘 살았기 때문이 아닌가 한다
> ⑤ 형제는 한 기운이 두 몸에 나눴으니, 귀중하고 사랑함이 부모의 다음이라. 간격 없이 <u>한통치고</u> 네 것 내 것 계교 마소

b. 규정

> 제15항 준말이 쓰이고 있더라도, 본말이 널리 쓰이고 있으면 본말을 표준어로 삼는다(ㄱ을 표준어로 삼고, ㄴ을 버림).

ㄱ	ㄴ	비고
경황–없다	경–없다	
궁상–떨다	궁–떨다	
귀이–개	귀–개	
낌새	낌	
낙인–찍다	낙–하다/낙–치다	
내왕–꾼	냉–꾼	
돗–자리	돗	
뒤웅–박	뒝–박	
뒷물–대야	뒷–대야	
마구–잡이	막–잡이	
맵자–하다	맵자다	모양이 제격에 어울리다.
모이	모	
벽–돌	벽	
부스럼	부럼	정월 보름에 쓰는 '부럼'은 표준어임.
살얼음–판	살–판	
수두룩–하다	수둑–하다	
암–죽	암	
어음	엄	
일구다	일다	
죽–살이	죽–살	
퇴박–맞다	퇴–맞다	
한통–치다	통–치다	

[붙임] 다음과 같이 명사에 조사가 붙은 경우에도 이 원칙을 적용한다(ㄱ을 표준어로 삼고, ㄴ을 버림).

ㄱ	ㄴ
아래–로	알–로

c. 해설

　제15항에 제시된 예들은 준말이 있긴 하지만, 준말보다는 본말이 더 널리 쓰이고 있어서 본말만을 표준어로 인정한 예들이다. 용례로 제시된 '① 내왕꾼, ② 낙인찍다, ③ 뒤웅박, ④ 맵자한, ⑤ 한통치고'23) 등은 잘못 사용된 예들이 아니라, 본말 형태들이 제대로 사용된 예들이다. 이러한 어휘들은 오늘날 젊은 세대들에게는 비교적 낯선 어휘들로 인식됨은 물론, 그 의미조차도 제대로 파악하지 못한 경우가 많은 것들이다. 개별 어휘들의 의미를 제대로 파악하여 되살려 쓰는 한편, 어휘력을 확충하려는 노력이 절실히 요청된다고 할 것이다.

3) 준말과 본말 복수 표준어

a. 용례

① 길거리에 떨어진 소똥을 **망태기**에 담아서 자신의 밭에 비료로 쓴다거나, 이웃집에 놀러간 사이에도 급한 볼일은 꼭 자신의 집 변소에서 해결한다는 등의 이야기가 적지 않게 전해지고 있었다

①′ 꿩알을 깨지지 않게 나뭇잎에 조심조심 싸서 **망태** 중간쯤에 자리 잡게 하고 하나라도 깨질까 두려워 사뿐사뿐 종종 걸음으로 집에 돌아오셨다.

② 현재 잠시 서울에 **머무르고** 있는 유오성과 박진희는 연결 신 촬영을 위해 4일 소백산으로 떠날 예정이다.

②′ 맹금자와 최규식, 그들을 둘러싼 가족의 알콩달콩한 자존심 싸움은 사소한 에피소드 수준에 **머물고** 있고 맹은자의 사랑 이야기 또한 또렷하게 부각되지 못하고 있다.

③ 베 짜는 저 아가씬 언제 보나 **석새삼베**, 그나마 너무 짧아 정강이도 채 못 가리누나.

---

23) 한통치다 : 나누지 않고 하나로 합친다는 뜻.

③ 삼합사로 실을 뽑아 <u>석새베</u>를 짜게 할까, 외올실을 뽑아내어 보름새를 짤까.

④ 시어머니와 두 명의 시동생과 <u>시누이</u>, 나의 딸 민주와 말입니다.

④´ 지난 41년 할머니가 시집올 당시 시댁에는 시부모와 장남인 남편 밑으로 모두 5남매의 시동생과 <u>시뉘</u>들이 어렵게 살고 있었다.

④″ 서울에 있는 <u>손위시누</u>가 출산을 했는데 지방의 시어머님 대신 집에서 쉬고 있는 아가씨가 산후 조리해 주러 올라왔다

⑤ 특히 한창 <u>외우고</u> 공부할 내용이 많은 중·고등학교 때는 책만 보면 그 안의 내용이 쉽게 <u>외워지는</u> 아이가 있는가 하면 아예 외울 엄두조차 내지 못하는 아이들도 있다.

⑤´ 아동 문고판이 아니라 여러 권으로 나뉜 장편 소설이었는데, 소시적 감명이 꽤나 컸던지 책표지의 저자 이름까지 <u>외어버렸다</u>.

b. 규정

제16항 준말과 본말이 다 같이 널리 쓰이면서 준말의 효용이 뚜렷이 인정되는 것은, 두 가지를 다 표준어로 삼는다(ㄱ은 본말이며, ㄴ은 준말임).

ㄱ	ㄴ	비고
거짓-부리	거짓-불	작은말은 '가짓부리, 가짓불'임.
노을	놀	
막대기	막대	
망태기	망태	
머무르다	머물다	모음 어미가 연결될
서두르다	서둘다	때에는 준말의 활용형을
서투르다	서툴다	인정하지 않음.
석새-삼베	석새-베	
시-누이	시-뉘 / 시-누	
오-누이	오-뉘 / 오-누	
외우다	외다	외우며, 외워 : 외며, 외어.

이기죽-거리다　이죽-거리다
찌꺼기　　　　찌끼　　　　'찌꺽지'는 비표준어임.

c. 해설

　제16항은 앞의 제14항, 제15항과는 달리, 본말과 준말 두 형태가 다 널리 쓰이는 형태들이어서 둘 다를 함께 표준어로 삼은 것들이다. 따라서 위의 용례에 제시되어 있듯이, '망태기, 머무르고, 석새삼베,[24] 시누이, 외우-' 등의 본말과, 이에 대한 준말 '망태, 머물고, 석새베, 시뉘(시누), 외-' 등 본말과 준말 둘 다를 살려서 쓸 수 있는 것이다.

　위의 규정 가운데 '비고란'에 제시된 사항들 중에서 특기할 만한 사실 한두 가지를 구체적으로 설명하면 다음과 같다.

　첫째, '머무르다, 서두르다, 서투르다' 등의 경우, 이러한 본말 형태와 함께 '머물다, 서둘다, 서툴다' 등의 준말이 함께 쓰이고 있긴 하지만, 준말 어간은 자음 어미와의 연결에서만 쓰이고, 모음 어미와의 연결에서는 본말 형태만이 쓰인다는 것이다. 이와 같은 활용형의 제한은 '가지다'의 준말 '갖다'의 모음 어미 활용형 '갖아, 갖아라, 갖았다, 갖으오, 갖은' 등의 형태가 성립하지 않는다는 사실에 유추한 것이다.[25] 이러한 사실에도 불구하고, 우리가 사용하는 활용형들 가운데는 모음 어미 앞에 준말 어간을 쓰는 경우를 흔히 발견할 수 있는데, 다음 예들을 통하여 그러한 사실을 확인할 수가 있다.

---

24) '석새삼베'란 아주 성글게 짠 베를 말한다. 아홉새베까지 있는 베 중에서 올이 가장 굵고 거친 베이다. '새'는 옷감의 짜인 날을 세는 단위임.
25) ≪한글 맞춤법≫ 제36항 참조.

(5) ㄱ. 미국의 경우 현재 1680만 가구에 <u>머물고</u> 있는 초고속인터넷
　　　보급률이 올 한해 38% 증가해 연말쯤에는 2300만 가구를 돌
　　　파할 것으로 예상됐다.
　　ㄴ. 옥포대첩의 전야 이순신(李舜臣) 함대가 *<u>머물었다</u>는 송미포(松
　　　未浦)가 이곳으로 진해의 해군통제부 박물관장 조성도가 1990
　　　년에 인증하였다.

(6) ㄱ. 그런데 지금 정부의 태도를 보면 가격도 그렇거니와 무엇보다
　　　시기에서 어딘가 <u>서둘고</u> 있는 듯한 인상을 받는다.
　　ㄴ. 이곳의 애국 유지인 변상섭, 황태익, 김수동, 김영종, 구수서,
　　　변상술, 변우범 등은 변상태, 권영대, 권태용과 긴밀한 비밀 연
　　　락을 취하면서 의거의 준비를 *<u>서둘었다</u>.

(7) ㄱ. 이벤트 도우미 유미리는 사회 초년병으로 의욕은 앞서지만 <u>서</u>
　　　<u>툴고</u> 실수투성이다. 남의 이야기를 듣기도 전에 자기 이야기만
　　　쏟아내는 푼수 같은 모습을 하고 있다.
　　ㄴ. 당시 일본말이 *<u>서툴었던</u> 박지성은 미우라와 많은 대화를 나누
　　　지는 못했지만 스타플레이어의 생활을 지켜보며 그라운드 안팎
　　　에서 많은 걸 느낄 수 있었다.

위의 예들 가운데 (ㄱ)의 예들은 모두 준말 어간이 자음 어미 앞에서 올
바르게 사용되고 있는 예들이지만, (ㄴ)의 예들은 모음 어미 앞에서 준말
어간이 쓰이고 있다는 사실 때문에 올바르지 못한 형태들이다. 따라서 (ㄴ)
의 예들은 다음과 같이 바꿔 써야 하는 것이다.

(8) *머물었다는 → 머물렀다는
　　*서둘었다 → 서둘렀다
　　*서툴었던 → 서툴렀던

제16항과 관련하여 또 한 가지 알아두어야 할 사항은 '외우다'와 '외다'

의 관계이다. 종래에는 '외다'만이 표준어였던 것이 현행 ≪표준어 규정≫
에서부터 '외우다'를 표준어의 범주에 포함시키고 있는 것이다. 결과적으
로, '비고란'에 제시한 대로, '외우며, 외워'와 함께, '외며, 외어'가 활용형
으로 함께 쓰이게 되었다.

3월에 삼씨를 뿌려

홍양호[26]

3월에 삼씨를 뿌려 7월에 삼을 쪄서
닷새 동안 실 잇고 이어 열흘 동안 씻고 씻어

가는 손에 북을 들고 가는 베 짜냈더니
잠자리 날개 같아 한줌 안에 담뿍 들 듯

아깝게도 저 모시, 남쪽 장사치에 다 주고
베값이라 미리 받은 돈은 관청 빚에 다 털렸는데

베 짜는 저 아가씬 언제 보나 석새삼베[27]
그나마 너무 짧아 정강이도 채 못 가리누나

26) 홍양호(洪良浩) : 조선 후기의 문신(1724~1802). 문집인 <이계집>을 비롯하여 <육서경위
(六書經緯)>·<군서발배(群書發排)>·<격물해(格物解)>·<칠정변(七情辨)>·<해동명장
전>·<고려대사기(高麗大事記)>·<흥왕조승(興王肇乘)>·<삭방습유(朔方拾遺)>·<북
새기략(北塞記略)> 등의 많은 저술을 남겼다.
27) '석새삼베'란 240올의 날실로 짠 굵은 베를 말한다. 준말은 '석새' 혹은 '석새베'.

거짓부리

윤동주

똑 똑 똑
문 좀 열어주세요
하루밤 자고 갑시다.
밤은 깊고 날은 추운데
거 누굴까?

문 열어주고 보니
검둥이의 꼬리가
거짓부리[28]한걸.

꼬기요 꼬기요
달걀 낳았다.
간난아 어서 집어 가거라

간난이 뛰어가 보니
달걀은 무슨 달걀
고놈의 암탉이
대낮에 새빨간
거짓부리한걸.

---

28) '거짓불'의 본말. 작은말은 '가짓부리'임.

3.3. 제3장 어휘 선택의 변화에 따른 표준어 규정

3.3.1. 고어(古語)의 처리

1) 용례

① 이들은 치약 짜는 것부터 밥 짓기와 *설겆이, 부부 관계까지 사사건건 대립한다.
② 변절과 배신으로 점철된 오욕의 역사에 눈치 빠른 자 하나 더 빠져 죽었을 뿐인데 무엇을 *애닯다 하겠습니까?
③ 오곡리(梧谷里), *머귀나무가 많았다고 함.
④ 앵두는 앵두, 매화는 매화, 복숭아는 복숭아, *오얏은 *오얏입니다. 앵두가 매화가 될 수 없고, *오얏이 복숭아나 앵두나 매화가 될 수가 없습니다.

2) 규정

제20항 사어(死語)가 되어 쓰이지 않게 된 단어는 고어로 처리하고, 현재 널리 사용되는 단어를 표준어로 삼는다(ㄱ을 표준어로 삼고, ㄴ을 버림).

ㄱ	ㄴ	비고
난봉	봉	
낭떠러지	낭	
설거지-하다	설겆다	
애달프다	애닯다	
오동-나무	머귀-나무	
자두	오얏	

3) 해설

《표준어 규정》 제3장은 어휘적으로 형태를 달리하는 단어들을 사정의 대상으로 삼은 것으로, 제1절에서는 '고어'를, 제2절에서는 '한자어'를, 제3절에서는 '방언'을, 제4절에서는 '단수 표준어'를, 제5절에서는 '복수 표준어'의 문제를 각각 다루고 있다.

우선, 제1절에서는 사어(死語)가 되어 쓰이지 않게 된 단어는 고어로 처리하고, 대신 현재 널리 쓰이는 신어(新語)를 표준어로 삼는다는 것을 규정해 놓고 있다. 제20항에 제시된 예들 가운데 '봉'이나 '낭'은 오늘날 거의 사용되지 않고 있는 단어들이기 때문에 별반 문제가 없지만, 나머지 예들에 대해서는 약간의 설명이 요구된다. 여기에서는 ≪표준어 규정≫ 해설에 제시된 사항들을 참조하여 간략하게 몇 가지 사항을 제시하기로 하겠다.

첫째, '*설겆다'를 버린 것은 '설겆어라, 설겆으니, 설겆더니'와 같은 활용형이 쓰이지 않음으로써 어간 '설겆-'을 추출해 낼 길이 없기 때문이다. 그리하여 명사 '설거지'를 '설겆-'에서 파생된 것으로 보지 않고, 원래부터의 명사로 처리하고, '설거지하다'는 이 명사에 '-하다'가 결합된 것으로 해석하였다. 따라서 용례 ①의 '*설겆이'는 '설거지'로 써야 한다.

둘째, '*애닯다'는 예컨대, "어버이 살아신 제 섬기기란 다하여라. 지나간 후면 애닯다 어이하리. 평생에 고쳐 못할 일 이 뿐인가 하노라."와 같이 시가에 등장하고 있긴 하지만, 이 용언 역시 '애닯으니, 애닯아서, 애닯은(/애달운)' 등의 활용형이 실현되는 일이 없어 고어로 처리하고, '애달파서, 애달픈' 등의 활용형을 가진 '애달프다'를 표준어로 삼았다.

셋째, '오동나무'의 고어형인 '*머귀나무'는 더 이상 표준어로 삼지 않는다. 다만, '머귀나무'가 '오동나무'가 아닌 '운향과에 딸린 갈잎 큰키나무'의 뜻으로 쓰일 때에는 표준어이다.

넷째, '오얏'은 '李 오얏 리' 등에 남아 있으나, 역시 고어의 화석화일 뿐, 현대 국어의 일원으로 쓰이지 않아 고어로 처리하였다.

3.3.2. 한자어의 처리

1) 용례

① 아흔 일곱, 아흔 여덟, 아흔 아홉. 닮은꼴의 칸막이들이 순식간에 조그마한 *방돌로 변하는 것이 아닌가.

② 현금, 여행자 수표, 신용카드 등으로 결재 가능하며, 신용카드로 결재하면 *잔전이 남지 않아 유리하다.

③ 얘기의 요점은 부산에 출장 갔다가 *백말을 타 보았는데, 그게 사람 죽이더라는 것이었다.

④ 도시락 가방이나 옷에 김치 국물이 묻으면 여간해서 잘 지워지지 않습니다. 이럴 때에는 *둥근파를 이용해서 빼는 방법이 있습니다.

⑤ *알타리무는 다른 작물에 비해 재배기간이 짧아 영농비가 적게 들며, *알타리무를 이용한 총각김치는 맛이 좋고 비타민과 무기질 공급원 및 보건적 효능으로도 좋기 때문에 국민 보건채소로도 인기가 있다.

2) 규정

제21항 고유어 계열의 단어가 널리 쓰이고 그에 대응되는 한자어 계열의 단어가 용도를 잃게 된 것은, 고유어 계열의 단어만을 표준어로 삼는다(ㄱ을 표준어로 삼고, ㄴ을 버림).

ㄱ	ㄴ	비고
가루−약	말−약	
구들−장	방−돌	
길품−삯	보행−삯	
까막−눈	맹−눈	
꼭지−미역	총각−미역	
나뭇−갓	시장−갓	
늙−다리	노닥다리	

두껍-닫이	두껍-창	
떡-암죽	병-암죽	
마른-갈이	건-갈이	
마른-빨래	건-빨래	
메-찰떡	반-찰떡	
박달-나무	배달-나무	
밥-소라	식-소라	큰 놋그릇
사래-논	사래-답	묘지기나 마름이 부쳐 먹는 땅
사래-밭	사래-전	
삯-말	삯-마	
성냥	화곽	
솟을-무늬	솟을-문	
외-지다	벽-지다	
움-파	동-파	
잎-담배	잎-초	
잔-돈	잔-전	
조-당수	조-당죽	
죽데기	피-죽	'죽더기'도 비표준어임.
지겟-다리	목-발	지게 동발의 양쪽 다리
짐-꾼	부지-군(負持-)	
푼-돈	분전 / 푼전	
흰-말	백-말 / 부루-말	'백마'는 표준어임.
흰-죽	백-죽	

제22항 고유어 계열의 단어가 생명력을 잃고 그에 대응되는 한자어 계열의 단어가 널리 쓰이면, 한자어 계열의 단어를 표준어로 삼는다(ㄱ을 표준어로 삼고, ㄴ을 버림).

ㄱ	ㄴ	비고
개다리-소반	개다리-밥상	
겸-상	맞-상	
고봉-밥	높은-밥	

단-벌	홑-벌
민망-스럽다	민주-스럽다
/면구-스럽다	
방-고래	구들-고래
부항-단지	뜸-단지
수-삼	무-삼
양-파	둥근-파
어질-병	어질-머리
윤-달	군-달
장력-세다	장성-세다
제석	젯-돗
총각-무	알-무 / 알타리-무
칫-솔	잇-솔

3) 해설

위의 규정들은 한자어와 고유어가 동일한 의미를 지니는 단어로 대응될 때, 고유어 계열이 보다 자연스러운 국어로 느껴지는 경우에는 고유어를(제 21항), 그 반대의 경우에는 한자어를 표준어로 택한다는 것을 보여주는 것이다(제22항). 따라서 앞에서 제시한 용례들 가운데 ①~③의 '방돌, 잔전, 백말'과 같은 단어들은 '구들장, 잔돈, 흰말'과 같은 고유어 계열의 어휘를, ④, ⑤의 '둥근파, 알타리무'는 한자어 계열인 '양파, 총각무'29)로 각각 바꿔 써야만 올바른 표준어이다.

[그림 5] '총각무'로 담근 '총각김치'

---

29) '총각(總角)무'란 김치의 주재료인 무잎 줄기가 치렁치렁하게 길어서 옛 총각들의 길게 땋은 탐스러운 머리 모양과 닮았음을 빗대어 생긴 말이라 전해진다.

3.3.3. 방언의 처리

1) 용례

① 이 수려한 때가 묻지 않은 조랑말이나 길들이고 사나운 파도 속을 헤집어서 해삼, **멍게**, 전복 이런 것이나 따다 먹는 그런 섬사람들을 대체 왜 이런 것(이념)을 심어 가지고 할퀴는지 모를 일이다.

①´ **우렁쉥이** 생산량을 증대시키지 못하는 어민의 입장에서는 **우렁쉥이** 생산량을 증가시킬 수 있고, 계약생산으로 **우렁쉥이** 양식 어민의 안정된 수입을 보장할 수 있게 될 것이다.

② '**애순**'은 방언이었으나, 널리 쓰이게 되어 표준어로 인정하였다.

②´ 땅두릅은 독활나무의 **어린순**으로 두릅보다 질기지만 향미가 더 강해 두릅에 못지않은 인기가 있다.

③ *__생안손__은 손톱, 발톱의 모서리가 피부 속으로 파고 들어가 생기는 경우도 많으므로 이때에는 손톱, 발톱을 짧게 깎아 미리 예방하도록 해야 합니다.

③´ **생인손**을 앓을 때 감자가루와 소금을 같은 비율로 섞어 물에 적신 다음 하루 한 번씩 생인손에 붙여두면 곪지 않고 낫는다

④ *__코보__ 아줌마네 천장 위에는 꼬리와 수염이 없는 이상한 생쥐들이 살고 있습니다.

④´ 바위는 코가 아주 컸어요 아이들은 바위를 **코주부**라고 놀렸지요

2) 규정

제23항 방언이던 단어가 표준어보다 더 널리 쓰이게 된 것은, 그것을 표준어로 삼는다. 이 경우, 원래의 표준어는 그대로 표준어로 남겨 두는 것을 원칙으로 한다(ㄱ을 표준어로 삼고, ㄴ도 표준어로 남겨 둠).

ㄱ	ㄴ	비고
멍게	우렁쉥이	

> 물—방개   선두리
> 애—순   어린—순
> **제24항** 방언이던 단어가 널리 쓰이게 됨에 따라 표준어이던 단
> 어가 안 쓰이게 된 것은, 방언이던 단어를 표준어로 삼는다
> (ㄱ을 표준어로 삼고, ㄴ을 버림).

ㄱ	ㄴ	비고
귀밑—머리	귓—머리	
까—뭉개다	까—무느다	
막상	마기	
빈대—떡	빈자—떡	
생인—손	생안—손	준말은 '생—손'임.
역—겹다	역—스럽다	
코—주부	코—보	

3) 해설

제23항과 제24항은 표준어와 비표준어, 곧 방언이 서로 대응되는 경우, 방언 중에서 세력을 얻어 표준어보다 더 널리 쓰이게 될 때에 표준어와 함께 방언까지를 표준어로 추인(追認)해 주거나, 표준어 대신 방언을 아예 새로운 표준어로 인정하는 것과 관련되는 규정이다.

제23항은 표준어와 함께 방언을 복수 표준어로 인정하는 경우이다. 앞의 예들 가운데 ①, ①'의 '멍게'와 '우렁쉥이', ②, ②'의 '애순'과 '어린순'의 경우, 방언이었던 '멍게'와 '애순'이 각각 표준어의 신분을 얻음으로써 '우렁쉥이', '어린순'과 함께 표준어로 쓰이게 된 것이다. 이때 애초의 표준어도 표준어로 남겨 두는 것은 학술 용어 등에 쓰이는 점을 감안한 것이다.

한편, 제24항은 제23항과 마찬가지로 방언을 표준어로 승격시킨 규정이나, 여기에서는 애초의 표준어를 아예 버린 것이 다르다 가령, '*빈자떡'은 이제 '빈대떡'에 완전히 밀려 쓰이지 않게 되었다고 판단하여, 방언이던

'빈대떡'만 표준어로 남긴 것이다. 또, '*역스럽다'를 버리고 '역겹다'만을 살린 것도 그러하고 나머지도 마찬가지다. '코주부'는 1960년대에 인기를 차지하였던 김성환 화백의 만화 <코주부 삼국지>에서 비롯된 것으로, 그 인기에 힘입어 '코보'를 밀어내고 표준어 자리를 차지하게 되었다. 또한, '생인손'은 '손가락 끝에 나는 종기'란 뜻의 '*생안손'보다 '생인손'이 더 보편적으로 쓰이게 된 것을 현실화한 것이다. 손가락의 모양이 새앙처럼 생긴 '새앙손이'(제25항)와는 구별해서 써야 한다.

[그림 6] '코주부'의 어원이 된 만화

이불을 꿰매면서

박노해

이불홑청을 꿰매면서
속옷 빨래를 하면서
나는 부끄러움의 가슴을 친다

똑같이 공장에서 돌아와 자정이 넘도록
<u>설겆이</u>에 방청소에 고추장단지 뚜껑까지
마무리하는 아내에게
나는 그저 밥 달라 물 달라 옷 달라 시켰었다

동료들과 노조 일을 하고부터
거만하고 전제적인 기업주의 짓거리가
대접받는 남편의 이름으로
아내에게 자행되고 있음을 아프게 직시한다

명령하는 남자, 순종하는 여자라고
세상이 가르쳐 준 대로
아내를 야금야금 갉아먹으면서
나는 성실한 모범근로자였었다

노조를 만들면서
저들의 칭찬과 모범표창이
고양이 꼬리에 매단 방울소리임을,
근로자를 가족처럼 사랑하는 보살핌이
허울좋은 솜사탕임을 똑똑히 깨달았다
편리한 이론과 절대적 권위와 상식으로 포장된

몸서리쳐지는 이윤추구처럼
나 역시 아내를 착취하고
가정의 독재자가 되었었다

투쟁이 깊어 갈수록 실천 속에서
나는 저들의 찌꺼기를 배설해 낸다
노동자는 이윤 낳는 기계가 아닌 것처럼
아내는 나의 몸종이 아니고
평등하게 사랑하는 친구이며 부부라는 것을
우리의 모든 관계는 신뢰와 존중과
민주주의적이어야 한다는 것을
잔업 끝내고 돌아올 아내를 기다리며
이불홑청을 꿰매면서
아픈 각성의 바늘을 찌른다[30]

---

30) 아프게 직시해야 할 또 하나의 일이 '설겆이'라고 하면 어떨까. '설거지'로 바꿔 쓰는 것
    이 어떠할까라고…….

오동

박화목

나의 창 바깥에 서 있는 <u>오동(梧桐)</u>[31]은
세월 흘러간 오랜 벗.

밤마다 별이 비칠 때 커튼을 거두면
오동잎은 사상(思想)처럼 시시로 창가에 부닥치
는 것이었다.

한 때는 수박처럼 싱싱한 기상(氣象)이 깃들여
토족(土族)의 손바닥 같은 이파리들이 퍼덕이
었는데,
아하, 이 어인 일이뇨?

하루아침 유달리 설레는 동작(動作)과
점점 변색해 가는 피부는……

오늘 밤,
눈 같은 달빛이 쏟아지면
나의 상념은 곤충처럼 슬퍼지고,
오동 가지 끝에 걸린 비애의 표상(表象)에서
나의 영혼이 한껏 두려운 한밤을 지낼까 보오

---

31) 옛말은 '머귀나무'. 오늘날엔 '오동나무'만 표준어로 채택되었다.

연｜습｜문｜제

1 다음 문장들에서 표준어가 아닌 것을 골라 올바른 표현으로 고쳐 써라.

(1) 구조주의의 용어를 빌어 표현한다면 리얼리즘은 문학 작품에서 기호보다는 오히려 그것을 매체로 하여 표현되는 메시지를 한결 더 중시하는 것이다.

(2) 네째, 절세형 상품을 주목하라.

(3) 첨단지구에 있는 모든 아파트 매매, 전세, 월세, 삭월세가 특히 전문이며 인터넷을 통해 전국의 토지 및 기타 부동산을 취급합니다.

(4) 곁에 있던 숫놈은 천성적으로 겁이 많으면서도 카메라를 정면으로 쏘아봤고 암컷을 부축해 끝내 함께 숲 속으로 달아났다.

(5) 변절과 배신으로 점철된 오욕의 역사에 눈치 빠른 자 하나 더 빠져 죽었을 뿐인데 무엇을 애닲다 하겠습니까.

(6) 해태제과는 고향만두 후속 편으로 최근 속이 담백하고 푸짐한 김치
를 주원료로 한 또아리형 가정식 고급 수제 만두 '고향김치손만두'
를 출시, 마케팅을 강화하고 있다.

(7) 당시 일본말이 서툴었던 박지성은 미우라와 많은 대화를 나누지는
못했지만 스타플레이어의 생활을 지켜보며 그라운드 안팎에서 많은
걸 느낄 수 있었다.

(8) 도시락 가방이나 옷에 김치 국물이 묻으면 여간해서 잘 지워지지 않
습니다. 이럴 때에는 둥근파를 이용해서 빼는 방법이 있습니다.

(9) 코보 아줌마네 천장 위에는 꼬리와 수염이 없는 이상한 생쥐들이 살
고 있습니다.

(10) 설겆이에 방 청소에 고추장 단지 뚜껑까지 마무리하는 아내에게
나는 그저 밥 달라 물 달라 옷 달라 시켰었다

2 '양복장이'와 '양복쟁이'의 의미가 어떻게 차이가 있는가를 제시하고, 그러한 차이를 가져오는 언어 요소는 무엇인지 설명하라.

3 다음 문장들에서 괄호 안에 들어갈 수 있는 올바른 표준어를 고르라.

(1) (미류나무, 미루나무) 꼭대기에 조각구름이 걸려 있네.

(2) (수평아리, 숫병아리)는 한 마리도 남지 않았어.

(3) (깡총깡총, 깡충깡충) 뛰면서 어디를 가느냐?

(4) (남비, 냄비)에 물을 가득 붓고 펄펄 끓이세요.

(5) (윗니, 웃니)가 살짝 보이도록 미소를 지어 봅시다.

(6) (웃어른, 윗어른)께 인사를 잘 해야 합니다.

(7) 바람 (쐬러, 쏘이러) 갔다 올게요

(8) 웅덩이에 물이 (고였어, 괴었어).

(9) (알타리무, 총각무)로 김치를 담갔어요

(10) 저런 (멍게, 우렁쉥이) 같은 녀석.

(11) (푸른콩, 청대콩)을 넣어 밥을 지었어.

(12) (고깃간, 푸줏간)에 가서 고기 좀 사오너라

(13) (보조개, 볼우물)가 깊이 팬 그녀의 모습.

(14) (우레, 천둥)소리가 날 때마다 숨곤 했지요

(15) (물봉숭아, 물봉선화) 빛깔

참고문헌

이윤재(1936), 「『사정한 조선어 표준말 모음』의 내용」, 『한글』 제4권 11호.
이응백(1988), 「표준어 규정 해설」, 『국어생활』 제13호.
이익섭(1983), 「한국어 표준어의 제문제」, 『한국어문의 제문제』, 일지사.
이익섭(1988), 「국어 표준어의 형성과 변천」, 『국어생활』 제13호.
최전승(2001), 「1930년대 표준어의 선정과 수용 과정에 대한 몇 가지 고찰」, 『국어문학』
            36집.
허 웅(1988), 「맞춤법·표준말과 국어 생활」, 『국어생활』 제13호.
문교부 보도 자료(1988), 『표준어 규정 개정의 경위와 개요』.

제5장 표준 발음법

1. 표준 발음법의 형성과 구성

1.1. 표준 발음법의 형성

조선어학회에서 제정한 ≪사정한 조선어 표준말 모음≫(1936년)에서는 발음에 대한 규칙이 정하여지지 않았다. 그리하여 지금까지 이루어진 국어사전들에서는 국어의 말소리 가운데 특히 장음이나 경음을 각기 달리 표기함으로써 학교 교육에서의 발음 지도에 어려움을 겪거나 아나운서와 같은 전문적인 방송인의 말에서도 잘못된 발음이 흔히 나타났던 것이 사실이다.

발음은 지역에 따라, 또는 사회 계층에 따라 차이가 있음은 물론, 동일 언어 공동체 내에서도 각 개인의 발음 습관에 따라 조금씩 차이가 있을 수 있다. 현대의 교양 있는 서울 사람들도, 예컨대 '외상, 고기, 밟고'를 [외상, 고기, 밥 : 꼬]로 발음하거나, 또는 [웨상, 괴기, 발 : 꼬]로 발음하며, '가만히’의 경우만 하더라도 [가마니, 가만히, 가마 : 니, 가만 : 히]처럼 여러 가지로 발음한다. 따라서 개별 음소로서 모음이나 자음을 어떻게 발음하며, 어떤 경우에 모음을 긴소리로 발음하고, 음의 연접에 따른 변이 현상 등에 관한 규칙성은 무엇인가 하는 표준 발음에 대한 규정이 제시되어야 할 필요성이 대두되어 왔다.

표준 발음이란 표준어의 발음을 말한다. 동일 언어 공동체 안에서 지역적, 사회적 차이를 초월하여 널리 공통되는 발음은 표준적인 발음이라 할 수 있다. 그런데 표준어가 국민의 언어 현상을 통일하려는 목적에서 제정되는 것이므로, 표준 발음은 언중(言衆), 곧 국민의 언어 행위에 있어서 가장 이상적인 것으로 규범화된 발음이라고 정의할 수 있다.

이와 같은 성격의 표준 발음에 대해 규정하고 있는 것이 현행 ≪표준어 규정≫의 제2부에 제시된 <표준 발음법>이다. ≪표준어 규정≫을 구성하는 요소로 <표준 발음법>이 제정된 것은 북한의 경우 ≪조선말 규범집≫(1966)에서부터 <문화어 발음법>이라는 이름으로 표준 발음법을 제시해 왔다는 사실에 비추어 보면 뒤늦은 감이 없지 않다. 그러나 <표준 발음법>의 제정은 표준어라는 개념이 어휘 차원뿐만 아니라, 음운 차원에서의 바른 발음도 요구하는 개념이란 인식하에 국어의 표준 발음의 확립에 관심을 가지기 시작했다는 점에 그 의미를 부여할 수 있다.

1.2. 표준 발음법의 구성

4장의 ≪표준어 규정≫에서 이미 제시한 바가 있지만 논의의 편의를 위하여 <표준 발음법>의 구성을 여기에 다시 제시하기로 한다.

<표 1> <표준 발음법>의 구성

- 제1장 총칙 : 제1항
- 제2장 자음과 모음 : 제2~5항
- 제3장 소리의 길이 : 제6~7항
- 제4장 받침의 발음 : 제8~9항
- 제5장 소리의 동화 : 제10~16항, 제17~22항
- 제6장 된소리되기 : 제23항~25항, 제26항~28항
- 제7장 소리의 첨가 : 제29항, 제30항

위의 표를 통해 알 수 있는 바와 같이, <표준 발음법>은 모두 7장 30항으로 이루어져 있다. 각 장의 내용들을 좀 더 자세히 살펴보면 다음과 같다.

먼저, 제1장 총칙에서는 <표준 발음법>의 대원칙을 밝히고 있으며, 제2장에서는 국어의 표준 모음과 자음 체계를 제시하고 있다. 제3장은 소리의 길이, 곧 긴소리와 짧은소리에 대한 표준 발음을 규정하고 있으며, 제4장은 받침의 발음, 다시 말해 음절말 위치에서 실현되는 자음의 발음에 대해 규정하고 있다. 다음으로, 제5장은 구개음화나 비음화, 설측음화 등의 국어 자음동화에 대해 규정하고 있으며, 제6장은 일정한 음운론적 환경에서 평폐쇄음이 된소리로 실현되는 현상에 대해 규정하고 있다. 마지막으로, 제7장은 합성어 및 파생어에서 나타나는 'ㄴ'이나 'ㄹ' 첨가 또는 '사이시옷' 현상에 대해 규정하고 있다.

닭벼슬이 소똥구녕에게

김진경

이눔아
옛말에 이르기를
소똥구녕이 되느니 닭벼슬이 되라 혔다
옛말이 하낫두 틀린 거 읎어
니 친구 경환이 봐라
갸가 미국소 똥구녕 빨다가 망한 거여
니가 갸를 도와준다등만
니까지 아예 미국소 똥구녕이 돼뻔진 거냐
얘라이 요 호로자식 같으니
조상님 생각도 좀 혀라
니 할애비도 할애비지만
증조부 고조부께서
이장을 시켜주든지 어쩌든지 허라구 생야단이시다
아, 주위에 있는 무덤 속 귀신들이
그 무덤에서 웬 소똥냄새가 심허냐구 지랄헌다는겨
야, 이눔아
설치구 다니지 말어
해방 때 사람덜이 뭐라구 한 중 아냐
미국눔 믿지 말구
쏘련에 속지 말라구 혔어
그 말이 꼭 맞드라
니눔은 이 할애비가 농투사니여서 못마땅허겄지만
그래두 이 할애비는 닭벼슬이었어 이눔아
내 땅에 내 땀 흘려 내 거두어 먹구 살었단 말여
그런디 넌 뭐냐

뭐 한자리 혔다구 흰소린 모양인디
한자리 헌 눔치구 도둑놈 아닌 눔 있냐
솔직히 말혀봐
니눔은 큰 도눅놈 아녀
도둑놈이기만 허믄 다행이지
조선땅에서 한자리 헌 눔치구
일본소든 미국소든 소똥구녕 아닌 눔 있었냐
냉수 먹구 속 차려라 이눔아
어느 년 구멍을 쑤셔서
그런 자식을 퍼질러 놨느냐구
주위에 있는 무덤 속 귀신들이 난리가 아녀
조신혀라
소똥구녕이 되느니 닭벼슬이 되라는 옛말
하낫두 틀린 거 읎어 이눔아[1]

---

1) 어휘상으로는 물론 발음상으로도 표준어와 큰 차이가 있는 작품이다. 방언적 색채가 강한
  어휘와 발음이 발휘할 수 있는 시적 기능과 함께, 이러한 요소가 표준어의 그것과는 어떻
  게 대응되는가에 대해 생각하도록 해 준다.

2. 표준 발음법의 원칙

표준 발음법의 원칙에 대해서는 <표준 발음법> 총칙 제1항에서 다음과 같이 제시되고 있다.

> **제1장 총칙**
> 제1항 표준 발음법은 표준어의 실제 발음을 따르되, 국어의 전통성과 합리성을 고려하여 정함을 원칙으로 한다.

위의 '총칙'에 따르자면, 표준 발음법의 대원칙은 '표준어의 실제 발음을 따른다'는 근본 원칙과 '국어의 전통성과 합리성을 고려하여 정한다'는 조건으로 이루어져 있다.

표준어의 실제 발음에 따라 표준 발음법을 정한다는 것은 표준어의 규정과 직접적인 관련이 있다. <표준어 사정 원칙> 제1장 제1항에서는 "표준어는 교양 있는 사람들이 두루 쓰는 현대 서울말로 정함을 원칙으로 한다."라고 규정하고 있다. 따라서 표준 발음법은 교양 있는 사람들이 두루 쓰는 현대 서울말의 발음을 표준어의 실제 발음으로 여기고서 일단 이를 따르도록 원칙을 정한 것이다. 예컨대, '값[價]'에 대하여 '값, 값만, 값이, 값을, 값에' 등은 [갑, 감만, 갑씨, 갑쓸, 갑쎄] 등으로 서울말에서 발음되는데, 바로 이러한 실제 발음에 따라 표준 발음을 정한다는 것이다(제14항 참조). 또 하나의 예를 보이면, 겹받침 'ㄺ'의 발음은 체언의 경우 '닭이[달기], 닭을[달글]' 등처럼, 모음 앞에서 본음대로 'ㄺ'을 모두 발음하지만, '닭도[닥또], 닭과[닥꽈]' 등과 같이 자음 앞에서는 'ㄹ'를 탈락시키면서 'ㄱ'만을 발음하는데, 용언의 경우에는 환경에 따라 'ㄺ' 중에서 발음되는 자음을 달리한다.

'늙다'를 예로 들면 다음과 같다.

(1) ㄱ. 늙은[늘근] 늙으면[늘그면] 늙어[늘거]
ㄴ. 늙고[늘꼬] 늙거나[늘꺼나] 늙게[늘께]
ㄷ. 늙소[늑쏘] 늙더니[늑떠니] 늙지[늑찌]

즉, (1ㄱ)처럼 모음으로 시작된 어미와 결합되는 경우에는 본음대로 'ㄺ'을 모두 발음하고, (1ㄴ)처럼 'ㄱ'로 시작된 어미와 결합되는 경우에는 'ㄹ'만을 발음하며, (1ㄷ)처럼 'ㅅ, ㄷ, ㅈ'로 시작된 어미와 결합되는 경우에는 'ㄱ'만을 발음하는 것이 현대 서울말의 실제 발음이다. 이 실제 발음을 그대로 표준 발음으로 정하는 것이다(제11항 참조).

그런데 현대 서울말에서조차 실제 발음에서는 여러 형태로 발음하는 경우가 있어서, 그러한 경우에는 국어의 전통성과 합리성을 고려하여 표준 발음을 정한다는 조건을 이어서 제시하였다. 예컨대, 서울의 어떤 젊은이나 어린이는 소리의 길이를 구별하지 않고서 '밤[夜]'과 '밤[栗]'을 모두 짧게 발음하기도 하는데, 대부분의 장년층 이상에서는 소리의 길이를 인식하면서 구별하여 발음한다. 역사적으로 보면, 소리의 높이나 길이를 구별해 온 전통을 가지고 있다. 그리하여 <표준 발음법>에 소리의 길이에 대한 규정을 포함시키게 하였다(제6항 참조).

<표준 발음법>의 제정에는 국어의 전통성을 고려하여 정한다는 조건 이외에 다시 합리성을 고려하여 정한다는 조건이 붙어 있다. 이것은 ≪한글 맞춤법≫의 규정에서 어법에 맞춘다는 것과 맞먹는 조건이다. 말하자면, 국어의 규칙 내지는 법칙에 따라서 표준 발음을 합리적으로 정한다는 뜻이다. 예컨대, 긴소리를 가진 단음절(單音節) 용언 어간은, 일부 예외를 제외하면 모음으로 시작된 어미와 결합되는 경우에 짧게 발음한다. 이는 지극히 규칙적이기 때문에, 이와 같이 짧게 발음하는 어법을 규정화하여 표준 발음법을

정하는 것이다. 이에 따라 '알고[알 : 고], 알아[아라]'와 같이 '곱다[곱 : 따], 고와[고와]'가 표준 발음이 되는 것이다. 이러한 규정에 벗어나는 경우가 있다면 '다만'으로 규정하였는데, 이는 실제 발음을 따르면서 어법상의 합리성을 고려한 것이다(제7항 참조).

물론, 표준어의 실제 발음을 따르되 합리성을 고려하여 표준 발음법을 정함에는 어려움이 있는 경우도 있다. 예컨대, '맛있다'는 실제 발음에서는 [마신때]가 자주 쓰이긴 하지만, 두 단어 사이에서 받침 'ㅅ'을 [ㄷ]로 발음하는 [마딛때]가 오히려 합리성을 지닌 발음이다. 이러한 경우에는 전통성과 합리성을 고려하여 [마딛때]를 원칙적으로 표준 발음으로 정하되, [마신때]도 표준 발음으로 허용하기로 한 것이다(제15항 참조).

3. 표준 발음법의 세부 규정

3.1. 제2장 자음과 모음

3.1.1. 자음(제2항)

1) 규정

제2항 표준어의 자음은 다음 19개로 한다.
ㄱ ㄲ ㄴ ㄷ ㄸ ㄹ ㅁ ㅂ ㅃ ㅅ ㅆ ㅇ ㅈ ㅉ
ㅊ ㅋ ㅌ ㅍ ㅎ

2) 해설

표준어의 자음은 모두 19개이다. 이 19개의 자음을 제2항과 같이 배열한 것은 일반적인 한글 자모의 순서에다 국어사전에서의 자모 순서를 고려한 것이다(≪한글 맞춤법≫ 제4항 붙임2 참조).

19개의 표준 자음을 조음 위치와 조음 방법에 따라 분류하면 다음과 같다.

<표 2> 표준어의 자음 체계

조음 방법	조음 위치	입술소리	허끝소리	구개음	연구개음	목청소리
장애음	예사소리	ㅂ	ㄷ, ㅅ	ㅈ	ㄱ	ㅎ
	거센소리	ㅍ	ㅌ	ㅊ	ㅋ	
	된소리	ㅃ	ㄸ, ㅆ	ㅉ	ㄲ	
공명음	비 음	ㅁ	ㄴ		ㅇ	
	유 음		ㄹ			

이들 자음을 나타내는 자모로 표기된 경우, 그 발음은 자모에 해당되는 자음으로 각기 발음해야 한다. '쌀'을 발음할 때에 [살]과 같이 하면 되지 않는다. 표기와 달리 발음하는 경우에는 이 <표준 발음법>에 제시된 규정에 따라 발음하여야 한다. 예컨대 '곱돌'을 발음할 때에는 [곱돌]로 발음하지 않고 <표준 발음법> 제23항의 '된소리되기' 규정에 따라 [곱똘]로 발음하고, '밭이'는 제17항의 "받침 'ㄷ, ㅌ(ㄾ)'이 조사나 접미사의 모음 'ㅣ'와 결합되는 경우에는 [ㅈ, ㅊ]로 바꾸어서 뒤 음절 첫소리로 옮겨 발음한다."는 규정에 따라 [바치]로 발음한다.

3.1.2. 모음(제3항~제5항)

1) 규정

제3항 표준어의 모음은 다음 21개로 한다.

ㅏ ㅐ ㅑ ㅒ ㅓ ㅔ ㅕ ㅖ ㅗ ㅘ ㅙ ㅚ ㅛ ㅜ
ㅝ ㅞ ㅟ ㅠ ㅡ ㅢ ㅣ

제4항 'ㅏ ㅐ ㅓ ㅔ ㅗ ㅚ ㅜ ㅟ ㅡ ㅣ'는 단모음(單母音)으로 발음한다.

[붙임] 'ㅚ, ㅟ'는 이중모음으로 발음할 수 있다.

제5항 'ㅑ ㅒ ㅕ ㅖ ㅘ ㅙ ㅛ ㅝ ㅞ ㅠ ㅢ'는 이중모음으로 발음한다.

다만 1. 용언의 활용형에 나타나는 '져, 쪄, 쳐'는 [저, 쩌, 처]로 발음한다.

가지어 → 가져[가저]   찌어 → 쪄[쩌]

다치어 → 다쳐[다처]

다만 2. '예, 례' 이외의 'ㅖ'는 [ㅔ]로도 발음한다.

계집[계 : 집 / 게 : 집]   계시다[계 : 시다 / 게 : 시다]

시계[시계 / 시게](時計)   연계[연계 / 연게](連繫)

메별[메별 / 메별](袂別)   개폐[개폐 / 개페](開閉)

혜택[혜 : 택 / 헤 : 택](惠澤)   지혜[지혜 / 지헤](智慧)

다만 3. 자음을 첫소리로 가지고 있는 음절의 'ㅢ'는 [ㅣ]로 발음한다.

늴리리   닁큼   무늬   띄어쓰기

씌어   틔어   희어   희떱다

희망   유희

다만 4. 단어의 첫 음절 이외의 '의'는 [ㅣ]로, 조사 '의'는 [ㅔ]로 발음함도 허용한다.

주의[주의 / 주이]   협의[혀븨 / 혀비]

우리의[우리의 / 우리에]   강의의[강 : 의의 / 강 : 이에]

2) 해설

　제3항~제5항은 표준 모음의 수효와 음가에 대해 기술하고 있는 부분이다. 제3항에서는 표준어의 모음을 21개로 규정하고 있는데, 이는 단모음과 이중모음 전부를 합한 숫자이다. 모음의 배열순서 역시 자음의 경우와 마찬가지로 일반적인 한글 자모의 순서와 국어사전에서의 자모 순서를 함께 고려한 것이다.

　단모음은 하나의 모음 요소로 이루어져 있어서 시작 부분과 끝 부분이 동일한 음가로 발음되는 것을 말하는데, 표준어의 단모음에 대해서는 제4항에서 규정하고 있다. 이에 따르면, 표준어에는 모두 10개의 단모음이 있는 것으로 제시되어 있는데, 이들 모음의 체계는 다음과 같다.

<표 3> 표준어의 단모음 체계

위치 입술 높이	전설모음		후설모음	
	평　순	원　순	평　순	원　순
고모음	ㅣ	ㅟ	ㅡ	ㅜ
중모음	ㅔ	ㅚ	ㅓ	ㅗ
저모음	ㅐ		ㅏ	

　이와 같은 표준어의 단모음 체계에 따르면, 전설모음으로는 'ㅣ, ㅔ, ㅐ, ㅚ, ㅟ'의 5개가, 후설모음으로는 'ㅡ, ㅓ, ㅏ, ㅗ, ㅜ'의 5개가 있음을 알 수 있다.

　이러한 모음 체계를 통하여 각각의 모음을 발음하는 방식을 알 수 있는데, 예컨대 [ㅏ]는 후설 평순 모음이면서 저모음으로 발음된다. 즉, 입을 자연스럽게 벌리면서 입술을 둥글게 하지 않고 발음하면 [ㅏ]란 모음이 발음된다. 후설 평순 모음이면서 고모음인 [ㅡ]는 입술을 오므리지 않고 평평하게 하고서 혀의 뒤쪽을 높여 발음하는 모음이다. 그런데 후설 평순 모음이면서 중모음인 [ㅓ]는 긴소리일 경우에 혀를 좀 높여 [ㅡ]의 위치에 가까운 모음으로 발음함이 원칙이다. 말하자면, 긴소리로서의 [ㅓ]는 [ㅡ]와 짧은 [ㅓ]와의 중간 모음인 올린 '[ㅓ]'로 하는 것이 교양 있는 서울말의 발음이다. '걸다, 더럽다, 덥다, 멀다, 번지다, 썰다, 얻다, 얼다, 적다, 절다, 젊다, 헐다' 등의 첫째 음절이 긴소리인데, 이때에 올린 'ㅓ'로 발음한다. '거리(距離), 거머리, 널, 덜, 번민, 벌[蜂], 설, 섬[島], 얼, 전화, 헌법, 헝겊' 등의 경우에도 마찬가지다.

그런데 제4항의 [붙임]에서 10개의 단모음 가운데 'ㅚ, ㅟ'를 이중모음으로도 발음할 수 있다고 하고 있어, 표준어의 단모음 수효가 경우에 따라 8개가 될 수도 있음을 시사하고 있다. 이와 같이, 10개의 모음을 기본으로 하면서 8개의 모음도 허용한 것은 전설의 원순모음 'ㅚ, ㅟ'의 발음이 각각 두 가지로 날 수 있기 때문이다. 즉, 'ㅚ'는 단모음 [ö]와 이중모음 [we]로, 'ㅟ'는 단모음 [ü]와 이중모음 [wi]로 발음되는 것이 실제 언어 현실인 것이다.

이승재(1993 : 25)에 따르면, 10모음과 8모음의 차이는 세대 간의 차이에서 가장 뚜렷하게 나타난다. 서울에 사는 교양 있는 사람이라도 70세 이상의 화자들은 단모음 [ö], [ü]를 곧잘 발음하는 데에 반해, 40세 이하의 연령층에서는 이들을 단모음으로 발음하지 못하는 경우가 많다는 것이다

한편, 제5항은 표준어의 이중모음 11개에 대해 기술한 것이다. 이중모음이란 단모음의 앞이나 뒤에 반모음 [j], [w]가 기생하여 복합적으로 발음되는 모음을 가리키는데, 단모음, 즉 핵모음 앞에 반모음이 온 것은 상승적 이중모음, 반모음이 뒤에 온 것은 하강적 이중모음이라고 한다(이승재, 1993 : 31). 표준어의 이중모음은 반모음 [j], [w]가 결합하는 방식에 따라 다음과 같이 분류할 수 있다.

〈표 4〉 표준어의 이중모음 체계

유 형	j계		w계	
결합 방식	상승	하강	상승	하강
例.	ㅑ, ㅒ, ㅕ, ㅖ, ㅛ, ㅠ	ㅢ	ㅘ, ㅙ, ㅝ, ㅞ	없음

이와 같은 이중모음 체계를 통해 알 수 있듯이, 표준어의 이중모음은 j계와 w계 두 가지로 나뉜다. j계로는 'ㅑ, ㅒ, ㅕ, ㅖ, ㅛ, ㅠ, ㅢ' 등 7개가, w계로는 'ㅘ, ㅙ, ㅝ, ㅞ' 등 4개가 있다. 만일, 제4항에서 제시한 단모음 가운데 'ㅚ, ㅟ'가 단모음이 아닌 이중모음의 음가를 갖는다면 w계 이중모음으로 'ㅟ' 1개가 더 느는 셈이어서 많게는 12개의 이중모음이 있다고 할 수 있을 것이다.

이와 같은 이중모음의 발음에 대해서는 몇 가지 특기할 만한 사실이 있는데, 그러한 사실은 제5항의 '다만 1~다만 4'에 제시되어 있다.

첫째로, '다만 1'과 관련되는 것으로, '져, 쪄, 쳐'와 같은 용언의 활용형들에서의 이중모음 'ㅕ'는 이중모음이 아닌 단모음 'ㅓ'로 발음된다는 사실이다. 그러한 예를 몇 가지 더 제시하면 다음과 같다.

(2) 지＋어 → 져[저]   찌＋어 → 쪄[쩌]
    치＋어 → 쳐[처]   다지＋어 → 다져[다저]
    살찌＋어 → 살쪄[살쩌]   바치＋어 → 바쳐[바처]
    돋치＋어 → 돋쳐[돋처]   굳히＋어 → 굳혀[구처]
    잊히＋어 → 잊혀[이처]

위의 예들을 통해서 알 수 있는 것처럼, 결국 이중모음 'ㅕ'는 'ㅈ, ㅉ, ㅊ' 등의 구개음 다음에서 이중모음 그대로 실현되지 못한다고 할 수 있는데, 이와 같은 제약은 여기에 한정되지 않고 j계 이중모음 전반에 걸쳐 일

어난다는 사실을 알아둘 필요가 있다. 다음 (3)과 같은 외래어의 표기에
'쟈, 져, 죠, 쥬, 챠, 쳐, 쵸, 츄'와 같은 표기가 등장하지 않는 것도 바로 그
러한 이유에서이다.

(3) jardin 자르뎅   George 조지   charming 차밍   chocolate 초콜릿
     vision 비전   juice 주스   venture 벤처   chewing 추잉

이와 같이, 구개자음과 j계 이중모음의 결합에 제약이 존재하는 이유는
국어의 경우, '챠 : 차, 져 : 저, 죠 : 조, 쥬 : 주' 등이 음운론적 대립을 이루
지 못하기 때문이다.

이중모음의 발음과 관련되는 두 번째 중요한 사실은 '다만 2'에서 제시
된 대로, 이중모음 'ㅖ'는 '예, 례' 이외의 경우에는 단모음 [ㅔ]로도 발음할
수 있다는 것이다. 물론, 'ㅖ'는 본음대로 [ㅖ]로 발음하는 것이 원칙이긴
하지만, '예, 례'를 제외하면 [ㅔ]로도 발음하기 때문에 이 실제의 발음까지
고려하여 [ㅔ]로 발음하는 것을 허용하고 있다(≪한글 맞춤법≫ 제8항 참조).

'다만 3'과 '다만 4'는 j계 이중모음 'ㅢ'의 발음에 관한 세부 규정으로,
표준어의 이중모음의 발음을 이해하는 데 또 한 가지 중요한 언어적 사실
가운데 하나를 제시하고 있다. 앞에서 살펴본 <표 4>에 따르면, 표준어의
이중모음 체계가 갖는 중요한 특징 가운데 하나는, 반모음 j나 w가 핵모음[2]
다음에 결합되는 하강적 이중모음으로는 오직 'ㅢ' 하나가 있을 뿐이라는
것이다. 그런데 이 'ㅢ'조차도 이중모음의 음가를 제대로 갖는 경우는 매우
드물어서 단모음 'ㅣ'나 'ㅔ'로 발음되는 경우가 종종 있는데, 바로 이와 같
은 언어 현실을 고려하고 있는 것이 '다만 3'과 '다만 4'의 규정이다.

'다만 3'에 따르면, 자음을 첫소리로 가지고 있는 음절의 'ㅢ'는 [ㅣ]로

---

2) 핵모음이란 하나의 음절을 구성하는 데 없어서는 안 될 필수적인 요소인 모음을 말한다.

발음해야 한다. 이러한 규정은 자음을 첫소리로 가지지 않은 'ㅢ'는 제 음가대로 발음해야 하지만, '닐리리, 닁큼,3) 무늬, 띄어쓰기' 등 자음이 음절의 첫소리로 나타나는 경우는 제 음가대로 정확하게 발음하기가 어렵기 때문에 [ㅣ]로 발음하도록 해 놓고 있는 것이다.

또한, '다만 4'에서는 'ㅢ'가 제2음절 이하에 출현하는 경우나 관형격 조사 '의'로 쓰이는 경우에도 제 음가대로 발음하기가 어려우므로 [ㅣ]로 발음하거나, 관형격 조사의 경우는 [ㅔ]로 발음하는 것을 허용하고 있다.

그런데 이와 같은 언어적 사실과 관련하여 한 가지 유의해야 할 점은 'ㅢ'가 관형격 조사로 쓰였을 때 [ㅔ]로 발음하는 것은 허용되는 일이지만, 표기에서는 이를 허용하지 않는다는 사실이다 그럼에도 불구하고, 많은 국어 사용자들이 'ㅢ'를 'ㅔ'로 표기하는 경우가 흔히 발견되고 있는데, 다음이 그러한 예들이다.

(4) ㄱ. *<u>사람들에</u> 인연은 억지로 만들어지는 게 아니라고 생각합니다. 아주 자연스럽게, 자연스럽게 이루어지는 것이죠.
ㄴ. 안녕하십니까? *<u>대학기술이전센터에</u> 오정민입니다.
ㄷ. 그녀 때문에 *<u>죽음에</u> 문턱에서 다시 살고 싶어 간절히 소망하던 난 지금도 살고 있고 하지만 그 사람은 떠나더군요

위의 문장들에서 밑줄 친 단어들에 사용된 '에'는 모두 '의'로 적어야 올바른 표현이다.

---

3) '냉큼'보다 큰 말로, '앞뒤를 생각할 여유 없이 얼른'의 의미를 지님.

사월의 노래

곽재구

사월이면
등꽃이 피는 것을 기다리며
첼로 음악을 듣는다

바람은
마음의 골짜기
골짜기를 들쑤시고

구름은 하늘의
큰 꽃잎 하나로
마음의 불을 가만히 덮어주네

노래하는 새여
너의 노래가 끝난 뒤에
내 사랑의[4] 노래를
다시 한 번 불러다오

새로 돋은 나뭇잎보다
반짝이는 연둣빛 햇살처럼
찬란하고 서러운 그 노래를 불러다오

---

4) '마음의, 하늘의, 너의, 사랑의'에 쓰인 '의'는 모두 관형격 조사로, 원칙적으로는 이중모음 [의/ɰi]로 발음해야 하지만, 발음의 어려움을 감안, [에/e]로도 발음하는 것을 허용하고 있다.

3.2. 제3장 소리의 길이

3.2.1. 모음의 장단

1) 규정

> **제6항** 모음의 장단을 구별하여 발음하되, 단어의 첫 음절에서만
> 긴소리가 나타나는 것을 원칙으로 한다.
>
> (1) 눈보라[눈 : 보라]　　말씨[말 : 씨]　　밤나무[밤 : 나무]
> 　　많다[만 : 타]　　　　멀리[멀 : 리]　　벌리다[벌 : 리다]
> (2) 첫눈[천눈]　　　　　참말[참말]　　　쌍동밤[쌍동밤]
> 　　수많이[수 : 마니]　눈멀다[눈멀다]　떠벌리다[떠벌리다]
> 다만, 합성어의 경우에는 둘째 음절 이하에서도 분명한 긴소리를
> 　　인정한다.
> 　　반신반의[반 : 신 바 : 늬 / 반 : 신 바 : 니]
> 　　재삼재사[재 : 삼 재 : 사]
> [붙임] 용언의 단음절 어간에 어미 '—아 / 어'가 결합되어 한 음
> 　　절로 축약되는 경우에도 긴소리로 발음한다.
> 　　보아→봐[봐 :]　　기어→겨[겨 :]　　되어→돼[돼 :]
> 　　두어→둬[둬 :]　　하여→해[해 :]
> 다만, '오아→와, 지어→져, 찌어→쩌, 치어→쳐' 등은 긴소리
> 　　로 발음하지 않는다.

2) 해설

　표준어에서는 모음의 길이, 곧 음장(音長)이 음운론적 기능을 발휘한다. 이
말은 다음의 예에서 보는 것처럼, 표준어에는 음장에 의해 의미가 구별되는
단어의 쌍인 최소 대립어들이 존재한다는 것을 의미한다.

　　(5)　　　　장모음　　　　　　　　단모음
　　　ㄱ. 일을 한다.[事]　　　　　일을 센다.[一]

배나 크다.[倍]　　　배가 아프다.[腹]

밤을 굽는다.[栗]　　밤이 어둡다.[夜]

벌이 난다.[蜂]　　　벌을 준다.[罰]

눈이 온다.[雪]　　　눈이 아프다.[眼]

　ㄴ. 밤을 굽다.[炙]　　등이 굽다.[屈]

빛깔이 곱다.[麗]　　손가락이 곱다.[曲]

　　위의 예들을 보면, (5ㄱ)은 체언에서, (5ㄴ)은 용언에서 소리의 길이에 의
한 의미 대립이 존재하고 있음을 알 수 있다. <표준 발음법> 제6항은 표준
발음에서 이와 같은 소리의 길이를 고려해야 함을 규정한 것으로, 긴소리와
짧은소리 두 가지를 인정하되, 합성어의 경우를 제외하고는 긴소리는 단어
의 제1음절에서만 유지되고, 그 이하의 음절에서는 모두 짧게 발음됨을 원
칙으로 한 것이다.

　　긴소리가 단어의 제1음절에서만 유지된다는 것은 기저(基底)의 긴소리가
비어두 위치에서는 소거된다는 사실을 말하여 주는 것이다 이러한 사실을
제6항에 제시된 예를 통하여 다시 한번 확인해 보기로 하자

(6)　ㄱ. 눈보라[눈 : 보라]　　말씨[말 : 씨]　　밤나무[밤 : 나무]
　　　많다[만 : 타]　　　　멀리[멀 : 리]　　벌리다[벌 : 리다]
　　ㄴ. 첫눈[천눈]　　　　　참말[참말]　　　쌍동밤[쌍동밤]
　　　수많이[수 : 마니]　　눈멀다[눈멀다]　떠벌리다[떠벌리다]

　　위의 예에서, (6ㄱ)은 '눈[雪], 말[言], 밤[栗], 많-[多], 멀-[遠], 벌리-[裂]'
등의 어휘가 지니고 있는 기저의 긴소리가 어두 위치에서는 그대로 실현됨
을 보여준다. 그러나 (6ㄴ)은 기저에 긴소리를 지니고 있는 어휘가 비어두
위치에서 단모음화되어 짧은소리로 발음됨을 보여주는 것이다 이러한 사실
을 입증하여 주는 또 다른 예들을 몇 가지 더 제시하면 다음과 같다

(7) ㄱ. 눈꽃, 눈뭉치, 눈사람, 눈싸움

　　　말동무, 말소리, 말싸움, 말씨, 말씨름, 말장난

　　　밤꽃, 밤나무, 밤밥, 밤송이, 밤알, 밤콩

　　ㄴ. 밤눈, 진눈깨비, 싸락눈, 함박눈

　　　거짓말, 서울말, 시골말, 중국말

　　　군밤, 찐밤, 쪽밤, 꿀밤

　　　샛별, 저녁별, 별똥별

(7ㄱ)은 (6ㄱ)과 마찬가지로 어두 위치에 긴소리를 가진 어휘가 출현하여 장음을 그대로 유지하지만, (7ㄴ)에서는 (6ㄴ)과 마찬가지로 비어두 위치에서 기저의 장음이 소거되어 단모음화되었음을 보여주는 예이다. 따라서 우리는 표준어의 경우, 단어의 첫 음절에서만 긴소리를 인정함을 다시 한번 확인할 수 있게 된다.

그러나 제6항의 '다만'에서는 '반신반의, 재삼재사'의 경우를 예로 들어, 경우에 따라 비어두 위치에서라도 분명히 긴소리로 발음되는 것만은 그 긴소리를 인정한다고 되어 있어, 기저의 장음이 단모음화하는 데에 예외가 있음을 제시하고 있다. 이와 같은 예외는 (6), (7)의 예들과 동일한 성격의 합성어이긴 하지만, 합성어를 구성하는 성분들 사이에 어느 정도의 휴지를 두어서 발음할 수 있는 첩어의 성격을 지니는 단어에 한하는데, '반신반의, 재삼재사' 외에도 다음과 같은 단어들에서 그와 같은 예외가 발견된다[5)]

(8) 반관반민(半官半民) →[반 : 관 반 : 민]

　　선남선녀(善男善女) →[선 : 남 선 : 녀]

　　전신전화(電信電話) →[전 : 신 전 : 화]

---

5) 이러한 첩어 형식의 합성어와는 달리, 동일 음절이 반복되어 두 음절이 되어 있는 경우에는 둘째 음절을 긴소리로 발음하지 않는다.

　例. 반반(半半)[반 : 반]　　　간간(間間)이[간 : 간―]　　　영영(永永)[영 : 영]

　　　서서(徐徐)이[서 : 서―]　　　시시비비(是是非非)[시 : 시비비]

한편, 앞에 제시된 [붙임]에 의하면 기저에 장음을 갖고 있지 않은 용언의 단음절 어간이 부동사형 어미 '−아 / 어'와 결합하여 한 음절로 축약되는 경우에도 긴소리로 발음해야 한다. 예컨대, '보−[見]'의 경우, 기저의 모음은 단모음이지만 어미 '−아'가 연결되고 난 후, 한 음절로 축약되면 '봐[봐 :]'와 같이 긴소리로 발음되는 것이다.

단음절의 용언 어간과 어미 '−아 / 어'의 결합에서 발견되는 이와 같은 장음화 현상을 전문적인 용어로는 보상적 장음화(compensatory lengthening)라고 한다. 보상적 장음화란 기저의 성절적 분절음, 곧 모음이 탈락하거나 비성절음인 반모음으로 실현되면, 그에 대한 보상으로 인접하는 성절음이 장음화되는 현상을 말한다(F. Katamba, 1989 : 171~172). 이병근(1979)에 의하면, 국어의 경우에는 이와 같은 보상적 장음화가 모음 탈락의 경우에는 수행되지 않지만, 반모음화 다음에는 수행된다고 보았는데, 이와 같은 사실을 입증하여 주는 것이 다음의 예들이다.

(9) ㄱ. 꼬아 → 꽈[꽈 :]　　쏘아 → 쏴[쏴 :]　　놓아 → 놔[놔 :]
　　ㄴ. 주어 → 줘[줘 :]　　꾸어 → 꿔[꿔 :]　　쑤어 → 쒀[쒀 :]
　　ㄷ. 뵈어 → 봬[봬 :]　　쇠어 → 쇄[쇄 :]　　죄어 → 좨[좨 :]
　　ㄹ. 이어 → 여[여 :]　　띠어 → 뗘[뗘 :]　　시어 → 셔[셔 :]

위의 예들을 보면, 보상적 장음화는 단음절 어간 모음 'ㅗ, ㅜ, ㅚ, ㅣ' 다음에 활용어미 '−아 / 어'가 연결되면, 어간의 모음이 'w' 또는 'j'로 바뀌고, 그와 같은 자질 변경에 대한 보상으로 어미의 모음이 장모음으로 실현되는 현상이라고 할 수 있을 것이다.[6]

---

6) 그러나 이와 같은 보상적 장모음화가 반드시 반모음화를 전제하지는 않는 것으로 보인다. 예컨대, '하−[爲]'의 경우는 '하−＋−여 → 해[해 :]'의 예에서 보는 것처럼, 반모음화를 수반하지 않고도 장모음화가 가능한 것이다. 이는 물론 예외적인 특수한 사례라고 할 수 있다.

(9)의 예에서와 같은 보상적 장음화는 용언 활용의 경우가 아니더라도 용언 어간과 피·사동 접미사가 축약된 형태의 경우에도 가능한 것으로 보이는데, 다음이 그 예이다.

(10)　싸이다→쌔다[쌔 : 다]　　　누이다→뉘다[뉘 : 다]
　　　펴이다→폐다[폐 : 다]　　　트이다→틔다[티 : 다]
　　　쏘이다→쐬다[쐬 : 다]

그러나 (9), (10)과 같은 유형의 보상적 장음화가 언제나 가능한 것은 아니어서, 다음 (11)과 같은 경우에는 그러한 장음화가 실현되지 않는다.

(11)　ㄱ. 오+아→와[와]
　　　ㄴ. 지+어→져[저]　찌+어→쪄[쩌]　치+어→쳐[처]
　　　ㄷ. 가+아→가[가]　서+어→서[서]　켜+어→켜[켜]

보상적 장음화의 예외에 해당하는 (11)의 예들 가운데, (11ㄱ)은 어간이 '오-'(來)라는 형태인 경우이고, (11ㄴ)은 음절의 두음이 'ㅈ, ㅉ, ㅊ'와 같은 구개음인 경우이며, (11ㄷ)은 어간의 모음과 어미의 모음이 동일한 경우에 나타나는 동일 모음 삭제의 경우에 해당한다. 이와 같은 형태론적, 음운론적 조건들이 어떻게 해서 장음화에 제약을 가하는지에 대해서는 현재까지 명쾌한 국어학적 설명이 어려운 상황이므로, 우선은 이들을 단순한 예외로 처리하는 것이 바람직하다고 할 수 있을 것이다.

3.2.2. 용언 어간의 단모음화

1) 규정

> **제7항** 긴소리를 가진 음절이라도, 다음과 같은 경우에는 짧게 발음한다.
>
> 1. 단음절인 용언 어간에 모음으로 시작된 어미가 결합되는 경우
>
>   감다[감 : 따]—감으니[가므니]　밟다[밥 : 따]—밟으면[발브면]
>   신다[신 : 따]—신어[시너]　　알다[알 : 다]—알아[아라]
>
> 다만, 다음과 같은 경우에는 예외적이다.
>
>   끌다[끌 : 다]—끌어[끄 : 러]　떫다[떨 : 따]—떫은[떨 : 븐]
>   벌다[벌 : 다]—벌어[버 : 러]　썰다[썰 : 다]—썰어[써 : 러]
>   없다[업 : 따]—없으니[업 : 쓰니]
>
> 2. 용언 어간에 피동, 사동의 접미사가 결합되는 경우
>
>   감다[감 : 따]—감기다[감기다]　꼬다[꼬 : 다]—꼬이다[꼬이다]
>   밟다[밥 : 따]—밟히다[발피다]
>
> 다만, 다음과 같은 경우에는 예외적이다.
>
>   끌리다[끌 : 리다]　벌리다[벌 : 리다]　없애다[업 : 쌔다]
>
> [붙임] 다음과 같은 합성어에서는 본디의 길이에 관계없이 짧게 발음한다.
>
>   밀-물　썰-물　쏜-살-같이　작은-아버지

2) 해설

제6항에서 우리는 기저의 긴소리가 대개의 경우 단어의 첫 음절에서는 그대로 유지된다는 사실을 확인한 바 있다. 그러나 그와 같은 음장의 유지가 용언의 활용이나 파생 같은 단어 형성 과정에서 제약을 받게 되는 경우가 있는데, 제7항은 바로 그러한 경우를 크게 두 가지로 나누어 설명하고 있다.

첫째, 단음절인 용언 어간이 모음으로 시작된 어미와 결합되는 경우에

그 용언 어간은 짧은소리로 발음된다. 다음이 그러한 예들이다.

(12) 안대[안 : 때] → 안아[아나]   넘대[넘 : 때] → 넘으면[너므면]
      살대[살 : 다] → 살아[사라]   밉대[밉 : 때] → 미워[미워]
      닮대[담 : 때] → 닮아[달마]   묻대[묻 : 때] → 물어[무러]
      밟대[밥 : 때] → 밟아[발바]   붓대[분 : 때] → 부어[부어]

(13) 괴대[괴 : 다] → 괴어[괴어]   쥐대[쥐 : 다] → 쥐어[쥐어]
      꾀대[꾀 : 다] → 꾀어[꾀어]   뉘대[뉘 : 다] → 뉘어[뉘어]
      쏘대[쏘 : 다] → 쏘아[쏘아]   쉬대[쉬 : 다] → 쉬어[쉬어]
      호대[호 : 다] → 호아[호아][縫]   쑤대[쑤 : 다] → 쑤어[쑤어]

위의 예들 가운데 (12)는 폐음절 어간의 경우이고, (13)은 어간이 모음으로 끝나는 개음절 어간의 경우이다. 이러한 예들은 어간의 음절 구조와는 무관하게 모음으로 시작하는 어미와 결합하게 되면 기저의 장음이 소거됨으로써 짧은소리로 발음됨을 보여주고 있다.

그런데 용언의 활용에서 나타나는 단모음화는 다음과 같이 다음절 어간에서는 수행되지 않는다. 따라서 용언의 활용에서 나타나는 단모음화는 단음절 어간에만 한정되어 있음을 알 수 있다.

(14) 더럽대[더 : 럽따]   더러운[더 : 러운](더럽히대[더 : 러피다])
      걸치대[걸 : 치다]   걸쳐[걸 : 처](걸대[걸 : 다])
      졸리대[졸 : 리다]   졸려[졸 : 려](졸대[졸 : 다])

그러나 (12), (13)의 예에서와 같은 단음절 용언 어간의 단모음화는 규칙성이 매우 높은 편이긴 하지만, 다음과 같은 예외들이 또한 존재한다고 하는 점이 특이하다고 할 수 있다.[7]

---

7) 이러한 어휘들에 한정되어 나타나는 단모음화의 예외에 대해서는 이병근(1979 : 66~68)

(15) 작은[자 : 근]―작아[자 : 가]   적은[저 : 근]―적어[저 : 거]
      먼[먼 :]―멀어[머 : 러]   얼은[어 : 든]―얼어[어 : 더]
      웃은[우 : 슨]―웃어[우 : 서]   엷은[열 : 븐]―엷어[열 : 버]
      끈[끈 :]―끌어[끄 : 러]   썬[썬 :]―썰어[써 : 러]
      번[번 :]―벌어[버 : 러]

둘째, 단음절 용언 어간의 활용에서 나타나는 단모음화 현상은 또한 그
러한 어간들이 피동 또는 사동 접사와 결합하는 파생의 과정에서도 발견되
는데, 다음이 그 예이다.[8]

(16) ㄱ. 쏘다[쏘 : 다]―쏘이다[쏘이다]   죄다[죄 : 다]―죄이다[죄이다]
         떼다[떼 : 다]―떼이다[떼이다]
      ㄴ. 안다[안 : 따]―안기다[안기다]   옮다[옴 : 따]―옮기다[옴기다]
         알다[알 : 다]―알리다[알리다]   울다[울 : 다]―울리다[울리다]
         밟다[밥 : 따]―밟히다[발피다]

위의 예에서 (16ㄱ)은 피·사동 접사의 음절두음이 모음인 경우이고, (16ㄴ)
은 음절두음이 자음인 예이다. 이와 같은 접사의 음운론적 요건과는 상관없
이 단모음화가 수행되는 것을 보면, (16)의 예들에서 발견되는 단모음화 현
상은 역시 음운론적 요인에 의한 것이 아니라, '용언 어기+피·사동접사'
라는 형태론적 요인에 의한 것임을 알 수 있다. 그러나 여기에도 예외가 존
재하는바, (15)의 예에서 단음절 용언 어간의 단모음화에 제약을 보였던 어
간들은 피동·사동형의 경우에도 역시 제약을 보인다. 다음 예들이 바로 그
러한 예들이다.

참조.
8) 용언 어기에 피·사동접미사가 연결되는 경우에 실현되는 단모음화에 대해서도 이병근
   (1979 : 73~75)을 참조

(17) 끌리다[끌 : 리다]   벌리다[벌 : 리다]   웃기다[욷 : 끼다]
      썰리다[썰 : 리다]   없애다[업 : 쌔다]

한편, 제7항의 [붙임]에 의하면, 활용형에서는 긴소리로 발음함에도 불구하고, 합성어에서는 짧은소리로 발음해야 하는 예들이 있음을 제시하고 있다. 즉, '밀물, 썰물, 쏜살같이, 작은아버지'의 '밀, 썰, 쏜, 작은'은 활용형으로서는 긴소리로 발음하지만, 이들 합성어에서는 짧게 발음해야 하는 것이다.9)

---

9) 물론, 여기에도 예외가 있어 '먼동, 헌데' 등의 '먼, 헌'은 활용형에서와 마찬가지로 긴소리로 발음된다.

첫눈

이정하

아무도 없는 뒤를 자꾸만 쳐다보는 것은
혹시나 네가 거기 서 있을 것 같은
느낌이 들어서이다.
그러나 너는 아무 데도 없었다.

낙엽이 질 때쯤 나는 너를 잊고 있었다.
색 바랜 사진처럼 까맣게 너를 잊고
있었다.
하지만 <u>첫눈</u>이 내리는 지금, 소복소복
내리는 눈처럼
너의 생각이 싸아하니 떠오르는 것은
어쩐 일일까.
그토록 못 잊어 하다가
거짓말처럼 너를 잊고 있었는데
<u>첫눈</u>이 내린 지금,

자꾸만 휑하니 비어 오는 내 마음에
<u>함박눈</u>[10]이 쌓이듯 네가 쌓이고 있었다.

---

10) '눈'은 원래 기저에 장음을 가지고 있어서 긴소리로 발음해야 하지만 '첫눈, 함박눈'처럼 '눈'이 비어두 위치에 놓일 때에는 장음이 소거되어 짧은소리로 발음해야 한다.

눈을 감고 한강을 건너다

차창룡

어둠은 늘 그렇게 한강쯤에서 밀려온다.
불빛은 늘 그렇게 어둠과 함께 밀려와
강물에 나무로 쏟아진다.
쏟아진 나무들이 숲을 이루면서
사람들의 눈을 감겨준다.
언젠가는 감을 눈을 미리 감으면
이토록 편안한 것을.
한사코 눈 <u>감지</u>11) 않는 티코여 소나타여 그랜저여,
25번이여, 85번이여, 145-1번이여,
아직 숲이 되지 못한 수많은 나무들이여,
어디엔가는 아무도 없는 숲이 있고,
어디엔가는 아무나 있는 숲이 있어
그대들을 편안히 눈 감기겠지만,
숲이 그대들을 눈 감기기 전에 미리
눈을 감아볼 일이다.
눈을 감으면 세상은 빛의 속도로 숲으로 가고,
빛은 숲에 이르기 전에 거꾸로 처박힌다.
보라. 나무가 되는 빛들,
빛들이 숲을 이루는 모습.
세상이 눈을 감으면 한강은
뿌리 없는 나무들의 숲,
사람들이 눈을 감으면 세상은
참으로 아름다운 장례 행렬

---

11) 밑줄 친 '감지'[감 : 찌]를 제외하면 굵은 글씨로 표시된 활용형들이 모두 짧은소리로 발음
된다.

멀리 멀리 우주를 몇 바퀴라도 돌 것 같다.
그리하여 참으로 맹랑하게 종교적으로 부르짖어 보노니
눈을 감을 수 있다는 것만으로도 우리는 이미
구원받았다.

3.3. 제4장 받침의 발음

3.3.1. 음절말 위치의 자음 중화

1) 규정

> **제8항** 받침소리로는 'ㄱ, ㄴ, ㄷ, ㄹ, ㅁ, ㅂ, ㅇ'의 7개 자음만 발음한다.
>
> **제9항** 받침 'ㄲ, ㅋ', 'ㅅ, ㅆ, ㅈ, ㅊ, ㅌ', 'ㅍ'은 어말 또는 자음 앞에서 각각 대표음 [ㄱ, ㄷ, ㅂ]으로 발음한다.
>
> | | | |
> |---|---|---|
> | 닦다[닥따] | 키읔[키윽] | 키읔과[키윽꽈] |
> | 옷[옫] | 웃다[욷 : 따] | 있다[읻따] |
> | 젖[젇] | 빚다[빋따] | 꽃[꼳] |
> | 쫓다[쫃따] | 솥[솓] | 뱉다[밷 : 따] |
> | 앞[압] | 덮다[덥따] | |

2) 해설

앞에서 살펴본 표준어의 자음 체계에 의하면, 표준어의 자음은 모두 19개이다. 그런데 이 자음들은 단어 끝이나 자음 앞, 곧 음절말 위치에서는 본래의 음가를 갖지 못하고, 'ㄱ, ㄴ, ㄷ, ㄹ, ㅁ, ㅂ, ㅇ'의 7개 자음만으로 실현되는데, 이와 같은 현상은 음절말 위치에서 나타나는 자음 중화(neutralization)의 결과이다. 제8항에서는 바로 이러한 자음 중화 현상에 대해 규정하고 있으며, 제9항에서는 자음 중화의 구체적 모습을 제시하고 있다.

제9항에서 제시하고 있는 자음 중화의 구체적 모습과 함께 그 예를 몇 가지 더 제시하면 다음과 같다.

(18) ㄱ, ㄲ, ㅋ→[ㄱ]
  ㄷ, ㅅ, ㅆ, ㅈ, ㅊ, ㅌ→[ㄷ]
  ㅂ, ㅍ→[ㅂ]

(19) 박[박]   밖[박]   부엌[부억]   꺾다[꺽따]   닦다[닥따]
      낫[낟]   낮[낟]   낯[낟]   낫다[낟 : 따]   낮다[낟따]
      있었다[이썯따]   낱[낟 :]   밭[받]   받다[받따]
      맡다[맏따]   뱉다[밷 : 따]   짚[집]   짚[집]
      짚대[집따]   곱다[곱 : 따]   짚다[집따]

    위의 자음 중화 모습을 살펴보면, 음절말 위치에서 'ㄱ, ㄲ, ㅋ'은 [ㄱ]로,
'ㄷ, ㅅ, ㅆ, ㅈ, ㅊ, ㅌ'은 [ㄷ]로, 'ㅂ, ㅍ'은 [ㅂ]로 각각 소리가 난다. 이때
의 [ㄱ, ㄷ, ㅂ]를 대표음이라 하는바, 음절말 위치의 자음 중화를 대표음
소리되기 규칙이라고 하는 것은 바로 이러한 이유 때문이다. 물론, 음절말
위치에서 실현되는 7개의 자음 가운데 [ㄱ, ㄷ, ㅂ]를 제외한 나머지 자음
[ㄴ, ㄹ, ㅁ, ㅇ]은 'ㄴ, ㄹ, ㅁ, ㅇ'가 아무런 변화 없이 그대로 실현된 것이
다. 이렇게 하여 제8항에서 규정한 음절말 위치에서의 7개의 자음이 실현
되는 것이다.

3.3.2. 자음군 단순화

2) 규정

> **제10항** 겹받침 'ㄳ, ㄵ, ㄼ, ㄽ, ㄾ, ㅄ'은 어말 또는 자음 앞에서 각
> 각 [ㄱ, ㄴ, ㄹ, ㅂ]으로 발음한다.
>   넋[넉]   넋과[넉꽈]   앉다[안따]   여덟[여덜]
>   넓다[널따] 외곬[외골]   핥다[할따]   값[갑]
>   없다[업 : 따]
>   다만, '밟–'은 자음 앞에서 [밥]으로 발음하고, '넓–'은 다음과
>   같은 경우에 [넙]으로 발음한다.
>   (1) 밟다[밥 : 따]   밟소[밥 : 쏘]
>   밟지[밥 : 찌]   밟는[밥 : 는→밤 : 는]
>   밟게[밥 : 께]   밟고[밥 : 꼬]

(2) 넓—죽하다[넙쭈카다]   넓—둥글다[넙뚱글다]

제11항 겹받침 'ㄺ, ㄻ, ㄿ'은 어말 또는 자음 앞에서 각각 [ㄱ, ㅁ, ㅂ]으로 발음한다.

닭[닥]	흙과[흑꽈]	맑다[막따]	늙지[늑찌]
삶[삼ː]	젊대[점ː따]	읊고[읍꼬]	읊대[읍따]

다만, 용언의 어간 말음 'ㄺ'은 'ㄱ' 앞에서 [ㄹ]로 발음한다.

맑게[말게]	묽고[물꼬]	얽거나[얼꺼나]

2) 해설

국어의 명사나 용언 어간들 가운데는 그 말음으로 두 개의 자음이 연속하는 경우가 있는데, 어간말음의 자음 연쇄를 일컬어 자음군(consonant cluster)이라 한다. 표준어의 경우, 어간말 자음군으로는 모두 11개가 있는데, 우선 그 목록과 예를 하나의 표로 제시하면 다음과 같다.

〈표 5〉 어간말 자음군 목록 및 예

분 류	자음군	예
'ㄱ'계	ㄳ	넋, 몫
'ㄴ'계	ㄵ	앉—, 얹—
	ㄶ	않—, 끊—
'ㄹ'계	ㄺ	닭, 흙, 삵, 칡, 갉—굵—, 맑—, 밝—, 읽—
	ㄻ	삶, 닮—, 옮—, 삶—, 젊—
	ㄼ	넓—, 밟—, 섧—, 얇—, 엷—
	ㄽ	곬, 외곬
	ㄾ	핥—, 훑—
	ㄿ	읊—
	ㅀ	끓—, 닳—, 싫—, 잃—
'ㅂ'계	ㅄ	값, 없—

이와 같은 유형으로 나타나는 어간말 자음군들이 음절말 위치, 곧 어말이나 자음으로 시작하는 조사 혹은 어미 앞에서 자음군 그대로가 실현되는 것이 아니라, 두 개의 자음 가운데 어느 한 가지만 실현되는데, 이러한 현상을 일컬어 자음군 단순화라고 한다. 이러한 성격의 자음군 단순화 현상에 대해 규정하고 있는 것이 제10항과 제11항이다.

제10항은 두 개의 자음으로 된 자음군 가운데 'ㄳ, ㄵ, ㄼ, ㄽ, ㄾ, ㅄ'의 자음군 단순화에 대해 규정한 것이다. 즉, 어말과 자음으로 시작되는 조사나 어미 앞에서 'ㄳ'은 [ㄱ]로, 'ㄵ'은 [ㄴ]로 발음되고, 'ㄼ, ㄽ, ㄾ'은 [ㄹ]로 발음되며, 'ㅄ'은 [ㅂ]로 발음됨을 규정한 것이다. 이러한 유형의 자음군들은 주로 두 번째 자음이 탈락함으로써 단순화하는 경우인데, 그 예를 몇 가지 더 제시하면 다음과 같다.

(20) 몫[목]   몫도[목또]   몫까지[목까지]
      없다[언따]   없지[언찌]   없고[언꼬]
      얇다[얄 : 따]   얇지[얄 : 찌]   얇고[얄 : 꼬]
      곬[골]   곬도[골도]   곬만[골만]
      훑다[훌따]   훑지[훌찌]   훑고[훌꼬]

이러한 표준어의 자음군들 가운데 'ㄶ'과 'ㅀ'의 음운론적 행위는 여타의 자음군들과 차이가 있으므로, 여기에서 잠깐 언급할 필요가 있다. 다음 활용형들을 보기로 하자.

(21) 않− : 않고[안코]   않소[안쏘]   않는[안는]
      앓− : 앓고[알코]   앓소[알쏘]   앓는[알른]

위의 예에서 알 수 있는 것처럼, 'ㄶ, ㅀ' 자음군은 후행 자음이 장애음일 때에는 유기음화를 일으키고, 'ㅅ'가 올 때에는 경음화를 실현한다. 그리고

'ㄴ'가 연결될 때에는 자음군 단순화에 의해 두 번째 자음 'ㅎ'가 탈락하게 된다.12) 결과적으로 'ㄶ, ㅀ'의 자음군 단순화는 'ㄴ' 앞에서만 가능하다고 할 것이다.

그런데 제10항의 '다만'에서 규정하고 있는 것처럼, 어간말음으로 'ㄼ'을 가지고 있는 형태들 가운데 '밟—'은 여타의 형태들과 다른 방식으로 자음군 단순화를 꾀하게 된다. 다음이 그 예이다.

(22) 밟— : 밟다[밥 : 따]   밟지[밥 : 찌]   밟게[밥 : 께]

앞의 논의에서 확인했던 것처럼, 자음군 'ㄼ'은 일반적으로 '얇다[얄 : 따], 얇지[얄 : 찌], 얇고[얄 : 꼬]'와 같이 [ㄹ]로 발음한다. 그러나 (22)에서 제시하고 있는 바와 같이, '밟다'만은 예외적으로 [ㅂ]로 발음된다. 따라서 '밟는'도 [밤 : 는]으로 발음하는 것이 표준 발음이 되고, [발 : 른]은 표준 발음법에 어긋난 발음이 되는 것이다.

또한, '넓다'의 경우에도 [ㄹ]로 발음하여야 하나, 파생어나 합성어의 경우에 '넓'으로 표기된 것은 [넙]으로 발음한다. '넓적하다[넙쩌카다], 넓죽하다[넙쭈카다], 넓둥글다[넙뚱글다]' 등이 그 예들이다.13)

다음으로, 제11항은 자음군 가운데 'ㄺ, ㄻ, ㄿ'의 발음에 대해 규정한 것으로, 이들 자음군들은 제10항에서 규정하고 있는 자음군들과는 달리, 자음군의 두 번째 자음이 실현되는 특징을 지닌다.

---

12) '앓는'[알른]의 경우처럼 자음군 'ㅀ' 다음에 'ㄴ'로 시작하는 어미가 연결되면, 두 번째 자음 'ㅎ'의 탈락에 의한 자음군 단순화 이후에 첫 번째 자음 'ㄹ'로 인하여 어미의 두음 'ㄴ'가 유음화를 겪게 된다.

13) [ㄹ]로 발음되는 경우에는 아예 '널따랗다, 널찍하다, 짤따랗다, 짤막하다, 얄따랗다, 얄찍하다, 얄팍하다' 등과 같이 표기하도록 ≪한글 맞춤법≫ 제21항에서 규정하고 있다.

(23) 칡[칙]   칡도[칙또]   칡까지[칙까지]
      앎[암 :]   앎도[암 : 도]   앎과[암 : 과]
      닮다[담 : 따]   닮지[담 : 찌]   닮고[담 : 꼬]
      읊다[읍따]   읊지[읍찌]   읊고[읍꼬]

위의 예에서 확인할 수 있는 것처럼, 자음군 '리, 리, 리'은 자음군의 첫
번째 자음인 'ㄹ'를 탈락시키고 각각 [ㄱ, ㅁ, ㅂ]로 발음해야 한다.

그런데 제11항의 '다만' 규정에 의하면, '리'은 위에 예시한 체언의 경우
와는 달리, 용언의 경우에는 뒤에 오는 자음의 종류에 따라 두 가지로 발음
된다. 즉, 'ㄷ, ㅈ, ㅅ' 앞에서는 [ㄱ]로 발음하지만, 'ㄱ' 앞에서는 이와 동
일한 'ㄱ'를 탈락시켜 [ㄹ]로 발음하는 것이다. 다음이 그 예이다.

(24) 맑다[막따]   맑지[막찌]   맑습니다[막씀니다]
      늙다[늑따]   늙지[늑찌]   늙습니다[늑씀니다]

(25) 맑게[말게]   맑고[말꼬]   맑거나[말꺼나]
      늙게[늘게]   늙고[늘꼬]   늙거나[늘꺼나]

또한, 다음 파생어들에서의 '리'은 'ㄱ' 앞이 아니므로 (24)의 경우처럼,
역시 [ㄱ]로 발음한다.[14]

(26) 갉작갉작하다, 갉작거리다, 굵다랗다, 굵직하다, 긁적거리다, 늙수
      그레하다, 늙정이, 얽죽얽죽하다

제10항과 함께 제11항에서 보인 자음군 단순화에 대한 규정은 결국 다른
자음 앞에서 두 개의 자음군 가운데 어떤 자음을 실현시키는가에 대한 것

---

14) [ㄹ]로 발음되는 경우에는 ≪한글 맞춤법≫ 제21항에서 아예 '말끔하다, 말쑥하다, 말짱하
    다' 등과 같이 'ㄹ'만을 받침으로 적도록 규정하였다.

인데, 이러한 현상은 현대 국어에서는 세 개의 자음을 이어서 모두 발음할
수가 없고 두 개까지만 발음할 수 있는 구조상의 제약에 따른 것이다. 자음
군 단순화는 세대에 따라, 또는 방언에 따라 상당한 차이를 보이므로, 이상
에서 논의한 표준 발음법에 특히 유의할 필요가 있다 하겠다

대나무

함민복

나는 테러리스트올시다
광합성 작용을 위해
잎새를 넓적하게[15] 포진하는 치밀함도
바위 절벽에 뿌리내리는 소나무의 비정함도
피침형 잎새로 베어 날리는
나는 테러리스트

마디마디 사이에 공기를 볼모로 잡아놓고
그 공기를 구출하러 오는 공기를
잡아먹으며 하늘을 점거해 나아가는
나는 테러리스트

나의 건축술을 비웃지 말게
나는 나로서만 나를 짓지 않는다네
자유롭고 싶은 공기의 욕망과
나를 죽여버리고 싶은 공기의 살의와
포로로 잡힌 공기의 치욕으로
빚어진 아,
공기, 그 만져지지 않는
허무가 나의 중심 뼈대
나는 결코 나로서만 나를 짓지 않는다네
그래야 비곗살을 버릴 수 있는 법

---

15) 자음군 '래'은 일반적으로 [ㄹ]로 단순화시켜 발음한다. '넓다'의 경우에도 [ㄹ]로 발음하여야 하나, 파생어나 합성어에서 '넙'으로 표기된 것은 [넙]으로 실현되므로, '넓적하게'는 [넙쩌카게]로 발음한다.

나는 테러리스트
내 나이를 묻지 말게
뒤돌아 나이테를 헤아리는 그런 감상은
바람처럼 서걱서걱 베어먹은 지 오래
행여 내 죽어 창과 활이 되지 못하고
변절처럼 노래하는 악기가 되어도
한 가슴 후벼파고 나는 피리가 될지니
그래, 이 독한 마음으로
한평생 머리 굽히지 않고 살다가
황갈색 꽃을 머리에 이고
한 족속 일제히 자폭하고야 말 나는 테러리스트

3.4. 제5장 소리의 동화

3.4.1. 구개음화

1) 규정

> 제17항 받침 'ㄷ, ㅌ(ㄾ)'이 조사나 접미사의 모음 'ㅣ'와 결합되는 경우에는, [ㅈ, ㅊ]으로 바꾸어서 뒤 음절 첫소리로 옮겨 발음한다.
>
> 곧이듣대[고지듣따]   굳이[구지]   미닫이[미다지]
>
> 땀받이[땀바지]   밭이[바치]   벼훑이[벼훌치]
>
> [붙임] 'ㄷ' 뒤에 접미사 '히'가 결합되어 '티'를 이루는 것은 [치]로 발음한다.
>
> 굳히다[구치다]   닫히다[다치다]   묻히다[무치다]

2) 해설

'ㄷ, ㅌ(ㄾ)'를 어간 말음으로 갖는 체언이나 용언은 조사나 접미사의 모음 'ㅣ'와 만나면 'ㄷ, ㅌ'가 [ㅈ, ㅊ]로 발음되는데, 이를 구개음화라 한다. 예컨대, '밭은[바튼], 밭을[바틀], 밭에[바테]' 등의 예에서처럼 다른 모음 앞에서는 본음 그대로 실현되는 'ㅌ'가, 모음 'ㅣ' 앞에서는 '밭이[바치], 밭이다[바치다], 밭입니다[바침니다]'와 같이 받침 'ㅌ'를 구개음 [ㅊ]로 발음하는 것이다. 제17항에 제시된 예들 외에 구개음화를 수행하고 있는 예들을 몇 가지 더 제시하면 다음과 같다.

(27) 끝이[끄치], 밑이[미치], 솥이[소치], 팥이[파치]

(28) ㄱ. 낱낱이[난 : 나치], 맏이[마지], 해돋이[해도지]
　　　 ㄴ. 훑이다[훌치다]

또한 [붙임]에 따르면, 'ㅣ' 이외에 접미사 '-히-'가 결합될 때에도 어간의 말음 'ㄷ'와 결합하여 [ㅊ]로 구개음화하여 발음한다. '걷히다[거치다], 받히다[바치다]' 등이 그 예이다.

이와 같은 'ㄷ, ㅌ'의 구개음화는 어간말음 다음에 조사나 접미사가 결합하는 경우에만 일어날 수가 있고, 합성어에서는 받침 'ㄷ, ㅌ' 다음에 '이'로 시작되는 단어가 결합되더라도 구개음화가 일어날 수 없다. 다음이 그러한 예들이다.

(29) 밭이랑[반니랑], 홑이불[혼니불]

또한 구개음화는 다음 예들과 같이 어기(語基) 내부에서는 일어나지 않는다는 사실도 아울러 알아둘 필요가 있다.

(30) ㄱ. 마디, 어디, 잔디, 느티나무, 띠
      ㄴ. 디디다, 견디다, 버티다

위의 예들 가운데 (30ㄱ)은 명사의 예이고, (30ㄴ)은 동사의 예이다. 이러한 예들 역시 'ㅣ' 모음 앞에 'ㄷ, ㅌ, ㄸ'와 같은 구개음화가 가능한 음소를 가지고 있으나, 이 음소들은 어기 내부에 위치해 있다는 점 때문에 구개음화가 수행되지 않는다. 이와 같은 언어적 사실은 현대 국어 단계에서의 구개음화가 형태소 경계에서만 가능하며, 어기 내부, 곧 형태소 내부에서는 불가능하다는 사실을 말하여 주는 것이라고 할 것이다.[16]

---

16) 이러한 사실은 흔히 통시적인 언어 사실로도 설명이 가능하다. 즉, '마디, 어디, 잔디, 견디다, 느티나무, 버티다, 띠' 등은 어원론적으로 '마듸, 어듸, 잔듸, 견듸다, 느틔나무, 버틔다, 씌'였다가 19세기에 이르러서야 단모음화되어 각각 '디, 티, 띠'가 됨으로써 18세기 초에 있었던 구개음화의 대상에서 벗어났던 것이다.

3.4.2. 비음화

1) 규정

> **제18항** 받침 'ㄱ(ㄲ, ㅋ, ㄳ, ㄲ), ㄷ(ㅅ, ㅆ, ㅈ, ㅊ, ㅌ, ㅎ), ㅂ(ㅍ, ㄼ, ㄿ, ㅄ)'은 'ㄴ, ㅁ' 앞에서 [ㅇ, ㄴ, ㅁ]으로 발음한다.
>
> | | | |
> |---|---|---|
> | 먹는[멍는] | 국물[궁물] | 깎는[깡는] |
> | 키읔만[키응만] | 몫몫이[몽목씨] | 긁는[긍는] |
> | 흙만[흥만] | 닫는[단는] | 짓는[진 : 는] |
> | 옷맵시[온맵시] | 있는[인는] | 맞는[만는] |
> | 젖멍울[전멍울] | 쫓는[쫀는] | 꽃망울[꼰망울] |
> | 붙는[분는] | 놓는[논는] | 잡는[잠는] |
> | 밥물[밤물] | 앞마당[암마당] | 밟는[밤 : 는] |
> | 읊는[음는] | 없는[엄 : 는] | 값매다[감매다] |
>
> [붙임] 두 단어를 이어서 한 마디로 발음하는 경우에도 이와 같다
>
> | | |
> |---|---|
> | 책 넣는다[챙넌는다] | 흙 말리다[흥말리다] |
> | 옷 맞추다[온마추다] | 밥 먹는다[밤멍는다] |
> | 값 매기다[감매기다] | |

2) 해설

비음화(nasalization)란 후행하는 비음에 의해 선행 음절말의 장애음들이 동일 조음 위치의 비음으로 바뀌는 현상을 말한다. 곧 비음 'ㄴ, ㅁ'에 의하여 선행하는 음절말의 장애음 'ㄱ, ㄷ, ㅂ'가 동일 조음 위치의 비음 'ㅇ, ㄴ, ㅁ'로 바뀌는 현상을 일컬어 비음화라고 하는 것이다. 이와 같은 비음화의 결과, 국어의 음운 표시에서 '장애음-비음'의 연쇄는 발견될 수 없고, '비음-비음'의 연쇄만이 가능하게 된다.

그런데 이 비음화는 다른 국어의 음운 규칙과 관련되어 있는바, 기저의 형태음소 그 자체에 적용되는 것이 아니라, 일단 음절말 위치에서 수행되는

자음 중화 혹은 자음군 단순화 규칙이 적용되고 난 후에 비음화가 적용된다는 사실을 알아둘 필요가 있다. 예컨대, '깎는[깡는]'과 '긁는[긍는]'의 도출 과정을 제시해 보면 다음과 같다.

(31) 기저형   //깎는//   //긁는//
      자음중화   깍는   긁는
      자음군 단순화   ____   극는
      비음화   깡는   긍는
      표면형   [깡는]   [긍는]

  이러한 과정을 통하여 실현되는 비음화는 위의 예에서와 같은 형태소 경계는 물론 단어 경계도 넘어 적용되는 매우 생산적이고도 규칙적인 모습을 보여주는 음운 현상이다. [붙임]에 제시된 대로 후행 자음으로 비음 'ㄴ, ㅁ'만 있으면, 단어와 단어 사이에서도 비음화를 수행하게 되는 것이다. 그러한 예들을 몇 가지 더 제시하면 다음과 같다.

(32) 국 마시다[궁마시다]   옷 마르다[온마르다]
      입 놀리다[임놀리다]   밥 먹어[밤머거]
      꽉 물다[꽝 물다]

  위의 예들은 단어 경계를 사이에 두고 비음이 후행하는 경우에도 비음화가 가능함을 보여주는 예들이다. 물론, 이 경우 일상적인 연속 발화에서는 비음화를 실현시키지만 발화 속도를 늦추거나 또박또박 말할 경우에는 비음화가 적용되지 않을 수도 있다(김경아, 2000 : 257).

3.4.3. 유음화

1) 규정

> **제20항** '㉦'은 'ㄹ'의 앞이나 뒤에서 [ㄹ]로 발음한다.
>   (1) 난로[날 : 로]   신라[실라]   천리[철리]
>   광한루[광 : 할루]   대관령[대 : 괄령]
>   (2) 칼날[칼랄]   물난리[물랄리]   줄넘기[줄럼끼]
>   할는지[할른지]
>   [붙임] 첫소리 '㉦'이 'ㅀ', 'ㄾ' 뒤에 연결되는 경우에도 이에 준
>   한다.
>   닳는[달른]   뚫는[뚤른]   핥네[할레]
>   다만, 다음과 같은 단어들은 'ㄹ'을 [㉦]으로 발음한다.
>   의견란[의 : 견난]   임진란[임 : 진난]   생산량[생산냥]
>   결단력[결딴녁]   공권력[공꿘녁]   동원령[동 : 원녕]
>   상견례[상견네]   횡단로[횡단노]   이원론[이원논]
>   입원료[이붠뇨]   구근류[구근뉴]

2) 해설

국어의 음운 표시에서는 /ㄴㄹ/나 /ㄹㄴ/와 같은 연쇄를 허용하지 않는다. 즉, 음운 표시가 /ㄴㄹ/ 혹은 /ㄹㄴ/로 이루어져 있을 때에는 전자의 경우에는 역행동화에 의해, 후자의 경우에는 순행동화에 의해 [ㄹㄹ]로 실현되는데, 이와 같은 동화 현상을 유음화(labialization)라고 한다. 제20항은 국어의 유음화 현상과 관련된 규정으로, 'ㄴ'가 'ㄹ' 앞이나 뒤에서 [ㄹ]로 동화되어 발음되는 경우를 규정한 것이다. (1)은 한자어의 경우이고, (2)는 합성어 또는 파생어의 경우와 '-(으)ㄹ는지'의 경우이다. 이러한 경우 이외에 다음과 같은 경우에도 'ㄴ'를 [ㄹ]로 발음한다. 물론 이때는 한 마디로 발음한다.

(33) ㄱ. 갈 놈[갈롬]   바람 잦을 낼[바람자즐랄]
        오늘 내일[오늘래일]
     ㄴ. 올 나이트(all night)[올라이트]   발표할 뉴스[발표할류스]
     ㄷ. 할 일[할릴]

위의 예들은 국어의 유음화가 단어와 단어 사이, 즉 단어 경계에서도 가능하다는 것을 보여주고 있다. 즉, (33ㄱ)에서는 고유어와 고유어, 고유어와 한자어 사이에서, (33ㄴ)에서는 외래어 단어 경계에서의 유음화를 보여주는 것이다. 또한, (33ㄷ)은 후술하게 될 'ㄴ' 첨가 이후에 유음화가 실현됨을 보여주는 것이다.[17]

한편, 제20항의 [붙임]에서 제시하고 있는 대로, 국어의 유음화는 'ㄹ'계 자음군 가운데 다른 자음 앞에서 단순화되어 [ㄹ]가 실현되는 용언의 말음 'ᆶ, ᆴ' 다음에 'ㄴ'로 시작되는 어미가 결합되는 경우에도 적용된다. '앓는[알른], 앓나[알라], 앓네[알레]' 등이 그 예이다. 'ㄹ'계 자음군이 수행하는 이와 같은 유음화는 ≪한글 맞춤법≫ 제18항에서 제시한 'ㄹ' 탈락 현상과는 대조가 된다는 점에서 구별을 해야 할 필요가 있다

그런데 제20항의 '다만'에 의하면, 한자어의 경우, 'ㄴ'와 'ㄹ'가 결합하면서도 [ㄹㄹ]로 발음되지 않고 [ㄴㄴ]로 발음됨으로써 유음화에 예외가 있음을 알 수 있다. 이와 같은 예외는 /ㄴㄹ/의 연쇄, 곧 역행적 유음화에만 적용되며, 주로 자립성을 지니는 2음절의 한자어에 음절 두음으로 'ㄹ'를 지니는 1음절의 한자어가 결합하는 경우에 나타나는 것으로 보인다. 여기에 제시된 단어들 외에 또 다른 예들을 몇 가지 더 제시하면 다음과 같다

---

17) 이와 같은 구성들에 있어서는 발화 스타일이나 속도에 따라 유음화가 어느 정도의 수의성을 보인다는 특징을 지니고 있다

(34) 음운론[으문논]   시인론[시인논]   범신론[범신논]
     임진란[임진난]   생산력[생산녁]   결단력[결딴녁]

이와 같은 유음화의 예외에 대해서는 개별적으로 사전에 그 발음을 표시하여야 한다.

3.4.4. 조음 위치 동화

1) 규정

> 제21항 위에서 지적한 이외의 자음 동화는 인정하지 않는다.
> 감기[감 : 기](×[강 : 기])   옷감[옫깜](×[옥깜])
> 있고[읻꼬](×[익꼬])   꽃길[꼳낄](×[꼭낄])
> 젖먹이[전머기](×[점머기])   문법[문뻡](×[뭄뻡])
> 꽃밭[꼳빧](×[꼽빧])

2) 해설

이상에서 언급한 자음 동화 현상들은 주로 조음 방법과 관련되는 필수적 음운 현상들로서, <표준 발음법>에서 허용하고 있는 현상들이라고 할 수 있는 데 반하여, 국어의 자음 동화 가운데는 수의적 성격을 띠며 표준 발음으로도 인정되지 않는 음운 현상이 있는데, 그것이 바로 제21항에서 규정하고 있는 조음 위치 동화이다.

국어에서 발견되는 조음 위치 동화는 크게 두 가지로 나누어 볼 수 있는데, 그 하나는 연구개음화이고 다른 하나는 순음화이다. 제21항에 제시된 예들을 그 유형에 따라 분류해 보면 다음과 같다.

(35) ㄱ. 연구개음화 : 순음_연구개음 → 연구개음_연구개음
                      치경음_연구개음 → 연구개음_연구개음
                   例. 감기[강 : 기], 옷감[옥깜], 있고[익꼬] 등
      ㄴ. 순음화 : 치경음_순음 → 순음_순음
                   例. 젖먹이[점머기], 문법[뭄뻡], 꽃밭[꼽빧] 등

이와 같은 음운 변화는 조음상의 편이(easy of articulation)라는 음운론적 동기에 의해 수행된 자연스러운 음운 현상임에도 불구하고, 표준 발음으로는 인정되지 않는다. 따라서 이와 같은 수의적 성격의 역행 동화가 국어에 존재하기는 하되 다만 표준 발음으로는 인정되지 않고 있다는 사실을 알아둘 필요가 있다고 하겠다.

3.4.5. 모음 충돌(hiatus) 회피

1) 규정

> **제22항** 다음과 같은 용언의 어미는 [어]로 발음함을 원칙으로 하되, [여]로 발음함도 허용한다.
>   피어[피어 / 피여]   되어[되어 / 되여]
> [붙임] '이오, 아니오'도 이에 준하여 [이요], [아니요]로 발음함을 허용한다.

2) 해설

모음 충돌(hiatus) 회피 현상이란 '모음_모음'의 연쇄, 곧 선행 음절의 말음과 후행 음절의 두음이 모두 모음인 경우에 이를 회피하려는 데에서 기인한 일련의 음운론적 행위를 말한다. 국어의 경우, 모음 충돌 회피는 다음과 같은 세 가지 방법을 통하여 수행되는 것이 일반적이다.

(36) ㄱ. 모음 탈락 : 타+아→[타], 쓰+어→[써], 따르+아→[따라]
　　　ㄴ. 반모음화 : 보+아→[보아]~[봐], 피+어→[피어]~[펴]
　　　ㄷ. 반모음 삽입 : 되+어→[되어]~[되여],
　　　　　　　　　　　　피+어→[피어]~[피여]

(36)에서 제시한 바와 같이, 국어에서 '모음_모음'의 연쇄, 즉 모음충돌을 회피하기 위한 음운론적 행위로는 모음 탈락, 반모음화, 반모음 삽입 등의 방법이 있다. 그런데 이러한 방법들에는 그 특징에 있어 약간의 차이가 있는데, 모음 탈락 현상이 필수적으로 일어나는 현상이라고 한다면, 반모음화나 반모음 삽입 현상은 수의적 성격을 띤다는 것이다.

제22항은 (36ㄷ)과 같은 성격의 반모음 삽입 현상과 관련되는 규정으로, 가령, '되+어→되어'는 [되어]로 발음함이 원칙이지만, 경우에 따라 모음충돌 회피를 위한 반모음 삽입에 의해 [되여]가 쓰이기도 하므로, 이를 현실적으로 허용한다는 규정이다.

또한, [붙임]에 제시된 대로 '이오, 아니오'의 경우에도 마찬가지여서 '이오, 아니오'로 발음하는 것이 원칙이지만, [이요, 아니요]로 발음하는 것도 허용된다.

그러나 한 가지 유의해야 할 점은 제22항의 규정은 어디까지나 발음에 관한 허용 규정일 뿐, 그 표기에 있어서는 반모음을 삽입해서는 안 된다는 것이다. 그럼에도 불구하고 오늘날 많은 국어 사용자들이 반모음이 삽입된 형태를 쓰고 있는데 다음과 같은 예들이 그러한 예이다.

(37) ㄱ. 조선민주주의인민공화국은 흑연 감속로와 연관 시설들에 대한 동결 기간에 국제원자력기구가 동결 상태를 감시하도록 허용하며 기구에 이를 위한 협조를 제공하기로*되여 있다는 조미 기본합의문 제1조 3항, 즉 94년 북미 제네바기본합의문 제1조 3항을 거론했다.

　ㄴ. 수령 3, 4백년을 훌쩍 넘긴 너댓 그루 영산홍이 *<u>피여</u> 내는 아름드리 꽃들이 소시적 당신처럼 요염하게 *<u>피여나</u> 내 눈은 더할 나위 없이 황홀했었지요.
　ㄷ. 노 통장도 보디가드 *<u>대령이요</u>.
　ㄹ. 문 실장이 민주당에 사퇴서를 냈다는데 국회의원이 사표를 내는 곳은 국회이지 정당이 *<u>아니요</u>.

　요컨대, '되어, 피어, 이오, 아니오'와 같은 형태의 발음에서 나타나는 반모음 삽입 현상은 표기와는 구별되는 것임을 잘 알아둘 필요가 있다 할 것이다.

강강술래

김준태

<u>추석날</u> <u>천릿길</u> 고향에 내려가
너무 늙어 앞도 잘 보지 못하는
할머니의 손톱과 발톱을 깎아드린다
어느덧 산국화 냄새 나는 팔순 할머니
팔십평생 행여 풀여치 하나 밟을세라
안절부절 허리 굽혀 살아오신 할머니
<u>추석날</u> <u>천릿길</u> 고향에 내려가
할머니의 손톱과 발톱을 깎아주면서
언제나 변함없는 대밭을 바라본다
돌아가신 할아버님이 그렇게 소중히 가꾸신 대밭
<u>대밭이</u> 죽으면 집안과 나라가 망한다고
가는 해마다 거름주고 오는 해마다 거름주며
죽순 하나 뽑지 못하게 하시던 할아버님
할아버님의 흰 옷자락을 그리워하며
그 시절 도깨비들이 춤추던 대밭을 바라본다
너무 늙어 앞도 잘 보지 못하는
할머니의 손톱과 발톱을 깎아주면서
강강술래 나는 논이 되고 싶었다
강강술래 나는 <u>밭이</u>[18] 되고 싶었다

---

18) '추석날'[추성날]은 비음동화를, '천릿길'[철리낄]은 유음화 및 사이시옷 삽입에 의한 경음
화를, '대밭이'[대바치], '밭이'[바치]는 구개음화를 각각 보여준다.

아니오

신동엽

아니오[19]
미워한 적 없어요,
산마루 투명한 햇빛 쏟아지는데
치마 어둔 생각했을 리야.

아니오
괴뤄한 적 없어요,
稜線 위 바람 같은 음악 흘러가는데
뉘라, 색동눈물 밖으로 쏟았을 리야.

아니오
사랑한 적 없어요,
세계의 지붕 혼자 바람 마시며
차마, 옷 입은 都市계집 사랑했을 리야.

---

19) '아니오'의 발음은 원칙적으로는 [아니오]이지만 모음 충돌을 회피하기 위하여 반모음이
    삽입된 형태인 [아니요]도 허용 발음으로 인정된다.

3.5. 제6장 된소리되기

3.5.1. 음절말 자음의 불파음화로 인한 된소리화

1) 규정

> **제23항** 받침 'ㄱ(ㄲ, ㅋ, ㄳ, ㄺ), ㄷ(ㅅ, ㅆ, ㅈ, ㅊ, ㅌ), ㅂ(ㅍ, ㄼ, ㄿ, ㅄ)' 뒤에 연결되는 'ㄱ, ㄷ, ㅂ, ㅅ, ㅈ'은 된소리로 발음한다.
>
> | | | |
> |---|---|---|
> | 국밥[국빱] | 깎다[각따] | 넋받이[넉빠지] |
> | 삯돈[삭똔] | 닭장[닥짱] | 칡범[칙뻠] |
> | 뻗대다[뻗때다] | 옷고름[옫꼬름] | 있던[읻떤] |
> | 꽂고[꼳꼬] | 꽃다발[꼳따발] | 낯설다[낟썰다] |
> | 밭갈이[받까리] | 솥전[솓쩐] | 곱돌[곱똘] |
> | 덮개[덥깨] | 옆집[엽찝] | 넓죽하다[넙쭈카다] |
> | 읊조리다[읍쪼리다] | 값지다[갑찌다] | |

2) 해설

국어는 기저의 평음이 일정한 음운론적 또는 형태론적 환경에서 된소리로 실현되는 경우가 몇 가지 있다. 그 첫 번째 경우는 제23항에서 규정하고 있는 것으로, 선행 음절말 자음의 불파음화로 인하여 후행 장애음이 자동적으로 경음화되는 경우이다.

앞에서 논의된 제9항에서 우리는 국어의 장애음들이 음절말 위치에서 대표음 [ㄱ, ㄷ, ㅂ]로 실현된다는 사실을 제시한 바 있다. 그런데 대표음 [ㄱ, ㄷ, ㅂ]는 국어의 경음화와 관련하여 음성학적으로 매우 중요한 특성을 지니고 있는데, 이들은 모두 불파음[20]으로 실현되며, 따라서 이들은 필연적으

---

20) 일반적으로 'ㄱ, ㄷ, ㅂ'와 같은 폐쇄음들은 세 가지 단계를 거쳐 조음된다. 첫 번째는 '폐쇄 단계'로 조음 위치가 열려 있다가 막히는 단계이고, 두 번째 단계는 '지속 단계'로 폐쇄가 유지되면서 폐쇄된 공간 속의 공기 압력이 높아지는 단계이며, 세 번째는 '파열 단계'로 폐쇄가 열리면서 공기가 폭발음을 내며 방출되는 단계이다. 불파음(不破音, unreleased)

로 성문의 폐쇄를 수반하게 된다는 것이다.

김정우(1994 : 90~91)에 의하면, 불파음 뒤의 경음화는 선행자음의 불파음화와 동시에 일어나는 성문 폐쇄로 인하여 증가된 인두강 내부의 압축 기류로 인하여 형성되는 것으로 보인다. 따라서 제23항에 제시된 예들은 모두 불파음 뒤에서 자동적으로 실현되는 경음화를 수행한 예들에 해당한다고 할 것이다. 여기에서 말하는 자동적인 경음화란 한 단어 안에서나 체언의 곡용 및 용언의 활용에서나 위의 환경에서는 예외 없이 된소리로 발음하게 됨을 의미한다. 그리고 이러한 불파음 뒤의 경음화는 '넋받이, 샀돈, 닭장, 칡범' 등의 예에서 확인할 수 있는 것처럼, 어간말 위치에 자음군을 가진 자음들의 경우에도 실현되고 있는바, 불파음 뒤의 경음화를 거쳐 자음군 단순화가 수행된 것으로 볼 수 있을 것이다.

3.5.2. 용언 어간말음 'ㄴ, ㅁ' 뒤의 된소리화

1) 규정

> **제24항** 어간 받침 'ㄴ(ㄵ), ㅁ(ㄻ)' 뒤에 결합되는 어미의 첫소리 'ㄱ, ㄷ, ㅅ, ㅈ'은 된소리로 발음한다.
>
> | 신고[신 : 꼬] | 껴안다[껴안따] | 앉고[안꼬] |
> | --- | --- | --- |
> | 얹다[언따] | 삼고[삼 : 꼬] | 더듬지[더듬찌] |
> | 닮고[담 : 꼬] | 젊지[점 : 찌] | |
>
> 다만, 피동, 사동의 접미사 '-기-'는 된소리로 발음하지 않는다.
>
> | 안기다 | 감기다 | 굶기다 | 옮기다 |
> | --- | --- | --- | --- |

이란 이 세 번째 단계가 실현되지 않는 음을 말하는데, 음절말 위치에서 실현되는 대표음들은 모두 불파음이라는 공통적 특징을 지닌다.

2) 해설

국어 경음화의 두 번째 경우는 용언의 어간말음 'ㄴ(ㄵ), ㅁ(ㄻ)' 뒤에서 어미의 두음 'ㄱ, ㄷ, ㅅ, ㅈ'가 경음화를 겪게 되는 경우이다. 이는 앞의 제23항에서 살펴본 경음화가 자동적으로 실현되는 것과는 달리, 비자동적인 경음화의 양상을 보인다는 점에서 차이가 있다.

주지하는 바와 같이, 국어의 음절말 위치에서 실현되는 7개의 자음 'ㄱ, ㄴ, ㄷ, ㄹ, ㅁ, ㅂ, ㅇ'은 모두 다 불파음으로 실현된다는 점에서 공통점을 지닌다. 그런데 이들 자음 가운데 장애음인 'ㄱ, ㄷ, ㅂ'는 그 불파음화에 있어 청각적으로 분명한 성격을 띨 뿐만 아니라, 후두의 긴장을 반드시 수반하게 되므로 음성적으로 투명한 경음화를 유발하게 된다. 그러나 'ㄴ, ㄹ, ㅁ, ㅇ'와 같은 공명음들의 불파음화는 청각적으로도 분명하지 않을 뿐 아니라, 조음적으로도 후행하는 자음들을 경음화시킬 수 있는 음성적 동기를 제공하는지의 여부가 분명하지 않으므로, 장애음의 경우와 동일한 자동적인 경음화가 실현된다고 볼 수 없다.[21] 이와 같은 요인 때문에 제24항에서 제시하고 있는 용언의 어간말음 'ㄴ(ㄵ), ㅁ(ㄻ)' 뒤의 경음화도 비자동적 성격을 띠게 되는 것이다.

용언의 어간말음 'ㄴ(ㄵ), ㅁ(ㄻ)' 뒤의 경음화가 비자동적 성격을 띠게 된다는 것은, 다음과 같이 체언의 경우에는 경음화가 실현되지 않는다는 사실로도 입증이 가능하다.

(38)	신[靴]	신도[신도]	신과[신과]
	안[內]	안도[안 : 도]	안과[안 : 과]
	바람[風]	바람도[바람도]	바람과[바람과]
	삶[生]	삶도[삼 : 도]	삶과[삼 : 과]
	앎[知]	앎도[암 : 도]	앎과[암 : 과]

---

21) 김경아(2000 : 223~241) 참조.

또한, '다만'에서 제시하고 있는 것처럼, 'ㄴ, ㅁ'를 말음으로 가진 용언 어간의 피·사동형은 경음화가 실현되지 않으므로, 다음과 같이 된소리가 아닌 평음으로 발음해야 한다.

(39) 안기다[안기다], 남기다[남기다], 굶기다[굼기다]

그러나 피·사동형들과는 달리, 용언의 명사형의 경우에는 다음과 같이 된소리로 발음하게 된다는 점도 역시 특징적이라고 할 수 있다.

(40) 안기[안 : 끼], 남기[남 : 끼], 굶기[굼 : 끼]

3.5.3. 어간말음 'ㄼ, ㄾ' 뒤의 된소리화

1) 규정

> **제25항** 어간 받침 'ㄼ, ㄾ' 뒤에 결합되는 어미의 첫소리 'ㄱ, ㄷ, ㅅ, ㅈ'은 된소리로 발음한다.
> 넓게[널께]   핥다[할따]   훑소[훌쏘]   떫지[떨찌]

2) 해설

국어 경음화의 세 번째 경우는 다른 자음 앞에서 단순화되어 [ㄹ]로 발음되는 용언의 어간말 자음군 'ㄼ, ㄾ'이 어미의 첫소리 'ㄱ, ㄷ, ㅅ, ㅈ'를 경음화하는 것이다. 이러한 환경에서의 경음화는 다음과 같은 사실들과 대조된다는 점에서 특징적이다.

첫째, 이러한 경음화는 체언의 어간말음 다음에는 적용되지 않고 용언의 경우에만 적용된다. 즉, 체언의 경우에는 다음과 같이 된소리화가 실현되지 않는 것이다.

(41) 여덟[八] : 여덟도[여덜도], 여덟과[여덜과], 여덟보다[여덜보다]

둘째, 이러한 경음화는 자음군이 단순화되어 [ㄹ]로 실현되는 경우에만
적용되며, 기저의 어간말음 'ㄹ' 뒤에서는 적용되지 않는다.

(42) 알-[知] : 알고[알 : 고], 알더니[알 : 더니], 알지[알 : 지]
    살-[生] : 살고[살 : 고], 살더니[살 : 더니], 살지[살 : 지]

위의 예를 통하여 알 수 있는 것처럼, 홑받침 'ㄹ' 다음에서는 된소리화
가 실현되지 않고 있는 것이다.

3.5.4. 한자어 종성 'ㄹ' 뒤의 된소리화

1) 규정

> 제26항 한자어에서, 'ㄹ' 받침 뒤에 결합되는 'ㄷ, ㅅ, ㅈ'은 된소리
>   로 발음한다.
>   갈등[갈뜽]   발동[발똥]   절도[절또]
>   말살[말쌀]   불소(弗素)[불쏘]   일시[일씨]
>   갈증[갈쯩]   물질[물찔]   발전[발쩐]
>   몰상식[몰쌍식]   불세출[불쎄출]
>   다만, 같은 한자가 겹쳐진 단어의 경우에는 된소리로 발음하지
>   않는다.
>   허허실실(虛虛實實)[허허실실]   절절-하다(切切-)[절절하다]

2) 해설

제25항에서 용언의 어간말음 'ㄼ, ㄾ' 다음의 어미의 경음화를 다루면서,
우리는 어간말음 'ㄹ' 다음에서는 그러한 경음화가 실현되지 않는다는 사

실을 지적하였다. 그러나 한자어의 경우에는 선행음절의 말음 'ㄹ' 다음의 'ㄷ, ㅅ, ㅈ'가 된소리로 발음되는 경우를 볼 수가 있는데, 제26항에서는 바로 이와 같은 경음화 현상에 대해 규정한 것이다.

한자어에서 나타나는 이러한 경음화는 모든 한자어에서 자동적으로 실현되는 것이 아니라는 제약을 가지고 있는데, 다음과 같은 한자어들에서는 경음화가 실현되지 않는다.

> (43) 결과, 결국, 물건, 설계, 열기, 절경, 절기, 출고, 팔경, 발발, 불복,
>   할부, 활보 등.

이와 같은 한자어의 경음화의 실현과 제약은 'ㄹ' 다음에 오는 음절두음의 음운론적 자질과 관련이 있는 것으로 보인다. 즉, 'ㄹ' 뒤에 후행하는 자음이 [+설정성]의 자질을 갖는 'ㄷ, ㅅ, ㅈ'일 경우에는 경음화가 실현되지만, (43)의 예에서처럼 'ㄱ, ㅂ' 등의 [−설정성]일 경우에는 그러한 경음화가 제약을 받고 있는 것이다(김경아, 2000 : 232).

3.5.5. 관형사형 어미 '−(으)ㄹ' 뒤의 된소리화

1) 규정

> **제27항** 관형사형 '−(으)ㄹ' 뒤에 연결되는 'ㄱ, ㄷ, ㅂ, ㅅ, ㅈ'은
> 된소리로 발음한다.
>
> 할 것을[할꺼슬]   갈 데가[갈떼가]   할 바를[할빠를]
> 할 수는[할쑤는]   할 적에[할쩌게]   갈 곳[갈꼳]
> 할 도리[할또리]   만날 사람[만날싸람]
> 다만, 끊어서 말할 적에는 예사소리로 발음한다.
> [붙임] '−(으)ㄹ'로 시작되는 어미의 경우에도 이에 준한다.
> 할걸[할껄]   할밖에[할빠께]   할세라[할쎄라]

> 할수록[할쑤록]   할지라도[할찌라도]   할지언정[할찌언정]
> 할진대[할찐대]

2) 해설

국어의 경음화 유형의 기술에서 또 한 가지 중요한 언어적 사실은 용언의 관형사형 어미 '-ㄹ, -을' 다음에서는 후행하는 어미의 두음 'ㄱ, ㄷ, ㅂ, ㅅ, ㅈ'가 된소리로 발음된다는 것인데, 제27항은 바로 이와 같은 경음화 현상을 규정한 것이다.

앞의 예 (42)에서 확인하였듯이, 용언의 어간말음 'ㄹ' 다음에서는 경음화가 실현되지 않음에도 불구하고, 관형사형 어미 '-(으)ㄹ' 다음에서는 경음화가 가능하다는 사실은 그동안 국어의 음운론적 기술에서 매우 중요하게 다루어 왔던 문제이다. 특히, 다음 (44)에서 보듯이, 관형사형 어미 '-(으)ㄴ, -는, -던' 등 'ㄴ' 받침을 가진 어미 뒤에서는 된소리로 발음하지 않는다는 점에 비추어 보더라도 관형사형 어미 '-(으)ㄹ' 다음의 경음화는 흥미 있는 언어적 사실이라고 할 수 있는 것이다.

(44) 간 사람[간사 : 람]   가는 사람[가는사 : 람]   가던 사람[가던사 : 람]

관형사형 어미 '-(으)ㄹ' 뒤의 경음화는 '-(으)ㄹ' 다음에 오는 것이 명사가 아니라 보조 용언일 경우에도 실현되는데, 다음이 그러한 예이다.

(45) 할 듯하다[할뜨타다]   할 법하다[할뻐파다]   할 성싶다[할썽십따]

또한, [붙임]에서 제시한 대로, 관형사형 어미와 같은 '-(으)ㄹ'로 시작하는 다양한 활용 어미들 역시 'ㄹ' 뒤에 오는 자음 'ㄱ, ㄷ, ㅂ, ㅅ, ㅈ'를 된소리로 각각 발음한다. 예컨대 '−(으)ㄹ거나, −(으)ㄹ세, −(으)ㄹ수록, −(으)ㄹ지, −(으)ㄹ진대' 등이 그 예들이다. '−(으)ㄹ까, −(으)ㄹ꼬, −(으)ㄹ쏘냐'는 아예 된소리로 표기한다.

이러한 활용어미의 발음 및 표기와 관련하여 한 가지 유의해야 할 점이 있다면, '−(으)ㄹ까, −(으)ㄹ꼬, −(으)ㄹ쏘냐'를 제외하고는 된소리로 표기하지 않는다는 것이다. 그럼에도 불구하고, 여타의 활용어미에 대해서도 된소리로 표기하는 경우가 흔히 발견되는데, 다음 예들이 그러한 경우이다.

(46) ㄱ. 부모나 형제나 자녀라 *할찌라도 내 죄를 대신하여 죽어줄 사람은 없습니다.

ㄴ. 창간호 기증을 받았는데 장서인을 어찌해야 *할찌.

ㄷ. 손님을 초대했을 때 혹시나 *볼쎄라 욕실을 꼭꼭 걸어 잠가야 했던 슬픈 기억들…….

ㄹ. 네가 온전하고자 *할찐대 가서 네 소유를 팔아 가난한 자들을 주라, 그리하면 하늘에서 보화가 네게 있으리라.

위의 예들은 평음으로 적어야 할 '−ㄹ지라도, −ㄹ지, −ㄹ세라, −진대' 등을 된소리로 잘못 적고 있는 사례들이다. 이와 같은 오류는 관형사형 어미 '−ㄹ' 다음에 연결되는 의존명사의 표기에서도 자주 발견되고 있다.

(47) ㄱ. 올 가을엔 집 *장만할 꺼야.

ㄴ. 다 *이해할 꺼야. 걱정하지 마.

ㄷ. 그래도 답변해 *주실 꺼죠?

위의 예문들은 관형사형 어미 '−ㄹ' 다음에 의존명사 '거'[22]가 연결되는 구조를 가진 것들이다. 위에서 논의한 대로 (46)과 (47)의 예들은 모두 발음

---

22) 의존명사 '것'의 준말.

상으로는 경음화가 실현되어야 하는 형태들임에 틀림없지만, 표기에 있어서는 된소리가 아닌 평음으로 표기해야 한다는 것을 잘 알아둘 필요가 있다고 할 것이다.

3.5.6. 사이시옷 뒤의 된소리화

1) 규정

> **제28항** 표기상으로는 사이시옷이 없더라도, 관형격 기능을 지니는 사이시옷이 있어야 할(휴지가 성립되는) 합성어의 경우에는, 뒤 단어의 첫소리 'ㄱ, ㄷ, ㅂ, ㅅ, ㅈ'을 된소리로 발음한다.
>
> | | | |
> |---|---|---|
> | 문-고리[문꼬리] | 눈-동자[눈똥자] | 신-바람[신빠람] |
> | 산-새[산쌔] | 손-재주[손째주] | 길-가[길까] |
> | 물-동이[물똥이] | 발-바닥[발빠닥] | 굴-속[굴 : 쏙] |
> | 술-잔[술짠] | 바람-결[바람껼] | 그믐-달[그믐딸] |
> | 아침-밥[아침빱] | 잠-자리[잠짜리] | 강-가[강까] |
> | 초승-달[초승딸] | 등-불[등뿔] | 창-살[창쌀] |
> | 강-줄기[강쭐기] | | |

2) 해설

《한글 맞춤법》 제30항에서는 국어의 사이시옷은 앞말이 모음으로 끝나는 개음절의 경우에만 표기한다고 규정하고 있다 이와 같은 규정에 따라 사이시옷이 삽입되어야 하는 경우라고 하더라도, 앞말이 자음으로 끝나는 폐음절의 경우에는 표기를 하지 않게 된다 그러나 표기의 여부와는 상관없이, 기능상 사이시옷이 삽입되는 합성어의 경우, 뒷말의 첫소리는 당연히 된소리로 발음되는바, 제28항에서는 바로 이와 같은 된소리의 발음에 대해 규정하고 있다.

다만, 이 규정에서 사이시옷이 관형격의 기능을 가지는 경우에 한해서 된소리로 발음해야 한다고 보는 것은 오늘날 국어의 사이시옷이 단순히 관형격의 기능만을 가지고 있는 것은 아니라는 점에서 수정이 필요하다. 사실, 15세기 국어에서는 사이시옷이 기본적으로는 관형격의 기능을 나타냈던 것이나, 현대 국어로 내려오면서 많은 변화를 겪음으로써 사이시옷의 기능이 그와 같이 단순하게 파악되지 않고 있다. 예컨대, 다음과 같은 예들은 관형격의 기능이 있을 수 없음에도 사이시옷의 삽입에 의한 경음화가 가능한 것이다.

(48) 돌집[돌 : 찝]23)   비빔밥[비빔빱]   안방[안빵]
      안집[안찝]   봄비[봄삐]   잠자리[잠짜리]

위의 예들을 통하여 짐작할 수 있는 것처럼, 사이시옷의 기능은 단순히 관형격 하나만으로 규정될 수 없다. 선행어와 후행어가 속격 혹은 수식 관계에 있는 것이 아니라, 때로는 선행어가 후행어의 도구가 되는 경우(例. 돌집), 수단이 되는 경우(例. 비빔밥), 시간·장소 등의 처소가 되는 경우(例. 안방, 안집), 용도가 되는 경우(例. 잠자리) 등 선행어와 후행어가 다양한 의미 관계를 가지고 있기 때문이다.

그런데 다음 예들과 같이, 동일한 합성어 내부에서도 경음화가 일어나지 않는 형태들도 많이 있다는 사실에 비추어 경음화가 적용되는 형태는 사전에 발음을 명기해 줄 필요가 있음을 알 수 있다.

(49) 쌀밥[쌀밥]   콩밥[콩밥]   김밥[김 : 밥]
      밤밥[밤 : 밥]   장조림[장 : 조림]   콩조림[콩조림]

---

23) 돌로 지은 집.

봄비

변영로

나직하고, 그윽하게 부르는 소리 있어,
나아가 보니, 아, 나아가 보나—
졸음 잔뜩 실은 듯한 젖빛[24] 구름만이
무척이나 가쁜 듯이, 한없이 게으르게
푸른 하늘 위를 거닌다.
아, 잃은 것 없이 서운한 나의 마음!

나직하고, 그윽하게 부르는 소리 있어
나아가 보니, 아, 나아가 보나—
아려—ㅁ풋이 나는, 지난날의 회상(回想)같이
떨리는, 뵈지 않는 꽃의 입김만이
그의 향기로운 자랑 안에 자지러지노나!
아, 찔림 없이 아픈 나의 가슴!

나직하고, 그윽하게 부르는 소리 있어
나아가 보니, 아, 나아가 보나—
이제는 젖빛 구름도 꽃의 입김도 자취 없고
다만 비둘기 발목만 붉히는 은(銀)실 같은 봄비만이
노래도 없이 근심같이 내리노나!
아, 안 올 사람 기다리는 나의 마음!

---

24) '젖빛'[젙삗]과 '입김'[입낌] 및 '없고[업 : 꼬]'는 음절말 자음의 불파음화로 인한 경음화의
  예이고, '봄비'[봄삐]는 사이시옷 삽입으로 인한 경음화를 보여주는 예이다. 또한, '올 사
  람'[올싸람]은 관형사형 어미 '—ㄹ' 다음의 경음화를 보여준다.

3.6. 제7장 소리의 첨가

3.6.1. 'ㄴ' 첨가

1) 규정

> **제29항** 합성어 및 파생어에서, 앞 단어나 접두사의 끝이 자음이고 뒤 단어나 접미사의 첫 음절이 '이, 야, 여, 요, 유'인 경우에는, 'ㄴ'소리를 첨가하여 [니, 냐, 녀, 뇨, 뉴]로 발음한다.
>
> | | |
> |---|---|
> | 솜—이불[솜니불] | 홑—이불[혼니불] |
> | 막—일[망닐] | 삯—일[상닐] |
> | 맨—입[맨닙] | 꽃—잎[꼰닙] |
> | 내복—약[내ː봉냑] | 한—여름[한녀름] |
> | 남존—여비[남존녀비] | 신—여성[신녀성] |
> | 색—연필[생년필] | 직행—열차[지캥녈차] |
> | 늑막—염[능망념] | 콩—엿[콩녇] |
> | 담—요[담ː뇨] | 눈—요기[눈뇨기] |
> | 영업—용[영엄뇽] | 식용—유[시굥뉴] |
> | 국민—윤리[궁민뉼리] | 밤—윷[밤ː뉻] |
>
> 다만, 다음과 같은 말들은 'ㄴ' 소리를 첨가하여 발음하되, 표기대로 발음할 수 있다.
>
> 이죽—이죽[이중니죽 / 이주기죽]
> 야금—야금[야금냐금 / 야그먀금]
> 검열[검ː녈 / 거ː멸]   욜랑—욜랑[욜랑뇰랑 / 욜랑욜랑]
> 금융[금늉 / 그뮹]
>
> **[붙임1]** 'ㄹ' 받침 뒤에 첨가되는 'ㄴ' 소리는 [ㄹ]로 발음한다.
>
> 들—일[들ː릴]   솔—잎[솔립]   설—익대[설릭때]
> 물—약[물략]   불—여우[불려우]   서울—역[서울력]
> 물—엿[물렫]   휘발—유[휘발류]   유들—유들[유들류들]
>
> **[붙임2]** 두 단어를 이어서 한 마디로 발음하는 경우에는 이에 준한다
>
> 한 일[한닐]   입대[온닙따]   서른 여섯[서른녀섣]
> 3 연대[삼년대]   먹은 엿[머근녇]   할 일[할릴]

> 잘 입대[잘립때]   스물 여섯[스물려섣]   연대[일련대]
> 먹을 엿[머글렫]
> 다만, 다음과 같은 단어에서는 'ㄴ(ㄹ)' 소리를 첨가하여 발음하
> 지 않는다.
> 6·25[유기오]   3·1절[사밀쩔]   송별연[송 : 벼련]
> 등용－문[등용문]

2) 해설

국어의 한자어, 합성어 및 접두 파생어들 가운데는 앞 단어나 접두사가
자음으로 끝나고 뒤 단어가 모음 'ㅣ'나 'j계' 이중모음, 곧 '야, 여, 요, 유'
로 시작되는 경우에 'ㄴ'가 첨가되는 경우가 있는데, 제29항은 바로 이와
같은 'ㄴ' 첨가 현상에 대해 규정하고 있다.

'ㄴ' 첨가 현상은 자동적인 것은 아니어서, 모든 경우에 'ㄴ' 첨가가 나타
나는 것은 아니지만,[25] 하나의 단어 내부에서는 물론, 구 성분을 이루는 경
우에도 가능한 것으로 보인다. 물론 'ㄴ' 첨가가 이루어지려면 단어 내부이
건 구 구성의 내부이건 휴지가 개재되어서는 안 된다는 조건을 가지고 있
다. [붙임 2]는 구 성분을 이루고 있는 경우에 실현되는 'ㄴ' 첨가를 보여주
는 예들인데, 여기에 제시된 '두 단어를 이어서 한 마디로 발음하는 경우'
라는 조건은 바로 휴지가 개입되어서는 안 된다는 조건을 말하고 있는 것
이다.

'ㄴ' 첨가의 결과는 두 가지 음운 변동을 수반하는데, 그 하나는 비음화
이고 다른 하나는 유음화이다. 'ㄴ'가 첨가되고 나면 뒤 단어의 음절두음이
비음으로 시작되는 결과, 역행적 성격의 비음화가 유발됨은 물론, 선행어의

---

25) '절약[저략], 월요일[워료일], 목요일[모교일], 금요일[그묘일]' 등과 함께, '6·25[유기오],
 3·1절[사밀쩔], 송별연[송 : 벼련], 등용－문[등용문]' 등의 예들을 보더라도 'ㄴ' 첨가가
 자동적인 현상이 아님을 알 수 있다.

말음이 '르'인 경우에는 '르ㄴ'의 연쇄를 야기함으로써 유음화가 실현되는 것이다. '홑-이불[혼니불], 막-일[망닐], 삯일[상닐], 꽃-잎[꼰닙]'의 예들은 비음화의 예이고,26) [붙임 1]에 제시된 '들-일[들 : 릴], 솔-잎[솔립], 설-익다[설릭따], 물-액[물략]' 등의 예들은 'ㄴ' 첨가 결과로 야기된 유음화의 예들이다.

문제는 이와 같은 'ㄴ' 첨가의 음운론적 동기가 무엇인가 하는 것인데, 고광모(1991)에 따르면, 'ㄴ' 첨가 현상은 근대국어 시기에 일어났던 음성 변화인 'ㄴ' 탈락 현상과 직접적인 관련이 있는 것으로 보인다. 이와 같은 가정이 가능한 것은 'ㄴ' 삽입을 보이는 형태들 가운데는 기원적으로 어두 위치에 'ㄴ'를 가지고 있었던 것들이 상당수 발견되기 때문이다. 예컨대, 다음과 같은 예들이 그러한 경우이다.

> (50) 니블>이불 : 貴혼 **니블**로 布施하며(釋譜 13 : 23)
>   닢>잎 : 이본 남기 새 **닢** 나니이다(龍歌 84장)
>   녀름>여름 : ㅂ롬비 시절에 마초ㅎ야 **녀르미** 드외야(釋譜 9 : 34)
>   녀셩>여성 : 싱이 답왈 쥬피 비록 정심을 표ㅎ나 도로혀 **녀셩** 감초
>   기의논 어려오니(落泉 2 : 4)

위의 예들을 통하여 알 수 있는 것처럼, 현대 국어에서 'ㄴ' 삽입을 보이는 형태들은 대부분 어원적으로 'ㄴ'를 어두음으로 가지고 있었던 것들이다. 주지하는바, 중세국어 단계에서 어두 위치에 'ㄴ'를 가지고 있었던 어휘들27)은 근대국어 단계에서 수행된 'ㄴ'의 구개음화에 이어 구개자음 'ɲ'의 탈락을 경험하게 된다. 이러한 'ㄴ' 탈락의 결과로 자음 뒤와 기타의 환경

---

26) 물론 선행어의 말음이 비음인 경우에는 '솜이불, 맨입, 한여름, 남존여비'의 경우처럼, 비음화의 적용은 공허한 것이다.
27) 'ㄴ'의 구개음화에 이은 탈락은 'ㄴ'을 후행하는 모음이 'ㅣ' 모음이거나 'j'계 이중모음인 경우에 한정된다.

사이에는 'ㄴ~ø'의 교체가 발생하게 되었고, 그러한 교체가 역사적인 변화의 방향과는 거리가 먼 'ㄴ' 첨가로 재해석된 것이다. 또한 그와 같은 재해석의 결과 'ㄴ~ø'의 교체가 본래 'ㄴ'를 갖지 않던 형태들에까지 확대됨으로써 오늘날 볼 수 있는 'ㄴ' 첨가 현상이 출현한 것으로 보인다.28)

그런데 위의 규정에 제시된 바에 의하면, 'ㄴ' 첨가는 수의적 성격을 띠는 경우도 있어서, '검열'을 비롯하여 '이죽―이죽, 야금―야금, 욜랑―욜랑' 등의 경우에는 '[검 : 녈 / 거 : 멸], [이중니죽 / 이주기죽], [야금냐금 / 야그먀금], [욜랑뇰랑 / 욜랑욜랑]'처럼, 'ㄴ'를 첨가하여 발음하는 형태와 'ㄴ' 첨가 없이 발음하는 형태 둘 다 표준 발음으로 인정하고 있다. 그러나 '이기죽이기죽[이기죽이기죽]'은 'ㄴ' 첨가 없이 발음하고, '야옹야옹[야옹냐옹]'은 'ㄴ'를 첨가하여 발음한다. 따라서 'ㄴ'가 첨가된 경우에는 사전에서 그 발음을 표시하여야 한다.

3.6.2. 사이시옷 첨가

1) 규정

> 제30항 사이시옷이 붙은 단어는 다음과 같이 발음한다.
> 1. 'ㄱ, ㄷ, ㅂ, ㅅ, ㅈ'으로 시작하는 단어 앞에 사이시옷이 올 때는 이들 자음만을 된소리로 발음하는 것을 원칙으로 하되, 사이시옷을 [ㄷ]으로 발음하는 것도 허용한다.
>
> | | |
> |---|---|
> | 냇가[내 : 까 / 낻 : 까] | 샛길[새 : 낄 / 샏 : 낄] |
> | 빨랫돌[빨래똘 / 빨랟똘] | 콧등[코뜽 / 콛뜽] |
> | 깃발[기빨 / 긷빨] | 대팻밥[대 : 패빱 / 대 : 팯빱] |
> | 햇살[해쌀 / 핻쌀] | 뱃속[배쏙 / 밷쏙] |
> | 뱃전[배쩐 / 밷쩐] | 고갯짓[고개찓 / 고갣찓] |

---

28) 이에 대한 자세한 설명은 고광모(1991)를 참조

2. 사이시옷 뒤에 'ㄴ, ㅁ'이 결합되는 경우에는 [ㄴ]으로 발음한다.

콧날[콛날→콘날]   아랫니[아랟니→아랜니]

툇마루[퇻 : 마루→퇸 : 마루]   뱃머리[밷머리→밴머리]

3. 사이시옷 뒤에 '이' 소리가 결합되는 경우에는 [ㄴㄴ]으로 발음한다.

베갯잇[베갣닏→베갠닏]   깻잎[깯닙→깬닙]

나뭇잎[나묻닙→나문닙]   도리깻열[도리깯녈→도리깬녈]

뒷윷[뒫 : 뉻→뒨 : 뉻]

2) 해설

≪한글 맞춤법≫ 제30항에서는 국어 사이시옷의 표기에 대한 규정이, 앞에서 살펴본 <표준 발음법> 제28항에서는 표기상으로는 나타나지 않지만 사이시옷의 삽입 결과 야기된 경음화 현상에 대한 규정이 제시되었다고 한다면, <표준 발음법> 제30항에서는 사이시옷의 표기 결과로 야기된 발음의 변화에 대한 규정이 모두 제시되었다.

<표준 발음법> 제30항의 1은 사이시옷이 삽입된 결과 된소리화가 야기된 경우의 발음에 대한 규정이다. 여기에 제시된 예들을 통하여 알 수 있는 것처럼, 된소리화가 실현된 경우의 발음은 두 가지이다. 예컨대, '냇가'는 [내 : 까] 또는 [낻까]로 발음되는 것이다. 이러한 두 가지 발음이 도출될 수 있었던 것은 다음과 같은 과정을 통해서이다.

(51)   //내＋가//

사이시옷 삽입   냇가

불파음화(자음 중화)   낻가

경음화   [낻까]

조음 위치 동화   [닉까]

중복 자음 탈락   [내까]

　위와 같은 도출 과정을 통해서 볼 때, '냇가'의 경우 실제 음성 층위에서 실현될 수 있는 발음의 유형으로는 [낻까~낵까~내까] 등 세 가지가 가능함을 알 수 있다. 이 경우 [낻까]는 비교적 신중한 말투에서, [낵까~내까]는 일상적인 빠른 말투에서 실현되는 발음이라고 할 수 있다. 따라서 원칙적으로는 [낻까]를 표준 발음으로 정하는 것이 합리적이지만, 실제 발음을 고려하여 [내까]와 [낻까] 두 가지를 표준 발음으로 허용하게 되었다. 다만, [낵까]는 앞의 <표준 발음법> 제22장의 규정에서 제시한 대로, 조음 위치 동화에 의한 발음이므로 표준 발음으로 허용하지 않는다.

　<표준 발음법> 제30항의 2는 'ㄴ, ㅁ' 같은 비음 앞에 사이시옷이 삽입된 경우, 'ㅅ→ㄷ→ㄴ'의 과정에 따라 사이시옷을 [ㄴ]로 발음함을 규정하고 있는 것이다. 예컨대, '콧날'[콘날]의 도출 과정을 제시하면 다음과 같다.

(52)　　　　　　　　　　　　　　　　//코＋날//
　　　사이시옷 삽입　　　　　　　　콧날
　　　불파음화　　　　　　　　　　콛날
　　　비음화　　　　　　　　　　　콘날
　　　음성형　　　　　　　　　　　[콘날]

　마지막으로, <표준 발음법> 제30항의 3은 사이시옷 삽입의 결과 야기된 'ㄴ' 첨가와 비음화가 실현되는 것에 대해 규정한 것이다. 가령, '깻잎'[깬닙]의 도출 과정은 다음과 같다.

(53)　　　　　　　　　　　　　　　　//깨＋잎//
　　　사이시옷 삽입　　　　　　　　깻잎
　　　불파음화　　　　　　　　　　깯입
　　　'ㄴ' 삽입　　　　　　　　　　깯닙
　　　비음화　　　　　　　　　　　깬닙
　　　음성형　　　　　　　　　　　[깬닙]

이상에서 살펴본 바와 같이, 사이시옷의 삽입은 그 음운론적 환경에 따라 크게 세 가지 유형의 음성 변화를 가져오는 것으로 볼 수 있다. 그러므로 각각의 경우에 따라 표준 발음법이 어떻게 규정되고 있는가를 잘 알아 두어야 할 것이다.

나뭇잎을 가만히 들여다보면

이형기

나뭇잎[29]을 가만히 들여다보면
한 세기 전의 해적선이 바다를 누빈다.
나뭇잎만큼 많은 돛을 달고
그 어떤 격랑도 지울 수 없는
벌레 먹은 항적(抗跡)

나뭇잎을 다시 들여다보면
나무가 뿌리째
그 밑바닥에 침몰해 있다.
파들파들 떨리는 단말마의
손짓
잎사귀들이

---

29) 나뭇잎 → [나문닙]으로 발음.

연 습 문 제

1 〈표준 발음법〉에 따라 국어의 말소리를 발음하는 방법을 익히기 위해서는 국어의 자음이나 모음의 체계를 잘 이해해야 한다. 다음은 국어의 자음과 모음을 조음 위치와 방법, 또는 혀의 위치와 모양에 따라 구분하기 위한 체계도이다. 빈 칸에 들어갈 자음 또는 모음을 채워 넣어라.

(1) 현대 국어의 표준 자음 체계

조음 방법 \ 조음위치		입술소리	허끝소리	구개음	연구개음	목청소리
장애음	예사소리					
	거센소리					
	된소리					
공명음	비음					
	유음					

(2) 현대 국어의 표준 모음 체계(10모음)

위치 입술 높이	전설모음		후설모음	
	평 순	원 순	평 순	원 순
고모음				
중모음				
저모음				

2 현대 국어의 표준 모음 체계는 10모음으로 볼 수 있지만, 경우에 따라서는 8모음으로도 볼 수 있다. 이와 같은 차이가 생겨나게 된 이유는 무엇인지 음성학적 사실을 바탕으로 설명하라.

3 〈표준 발음법〉 제8항에서는 "받침소리로는 'ㄱ, ㄴ, ㄷ, ㄹ, ㅁ, ㅂ, ㅇ'의 7개 자음만 발음한다."고 규정하고 있다. 이와 같은 규정과 관련되는 국어의 음운론적 특징에 대해 설명하라.

4 다음에 제시한 단어의 발음들 가운데 잘못된 발음을 골라 바로잡아라.

(1) ① 되어 → 돼[돼 :]　　　② 두어 → 둬[둬 :]
　　 ③ 하여 → 해[해 :]　　　④ 치어 → 쳐[쳐 :]

(2) ① 감기다[감 : 기다]　　　② 끌리다[끌 : 리다]
　　 ③ 벌리다[벌 : 리다]　　　④ 없애다[업 : 쌔다]

(3) ① 핥다[할따]　　　② 값[갑]
　　 ③ 없다[업 : 따]　　　④ 밟고[발 : 꼬]

(4) ① 넓-죽하다[넙쭈카다]   ② 여덟[여덜]
    ③ 넓다[넙따]   ④ 밟다[밥 : 따]

(5) ① 상견례[상견례]   ② 횡단로[횡단노]
    ③ 이원론[이원논]   ④ 입원료[이붠뇨]

(6) ① 넓게[널게]   ② 핥다[할따]
    ③ 훑소[훌쏘]   ④ 떫지[떱찌]

(7) ① 쌀밥[쌀밥]   ② 콩밥[콩밥]
    ③ 김밥[김 : 빱]   ④ 밤밥[밤 : 밥]

(8) ① 들-일[들 : 릴]   ② 솔-잎[솔립]
    ③ 설-익다[설익따]   ④ 물-약[물략]

(9) ① 6·25[유기오]   ② 3·1절[사밀쩔]
    ③ 송별연[송 : 벼련]   ④ 등용-문[등뇽문]

(10) ① 베갯잇[베갠닏]　　　② 깻잎[깬닙]

　　　③ 나뭇잎[나문닙]　　　④ 도리깻열[도리깬녈]

5 다음 시를 〈표준 발음법〉에 따라 발음되는 대로 옮겨 적어라.

> 희고 고운 실빗살
> 청포잎에 보실거릴 땐 오시구려
> 마누라 몰래 한바탕
> 비받이 양푼갓에 한바탕 벌여놓고
> 도도리장단 좋아 헛맹세랑 우라질 것
> 보릿대춤이나 춥시다요
> 시름 지친 잔주름살 환히 펴고요 형님
> 있는 놈만 논답디까
> 사람은 매한가지
> 도동동당동
> 오라질 것 놉시다요
> 지지리도 못생긴 가난뱅이 끼리끼리.
>
> 　　　　　　　　　　　　　－김지하, '형님' 全文

참고문헌

고광모(1991), 「ㄴ첨가와 사이시옷에 관하여」, 『언어연구』 3, 서울대학교 언어연구회.

김경아(2000), 『국어의 음운표시와 음운과정』, 국어학회.

김정우(1994), 「음운 현상과 비음운론적 정보에 관한 연구」, 박사학위논문(서울대).

안병희(1982), 『15세기 국어의 활용 어간에 대한 형태론적 연구』, 탑출판사.

이병근(1979), 『음운현상에 있어서의 제약』, 탑출판사.

이승재(1993), 「모음의 발음」, 『새국어생활』 3-1호, 국립국어연구원.

이은정(1988), 『한글 맞춤법, 표준어 해설』, 대제각.

지민제(1993), 「소리의 길이」, 『새국어생활』 3-1호, 국립국어연구원.

Katamba, F(1989), An Introduction to Phonology, Longman.

제6장 외래어 표기법

1. 외래어의 개념과 특성

국어 어휘는 그 기원에 따라 네 가지, 곧 고유어, 한자어, 외래어, 혼종어로 구분할 수 있다. 이 가운데 외래어란 외국의 문화나 문물과의 접촉의 결과로 들어오게 된 외국어가 국어에 들어와 일반화됨으로써 국어의 일부로 사용되는 어휘를 가리킨다. 물론, 모든 외국어가 외래어가 되는 것은 아니다. 외국어들 가운데 국어에 성공적으로 정착하게 된 것만을 외래어라고 하는 것이다. 대개의 경우, 외래어는 해당 언어의 실제적 필요성에 의해 유입된 것으로, 자국어의 어휘를 풍부하게 해 준다는 이점이 있다고 할 수 있다.

외래어는 유입된 시기가 어느 정도 되었느냐에 따라 대략 다음(1)과 같이 세 가지 유형으로 분류할 수 있다.

> (1) ㄱ. 발음이나 뜻이 다 외국어의 모습 그대로인 외국어.
>
> 例. 컴퓨터, 인터넷, 웹, 네트워크, 베이식, 클리닉, 클렌징, 샴
>   푸, 린스 등.
>
> ㄴ. 발음이나 형태 등이 국어적인 것으로 변화한 모습이 있는 단계
>   의 말인 차용어.
>
> 例. 라디오, 모델, 아나운서, 넥타이, 와이셔츠, 바나나, 피자 등.
>
> ㄷ. 외국어라는 특징을 잃어버리고 국어사회에서 고유어와 다름없
>   는 것으로 인식되어 쓰이는 말.
>
> 例. 성냥, 담배, 남포, 고무, 구두 등의 일부 외래어.

위의 세 가지 유형의 외래어가 보여주듯이, 외래어는 그 유형에 따라 국
어화의 정도에 차이가 있게 마련이다. 즉, '담배, 남포, 고무, 구두' 등과 같
이 외래어라는 의식조차도 없을 정도로 국어화의 정도가 심한 것이 있는가
하면, '아나운서, 넥타이, 바나나' 등처럼 외국에서 들어온 것이라는 의식이
남아 있는 것, '컴퓨터, 네트워크, 베이식' 등처럼 발음이나 뜻이 외국어의
모습 그대로 남아 있는 것 등이 그것이다.

국어의 외래어의 유입 경로 또한 몇 가지로 나누어 생각해 볼 수 있다.
가장 일반적이면서 보편적인 방법은 외국으로부터 직접 받아들이는 방식이
라고 할 수 있으며, 그 다음으로는 일본을 통해 들어온 것[1] 마지막으로는
우리 스스로가 외국어를 재료로 해서 만들어 내는 방식 등이 있다.

국어의 외래어들 가운데 일본을 통해 들어온 외래어가 많은 것은 한때
서양 문물의 통로가 주로 일본이었던 데에 그 원인이 있다고 할 것이다. 다
음 어휘들이 바로 그러한 예들인데, 주로 영어에서 유래된 이러한 외래어들

---

1) 외래어를 수용하는 방식은 받아들이는 통로가 직접적이냐 간접적이냐에 따라 직접 차용과
   간접 차용으로 나뉜다. 원어로부터 직접 받아들이는 경우를 직접 차용, 다른 언어를 한번
   거쳐서 받아들이는 경우를 간접 차용이라고 하는데 국어의 경우 개화기 이전에는 주로 중
   국을 통해서, 개화기 이후 해방 이전까지는 일본을 통해서 차용이 이루어졌다. 그러나 해방
   이후에도 상당수의 외래어가 일본을 통해서 간접 차용된 예가 많은데 그것은 두 나라 사
   이의 문화접촉이 그만큼 활발하기 때문이라고 할 수 있을 것이다.

이 원어와는 상당히 다른 모습으로 차용되었거나, 영어를 재료로 해서 일본에서 만들어진 어휘들도 상당히 많다는 사실을 확인할 수가 있다

   (2) 잠바 ← jumper
       마후라 ← muffler
       돈가스 ← pork cutlet
       애프터서비스 ← after sale service
       비치파라솔 ← beach umbrella
       블라인드 ← window shade
       커닝 ← cheating
       데커레이션케이크 ← fancy cake
       마니아 ← maniac
       믹서 ← blender
       네임 밸류 well-known name
       샐러리맨 ← salaried worker
       탤런트 ← TV personality
       비닐하우스 ← plastic greenhouse

일본에서 들어온 외래어들 외에, 우리 스스로가 외국어를 재료로 해서 만들어 낸 외래어들도 상당수가 있는데 다음 예들이 바로 그러한 것들이다.

   (3) 오토바이 ← motor cycle
       홈드레스 ← house dress
       백미러 ← real view mirror
       핸드폰 ← cellular phone

그렇다면 이러한 외래어들은 어떠한 언어학적 특성을 지니게 될까?

첫째, 외래어는 원래의 원어에서 가졌던 특징을 잃어버리고 새 언어의 체계와 구조에 맞게 음운이나 형태가 동화되는 경향이 있다.

외래어가 음운론적 측면에서 국어에 동화된다는 사실은 외국어 본래의 발음이 그대로 유지되지 못하고, 국어에 들어오면서 국어의 음운적 특징을 띠게 된다는 것이다. 예컨대, 다음 예에서와 같이 영어의 유성자음들이 국어에 들어와서 흔히 된소리로 인식되는 것도 국어의 장애음 체계에는 유성음이 없기 때문에 나타나는 현상이다.

(4) bus → 뻐스
     banana → 빠나나
     gum → 껌
     jazz → 째즈

또한, 영어에서는 분명히 구별되는 /p/, /f/가 국어에서는 구별되지 않기 때문에, 일반인들이 두 소리를 비슷하게 받아들임으로써 대부분 [p]로 인식하게 되는 것도 바로 그러한 이유에서이다. 그 밖에 장단이나 강세, 성조와 같은 운율적 자질도 국어에 들어오게 되면, 원래 외국어의 모습을 잃어버리게 되는 일도 흔히 있는 일이다.

그러나 이러한 경향이 반드시 성립하는 것은 아니어서 국어의 외래어들은 두음 법칙이 적용되지 않는다는 특징을 또한 갖기도 한다. 국어에서 '리, 뉴' 등은 단어의 첫머리에 올 적에 '이, 유'로 발음되나 외래어는 그렇지 않다. '리듬, 뉴스'와 같은 외래어가 이를 잘 보여준다. 이와 같이, 국어의 음운 체계에 존재하지 않던 어두의 'ㄹ'가 외래어 때문에 생겨나게 된 것은 외래어가 국어에 음운론적으로 영향을 미친 예라고 할 것이다.

외래어가 새 언어의 형태적 특성에 동화되는 경향이 있음을 보여주는 예로는 외래어의 동사나 형용사가 국어에 들어와 사용되는 경우에, 국어의 접미사 '-하다'가 결합하여 쓰이는 경우가 많다는 것이다. '스마트(smart)하다, 젠틀(gentle)하다, 슬림(slim)하다, 쿨(cool)하다' 등과 함께 명사에 연결되어 사용되는 '데이트(date)하다, 테스트(test)하다, 아이러니(irony)하다, 미스테리(mystery)하다' 등이 바로 그러한 예이다.

둘째, 외래어는 접사로 쓰이는 경우가 아주 드물다는 것이다. '슈퍼(super)-', '노(no)-' 등이 접두사처럼 쓰인다든지, '-텔(tel)', '-맨(man)' 등이 접미사처럼 쓰이는 사례가 없는 것은 아니지만, 이는 외래어에서 특이한 경우일 뿐만 아니라 아직 온전한 접사라고 하기는 어렵다.

셋째, 외래어는 그 어형이 불안정하다는 것이다. 외래어는 국어에 수용되는 과정이 단일하지 않고 소리의 변화가 고유어나 한자어에 비해 빠르며, 또 외래어의 기원이 되는 외국어의 음운 체계가 국어와 달라 외국어 발음에 가장 가까운 국어가 무엇인지 통일되기 어려우므로, 그 어형이 여러 가지로 나타나는 경향이 있다. 예컨대, 프랑스어 'encore'가 '앙코르, 앙꼬르, 앙콜, 앵콜'로 나타난다든지, 영어 'badge', 'buzzer', 'chocolate', 'chance' 등이 '배지, 뱃지, 뺏지'와 '버저, 부자, 부저', '초콜릿, 초콜렛, 초코렛, 쪼꼬렛', '찬스, 챈스, 챤스' 등으로 나타나는 것이 그 예이다(임동훈, 1996 : 42). 이와 같은 불안정성 때문에 외래어 표기법에서는 이미 굳어진 외래어는 굳어진 것을 인정하고, 그렇지 않은 말이거나 새로 들어오는 말은 표기법에 따라 표기하도록 규정하고 있다.

정지신호

정선기

기다리는 시간은 정지신호에 걸린 시간
이 거리엔 빨간 신호등만 켜져 있다
그리움을 띄울 공중회선은 초만원이다
비는 내리고 어둠 속에서 빛나던 별 하나
무심히 돌아섰던 발길이 오늘 따라 후회스럽다
신호등은 언제 파란 불로 바뀔지 알 수 없다
꽃 한 송이 피우면 텅 빈 거리가 환해질까
사람들은 빽미러2)를 기웃거리며 비웃듯이 스쳐 지난다
그때 너는, 그건 꿈이었지만, 이쪽으로 다가왔다
눈길을 줄 수 없는 이 슬픈 만남의 순간
가슴은 뚫려 바람이 불고 먼지가 인다
예전 같지 않은 낯선 풍경이 산만하다
문들은 굳게 닫혀 출입구는 보이지 않는다
팔을 내밀고 싶지만 관절이 고통으로 삐걱거린다
방향 잃은 세상 참 많이도 변했다, 너도
내일은 미지의 그리움으로 떠오를 테지
아무래도 손을 흔들어 작별을 말해야 할까 보다
시간은 정지신호에 걸려 아직도 빨간 불이다

---

2) *빽미러 → 백미러(back mirror)

2. 외래어 표기법의 변천

국어의 외래어 표기법의 효시는 1940년 조선어학회에서 펴낸 ≪외래어 표기법 통일안≫이다. 이 ≪외래어 표기법 통일안≫의 총칙 조항은 1933년 조선어학회에서 펴낸 ≪통일안≫의 제6장 내용과 대동소이하다는 점에서 개략적인 외래어 표기 원칙은 이미 1933년에 이루어졌다고 볼 수 있다.

임홍빈(1996 : 28~29)에서는 문교부(1987 : 13)와 국립국어연구원(1995 : 115)을 참고로 하여 외래어 표기법의 제정과 변천의 연혁을 체계적으로 제시한 바 있는데, 그 이후에 이루어진 작업들을 보완하여 하나의 표로 정리하면 다음과 같다.

〈표 1〉 외래어 표기법의 제정과 변천의 연혁

연 도	제정 내용
1933	조선어학회, '한글 맞춤법 통일안'의 한 항목으로 외래어 표기 방법 규정.
1940	조선어학회, ≪외래어 표기법 통일안≫ 제정.
1948	문교부 학술용어 제정위원회, ≪들온말 적는 법≫(외래어 표기법) 제정.
1958	문교부 국어심의위원회, ≪로마자의 한글화 표기법≫ 제정.
1959	편수 자료 제1집, 제2집 발간. • 제1집 : ≪로마자의 한글화 표기법≫ 및 일부 세칙, 표기 예 제시. • 제2집 : 외국 지명 표기 세칙 제시.
1960	편수 자료 제3집 발간. 영어, 독일어, 프랑스 어, 이탈리아 어, 일본어, 중국어 표기방법 제시.
1963	편수 자료 제4집 발간. 인명, 지명 표기 세칙 보완, 중국어 및 일본어 표기 일람표 제시.
1972	편수 자료 제3, 4, 5, 6집 합본 발행.
1979	문교부, ≪외래어 표기법안≫

연 도	제정 내용
1983	학술원, ≪외래어 표기법 개정안≫
1986	[문교부 고시 제85-11호] ≪외래어 표기법≫ 제정. 국어연구소, '외래어 표기 용례집', 인명·지명 편 발간.
1988	국어연구소, '외래어 표기 용례집', 일반 용어 편 발간.
1992	[문화부 고시 제1992-31호](1992년 11월 27일) 동구권의 폴란드어, 세르보크로아트 어, 루마니아 어, 헝가리어 자모와 한글 대조표 제시.
1993	국립국어연구원, ≪외래어 표기 용례집≫(동구권 인명·지명 편) 발간.
1995	[문화체육부 고시 제1995-8호](1995년 3월 16일) 북구권의 스웨덴 어, 노르웨이 어, 덴마크 어 자모와 한글 대조표 및 표기 세칙 제시. 국립국어연구원, ≪외래어 표기 용례집≫(북구권 인명·지명 편) 발간.
1998	정부언론외래어심의 공동위원회(제1차~제25차 결정), ≪외래어 표기 용례집≫ 발간.
2004	[문화관광부 고시 제2004-11호](2004년 12월 20일) ≪동남아시아 3개 언어 외래어 표기 용례집≫
2005	[문화관광부 고시 제2005-32호](2005년 12월 28일) ≪외래어 표기 용례집≫(포르투갈 어, 네덜란드 어, 러시아 어)

위의 표에서 확인된 바와 같이, 1933년에 외래어 표기 방법이 규정되고, 1940년에 이르러 최초의 외래어 표기법이 제정된 이래, 국어의 외래어 표기법은 상당한 변모와 보완을 거듭해 왔다.

1933년, 조선어학회에 의해 규정된 외래어 표기 방법은 ≪통일안≫의 제6장에 제시되어 있다. 그 내용은 "새 문자나 부호를 쓰지 아니하며, 표음주의를 취한다."는 것이었다. 이는 외래어 표기의 대원칙을 밝힌 것으로, 후술하게 되는 바와 같이, 현행 ≪외래어 표기법≫의 대원칙에서도 그대로 유

지된다는 점에서 그 의의가 크다고 하겠다

   그 다음으로 나온 것이 1940년, 조선어학회에 의해 제정된 ≪외래어 표기법 통일안≫이다. 이 ≪외래어 표기법 통일안≫은 1931년부터 9년 동안의 준비 기간을 거쳐서 이루어진 것으로, 1938년에 시안 작성을 완료하고 난 후 2년여의 시험 적용 기간을 거친 후에 확정되었다. 이는 실제적인 의미에서 우리나라 최초의 본격적인 외래어 표기법으로서의 지위를 가지고 있는 것이다.

   ≪외래어 표기법 통일안≫의 내용은 총칙과 세칙 및 부록으로 이루어져 있다. '부록'에서는 '국어음 표기법, 조선어음 라마자 표기법, 조선어음 만국음성기호 표기법' 등을 담고 있는데, 여기에서 말하는 '국어음 표기법'이란 일본어를 한글로 표기하는 방법을 의미한다

   본문의 '총칙'에서는 외래어 표기법의 대원칙을, '세칙'에서는 자음과 모음의 표기 및 몇몇 특수한 표기 사례를 제시하고 있다. 먼저, '총칙'에 제시된 외래어 표기법의 원칙을 살펴보면 다음과 같다.

<표 2> ≪외래어 표기법 통일안≫(1940)의 총칙

1. 외래어를 한글로 표기함에는 원어의 철자나 어법적 형태의 어떠함을 묻지 아니하고, 모두 표음주의로 하되, 현재 사용하는 한글의 자모와 자형만으로써 적는다.
2. 표음은 원어의 발음을 정확히 표시한 만국음성기호를 표준으로 하여 아래의 대조표에 의하여 적음을 원칙으로 한다

   이와 같은 '총칙'의 내용을 토대로 ≪외래어 표기법 통일안≫(1940)의 특징을 정리해 보면 다음과 같은 사실들을 추출해 볼 수 있다.[3]

---

3) 임홍빈(1996 : 31) 참조.

(5) ㄱ. 외래어의 표기는 표음주의를 택하되, 한글 자모나 자형만으로
       표기가 이루어졌다.
    ㄴ. 파열음의 무성음과 유성음을 한글 자모로는 모두 예삿소리 글
       자로 적었다.
    ㄷ. 된소리 글자의 사용을 금한 것은 아니나, 그 예시어가 특이한
       언어에 국한되어 실제로 된소리 글자를 쓰는 일이 극히 드물게
       되었다.

  여기에서 우리는 국어 외래어 표기법의 전통은 형태주의가 아닌 표음주
의라는 것, 파열음의 유·무성을 구별하지 않았다는 것, 된소리 표기의 예
가 극히 드물었다는 것 등을 알 수 있다.

  ≪외래어 표기법 통일안≫(1940)에 이어, 1948년 문교부의 학술용어 제정
위원회의 제20 분과 언어과학위원회에서 제정 공포한 ≪들온말의 적는 법≫
(외래어 표기법)은 해방 이후에 이루어진 대한민국 정부의 첫 번째 외래어 표
기법이다. 이 ≪들온말의 적는 법≫은 이전에 이루어진 외래어 표기법의 기
본 원칙들을 정면으로 거부한 것이라는 데 가장 큰 특징이 있다. 즉, 기존
의 외래어 표기법의 기본 원칙이 한글 자모만으로 표기하는 방식을 택하고,
파열음의 유·무성을 구별하지 않고 유성음을 평음으로 기술하였던 것과는
달리, 외래어 표기를 위한 옛 한글 자모의 부활과 함께, 파열음의 유성음은
된소리로 표기하는 방식을 택하였던 것이다.

  다음은 이 외래어 표기법에서 다시 부활시켰거나 새로 제정한 한글 자모
와 외래어 자모의 대응을 제시한 것이다.

(6) ㄱ. △ : z, ʒ
     ㅸ : β
     ㆄ : f, v
    ㄴ. ㄹㄹ : l, ʎ

주지하는 바와 같이, (6ㄱ)의 자모들은 훈민정음 창제 이후 일정한 기간 동안 사용되다가 그 음가의 소멸과 함께 사용되지 않은 자모의 예이고, (6ㄴ)의 'ㄹㄹ'은 설측음 'l'과 구개음화 환경에서 나타나는 'ㄹ'의 구개 변이음 'ʎ'의 표기를 위하여 새롭게 만든 글자이다. 이와 같은 조처는 한글을 하나의 음성 기호로 쓰려는 시도였던 셈인데, 바로 이와 같은 점에서 이 표기법은 일반의 호응을 받지 못하고, 새로운 로마자 표기법의 제정을 필요로 하였다고 볼 수 있을 것이다.

한편, 이 시기의 외래어 표기법의 세칙 가운데 특기할 만한 내용으로는 장모음의 표기를 들 수 있다. 이는 "홀소리에 긴소리 표(長音符 :)가 붙은 것은 그 홀소리를 하나 더 달아 적는다."는 원칙에 의한 것이다. 다음이 그러한 예이다.

(7) mark   [ma : k]   마아크

　　chorus   [ko : rəs]   고오러스

　　George   [dʒɔ : dʒ]   쬬오지

　　chewinggum [tʃ : iŋgʌm]   쥬우잉검

이와 같이, 1948년에 이루어진 ≪들온말의 적는 법≫에서 장모음을 표기하기로 되어 있는 것은 문교부(1979)의 ≪외래어 표기법안≫에 이르러 장모음 표기를 하지 않기로 규정하기 전까지 오랜 전통을 이루어 왔다는 데 그 의의가 있다.

1958년 9월 30일, 국어심의위원회의 결정을 거쳐 1959년에 공표한 ≪로마자의 한글화 표기법≫은 우리 정부에 의해 정식으로 공표된 두 번째 로마자 표기법이다. 그런데 이 ≪로마자의 한글화 표기법≫은 제목 자체가 암시하듯이, 외래어 표기를 로마자의 한글화로 인식하였다는 문제점을 안고 있다. 그러나 여기에 제시된 표기의 기본 원칙을 살펴보면 조선어학회

(1941)를 계승한 것으로, 20년 이상이나 그 생명을 유지하면서 국어 외래어
표기법의 오랜 전통을 이루어 왔다는 사실에 주목할 필요가 있다. 우선, 기
본 원칙부터 살펴보기로 하겠다.

<표 3> ≪로마자의 한글화 표기법≫(1958)의 기본 원칙

> 1. 외래어의 표기에는 한글 정자법(正字法)에 따른 현용 24자만을
>   쓴다.
> 2. 외래어의 1 음운은 원칙적으로 1 기호로 표기한다. 곧, 이음(異
>   音, allophone)이 여럿 있을 경우라도 주음(主音, principal member)
>   만을 표기함을 원칙으로 한다.
> 3. 받침은 파열음에서는 'ㅂ, ㅅ, ㄱ'
>   비음에서는 'ㅁ, ㄴ, ㅇ'
>   유음에서는 'ㄹ'만을 쓴다.
> 4. 영어, 미어(美語)가 서로 달리 발음될 경우에는 그것을 구별하여
>   적는다.
> 5. 이미 관용된 외래어는 관용대로 표기한다.

위의 원칙들을 살펴보면 1948년에 이루어진 로마자 표기의 원칙과는 다
른 방식을 택하고 있음을 알 수 있다. 첫 번째 원칙은 1948년의 표기법과
는 달리, 다시 현행 한글 자모 24자만을 쓰기로 하였음을 제시한 것이며
두 번째는 지나친 음성적 표기가 갖는 부작용을 막기 위한 조치로 일정한
음운의 이음들을 각기 상이한 문자로 대응시키기보다는 음운을 단위로 표
기하는 방식을 택한 것임을 알 수 있다.

다음으로, 세 번째 원칙은 외래어의 받침을 표기하는 데 있어, 7개의 자
음만을 적기로 한 것인데, 이와 같은 원칙은 현행 ≪외래어 표기법≫에서도
그대로 유지되고 있다.

 네 번째는 영국식 영어 발음과 미국식 영어 발음을 구별하여 적기로 한 것을 말하여 주는 것이다. 이는 현행 외래어 표기법에서는 영국식 영어 발음만을 표준 발음으로 채택하고 있는 것과는 대조가 되는 것이다.

 그런데 1958년의 외래어 표기법은 외래어 표기에 관한 보다 세부적이며 구체적인 사항에 대한 규정이 마련되어 있지 않았던 까닭에, 1959년부터 1963년까지 모두 네 차례에 걸쳐 미비점을 수정·보완하기에 이르렀고, 그 결과는 모두 6집의 편수 자료로 종합되기에 이른다. 문교부(1959가)에 의해서는 '관용된 외래어' 표기에 관한 몇 가지 기준이 마련되었고, 문교부(1959나)에 의해서는 외국 지명의 한글 표기 세칙이, 문교부(1960)에 의해서는 영어, 독일어, 프랑스어, 이탈리아어, 일본어 표기 세칙과 중국음의 한글화 세칙이 각각 마련되었다. 또한, 문교부(1963)에 의해서는 인명과 지명 표기의 원칙이 세워지게 되었다(임홍빈, 1996 : 34).

 그러나 문교부(1958)과 그 이후에 편찬된 편수 자료들의 세부 규정들 사이에 여러 가지 모순점과 미비점이 드러나게 되는바, 이를 수정·보완하려는 작업이 문교부(1979)의 ≪외래어 표기법안≫에 의해 이루어지게 되었다. 이 '외래어 표기법안'은 다음과 같은 네 가지 특징을 지닌다.

 첫째, 동일 모음을 거듭 적기로 되어 있던 그동안의 장모음 표기 방식을 버리고 장모음을 따로 적지 않는 방식을 택하였다. 따라서 'team'은 '티임'이 아니라, '팀'으로 표기하게 되었다.

 둘째, 이중모음 [ou]의 표기는 현실 발음을 고려하여 '오우'가 아니라 '오'로 적기로 하였다. 그리하여 'boat'는 '보우트'가 아니라 '보트'로 표기하게 된다.

 셋째, 일본어의 'か', 'た'는 어두와 비어두를 구별하여 어두에서는 '가', '다'로, 비어두에서는 '카', '타'로 적기로 하였다. 따라서 'タナカ'는 '타나카'가 아닌 '다나카'로 표기하게 된다.

 문교부(1979)에 이어 또 한 번의 외래어 표기법 개정이 이루어지게 되었던바, 파열음 표기 문제를 다시 규정하는 데 그 초점이 놓여 있다고 할 수 있는 학술원(1983)이 그것이다. 즉, 문교부(1979)에서는 파열음의 유·무성을 구별하지 않았던 것과는 달리, 학술원(1983)의 ≪외래어 표기법 개정안≫에서는 무성 파열음과 유성 파열음을 구별하여 적기로 규정한 것이다. 예컨대, 'zigzag'를 표기하는 방법에 있어, 문교부(1979)에서는 '지그잭'으로 표기하였던 것과는 달리, 학술원(1983)에서는 어말의 유성 파열음은 '으'를 붙여 적기로 함으로써, '지그재그'로 표기하고 있는데, 이는 현행 ≪외래어 표기법≫에서도 그대로 유지되고 있는 특성이다.

 현행 ≪외래어 표기법≫은 1986년 아시안 게임 및 1988년 올림픽 개최를 앞두게 되면서 인명, 지명 등의 외래어 표기법을 정비해야 한다는 필요성이 제기되면서 마련된 것인데, 이에 대해서는 다음 절에서 상세히 다루기로 하겠다.

철길

김정환

철길이 철길인 것은
만날 수 없음이
당장은, 이리도 끈질기다는 뜻이다.
단단한 무쇳덩어리가 이만큼 견뎌오도록
비는 항상 촉촉이 내려
철길의 들끓어 오름을 적셔주었다.
무너져 내리지 못하고
철길이 철길로 버텨온 것은
그 위를 밟고 지나간 사람들의
희망이, 그만큼 어깨를 짓누르는
답답한 것이었다는 뜻이다.
철길이 나서, 사람들이 어디론가 찾아나서기 시작한 것은 아니다
내리깔려진 버팀목으로, 양편으로 갈라져
남해안까지, 휴전선까지 달려가는 철길은
다시 끼리끼리 갈라져 한강교를 건너면서
인천 방면으로, 그리고 수원방면으로 떠난다.
아직 플랫포옴4)에 머문 내 발길 앞에서
철길은 희망이 항상 그랬던 것처럼
끈질기고, 길고, 거무튀튀하다.
철길이 철길인 것은
길고 긴 먼 날 후 어드메쯤에서
다시 만날 수 있으리라는 희망을

---

4) '*플랫포옴'은 '플랫폼'(platform[plǽtfɔ : rm])의 잘못된 외래어 표기. 현행 《외래어 표기법》
   에서는 모음의 장음을 표기하지 않는다는 원칙을 갖고 있으므로 '*플랫포옴'은 '플랫폼'으
   로 적어야 올바른 표기가 된다.

우리가 아직 내팽개치지 못했다는 뜻이다.
어느 때 어느 곳에서나
길이 이토록 머나먼 것은
그 이전의, 떠남이
그토록 절실했다는 뜻이다.
만남은 길보다 먼저 준비되고 있었다.
아직 떠나지 못한 내 발목에까지 다가와
어느새 철길은
가슴에 여러 갈래의 채찍 자욱이 된다.

3. 현행 ≪외래어 표기법≫의 원칙

현행 ≪외래어 표기법≫은 '문교부 고시 제85-11'에 의해 1986년 1월 7일에 고시된 ≪외래어 표기법≫에 따른 것으로, 먼저 그 구성 체제부터 제시하면 다음과 같다.

〈표 4〉 현행 ≪외래어 표기법≫의 구성 체제

제1장 표기의 기본 원칙
제2장 표기 일람표
제3장 표기 세칙
　제1절 영어의 표기
　제2절 독일어의 표기
　제3절 프랑스어의 표기
　제4절 에스파냐어의 표기
　제5절 이탈리아어의 표기
　제6절 일본어의 표기
　제7절 중국어의 표기
제4장 인명, 지명 표기의 원칙
　제1절 표기 원칙
　제2절 동양의 인명, 지명 표기
　제3절 바다, 섬, 산, 강 등의 표기 세칙

위의 표를 통하여 알 수 있는 바와 같이, 현행 ≪외래어 표기법≫은 모두 4장으로 이루어져 있다. 제1장에서는 외래어 표기의 기본 원칙을 제시하고 있으며, 제2장에서는 국어의 외래어는 제1장에서 제시된 기본 원칙을 지키되, 국제 음성 기호(IPA)와 한글 대조표에 따라 표기해야 한다는 구체적 지침으로서 외래어 표기 일람을 제시하고 있다. 그러나 이와 같은 일괄적인 표기 일람만으로는 개별언어가 갖는 특수성들을 모두 고려하기가 어려우므로, 각각의 언어가 갖는 특수성을 살리기 위한 세부 규정이 필요하다고 할 수 있는데, 이에 대해 제시하고 있는 것이 제3장의 표기 세칙이다. 마지막으로, 제4장은 외국의 인명이나 지명이 고유명사이기 때문에 생겨나는 여러 가지 문제들에 대한 표기 기준을 제시하기 위한 것이다

이와 같은 체제로 이루어진 현행 ≪외래어 표기법≫의 표기 원칙이 무엇인가는 '외래어 표기법' 제1장을 통하여 파악할 수 있다.

〈표 5〉 외래어 표기의 기본 원칙

제1항 외래어는 국어의 현용 24자모만으로 적는다.
제2항 외래어의 1음운은 원칙적으로 1기호로 적는다.
제3항 받침에는 'ㄱ, ㄴ, ㄹ, ㅁ, ㅂ, ㅅ, ㅇ'만을 적는다.
제4항 파열음 표기에는 된소리를 쓰지 않는 것을 원칙으로 한다
제5항 이미 굳어진 외래어는 관용을 존중하되, 그 범위와 용례는
      따로 정한다.

이러한 기본 원칙들 가운데 <제1항>은 외래어 표기를 위하여 국어의 현용 24 자모 외에 특별한 글자나 기호를 만들 필요가 없다는 것을 규정한 것이다. 주지하는 바와 같이, 외래어도 엄연히 국어의 한 가지이다. 이러한 사실에 비추어 본다면, 국어를 표기하는 데 현용 자모 외의 글자나 기호를 사용하는 것은 지극히 불합리한 일이라고 할 수 있는바, 새로운 기호의 제정은 불필요한 일이라고 할 수 있는 것이다. 예컨대, 국어에는 없는 /f/나 /v/ 등의 표기를 위하여 제기되었던 것이 'ㅹ, ㅸ'와 같은 문자인데, 이와 같은 표기는 일반인들에게는 매우 생소할 뿐만 아니라, 원음을 발음하는 데도 별로 도움이 되지 못하는 것이다.

기본 원칙 <제2항>은 고유어나 한자어의 표기가 하나의 음운에 대하여 하나의 기호로 나타내는 것과 마찬가지로, 외래어도 하나의 음운에 대하여 하나의 기호로 나타내는 것이 바람직하다는 것이다. 또한, 이 규정은 외래어의 1음운을 1기호로 적어야 기억과 표기가 용이하다는 점도 고려된 것이다. 그러나 이 규정에 '원칙적으로'라는 단서가 암시하듯이, 외국어의 1음운이 그 음성 환경에 따라 국어의 여러 소리에 대응되는 경우에는, 불가피하게 달리 표기되는 경우도 있다. 가령, 영어 단어 'print', 'pulp', 'gap' 등의 예에서, 'p'는 각각 'ㅍ, ㅡ, ㅂ' 등으로 표기되는 것이 그러한 예이다.

외래어의 받침으로 'ㄱ, ㄴ, ㄹ, ㅁ, ㅂ, ㅅ, ㅇ'만을 적기로 한 기본 원칙 <제3항>은 매우 특기할 만한 것이다. ≪한글 맞춤법≫ 제4항 붙임 2에 의하면, 고유어나 한자어의 받침을 표기하는 데에는 27개의 받침이 다 쓰이게 된다. 따라서 외래어의 받침으로, 'ㄱ, ㄴ, ㄹ, ㅁ, ㅂ, ㅅ, ㅇ'만을 쓰기로 한 것은 고유어의 그것과 비교해 볼 때 큰 차이가 있는 것이다.

이와 같이, 외래어가 특수하게 취급되는 것은 외래어는 고유어와는 달리 그 다음에 강한 경계가 놓인 것처럼 인식되는 현상을 반영한 것이다. 주지하는 바와 같이, 고유어나 한자어에서 음절말 위치의 국어 자음들은 휴지나 자음 앞에서 중화되어 /ㄱ, ㄴ, ㄷ, ㄹ, ㅁ, ㅂ, ㅇ/ 등 7개의 음운으로만 실현된다. 외래어의 받침으로 7개의 자음만을 사용하기로 한 것도 바로 이와 같은 국어의 음절말 자음 체계와 관련이 있는 것이다. 다만, 국어의 음절말 자음 체계에 들어 있는 'ㄷ' 대신 외래어 표기법에서 'ㅅ'을 택하게 된 것은, 예컨대 영어 단어 'diskette'의 경우, 휴지나 자음 앞, 곧 음절말 위치에서는 [디스켇]으로 발음이 되지만, '이, 을, 에' 등과 같이, 모음으로 시작하는 조사 앞에서는 [디스케시], [디스케슬], [디스케세] 등과 같이 발음되므로, 원래의 모양이 [디스켇]이 아닌 [디스켓]이라고 할 수 있기 때문이다.

이와 같은 사실에 비추어 볼 때, 외래어의 받침으로 'ㄱ, ㄴ, ㄹ, ㅁ, ㅂ,

ㅅ, ㅇ’ 등 일곱 개 자모 이외의 받침을 쓰는 것은 잘못된 표기임을 알 수 있다. 흔히 발견되는 예를 몇 가지 제시하고, 그 오류를 바로잡아보면 다음 과 같다.

<table>
<tr><td>(8)</td><td>ㄱ.</td><td>coffee shop</td><td>*커피숖</td><td>→</td><td>커피숍</td></tr>
<tr><td></td><td></td><td>flower shop</td><td>*플라워숖</td><td>→</td><td>플라워 숍</td></tr>
<tr><td></td><td></td><td>workshop</td><td>*워크숖</td><td>→</td><td>워크숍</td></tr>
<tr><td></td><td></td><td>hair shop</td><td>*헤어숖</td><td>→</td><td>헤어숍</td></tr>
<tr><td></td><td>ㄴ.</td><td>supermarket</td><td>*슈퍼마켙</td><td>→</td><td>슈퍼마켓</td></tr>
<tr><td></td><td></td><td>diskette</td><td>*디스켙</td><td>→</td><td>디스켓</td></tr>
</table>

≪외래어 표기법≫의 기본 원칙 <제4항>은 성의 대립, 곧 유성음과 무 성음의 대립이 있는 외국어를 한글로 표기할 때 유성 파열음([b], [d], [g])은 평음([ㅂ], [ㄷ], [ㄱ])으로, 무성 파열음([p], [t], [k])은 유기음([ㅍ], [ㅌ], [ㅋ])으로 적어야 하는바, 외국어의 파열음들을 경음([ㅃ], [ㄸ], [ㄲ])으로 적어서는 안 된다는 규정이다.

이러한 사실은 예컨대, 다음 단어들과 같이 분명히 된소리로 발음되는 단어들의 경우에도 평음 또는 유기음으로 적어야 하는 경우가 생겨나게 된 셈이다.

<table>
<tr><td>(9)</td><td>gas</td><td>*[까스]</td><td>→</td><td>가스</td></tr>
<tr><td></td><td>gang</td><td>*[깽]</td><td>→</td><td>갱</td></tr>
<tr><td></td><td>gown</td><td>*[까운]</td><td>→</td><td>가운</td></tr>
<tr><td></td><td>dam</td><td>*[땜]</td><td>→</td><td>댐</td></tr>
<tr><td></td><td>dollar</td><td>*[딸러]</td><td>→</td><td>달러</td></tr>
<tr><td></td><td>bus</td><td>*[뻐스]</td><td>→</td><td>버스</td></tr>
<tr><td></td><td>summer</td><td>*[써머]</td><td>→</td><td>서머</td></tr>
</table>

(10) Paris	*[빠리]	→	파리
café	*[까페]	→	카페
atelier	*[아뜰리에]	→	아틀리에
conte	*[꽁트]	→	콩트
cognac	*[꼬냑]	→	코냑
pierrot	*[삐에로]	→	피에로
トウキョウ	*[도꾜]	→	도쿄
オオサカ	*[오사까]	→	오사카
ニイガタ	*[니가따]	→	니가타

위의 예들 가운데 (9)는 영어의 유성 파열음이 국어 화자들에게 된소리로 인식됨에도 불구하고 평음으로 적은 예이고, (10)은 일본어나 프랑스어 등의 단어들에서 나타나는 무성 파열음이 분명히 경음으로 인식됨에도 불구하고 유기음으로 적고 있음을 보여 주는 예이다.

이와 같은 언어적 사실들 때문에 외래어 표기법이 실제 언어 현실과 거리가 멀다는 지적도 많다. 그럼에도 불구하고, 현행 《외래어 표기법》에서 파열음 표기에 된소리를 쓰지 않는 것은 각 언어의 음운상의 특징을 정확히 파악하기가 쉽지 않을 뿐더러, 그 음운상의 특징을 정확히 파악했다고 하더라도 그 특징에 따라 된소리와 거센소리를 구별해 적는 것이 복잡하고 체계성이 없으므로 경제적이고 일관된 원칙을 고수하고 있는 것이라고 할 것이다.5)

물론, 파열음 표기에서 된소리를 쓰는 예외가 없지는 않다. '삐라'(bill),

---

5) 그러나 언어에 따라서는 우리 국어와 마찬가지로 파열음이 세 가지 계열의 대립을 보이기도 하는 바, 여기에 해당하는 언어가 동남아시아의 태국어와 베트남어이다. 이와 같은 언어적 사실을 감안하여, 2004년에 고시된 《동남아시아 3개 언어 외래어 표기 용례집》에서는 두 언어의 된소리 표기를 허용하게 되었다. 그 결과, 종래에 '푸케트, 호치민, 파타니' 등으로 표기해 오던 지명들도 '푸껫'(Phuket), '호찌민'(Hochiminh) '빠따니'(Pattani)로 표기하게 되었다. 다만, 동남아시아의 세 언어 가운데 말레이인도네시아어의 경우는 된소리 계열이 존재하지 않으므로, 종전의 표기 원칙 그대로 된소리를 표기하지 않는다.

'껌'(gum), '빨치산'(러. partizan) 등이 그러한 예에 해당한다. 이 말들은 원칙대로 하자면, '비라', '검' '팔치산'이 되어야 하지만, 된소리로 굳어졌기 때문에 된소리로 표기해야 하는 것이다. 그러나 이들 외에 '버스', '가스', '가운', '댐' 등이 각각 '뻐스', '까스', '까운', '땜'으로 발음된다고 해서 된소리로 써서는 안 되는 것이 원칙이다.

그런데 파열음의 표기에 된소리 사용을 피한다는 《외래어 표기법》의 기본 원칙 <제4항>의 규정은 실제로 파열음뿐만 아니라, 파찰음이나 마찰음의 표기에도 해당된다는 사실을 알아둘 필요가 있다. 따라서 음운상으로는 된소리에 다소 가까운 독일어나 러시아어의 파찰음도 거센소리로 표기되며, 영어에서 들어온 일부 외래어의 마찰음도 된소리에 가깝지만 평음으로 표기하게 된다. 다음이 바로 그러한 예들이다.

(11) service   *[써비스]   →   서비스
      sonata   *[쏘나타]   →   소나타
      second   *[쎄컨드]   →   세컨드
      symphony   *[씸포니]   →   심포니
      centimeter   *[쎈티미터]   →   센티미터
      census   *[쎈서스]   →   센서스
      circle   *[써클]   →   서클
      show   *[쑈]   →   쇼
      sound   *[싸운드]   →   사운드
      sales   *[쎄일즈]   →   세일즈

마지막으로, 현행 《외래어 표기법》 제1장 5항은 "이미 굳어진 외래어는 관용을 존중하되, 그 범위와 용례는 따로 정한다."라고 되어 있다. 외래어는 그 차용 경로가 다양하다. '카메라, 모델' 등은 그 철자를 그대로 읽어서 차용된 것이고 '펨프'(pimp) 등은 귀로 들어서 차용된 것이며, '후앙'(fan)

은 일본을 통해 간접 차용된 것이다. 따라서 이렇게 다양한 경로를 통해 들어온 외래어를 어떤 특정한 원칙만으로 표기하는 것은 무리이다. 예컨대, 영어 'type'에서 들어온 외래어를 영어의 표기 세칙에 의해 일률적으로 '타이프'로 적을 수는 없는 노릇이다. 이 말이 유형이란 뜻으로 쓰일 때에는 '타입'으로 적고 타자(打字)를 친다는 뜻으로 쓰일 때에는 '타이프'로 적는 것이 관용이기 때문이다.

이처럼 그 기원과 수용 경로가 다양하고, 또 같은 단어라도 사용되는 분야에 따라 달리 발음되는 경우가 적지 않은 외래어에서 특정한 규칙만을 내세워 일률적으로 표기하는 것은 언어 현실에 크게 어긋날 수 있고, 또 이미 굳어져 쓰이는 외래어의 표기를 고칠 경우 언어생활의 불편을 초래할 수 있어 관용을 존중하는 것이다.

외래어 표기에서 관용을 존중하는 또 다른 이유는 앞서 언급한 것처럼 외래어 표기도 표준어 규정의 정신에 부합해야 하기 때문이다. 교양 있는 사람들이 두루 쓰는 현대 서울말이면 그것이 특정 원어와 한글의 대조표로 제시한 표기 규칙에 어긋난다고 하더라도 표준으로 정하는 것이 바람직한 것이다.

다만, 이 조항은 관용의 범위와 용례는 따로 정한다고만 하여 외래어 표기법에서 가장 중요할 수도 있는 이 부분을 소홀히 취급했다는 문제가 있으나, 그 후에 이어지는 일련의 '외래어 표기 용례집'들을 통하여 어느 정도 문제점을 해소하였다고 생각된다.

백수(白手)의 탄식

김기진

카페6) 의자에 걸터앉아서
희고 흰 팔을 뽐내어 가며
"우 나로드!"라고 떠들고 있는
60년 전의 러시아 청년이 눈앞에 있다….

Café Chair Revolutionist,
너희들의 손이 너무도 희구나!

희고 흰 팔을 뽐내어 가며
입으로 말하기에는 "우 나로드."
60년 전의 러시아 청년의
헛되인 탄식이 우리에게 있다.

Café Chair Revolutionist,
너희들의 손이 너무도 희구나!

너희들은 '백수'(白手)—
가고자 하는 농민들에게는
되지도 못하는 미각(味覺)이라고는
조금도, 조금도 없다는 말이다.

Café Chair Revolutionist,

---

6) 'cafe'나 'atelier'의 경우, [까페], [아뜰리에]처럼 된소리로 발음되는 것이 일반적이긴 하지만, "파열음 표기에는 된소리를 쓰지 않는 것을 원칙으로 한다"는 외래어 표기의 기본 원칙 때문에 '카페, 아틀리에'로 각각 적어야 한다.

너희들의 손이 너무도 희구나!

아아, 60년 전의 옛날,
러시아 청년의 '백수의 탄식'은
미각을 죽이고 내려가고자 하던
전력을 다하던, 전력을 다하던 탄식이었다.

Ah, Café Chair Revolutionist,
너희들의 손이 너무도 희어!

보트의 '아틀리에'에서 그림을 그리는 모네

4. 국제 음성 기호와 한글의 대조에 의한 표기 원칙

현행 ≪외래어 표기법≫의 원리를 파악하기 위해서는 제1장에 제시된 '외래어 표기의 기본 원칙'과 함께, 외래어 표기의 구체적 지침이라고 할 수 있는 제2장의 '표기 일람표'의 내용에 대해서도 구체적으로 파악할 필요가 있다. 제2장의 '표기 일람표'는 모두 5개의 표로 구성되어 있다. 표 목록은 다음과 같다.

> (12) 표 1 : 국제 음성 기호와 한글 대조표
> 　　　 표 2 : 에스파냐어 자모와 한글 대조표
> 　　　 표 3 : 이탈리아어 자모와 한글 대조표
> 　　　 표 4 : 일본어의 가나와 한글 대조표
> 　　　 표 5 : 중국어의 주음부호와 한글 대조표

이와 같은 일람표들 가운데 <표 1>에 제시된 '국제 음성 기호(IPA)[7]와 한글 대조표'는 외래어를 한글로 표기하는 데 기준이 되는 것이다. 따라서 중국어와 같이 국제 음성 기호를 사용하지 않거나 에스파냐어, 이탈리아어, 일본어와 같이 철자가 음성 기호로서의 역할을 하는 언어를 제외하고는 각 개별 언어에 따른 별도의 규정이 필요하지 않다. 다만, 개별언어가 갖는 특수성에 대한 별도의 세부 지침이 필요한 경우가 있을 수 있으므로, 이에 대

---

[7] 국제음성기호(International Phonetic Alphabet, IPA)란 학생들과 언어학자들이 언어의 발음을 정확하게 배우고 표기하여, 관습적이고 일관성 없는 철자법과 다양한 음성표기 체계에서 오는 혼동을 피할 수 있도록 하기 위해 개발한 문자로, 오토 예스페르센이 국제음성학회의 폴 파시에게 보낸 편지에서 처음 언급되어 19세기 후반에 A. J. 엘리스, 헨리 스위트, 다니얼 존스, 파시 등이 발전시켰다.
IPA의 목적은 한 언어의 뚜렷한 특징이 있는 소리, 즉 한 단어와 다른 단어를 구별하는 모든 소리 또는 음소 각각에 해당하는 독특한 기호를 마련한 것이다. IPA는 주로 로마자를 쓰며 여러 문자(예를 들어 그리스 문자)에서 글자를 빌려와 로마자에 어울리도록 형태를 바꾸기도 한다. 소리의 정밀한 구분과 모음의 비음화(鼻音化), 소리의 길이·강세·억양을 나타내기 위해 구별부호를 쓰기도 한다.

해서는 제3장의 '표기 세칙'에서 다루고 있다.

여기에서는 외래어를 한글로 표기하는 데 기준이 되는 것으로서 '국제 음성 기호(IPA)와 한글 대조표'를 제시하고, 이러한 대조표를 바탕으로 우리가 실제 국어 생활에서 사용하고 있는 외래어 표기의 오용 사례들을 바로잡아 봄으로써 외래어 표기의 실제를 파악하기로 하겠다.

우선, '국제 음성 기호와 한글 대조표'를 제시하면 다음과 같다.

〈표 6〉 국제 음성 기호와 한글 대조표

자 음			반모음		모 음	
국제 음성 기호	한 글		국제 음성 기호	한 글	국제 음성 기호	한 글
	모음 앞	자음 앞 또는 어말				
p	프	브, 프	j	이*	i	이
b	ㅂ	브	ɥ	위	y	위
t	ㅌ	ㅅ, 트	w	오, 우*	e	에
d	ㄷ	드			ø	외
k	ㅋ	ㄱ, 크			ɛ	에
g	ㄱ	그			ɛ̃	앵
f	ㅍ	프			œ	외
v	ㅂ	브			œ̃	욍
θ	ㅅ	스			æ	애
ð	ㄷ	드			a	아
s	ㅅ	스			ɑ	아
z	ㅈ	즈			ɑ̃	앙
ʃ	시	슈, 시			ʌ	어
ʒ	ㅈ	지			ɔ	오
ts	ㅊ	츠			ɔ̃	옹
dz	ㅈ	즈			o	오
tʃ	ㅊ	치			u	우
dʒ	ㅈ	지			ə**	어

자 음			반모음		모 음	
국제 음성 기호	한 글		국제 음성 기호	한 글	국제 음성 기호	한 글
	모음 앞	자음 앞 또는 어말				
m	ㅁ	ㅁ			ə	어
n	ㄴ	ㄴ				
ɲ	니*	뉴				
ŋ	ㅇ	ㅇ				
l	ㄹ, ㄹㄹ	ㄹ				
r	ㄹ	ㄹ				
h	ㅎ	ㅎ				
ç	ㅎ	히				
x	ㅎ	ㅎ				

*[j], [w]의 '이'와 '오, 우', 그리고 [ɲ]의 '니'는 모음과 결합할 때 제3장 표기 세칙에 따른다.
**독일어의 경우에는 '에', 프랑스 어의 경우에는 '으'로 적는다.

이와 같은 대조표에 의거하여 우리의 국어 생활에서 흔히 범하는 외래어 표기의 오용 사례로서, 발음이나 표기가 표준 규범으로부터 멀어져 있는 예들을 제시해 보기로 하겠다.

먼저, 자음에 있어서는 순치 마찰음 [f]를 국어의 후음 'ㅎ'과 대응시키는 것이 가장 두드러지게 나타나는 자음의 표기 오류라고 할 수 있을 것이다.

(13) family[fæmili]   패밀리   →   *훼미리
      french[frenʧ]   프렌치   →   *후렌치
      file[fail]   파일   →   *화일
      foil[fɔil]   포일   →   *호일
      flash[flæʃ]   플래시   →   *후래시
      foundation[faundeiʃən]   파운데이션   →   *화운데이션
      freesia[friʒiə]   프리지어   →   *후리지어
      fruit punch[fruːt pʌnʧ]   프루트펀치   →   *후르츠펀치
      fry pan[frai pæn]   프라이팬   →   *후라이팬

fighting[faitiŋ]	파이팅	→	*화이팅
fiber[faibər]	파이버	→	*화이버
fantasy[fæntəzi]	판타지	→	*환타지
front[frʌnt]	프런트	→	*후론트

　마찰음 [f]의 표기 오류는 특히 상품명 등에서 많이 발견되고 있다. 그만큼 우리의 일상생활에서 보편화되어 있는 현상임을 말하여 주는 것이라고 할 것이다. 다음 예들이 바로 그러한 유형에 속하는 것들이다.

*훼미리 쥬스

*후렌치 파이

*후르츠 펀치

*후라이드 치킨

[그림 1] 광고에서의 외래어 표기 오용 사례

이와 같은 [f]의 표기 오류는 당연히 국어의 자음 체계에 이러한 마찰음이 존재하지 않기 때문에 나타나는 현상이기도 하지만, 그보다는 일본어의 영향이 훨씬 더 크다는 점을 고려해 본다면, [f]를 'ㅎ'과 대응시키기보다는 'ㅍ'과 대응시키는 것이 보다 바람직하다고 할 수 있을 것이다. 따라서 [그림 1]의 어휘들은 다음과 같이 바로잡아야 한다.

(14) *훼미리 쥬스   →   패밀리 주스
    *후렌치 파이   →   프렌치 파이
    *후라이드 치킨   →   프라이드치킨
    *후르츠 펀치   →   프루트펀치
    *롯데호일   →   롯데 포일

다음의 예들은 [f]의 경우와 같이 체계적인 것은 아니지만, 외래어의 어원이나 발음을 잘못 이해한 데서 비롯된 자음 표기의 오류를 정리하여 본 것이다.

(15) cardigan[kɑrdigən]   카디건   →   *가디건
    ankle[æŋkl]   앵클   →   *앵글

training[treiniŋ]	트레이닝	→	*츄리닝
placard[plækɑrd]	플래카드	→	*프랑카드
therapy[θerəpi]	세러피	→	*테라피
croquette[krouket]	크로켓	→	*고로께
hash rice[hæʃ rais]	해시라이스	→	*하이라이스

듀얼 리포좀 기술로 더욱 탁월해진 주름개선 효과

메소니에 링클 테라피

[그림 2] 나드리 뷰티 매거진(2002. 5.)

모음에 대해서는 비교적 체계적인 오류의 유형을 몇 가지 발견할 수 있는데, 그 첫 번째는 모음 [i]와 관련되는 것들이다. 다음 예를 보자.

(16)	target[ta : rgit]	타깃	→	*타겟
	biscuit[biskit]	비스킷	→	*비스켓
	message[mesiʤ]	메시지	→	*메세지
	sausage[sɔ : siʤ]	소시지	→	*소세지
	barbecue[barbikju]	바비큐	→	*바베큐
	comedy[kɔmidi]	코미디	→	*코메디

위의 예에서 보여주는 바와 같이, 모음 [i]는 한글 자모 '이'와 대응시켜 표기하는 것이 옳음에도 불구하고, 흔히 영어 알파벳에 이끌리거나 잘못된 발음을 관행으로 삼음으로써 '에'와 대응시키고 있는 예들을 자주 발견하게 된다.

다음으로는 모음 [æ]와 관련되는 것이다. 이 음은 한글 자모 '애'와 대응시켜야 올바른 표기라고 할 수 있는데, 철자에 이끌리거나 경우에 따라 한글 자모 '에'와의 혼동 때문에 나타나는 오류가 발견되고 있다.

(17) ㄱ. graph[grǽf]   그래프   →   *그라프
     narrationl[næreiʃən]   내레이션   →   *나레이션
     dynamic[dainǽmik]   다이내믹   →   *다이나믹
     battery[bǽtəri]   배터리   →   *밧데리, 빳데리
     jacket[ʤǽkìt]   재킷   →   *자켓
     accessory[ǽksesəri]   액세서리   →   *악세사리
   ㄴ. manual[mǽnuəl]   매뉴얼   →   *메뉴얼

위의 예들 가운데 (17ㄱ)은 철자에 이끌려 [æ]를 '아'와 대응시킨 예이고, (17ㄴ)은 짐작건대, 국어의 음소 체계 또는 표기 체계 안에서 자주 일어나는 혼동의 유형으로 '에'와 '애'가 잘 구별되지 않는 것 때문에 외래어의 표기에서도 이 두 가지가 잘 구별되지 않고 있는 예라고 할 수 있을 것이다. 다음 예는 (17ㄴ)과는 반대로, '에'로 적어야 할 [e] 발음을 '애'로 적고 있는 전형적인 예들이다.

(18) penalty[penəlti]   페널티   →   *패널티
     menu[menju]   메뉴   →   *매뉴

세 번째의 예로는 모음 [ʌ]나 [ə]와 관련되는 것이다. <표 6>에 제시한 국제 음성 기호와 한글 대조표에 의하면, 이러한 모음들은 한글 자모 '어'와 대응시켜야 한다. 그러나 다음 예들에서 보는 것처럼, 또한 비교적 체계적인 표기의 오류가 흔히 발견되고 있다.

(19) ㄱ. number[nʌmbər]   넘버   →   *남바
     color[kʌlər]   컬러   →   *칼라
     front[frʌnt]   프런트   →   *프론트
   ㄴ. negative[négətiv]   네거티브   →   *네가티브
     digital[diʤtəl]   디지털   →   *디지탈

signal[signəl]	시그널	→	*시그날
center[sentər]	센터	→	*센타
documentary[dákjumentəri]	다큐멘터리	→	*다큐멘타리
mystery[mistəri]	미스터리	→	*미스테리
propose[prəpouz]	프러포즈	→	*프로포즈
festival´[festivəl]	페스티벌	→	*페스티발
decoration[dekəreiʃən]	데커레이션	→	*데코레이션
dragon[drǽgən]	드래건	→	*드래곤
symbol[simbəl]	심벌	→	*심볼
carol[kǽrəl]	캐럴	→	*캐롤

[그림 3] *프로포즈

앞의 예에서 (19ㄱ)은 모음 [ʌ]를, (19ㄴ)은 모음 [ə]를 '아' 또는 '오'로 잘못 대응시킨 예이다. 이와 같은 오류 역시 주로 철자에 이끌린 발음 때문에 생긴 것이라고 할 수 있을 것이다. 물론, 이 예들 가운데는 외래어의 유입 경로와 관련시켜 볼 때, 일본을 통한 간접 차용 때문에 생겨난 오류도 없지 않다. 대표적인 예로 'number'를 '남바'로 발음하는 것이라든지, 'center'를 '센타'로 발음하는 것이 그에 해당하는 것들이다. 그러나 어떤 경우이든 모음 [ʌ]와 [ə]는 '어'와 대응시키는 것이 올바른 외래어 표기법이다.

그 외의 것으로, 철자나 잘못된 발음에 이끌린 외래어 표기의 오류 가운데 대표적인 사례를 몇 가지 더 제시하면 다음과 같다.

(20) nonsense   [nánsens]   난센스   →   *넌센스
      mania   [maniə]   마니아   →   *매니아

한편, 외래어 표기법에서 채택하고 있는 영어의 표기는 미국식 영어 발음을 채택하는 것이 아니라, 영국식 영어 발음을 채택하고 있다는 사실을 알아둘 필요가 있다. 다음 <표 7>의 예들은 우리의 외래어 표기법이 미국식 영어 발음 대신 영국식 영어 발음을 택하고 있다는 사실을 잘 보여주는 예이다.

<표 7> 영국식 영어 발음과 미국식 영어발음 대조

어 휘	영국식	미국식
body	[bɔdi] 보디	[bɑdi] 바디
complex	[kɔmpleks] 콤플렉스	[kəmpleks] 컴플렉스
compact	[kɔmpækt] 콤팩트	[kəmpækt] 컴팩트
contents	[kɔntents] 콘텐츠	[kəntents] 컨텐츠
top	[tɔp] 톱	[tɑp] 탑
stop	[stɔp] 스톱	[stɑp] 스탑

어 휘	영국식	미국식
glass	[glɑs] 글라스	[glæs] 글래스
chance	[ʧɑ : ns] 찬스	[ʧæns] 챈스

그러나 국어의 외래어들 가운데는 표기의 원칙이나 발음과 한글 자모의 대응을 보여주는 일람표만으로는 그 표기 방법을 설명하기 어려운 어휘들이 많이 있다. 그러한 어휘들은 대부분 표기의 기본 원칙이나 표기 일람에서 벗어난 것으로서, 국어에 들어와 오랫동안 사용되는 동안 예외적으로 굳어진 것들이 대부분이라고 할 수 있다. 다음이 그러한 예들이다.

(21)	gas	[gæs]	*개스	→	가스
	gasoline	[gæsəli : n]	*개설린	→	가솔린
	gauze	[gɔ : z]	*고즈	→	거즈
	drama	[dramə]	*드라머	→	드라마
	dramatic	[drəmætik]	*드러매틱	→	드라마틱
	lesbian	[ləzbiən]	*러즈비언	→	레즈비언
	mechanism	[mekənizəm]	*메커니점	→	메커니즘
	aluminum	[əluminəm]	*얼루미넘	→	알루미늄
	amateur	[æməʧuər]	*애머추어	→	아마추어
	chocolate	[ʧɔkəlit]	*초컬릿	→	초콜릿
	supermarket	[ʃupəmàkit]	*슈퍼마킷	→	슈퍼마켓
	navigationl	[nævəgeiʃən]	*네버게이션	→	내비게이션
	emulsion	[imʌlʃən]	*이멀션	→	에멀션
	television	[teləviʒən]	*텔러비전	→	텔레비전
	total	[toutl]	*토틀	→	토털
	plastic	[plæstik]	*플래스틱	→	플라스틱
	piston	[pistən]	*피스턴	→	피스톤
	counselor	[kaunsələr]	*카운설러	→	카운슬러
	robot	[roubət]	*로벗	→	로봇
	canon	[kænən]	*캐넌	→	카논

portal   [pɔrtl]   *포틀   →   포털

위의 예 가운데 특히 '에멀션'은 화장품 용어로 유상액(乳狀液)을 뜻하는 것인데 다음 그림의 예에서와 같이 흔히 '*에멀젼'으로 잘못 표기되고 있다.

[그림 4] *에멀젼

라디오

천상병

<u>라디오</u>는
일본식 발음이고
미국말로는
<u>레디오</u>라고 한다.

나는 <u>레디오</u>를 많이 듣는다.
왜냐하면
나는 고전음악을 좋아하기에
KBS 제1방송
FM방송만을 듣는다.

그러면 고전음악이
하루 종일 나온다.
독서할 때만 빼고
다 듣는다.

세잎승마, 꿩의 바람꽃, 얼레지, 제비동자꽃, 각시붓꽃, 가는장구채, 태백기린초, 바늘꽃……

각시붓꽃

생소한 듯하면서도 서정이 물씬 묻어나는 순수한 우리 꽃의 이름들이다. 우리 꽃이란 외국에서 들어온 외래식물과 외국에서 들어와 스스로 번식하여 토착화된 귀화식물의 반대말로 우리나라 곳곳의 자생지에서 스스로 자라난 꽃을 말한다. 놀라운 사실 하나, 봄이면 주변에서 흔히 보는 민들레는 우리 꽃이 아니라 서양민들레라고 한다. 서양민들레는 귀화식물인 것이다.

요즘 인위적으로 잘 가꿔진 식물원이 아니라 주말마다 순수한 우리 꽃을 보기 위해 자생지를 찾아 산으로 나서는 꽃 산행 인구가 늘고 있다. 지금은 생태계 관련 인터넷 동호인 모임이나 마니아[8])들에게 친숙한 용어로 자리 잡았지만, 꽃 산행이라는 용어가 처음 생겨난 것은 불과 10여 년밖에 되지 않는다. 그 시발점이 바로 현진오(40세) 씨다.

"등산 전문지 『사람과 산』에서 일할 때 '실버산행', '절집을 찾아다니는 산행' 등 여러 가지 테마 산행을 기획했었어요. 그러다가 자연생태계 구성원과 친해지는 산행이 없을까 궁리하다 꽃 산행을 기획하게 되었죠. 꽃 산행은 식물을 진정으로 이해하는 생태학습이라고 할 수 있습니다."

―『맥스웰 향기』 2002년 7·8월 호에서

---

8) 앞에서 지적한 대로 '마니아'(mania)란 '어떤 한 가지 일에 몹시 열중하는 사람'을 말하는데, 흔히 '매니아'로 잘못 쓰이고 있다.

5. 영어의 표기

앞에서 언급한 것처럼, 현행 ≪외래어 표기법≫ 제3장에서는 제2장의 표기 일람표만으로 해결하기 어려운 외래어의 표기를 위하여 개별 언어의 특수성을 고려한 표기 세칙을 별도로 마련해 놓고 있다. 이러한 개별 언어의 세칙들 가운데 영어 표기에 관한 세칙이 가장 상세한 편인데, 이는 국제 음성 기호에 의해 표기되는 다른 언어의 표기도 영어의 표기 세칙을 준용하도록 하여 규정의 중복을 피하려는 의도 때문이다(임동훈, 1996 : 154).

주지하는 바와 같이, 국어의 외래어들 가운데 가장 많은 비중을 차지하는 외래어는 역시 영어 기원 외래어라고 할 수 있으므로, 이 절에서는 영어의 표기 문제를 구체적으로 살펴보고, 여타 언어의 표기 문제에 대해서는 다음 절에서 몇몇 중요한 사항만을 선택적으로 살펴보기로 하겠다.

5.1. 음절말 위치의 파열음 표기

영어 기원 외래어를 표기함에 있어 음절말 위치, 곧 어말과 자음 앞에 오는 파열음의 표기는 유·무성을 구별해서 적어야 할 필요가 있다. 즉, 무성 파열음 '[p], [t], [k]'는 받침으로 적는 것이 일반적인 반면, 유성 파열음 '[b], [d], [g]'는 반드시 '으'를 붙여 적어야 하는 것이다. 여기에서 무성 파열음 '[p], [t], [k]'를 받침으로 적는 것이 '일반적'이라고 하는 것은 받침으로 적지 않고 유성 파열음의 경우처럼 '으'를 붙여 적어야 하는 경우도 있기 때문이다. 이를 좀 더 구체적으로 살펴보면 다음과 같다.

    (22) 음절말 위치의 무성 파열음 표기 원칙
        ㄱ. 단모음 다음에 오는 어말 무성 파열음 '[p], [t], [k]'는 받침으

로 적는다.

例. gap[gæp] 갭　　　　　　　　cat[kæt] 캣
　　book[buk] 북

ㄴ. 단모음과 유음·비음([l], [r], [m], [n]) 이외의 자음 사이에 오
　　는 무성 파열음 '[p], [t], [k]'는 받침으로 적는다.

例. apt[æpt] 앱트　　　　　　　setback[setbæk] 셋백
　　act[ækt] 액트

ㄷ. 위 경우 이외의 어말과 자음 앞의 [p], [t], [k]는 '으'를 붙여
　　적는다.

例. stamp[stæmp] 스탬프　　　　cape[keip] 케이프
　　nest[nest] 네스트　　　　　　part[pɑ : t] 파트
　　desk[desk] 데스크　　　　　　make[meik] 메이크
　　apple[æpl] 애플　　　　　　　mattress[mætris] 매트리스
　　chipmunk[tʃipmʌŋk] 치프멍크
　　sickness[siknis] 시크니스

　위의 예를 통하여 알 수 있는 바와 같이, 음절말 위치의 무성 파열음
'[p], [t], [k]'는 단모음 다음에 올 때(ㄱ)와, 단모음과 유음과 비음을 제외한
다른 자음 사이에 오는 경우(ㄴ)에는 받침으로 적지만, 이 두 가지 경우를
제외한 다른 경우에는 '으'를 받쳐 적어야 한다(ㄷ). 이를 좀 더 구체적으로
이해하기 위하여 (22)에 제시한 예들 외에 우리의 일상생활에서 흔히 접하
게 되는 파열음 '[p], [t], [k]'의 표기 사례들을 제시하면 다음과 같다.

(23)　ㄱ. doughnut　　[dóunət]　　도넛　　　*도너츠
　　　　　peanut　　　[pi : nʌt]　　피넛　　　*피넛츠
　　　　　robot　　　　[roubət]　　로봇　　　*로보트
　　　ㄴ. jeep　　　　　[ʤi : p]　　　지프　　　*찊, 집
　　　　　soup　　　　　[sup]　　　　수프　　　*숲, 숩
　　　　　cake　　　　　[keik]　　　　케이크　　*케잌, 케익
　　　　　tape　　　　　[teip]　　　　테이프　　*테잎, 테입

network	[netwərk]	네트워크	*네트웤, 네트웍
neckline	[neklain]	네크라인	*넥라인

그러나 국어의 외래어들 가운데는 (22), (23)에 제시한 원칙과 예들만으로 설명하기 어려운 예들이 많이 보이고 있다.

(24)　ㄱ. bat 배트　　　　credit 크레디트
　　　　hit 히트　　　　　mat 매트
　　　　nut 너트　　　　　set 세트
　　　　wit 위트
　　　ㄴ. cut 커트

이러한 어휘들 가운데 (24ㄱ)의 예들은 (22ㄱ)에서 제시한 대로 각각 '뱃, 크레딧, 힛, 맷, 넛, 셋, 윗' 등으로 표기해야 옳지만, '으'를 받쳐 적음으로써 '배트, 크레디트, 히트, 매트, 너트, 세트, 위트' 등으로 적고 있는데, 이러한 예들은 표기법의 원칙에서 벗어난 예외적인 표기라는 사실을 말하여 준다. 다만, (24ㄴ)의 '커트'는 '컷'으로 적는 경우와 의미 차이가 있어, 전자는 '머리카락을 자르는 일, 또는 그 머리 모양'을 가리키는 반면, '컷'은 '작은 삽화'나 '영화 촬영에서 한 번의 연속 촬영으로 찍은 장면'을 가리킨다. 이러한 예들은 말하자면 이미 굳어진 관용적 표기라고 할 수 있는바, 무성 파열음 '[p], [t], [k]'의 표기 원칙이 그만큼 일관성이 결여되어 있음을 보여주고 있다고 할 것이다.

위의 예에서 확인한 것처럼, 무성 파열음의 표기가 그 음운론적 환경에 따라 상당히 복잡한 양상을 보여주는 것과는 달리, 유성 파열음 '[b], [d], [g]'의 표기 원칙은 비교적 단순하다. 즉, 어말과 모든 자음 앞에 오는 유성 파열음을 '으'를 붙여 적으면 되는 것이다. 다음이 그러한 예이다.

(25) bulb[bʌlb] 벌브   land[lænd] 랜드
      zigzag[zigzæg] 지그재그   lobster[lɔbstə] 로브스터
      kidnap[kidnæp] 키드냅   signal[signəl] 시그널

이러한 예들 이외에 우리가 일상생활에서 흔히 접하는 외래어들 가운데 음절말 위치의 유성 파열음 '[b], [d], [g]'를 표기함에 있어 '으'를 붙여 적는 것으로는 다음과 같은 어휘들을 예로 들 수 있다.

(26) sandal[sændl] 샌들   Hollywood [hɑliwud] 할리우드
      sandwich[sændwitʃ] 샌드위치   wood[wud] 우드

그러나 여기에서 한 가지 더 알아둘 필요가 있는 것은 유성 파열음'[b], [d], [g]'의 표기 역시 무성 파열음 '[p], [t], [k]'의 표기와 마찬가지로, 관용적 표기로 굳어진 예외적인 형태들이 있다는 것이다. 다음이 그 예이다.

(27) club [klʌb] 클럽   jab [dʒæb] 잽[9]

5.2. 마찰음([s], [z], [f], [v], [θ], [ð], [ʃ], [ʒ])의 표기

마찰음 '[s], [z], [f], [v], [θ], [ð], [ʃ], [ʒ]'의 표기는 다음과 같이 세 가지 경우로 나누어 살펴볼 수 있다.

첫째, 마찰음 가운데 '[s], [z], [f], [v], [θ], [ð]' 등의 음들은 음절말 위치에서 '으'를 붙여 적는다. 다음이 그러한 예들이다.

(28) mask[mɑ : sk] 마스크   jazz[dʒæz] 재즈
      graph[græf] 그래프   olive[ɔliv] 올리브

---

9) 권투에서 계속적으로 팔을 뻗어 가볍게 치는 공격법

thrill[θril] 스릴   bathe[beið] 베이드

둘째, [ʃ]의 표기는 비교적 복잡해서, 그 환경에 따라 다음과 같이 세 가지 경우로 구분하여 달리 표기해야 한다.

(29) ㄱ. 어말의 [ʃ] : '시'로 표기.
     例. flash[flæʃ] 플래시
     ㄴ. 자음 앞의 [ʃ] : '슈'로 표기.
     例. shrub[ʃrʌb] 슈러브
     ㄷ. 모음 앞의 [ʃ] : 후행 모음에 따라 '샤', '섀', '셔', '셰', '쇼', '슈', '시'로 표기
     例. shark[ʃɑːk] 샤크   shank[ʃæŋk] 섕크
         fashion[fæʃən] 패션   sheriff[ʃerif] 셰리프
         shopping[ʃɔpiŋ] 쇼핑   shoe[ʃuː] 슈
         shim[ʃim] 심

셋째, [ʒ]의 표기는 두 가지 경우로 나누어 표기가 되어야 하는바, 음절 말 위치에서는 '지'로, 모음 앞에서는 'ㅈ'으로 표기해야 한다.

(30) ㄱ. mirage[mirɑːʒ] 미라지
     ㄴ. vision[viʒən] 비전

위의 예 가운데 (30ㄱ)은 음절말 위치의 [ʒ]를 '지'로 표기한 예이고, (30ㄴ)은 모음 앞의 [ʒ]를 'ㅈ'으로 표기하고 있는 예이다.

여기에서 모음 앞의 [ʒ]를 '지'가 아닌 'ㅈ'으로 적도록 한 것은 국어의 경우, /ㅈ/가 구개음이어서 '쟈, 져, 죠, 쥬'와 '자, 저, 조, 주'가 서로 구별되지 않기 때문이다. 따라서 국어 사용자들이 모음 앞에 나타나는 [ʒ]를 'ㅈ'이 아닌 '지'로 적는 것은 오류임을 분명히 해둘 필요가 있다. 다음과 같은

경우가 그러한 예에 해당한다.

(31) television   텔레비전   →   *텔레비젼
     supervision 슈퍼비전   →   *슈퍼비젼
     laser   레이저   →   *레이져
     visual   비주얼   →   *비쥬얼
     Jurassic   주라기(의) →   *쥬라기(의)
     junior   주니어   →   *쥬니어
     version   버전   →   *버젼

[그림 5] *쥬라기 공원 3

5.3. 파찰음([ts], [dz], [tʃ], [dʒ])의 표기

파찰음 '[ts], [dz], [tʃ], [dʒ]'의 표기 역시 마찰음의 경우와 마찬가지로 자음의 유형에 따라 그 표기를 달리 해주어야 하는바, 첫째로, 음절말 위치, 곧 어말 또는 자음 앞의 [ts], [dz]는 '츠', '즈'로, [tʃ], [dʒ]는 '치', '지'로 적어야 한다. 다음이 그 예이다.

(32) Keats[kiːts] 키츠   odds[ɔdz] 오즈
      switch[switʃ] 스위치   bridge[bridʒ] 브리지
      Pittsburgh[pitsbəːg] 피츠버그   hitchhike[hitʃhaik] 히치하이크

두 번째로, 모음 앞의 [tʃ], [dʒ]는 '차', '지'으로 적어야 한다.

(33) chart[tʃɑːt] 차트   virgin[vəːdʒin] 버진
      charming[tʃɑːmiŋ] 차밍   capture[kæptʃər] 캡처

이와 같이, 모음 앞의 [tʃ], [dʒ]를 '차', '지'으로 적는 것은 [ʒ]의 표기를 '지'가 아닌 '지'으로 하는 것과 마찬가지 원리이다. 즉, 앞에서 지적한 바와 같이 국어에서 '쟈, 져, 죠, 쥬'와 '자, 저, 조, 주'가 구별되지 않는 것과 마찬가지로, '챠, 처, 쵸, 츄'와 '차, 처, 초, 추' 역시 구별되지 않으므로 [tʃ], [dʒ]는 '차', '지'으로 적어야 하는 것이다. 따라서 다음과 같은 오류 역시 바로 잡아야 할 요소들이라고 할 수 있다.

(34) Chaucer   초서   →   *쵸오서
      chalk   초크   →   *쵸크
      chewing gum   추잉껌   →   *츄잉 껌
      adventure   어드벤처   →   *어드벤쳐
      venture   벤처   →   *벤쳐

gesture	제스처	→	*제스쳐
schedule	스케줄	→	*스케쥴
juice	주스	→	*쥬스
grandeur	그랜저	→	*그랜져
messenger	메신저	→	*메신져

이와 같은 영어 외래어 표기의 오류는 다음과 같은 기업의 광고문에서도 흔히 발견되고 있는 현상이라고 할 수 있는바, 인터넷 사이트에 제시된 광고문을 여기에 제시해 보기로 한다.

(35) 지난 75년 국내에서 처음으로 해태음료에서 100% 오렌지쥬스인 훼미리를 내놓았다. 현재 훼미리쥬스는 새로운 시장을 처음으로 연 덕택에 정통 오렌지쥬스의 선두주자로 인정받고 있다. 그러나 시장 개척 초기엔 100% 오렌지쥬스에 대한 일반 소비자들의 인식이 낮은데다 가격이 당시로는 비싼 탓에 어려움을 많이 겪었다.
이에 해태음료는 시장확대를 위해 일반소매점에서 판매하는 소극적인 방식에서 벗어나 가정방문판매에 나섰다. 가정방문을 통해 판매원들이 훼미리쥬스의 특성과 효능을 설명하는 적극적인 판매로 시장을 조금씩 열어나가며, 훼미리쥬스의 인지도를 높이는 데 거의 10년이란 세월이 흘렀다.
이어 해태음료는 85년 품질이 한 단계 높아진 지금의 썬키스트 훼미리쥬스를 세상에 선보였다. 예나 지금이나 당도나 품질면에서 세계 최고의 평판을 받고있는 썬키스트 오렌지 원액을 사용하면서 훼미리쥬스의 인기가 높아지고 100% 천연쥬스 시장이 점차 커지면서 경쟁제품들이 등장하기 시작했다. 대표적으로 87년 롯데칠성에서 델몬트쥬스를 내놓으며 정통 오렌지 시장에 참여한 이후, 지난 93년에는 펄프질이 함유된 컨츄리풍의 프리미엄쥬스를 출시하였다.

—http://www.htb.co.kr/family/family.html에서

(36) <u>메신져</u> 코리아는 자동인식 분야의 새로운 주자로 발돋움코져 설립
되었으며 우수한 성능의 다양한 기종을 혁신적인 가격으로 경제적
인 시스템 공급을 위해 노력 하겠습니다. 또한 한층 개선된 H/W와
S/W 등의 개발 보급을 위해 최선을 다하는 <u>메신져</u> 코리아가 되도
록 하겠습니다.

— http://www.msg.co.kr/html/msg-main.htm에서

위의 예문 가운데 (35)의 '쥬스'나 (36)의 '메신져'는 둘 다 현행 ≪외래
어 표기법≫에 위배된 것으로서, '주스'와 '메신저'로 바로잡아야 할 표기
이다. 물론, 일종의 고유명사처럼 오랫동안 한 기업을 대표하는 상품 또는
상호명으로 사용되고 있는 것이긴 하지만, 가능한 한 언어 규범을 지키려는
의지가 있다면 얼마든지 바로잡을 수 있는 요소들이다

5.4. 유음([l])의 표기

유음 [r]과 [l] 가운데 특히 [l]의 표기는 국어 사용자들이 흔히 오류를 범
하게 되는 문제 가운데 하나이다. [l]의 표기는 크게 두 가지 경우로 나누어
볼 수가 있는데, 음절말 위치 곧 어말 또는 자음 앞의 [l]은 받침으로, 어중
의 [l]이 모음 앞에 오거나, 모음이 따르지 않는 비음([m], [n]) 앞에 오는 경
우는 '르르'로 표기해야 한다. 다음이 그 예이다.

(37)　ㄱ. hotel[houtel] 호텔　　　　　pulp[pʌlp] 펄프
　　　ㄴ. slide[slaid] 슬라이드　　　　film[film] 필름
　　　　　helm[helm] 헬름　　　　　　swoln[swouln] 스월른

위의 예들 가운데 (ㄱ)은 [l]이 음절말 위치에 오는 경우에 받침으로 적
은 예이고, (ㄴ)은 [l]이 모음 앞에 오거나 모음이 후행하지 않는 비음 앞에

오는 경우에 '르르'로 적은 예에 해당한다. 두 번째의 경우와 관련하여 한 가지 유의해야 할 사항이 있다면, 만일 비음 다음에 오는 [l] 뒤에 모음이 후행하게 되면, 다음의 예들과 같이 '르르'이 아닌 '르'로 적어야 한다는 것이다.

(38)   Hamlet[hæmlit] 햄릿   Henley[henli] 헨리

그런데 많은 국어 사용자들이 두 번째 경우에 해당하는 [l] 역시 '르'로 적는 경우가 많다고 할 수 있는바, 그러한 예를 몇 가지 제시하고 바로잡아 보면 다음과 같다.

(39)   blouse   블라우스   →   *브라우스
       clinic   클리닉   →   *크리닉
       cleaner   클리너   →   *크리너
       cleansing   클렌징   →   *크린싱
       clip   클립   →   *크립
       family   패밀리   →   *패미리, 훼미리
       plaza   플라자   →   *프라자

위의 예에서 확인할 수 있는 표기의 오류들은 기업이나 상업 광고문에서 흔히 발견할 수 있는 것들이다. 여기에 몇 가지 예를 제시하면 다음과 같다.

[그림 6] *레이져 크리닉

[그림 7] *골프프라자

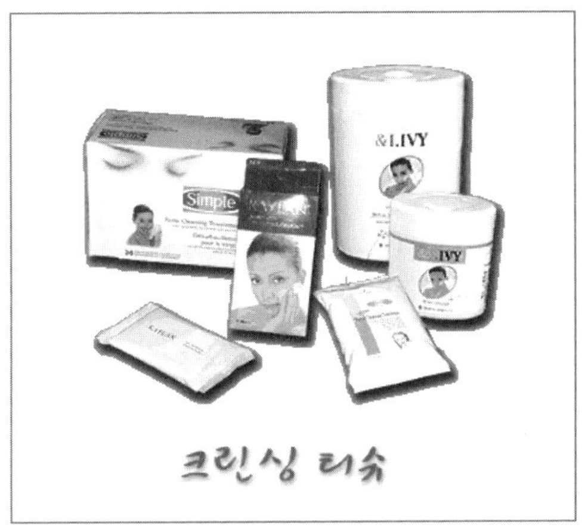

[그림 8] *크린싱 티슈

5.5. 장모음 및 중모음의 표기

영어의 장모음과 중모음의 표기 원칙에 대해서도 주의해야 할 사항이 몇 가지 있다.

첫째, 모음의 장음을 표기하였던 것이 외래어 표기법의 전통을 이루었던 시기도 없지는 않지만, 현행 외래어 표기법에서는 모음의 장음을 따로 표기하지 않는 것을 원칙으로 한다. 다음이 그 예이다.

(40) team[ti ː m] 팀   route[ru ː t] 루트
      garden[gá ː rdn] 가든   dart[da ː rt] 다트

위의 예에서와 같이, 모음의 장음을 따로 표기하지 않는다는 원칙에 따라 '그리이스'나 '큐우슈우, 토오쿄오, 오오사카' 등의 지명도 각각 '그리스', '큐슈, 도쿄, 오사카' 등으로 표기해야 한다.

또한, 영어의 중모음 '[ai], [au], [ei], [ɔi], [ou], [auə]' 등의 표기는 [ou]

와 [auə]를 제외한 모든 중모음을 각 단모음의 음가를 살려서 적으며 [ou]
는 '오'로, [auə]는 '아워'로 적는 것이 원칙이다.

> (41) ㄱ. time[taim] 타임   house[haus] 하우스
>   skate[skeit] 스케이트   oil[ɔil] 오일
>   ㄴ. boat[bout] 보트   global [glōubəl] 글로벌
>   note[nout] 노트   pillow [pilou] 필로
>   ㄷ. tower[tauə] 타워   hour [hauə] 아워

위의 예들 가운데 (ㄱ)은 이중모음 '[ai], [au], [ei], [ɔi]'를 각 단모음의
음가를 살려서 '아이, 아우, 에이, 오이' 등으로 적고 있음을 보여 주는 예
이다. 그 다음 (ㄴ)은 이중모음 [ou]의 표기와 관련되는 것으로, 각 음가를
살려 적지 않고 '오'로 적어야 한다는 것을 보여주는 예이고, (ㄷ)은 삼중모
음 [auə]의 표기는 '아우어'가 아닌 '아워'로 적어야 한다는 것을 보여주는
예이다.

그런데 다른 이중모음들과 달리, [ou]를 '오우'가 아닌 '오'로 표기해야 한
다는 사실은 국어 사용자들로 하여금 혼동과 어려움을 갖게 하는 요인이 되
기도 하는바, 다음 예들에서 보여주는 것처럼 표기의 오류가 흔히 발견된다

> (42) eye shadow   아이 섀도   →   *아이 섀도우
>   window brush   윈도 브러시   →   *윈도우 브러시
>   doughnut   도넛   →   *도우넛
>   hello   헬로   →   *헬로우
>   notebook   노트북   →   *노우트북
>   slogan   슬로건   →   *슬로우건
>   slow city   슬로시티10)   →   *슬로우 시티

---

10) 1999년 10월 이탈리아에서 시작된 새로운 사회적 운동의 하나. 이 운동은 '느리게 먹기'
   (슬로푸드, slow food)와 '느리게 살기'를 출발점으로 하여, 일정한 지역 공동체가 자연과

　이러한 예들은 우리의 일상생활에서 비교적 사용 빈도가 높은 어휘들이라고 할 수 있으므로, 표기법의 원칙에 따라 올바르게 적으려는 노력을 기울일 필요가 있다고 하겠다.

[그림 9] 한국 슬로시티 네트워크 홈페이지

5.6. 반모음([w], [j])의 표기

　이중모음을 구성하는 요소로서 기능하는 반모음 [w]와 [j]의 표기는 그 음운론적 환경에 따라 비교적 복잡한 양상을 보인다.

　먼저, [w]의 표기 문제부터 하나의 표로 정리하여 살펴보기로 한다.

전통문화를 보호하면서 경제 살리기를 함으로써 따뜻하고 행복한 삶을 영위하자는 것을 목표로 하고 있다.

〈표 8〉 [w]의 표기

환 경	표 기	용 례
[wə] [wɔ] [wou]	워	word[wə : d] 워드 want[wɔnt] 원트 woe[wou] 워
[wɑ]	와	wander[wɑndə] 완더
[wæ]	왜	wag[wæg] 왜그
[we]	웨	west[west] 웨스트
[wi]	위	witch[witʃ] 위치
[wu]	우	wool[wul] 울
자음 뒤 ([g, h, k] 뒤 제외)	두 음절로	swing[swiŋ] 스윙 twist[twist] 트위스트
[gw] [hw] [kw]	한 음절로	penguin[peŋgwin] 펭귄 whistle[hwisl] 휘슬 quarter[kwɔ : tə] 쿼터

위의 표에서 보듯이, [w]의 표기 원칙은 크게 두 가지로 나누어 볼 수 있다. 그 하나는 [w] 뒤에 모음이 오는 경우로, 모음의 종류에 따라 각각 '워, 와, 왜, 웨, 위, 우'로 적는 것이고, 다른 하나는 [w]가 자음 뒤에 오는 경우로, 해당 자음이 [g], [h], [k]일 때는 한 음절로, 그 밖의 자음일 때에는 두 음절로 적는 것이다.

한편, [j]는 뒤따르는 모음과 합쳐 '야', '애', '여', '예', '요', '유', '이'로 적는다. 다만, [d], [l], [n] 다음에 [jə]가 올 때에는 각각 '디어', '리어', '니어'로 적는다. 다음이 그 예이다.

(43) ㄱ. yard[jɑ : d] 야드　　　　　yank[jæŋk] 앵크
　　　　yearn[jə : n] 연　　　　　　yellow[jelou] 옐로
　　　　yawn[jɔ : n] 욘　　　　　　you[ju :] 유
　　　　year[jiə] 이어

   ㄴ. Indian[indjən] 인디언   battalion[bətæljən] 버탤리언
      union[juːnjən] 유니언

5.7. 합성어의 표기[11]

합성어란 독립하여 단독으로 쓰이는 말들이 모여서 이루어진 단어들을 말한다. 예컨대, 'bookmaker'는 'book'과 'maker'가, 'cuplike'는 'cup'과 'like'가 각각 합해져서 형성된 합성어인 것이다. 이와 같은 합성어를 표기할 때에는 합성어를 구성하고 있는 말이 단독으로 쓰일 때의 표기대로 적으며, 원어에서 띄어 쓴 말은 띄어 쓴 대로 한글 표기를 하되, 붙여 쓸 수도 있다는 것이 원칙이다.

   (44)   ㄱ. bookmaker[bukmeikə] 북메이커
           cuplike[kʌplaik] 컵라이크
           bookend[bukend] 북엔드
           headlight[hedlait] 헤드라이트
           highlight[hailait] 하이라이트
           touchwood[tʌtʃwud] 터치우드
           sit-in[sitin] 싯인
           flashgun[flæʃgʌn] 플래시건
           topknot[tɔpnɔt] 톱놋
      ㄴ. Los Alamos[lɔs æləmous] 로스 앨러모스 / 로스앨러모스
           top class[tɔpklæs] 톱 클래스 / 톱클래스

위의 단어들 가운데 (44ㄱ)은 합성어의 구성요소를 한 단어로 붙여 쓴 예이고, (44ㄴ)은 그 구성요소를 각각 띄어 쓴 예이다. 이와 같은 합성어를 표기함에 있어 만일 단독으로 쓰일 때와 마찬가지로 '북＋메이커', '컵＋라이

---

11) 이 '복합어'는 학교 문법 용어에 따르면 '합성어'가 된다. 이하 같다.

크'로 표기하지 않는다면, 'bookmaker'는 '부크메이커'로, 'cuplike'는 '커프라이크'로 표기해야 한다. (22)에서 제시된 것처럼, 음절말 위치의 무성 파열음 [p, t, k]는 짧은 모음 뒤일지라도 비음이나 유음 앞에서는 '으'를 붙여서 적기로 하였기 때문이다. 그러나 '북'이 '부크'로, '컵'이 '커프'로 표기된다고 하면, 그러한 표기의 변동은 국어 사용자로 하여금 혼동과 부담을 주는 일이 될 수 있으므로, 단독으로 쓰일 때와 마찬가지로 표기하는 것이 더 바람직하다고 할 것이다.

자동 판매기

최승호

밤이도다
오렌지 <u>주스</u>를 마신다는 게
커피가 쏟아지는 버튼을 눌러버렸다
습관의 무서움이다

무서운 습관이 나를 끌고 다닌다
최면술사 같은 습관이
몽유병자 같은 나를
습관 또 습관의 안개나라로 끌고 다닌다

정신 좀 차려야지
고정관념으로 굳어 가는 머리의
자욱한 안개를 걷으며
자, 차린다, 이제 나는 뜻밖의 커피를 마시며

돈만 넣으면 눈에 불을 켜고 작동하는
자동판매기를 매춘부라 불러도 되겠다
황금교회라 불러도 되겠다
이 자동판매기의 돈을 긁는 포주는 누구일까 만약
그대가 돈의 권능을 이미 알고 있다면
그대는 돈만 넣으면 된다
그러면 매음의 자동판매기가
한 컵의 사카린 같은 쾌락을 주고
십자가를 세운 자동판매기는
신의 오렌지 주스를 줄 것인가

쥬시 후레쉬

김언희

덴티 큐의 사막을 낙타가
가고 있군 물컹
물컹한 후라보노의 사막을 낙타가
걷고 있군, 이런,
왼발이 뽑으니 오른발이
더 깊이 빠지는군
시간 문제야
발목부터
녹신녹신해질걸
그래, 사막이 낙타를 씹기 시작하는군
질컥질컥 씹히는 맛에
뼈마디가
녹신거리는 맛에 어떤 놈도
롯데 이브껌의 사막을 건너진 못해
해골 따위도 못 넘겨
어떤놈이낙타였고어떤놈이
낙타를탄놈이었는지사막이었는지
한입에 씹혀 질컥거리는 거지
체위를 설명할 길 없는
쥬시 후레쉬,12) 시큼한
사막이 되는 거야
대가리까지
푸욱 푹
빠지는

---

12) '주스'(juice)와 '쥬시 후레쉬'(juicy fresh)의 표기 차이를 통해 외래어 표기에 여러 가지 혼동
과 차이가 있음을 알 수 있다. 후자의 경우는 '주시 프레시'로 표기해야 올바른 표기이다.

6. 기타 외래어의 표기

앞에서 밝힌 것 같이 현행 ≪외래어 표기법≫ 제3장의 '표기 세칙'에는 영어를 비롯하여 다른 많은 개별 언어가 갖는 특성을 고려한 표기 문제가 제시되어 있다. 그러나 다른 언어의 표기 문제는 대부분 영어의 표기에 준하면 되므로, 여기에서는 각 언어가 갖는 특징적인 사실 몇 가지만을 제시하기로 하겠다.

6.1. 독일어 [r]의 표기

앞에서 살펴본 국제 음성 기호와 한글 대조표에 따르면 자음 앞 및 어말 위치에서의 [r]은 모두 '르'로 적도록 되어 있다. 그러나 독일어의 [r]은 두 가지로 구분하여 표기하도록 되어 있다. 즉, 자음 앞의 [r]은 '르'로 적는 반면, 어말의 [r]은 '어'로 적도록 한 것이다. 다음 예를 보도록 하자.

(45) ㄱ. Hormon[hɔrmo : n] 호르몬　　Hermes[hɛrmɛs] 헤르메스
　　　ㄴ. Herr[hɛr] 헤어　　　　　　Razur[razu : r] 라주어
　　　　　Tür[ty : r] 튀어　　　　　Ohr[o : r] 오어
　　　　　Vater[fa : tər] 파터　　　Schiller[ʃilər] 실러

위의 예들을 통하여 확인할 수 있는 것처럼, 'Hormon, Hermes'와 같은 독일어 단어에서 나타나는 자음 앞의 [r]는 '으'를 붙여 적지만, 'Herr, Razur'와 같은 단어에서의 어말의 [r]와 '-er[ər]'는 '어'로 적는다.

6.2. 프랑스어 [ʃ], [ʒ]의 표기

마찰음 [ʃ], [ʒ]의 표기는 언어마다 약간씩의 차이가 있다. 즉, 국제 음성 기호와 한글 대조표에 따르면, 모음 앞에서는 '시, ス'으로, 음절말 위치 곧 자음 앞이나 어말의 위치에서는 [ʃ]는 '슈, 시'로, [ʒ]는 '지'로 표기하도록 되어 있다. 영어는 다른 환경에서는 국제 음성 기호의 경우와 마찬가지이지 만, 모음 앞에서의 [ʃ]의 표기에 차이가 있어서, 후행모음에 따라, '샤, 섀, 셔, 셰, 쇼, 슈, 시'로 적기로 되어 있다. 프랑스어의 경우에는 비교적 복잡 해서 다음 <표 9>와 같이 몇 가지 경우로 나누어 표기를 할 필요가 있다.

<표 9> 프랑스어 [ʃ], [ʒ]의 표기

음성형	환 경	표 기	용 례
[ʃ], [ʒ]	음절말	'슈', '주'	manche[mã : ʃ] 망슈 piège[pjɛ : ʒ] 피에주 acheter[aʃte] 아슈테 dégeler[deʒle] 데줄레
[ʃ]	[ə], [w] 앞	'슈'	chemise[ʃəmi : z] 슈미즈 chevalier[ʃəvalje] 슈발리에 choix[ʃwa] 슈아 chouette[ʃwɛt] 슈에트
[ʃ]	[y], [œ], [φ] 및 [j], [ɥ] 앞	ㅅ	chute[ʃyt] 쉬트 chuchoter[ʃyʃɔte] 쉬쇼테 pêcheur[pɛʃœ : r] 페쇠르 shunt[ʃœ : t] 셩트 fâcheux[fɑʃφ] 파쇠 chien[ʃjɛ] 시앵 chuinter[ʃɥɛte] 쉬앵테

위의 표를 통하여 알 수 있는 것처럼, 음절말 위치에서는 [ʃ], [ʒ]를 각각

'슈, 주'로 적으며, [ʃ]가 [ə], [w] 앞에 올 때에는 후행하는 모음과 결합하여 '슈'로, [y], [œ], [ɸ] 및 [j], [ɥ] 앞에 올 적에는 'ㅅ'으로 적도록 규정되어 있다.

국어의 외래어들 가운데는 프랑스어에서 기원한 외래어들이 상당수 포함되어 있는바, 이와 같은 마찰음 표기 원칙에 입각하여 적어야 함에도 불구하고, 다음과 같이 그 표기가 잘못되어 있는 경우를 흔히 발견하게 된다.

(46) rouge[ru : ʒ]   루주   →   *루즈
      bourgeois[buərʒwɑ : zi :] 부르주아   →   *부르조아
      corsage[kɔ : rsɑ : ʒ]   코르사주   →   *코사지
      montage[mɔntɑ : ʒ]   몽타주   →   *몽타지

이와 같은 표기의 오류는 우리의 일상생활, 특히 광고나 대중매체에서 흔히 발견되는 것이라고 할 수 있다. 다음은 그러한 사실을 말하여 주는 예들이다.

(47) ㄱ. 라네즈 아쿠아리쉬 글로스 521호 오렌지 메신저는 물기를 머금은 듯 투명하게 빛나는 입술을, 깊이 있는 컬러로 반짝임이 가득한 라네즈 리퀴드 *루즈 521호 오렌지 메신저는 볼륨감 있는 입술을 만나게 해준다.

[그림 10] *컬러 루즈

      ㄴ. 보보스란 보헤미안과 *부르조아를 합친 신조어로 기존 틀에 얽매이지 않고 물질적으로 여유 있는 삶을 누리는 신흥 부유층을 뜻한다.
      ㄷ. 2.5cm 폭의 수입 공단을 이용한 리본 *코사지입니다.
      ㄹ. 범인의 *몽타지를 작성할 때, 우리는 그 사람의 속성을 중심으로 질문하여 *몽타지를 작성하게 된다.

7. 인명 및 지명의 표기

7.1. 표기 원칙

고유 명사인 외국의 인명, 지명 역시 일반적인 외래어 표기의 규정을 따르는 것이 원칙이긴 하지만, 몇 가지 세부적인 표기 기준의 제시가 요구되는데, 다음은 《외래어 표기법》 제4장 제1절에 제시된 외래어 인명 지명 표기의 원칙이다.

<표 10> 외래어 인명 지명 표기의 원칙(제4장 제1절)

제1항 외국인의 인명, 지명의 표기는 제1장, 제2장, 제3장의 규정을 따르는 것을 원칙으로 한다.
제2항 제3장에 포함되어 있지 않은 언어권의 인명, 지명은 원지음을 따르는 것을 원칙으로 한다.
  Ankara 앙카라   Gandhi 간디
제3항 원지음이 아닌 제3국의 발음으로 통용되고 있는 것은 관용을 따른다.
  Hague 헤이그   Caesar 시저
제4항 고유 명사의 번역명이 통용되는 경우 관용을 따른다.
  Pacific Ocean 태평양   Black Sea 흑해

제1항은 외국의 인명, 지명 역시 외래어이므로, 앞에서 제시한 제1장, 제2장, 제3장의 여러 규정을 따라야 한다는 원칙을 제시한 것이고, 제2항은 《외래어 표기법》에 그 표기 기준이 밝혀져 있지 않은 언어권의 인명, 지명은 각기 그 언어 고유의 발음을 반영하여 적어야 한다는 원칙을 밝힌 것이다. 제3항과 제4항은 관용을 인정하는 경우로, 원지음이 제3국의 발음으로 통용되고 있는 경우나, 번역에 의해서 수용되고 있는 것도 인명이나 지명 역시 그 관용을 따른다는 규정이다.

7.2. 중국과 일본의 인명, 지명 표기

중국이나 일본의 인명·지명에 대해서는 우리의 한자음으로 읽는 것이 우리의 오랜 관행이다. 그러나 이러한 전통은 원지음을 존중한다는 외래어 표기법의 기본 태도와 상충될 뿐만 아니라, 현실적으로도 원지음의 도전을 받고 있는 실정이다. 따라서 외래어 표기법에서는 전통은 전통대로 살리면서 현실은 현실대로 수용할 수 있는 방안은 없을까 하는 문제를 적극적으로 모색하게 되었는데 이에 대해 규정해 놓은 것이 외래어 표기법 제4장 제2절의 내용이다. 먼저 규정부터 검토하면 다음과 같다.

〈표 11〉 중국과 일본의 인명, 지명 표기 원칙(제4장 제2절)

제1항 중국 인명은 과거인과 현대인을 구분하여 과거인은 종전의 한자음대로 표기하고, 현대인은 원칙적으로 중국어 표기법에 따라 표기하되, 필요한 경우 한자를 병기한다.

제2항 중국의 역사 지명으로서 현재 쓰이지 않는 것은 우리 한자음대로 하고, 현재 지명과 동일한 것은 중국어 표기법에 따라 표기하되, 필요한 경우 한자를 병기한다.

제3항 일본의 인명과 지명은 과거와 현대의 구분 없이 일본어 표기법에 따라 표기하는 것을 원칙으로 하되, 필요한 경우 한자를 병기한다.

제4항 중국 및 일본의 지명 가운데 한국 한자음으로 읽는 관용이 있는 것은 이를 허용한다.

東京 도쿄, 동경	京都 교토, 경도
上海 상하이, 상해	臺灣 타이완, 대만
黃河 황허, 황하	

위의 규정 가운데 1, 2항은 중국에 관한 조항이고, 3항은 일본에 관한 것이다. 원칙적으로 일본의 인명과 지명은 과거와 현대의 구분 없이 일본어

표기법에 따라 표기하는 것을 원칙으로 하되, 필요한 경우에만 한자를 병기하도록 규정하고 있다. 이와는 달리, 중국에 대해서는 인명의 경우, 과거와 현대를 구분하여 신해혁명(辛亥革命, 1911년)을 분기점으로 과거인은 우리 한자음으로, 현대인은 원지음으로 적으며,[13] 지명의 경우는 역사적 지명으로서 현재 쓰이지 않는 것은 우리 한자음대로 하고, 현재 지명과 동일한 것은 중국어 표기법에 따라 표기하되, 필요한 경우 한자를 병기한다는 원칙을 가지고 있는 것이다.

이와 같이, 중국과 일본의 인명과 지명을 하나의 원칙에 의하여 표기하기보다는 각기 다른 원칙을 설정하여 표기하기로 한 것은 일면 균형을 잃은 것처럼 보일 수도 있다. 그러나 중국의 인명이나 지명은 주로 고전을 통하여 우리의 생활 속에 융화되어 우리 한자음으로 읽는 전통이 서 있다고 할 수 있는 반면, 일본의 경우에는 그렇지 않다는 점이 고려된 것이라고 할 것이다.

다음과 같은 신문 기사의 내용은 오늘날 중국어의 인명과 지명의 표기가 어떻게 이루어지고 있는가를 잘 보여주는 글이다.

> (48) 24일로 한중 수교 10주년을 맞는다. 중국은 그동안 눈부신 발전 속에서 한국의 중요한 정치 사회 문화적 파트너로 등장했다. 지난 10년 사이 중국은 한국의 두 번째 교역 상대국으로 떠올랐고, 한국은 중국의 세 번째 교역 상대국이 돼 있다. 세계시장에서의 경쟁도 치열하다. '한류'(韓流)가 중국에서 붐을 일으키는가 하면 한국에서는 중국 열기가 뜨겁다. 중국으로 떠나는 조기 유학열도 달아오르고 있다. 한편, '코리안 드림'을 꿈꾸는 조선족 동포들의 한국에 대한 애증의 골도 깊어만 가고 있다. 한중 수교 10년이 가져온 굵직한 변화들을 시리즈로 조명해 본다.

---

13) 다만 현대인이라고 하더라도, 우리 한자음으로 읽는 관행이 있는 인명에 대해서는 '장개석'(蔣介石), '모택동'(毛澤東)과 같은 표기를 관용으로 허용할 수 있다.

베이징(北京)시 동쪽 외곽에 있는 왕징(望京). 1990년대 후반부터 개발
되기 시작한 베이징 최대 규모의 아파트촌이다. 여기서부터 2008년
올림픽 메인스타디움이 들어서는 시 북쪽 야윈춘(亞運村)까지 10km
구간이 서울로 치면 강남에 해당하는 베이징의 '부촌'(富村)이다.
왕징에 한국인들이 모여들기 시작한 것은 1998년부터이나 불과 4년
만에 무려 1500가구의 한국인들이 모여 사는 베이징 속의 '작은 서
울'로 변했다.
그중에서도 왕징신청(望京新城)은 한국인들이 가장 밀집해 있는 지
역. 이 아파트 단지로 들어서면 우리말 간판들이 줄줄이 이어진다.
세중부동산, 주황부동산, 신라부동산… 우리말로 쓴 부동산중개업
소 간판만 무려 10여 개에 이른다. 중국판 '코리아타운'이다.
베이징뿐만 아니다. 톈진(天津), 칭다오(靑島), 선양(瀋陽), 상하이(上
海) 등 대도시에도 크고 작은 규모의 '코리아타운'들이 형성됐다. 수
교 10년이 가져온 대표적 변화의 하나다.

-2002년 8월 5일자 동아일보에서

7.3. 바다, 섬, 강, 산 등의 표기 세칙

지명 표기와 관련하여 생기는 부수적인 문제로 '바다, 섬, 강, 산' 등이
외래어 다음에 연결되는 경우의 띄어쓰기나 용어의 통일 문제 등이 있을
수 있다. 이러한 문제에 대해 규정하고 있는 것이 ≪외래어 표기법≫ 제4장
제3절에서 제시하고 있는 바다, 섬, 강, 산 등의 표기 세칙이다. 우선, 그 표
기 세칙을 제시하면 다음과 같다.

〈표 12〉 바다, 섬, 강, 산 등의 표기 세칙(제4장 제3절)

제1항 '해', '섬', '강', '산' 등이 외래어에 붙을 때에는 띄어 쓰고,
　우리말에 붙을 때에는 붙여 쓴다

| 카리브 해 | 북해 | 발리 섬 | 목요섬 |

제2항 바다는 '해'(海)로 통일한다.
　　홍해　　　　　　　　발트 해　　　　　　　아라비아 해
제3항 우리나라를 제외하고 섬은 모두 '섬'으로 통일한다.
　　타이완 섬　　　코르시카 섬(우리나라 : 제주도, 울릉도)
제4항 한자 사용 지역(일본, 중국)의 지명이 하나의 한자로 되어 있
　　을 경우, '강', '산', '호', '섬' 등은 겹쳐 적는다.
　　온타케 산(御岳)　　　주장 강(珠江)　　　도시마 섬(利島)
　　하야카와 강(早川)　　위산 산(玉山)
제5항 지명이 산맥, 산, 강 등의 뜻이 들어 있는 것은 '산맥', '산',
　　'강' 등을 겹쳐 적는다.
　　Rio Grande 리오그란데 강　　Monte Rosa 몬테로사 산
　　Mont Blanc 몽블랑 산　　　Sierra Madre 시에라마드레 산맥

위의 규정들 가운데 제1항은 띄어쓰기에 관한 것으로, '해, 섬, 강, 산'이 외래어에 붙을 때에는 띄어 쓰고, 우리말에 붙을 때에는 붙여 쓴다는 것이다. 이 규정은 외래어 다음에 '해, 섬, 강, 산' 등의 단어를 붙여 썼을 때에 일어날 혼동을 방지하려는 데에서 생겨난 것이다.

제2항과 제3항은 바다는 '해'(海)로(제2항), 섬은 '섬'으로(제3항) 통일하여 표기한다는 규정이다. 섬의 경우, 외래어에서는 '섬' 하나로 통일하지만, 고유어나 한자어의 경우에는 '남이섬, 솔섬, 누에섬, 통영섬' 등의 '섬'과 '제주도, 완도, 진도, 홍도' 등의 '도'를 구분하여 적는다는 것을 알아둘 필요가 있다.

다음으로, 제4항은 중국이나 일본 같은 한자어 사용 지역의 지명 가운데 하나의 한자로 되어 있는 지명은 '강', '산', '호', '섬'을 겹쳐 적는다는 것이고, 제5항은 관용에 관계된 항목으로, 지명 자체가 '산맥, 산, 강' 등의 뜻을 포함하고 있는 경우에도 '산맥', '산', '강' 등을 겹쳐 적는다는 것이다.

예컨대, 'Rio Grande'의 'Rio'는 그 자체가 강의 의미를, 'Monte Rosa'의 'Monte'는 그 자체가 산의 의미를 갖고 있지만, '리오그란데'나 '몬테로사' 전체를 하나의 고유명사로 생각하는 우리의 관용에 따라, 거기에 다시 '강'이나 '산'을 붙여 쓰는 것이다.

가거도(可倨島)[14]

조태일

너무 멀고 험해서
오히려 바다 같지 않는
거기
있는지조차
없는지조차 모르던 섬.

쓸 만한 인물들을 역정 내며
유배 보내기 즐겼던 그때 높으신 분들도
이곳까지는
차마 생각 못했던,

그러나 우리 한민족 무지랭이들은
가고, 보이니까 가고, 보이니까 또 가서
마침내 살 만한 곳이라고
파도로 성 쌓아
대대로 지켜오며
후박나무 그늘 아래서
하느님 부처님 공자님
당할아버지까지 한식구로 한데 어우러져
보라는 듯이 살아오는 땅.

비바람 불면 자고
비바람 자면 일어나

---

14) 우리나라의 지명에는 경우는 '가거도'의 예에서처럼 '섬' 이외에 '도'(島)를 쓸 수 있지만,
   외국의 지명에는 '섬'만을 쓸 수 있다.

파도 밀치며
바다 밀치며
한스런 노랫가락 부른다.

산아 산아 회룡산아
눈이 오면 백두산아
비가 오면 장내산아.

바람불면 회룡산아
천산 하산 넘어가면
부모형제 보련마는
원수로다 원수로다
산과 날과 원수로다.

낯선 사람 찾아오면 죄 많은 사람 찾아오면
태풍 세실을 불러다가
겁도 주고 달래 보고 묶어 보고 풀어 주는
바람 바람 바람섬,
파도 파도 파도섬.

길가는 나그네여!
사월 혁명의 선봉이 되어
반민주 반독재와 불의에 항거하여
싸우다가 십구일 밤 무참히 떨어진
십구 세의 대한의 꽃봉오리가 여기

누워 있다고 전해다오

자식 길러 가르치고
배운 자식 뭍으로 보내
나라 걱정, 나라 위해
목숨도 걸 줄 아는
멋있는 사람들이 사는
살 만한 땅.

■ 다음 글의 내용 가운데 외래어 표기법의 원칙에 어긋난 예를 찾아 고쳐 써라.

> 고호의 장례식장 관 위의 벽에 걸려 있었던 그림은 참으로 적절하게도 죽음에서 부활로 넘어가려는 찰나의 빨간 머리 그리스도상을 보여주는 '삐에따'였다. 그 자리에 참석한 고호를 사랑하며 존경하며 탄복하던 화가 친구들은 모두 고호가 죽음을 넘어 별에 도달할 것과, 마침내 세상에서는 얻지 못한 하늘의 평안을 얻기를 기원하고 있었다

■ 다음 외래어의 올바른 표기를 국어사전에서 찾아 제시하라.

(1) setback :   (2) kidnap :

(3) jazz :   (4) graph :

(5) thrill :   (6) vision :

(7) juice :   (8) message :

(9) chocolate :   (10) chandelier :

(11) top class :   (12) clinic :

(13) center :   (14) art vision :

(15) slide :   (16) chart :

(17) Hormon :   (18) soup :

(19) bench :   (20) boat :

3 다음은 한 여성용 화장품 제조 회사에서 발간하는 월간 미용 잡지에 수록된 글이다. 이러한 성격의 글에서는 흔히 외래어 사용을 남용하는 경우가 많은데, 이를 국어 순화 차원에서 다시 쓴다면 어떻게 되겠는지 고쳐 써 보라.

스키니한 스모키 아이 메이크업, 어때요?

스모키 아이를 처음 해보거나 무겁고 답답한 스모키 아이 메이크업이 지루하다면 세미 스모키 아이 메이크업을 추천합니다. 이럴 때는 아이섀도 사용도 다이어트해 보세요. 블랙보다는 실버나 그레이, 네이비 등으로 컬러를 가볍게 선택하고, 텍스처 역시 펄 감이 있는 제품을 사용하면 좀 더 가벼워 보인답니다. 파우더리한 아이섀도를 덧바르는 기존 방법은 눈도 무겁고 답답해 보이기 쉬웠죠. 하지만 쉬머 타입 섀도를 사용하면 표현은 미끄러우면서 미세하고 다양한 펄 감이 보는 각도에 따라 반짝이기 때문에 시크한 매력이 느껴지는 스모키 아이를 연출할 수 있습니다.

4 다음은 국어 생활에서 흔히 발견되는 외래어 표기의 오류를 보여주는 전형적인 예들이다. 이러한 예들의 원어를 제시하고 그에 알맞은 외래어 표기를 제시하라.

(1) 센타 →

(2) 쇼파 →

(3) 프랑카드, 플랜카드 →

(4) 넌센스 →

(5) 수퍼마켙 →

(6) 수퍼맨 →

(7) 스노우타이어 →

(8) 챤스 →

(9) 퍼머 →

(10) 리더쉽 →

(11) 비즈니스 →

(12) 다큐먼트 →

(13) 아키텍쳐 →

(14) 버츄얼 →

(15) 애플리트 →

5 다음은 이른바 정보화 시대에 새롭게 등장한 전문 용어의 예들이다. 오른쪽 빈칸에 들어갈 올바른 표기를 제시하라.

원 어	틀린 표기	올바른 표기
internet	인터네트	
intranet / extranet	인트라네트 / 엑스트라네트	
netscape	네트스케이프	
windows	윈도스, 윈도우, 윈도우즈	
portal	포탈	
directory	디렉터리	
network	네트웍	
contents	컨텐츠, 컨텐트, 콘텐트	
digital	디지탈, 디지틀	
desktop	데스크탑	
signal	시그날	

6 우리의 국어 생활에서 자주 쓰이는 외래어들 가운데 의상과 음식명에 관련된 외래어 표기의 오류를 각각 10개씩 조사하고, 그에 대한 올바른 외래어 표기법을 제시하라.

例. 하이 라이스 → 해시 라이스(hash rice)
　　가디건 → 카디건(cardigan)

참고문헌

강신항(1983), 「외래어의 실태와 그 수용 대책」, 『한국어문의 제문제』, 일지사.
강신항(1985), 「근대화 이후의 외래어 유입 현상」, 『국어생활』 제2호, 국어연구소.
강인선(1996), 「현행 일본어 표기법과 나의 의견」, 『새국어생활』 6-4호, 국립국어연구원.
고성환(1998), 「신문·잡지 분야의 외래어 사용 실태」, 『새국어생활』 8-2호, 국립국어연구원.
김민수(1984), 『국어정책론』, 탑출판사.
김상준(1996), 「외래어와 발음 문제」, 『새국어생활』 6-4호, 국립국어연구원.
김세중(1996), 「외래어 표기법에 대한 비판 분석」, 『새국어생활』 6-4호, 국립국어연구원.
김세중(1998), 「외래어의 개념과 변천사」, 『새국어생활』 8-2호, 국립국어연구원.
김희진(1996), 「외래어 표기, 남북한이 어떻게 다른가」, 『새국어생활』 6-4호, 국립국어연구원.
남기심(1983), 「새말[新語]의 생성과 소멸」, 『한국어문의 제문제』, 일지사.
남풍현(1985), 「국어 속의 차용어」, 『국어생활』 제2호, 국어연구소.
민현식(1997), 「외래어의 차용과 변용」, 『국어사연구』, 태학사.
송 민(1990), 「어휘 변화의 양상과 그 배경」, 『국어생활』 제22호, 국어연구소.
송철의(1998), 「외래어의 순화 방안과 수용 대책」, 『새국어생활』 8-2호, 국립국어연구원.
신형욱(1996), 「외래어 표기법과 나의 의견」, 『새국어생활』 6-4호, 국립국어연구원.
유만근(1985), 「다른 나라에서의 외래어 수용 양상」, 『국어생활』 제2호, 국어연구소.
유만근(1996), 「외국어를 귀화시켜 국어다운 외래어로」, 『새국어생활』 6-4호, 국립국어연구원.
이기문(1991), 「국어 어휘사 연구」, 동아출판사.
이상억(1994), 『국어 표기 4법 논의』, 서울대 출판부.
이선영(1998), 「상호·상표 분야의 외래어 사용」, 『새국어생활』 8-2호, 국립국어연구원.
이은경(1998), 「방송 분야의 외래어 사용」, 『새국어생활』 8-2호, 국립국어연구원.
이정복(1998), 「컴퓨터 통신 분야의 외래어 사용」, 『새국어생활』 8-2호, 국립국어연구원.
임동훈(1996), 「외래어 표기법의 원리와 실제」, 『새국어생활』 6-4호, 국립국어연구원.
임홍빈(1996), 「외래어 표기의 역사」, 『새국어생활』 6-4호, 국립국어연구원.

제7장 국어의 로마자 표기법

1. 국어의 로마자 표기법의 변천

　로마자(Roman alphabet)란 그리스 문자에서 유래한 음소 문자로, 영어를 비롯하여 프랑스어, 독일어, 이탈리아어, 스페인어 등 유럽 여러 나라의 언어를 표기하는 데 쓰이고 있으며, 오늘날엔 세계적으로 가장 널리 쓰이고 있는 문자이다. 로마자 이외의 문자를 로마자로 바꾸어 표기하는 일을 로마자화(romanization)라고 하는바, 우리 역시 우리말을 로마자로 표기하는 방법을 오랜 세월에 걸쳐 모색하여 왔으며, 흔히 이를 로마자 표기법이라고 일컬어 왔다.

　국어의 로마자 표기법의 정립과 통일은 국가적 차원에서는 물론이요, 기업과 개인의 차원에서도 절실히 요구되는 사항이며, 특히 오늘날과 같은 국제화 혹은 세계화 시대에 있어서는 그 중요성이 매우 크다고 할 수 있다. 국가적으로는 국제적인 지도와 백과사전의 표기, 한국학 관련 논저의 소개 및 외국인을 위한 도로나 관광 안내판의 작성 등을 위하여 반드시 필요한 사항이다. 또한 기업에서는 제품에 관한 정보 제공이나 마케팅을 위해서 필요하며, 개인적 차원에서도 최근 들어 보다 빈번해진 외국과의 교류를 위하여 반드시 필요한 요소라고 할 수 있는 것이다.

국어의 로마자 표기법의 역사는 우리나라가 서양에 본격적으로 알려지기 시작한 19세기 무렵부터라고 할 수 있는데, 이는 다시 세 가지 단계로 나누어 살펴볼 수 있다(정희원, 1997 : 28). 첫째 단계는 우리나라에 외국인들의 입국이 공식적으로 허용된 19세기를 전후하여 외국인들이 자신들의 필요에 따라 표기법을 고안하던 단계이고, 두 번째 단계는 일제 통치 시기에 일본 및 국내 학자들이 개인적으로 표기법을 만들어 사용하던 시기이며, 세 번째는 해방 이후 오늘날에 이르기까지 정부에서 공식적으로 국어의 로마자 표기법을 제정·공포하여 사용을 권장한 시기이다.

19세기 초반, 당시 일본 정부의 고문이었던 독일인 의사 지볼트(Phillip Fr. von Siebold)가 한국에 대해 소개하면서부터 비교적 체계적인 모습을 갖추기 시작한 개화기의 국어의 로마자 표기법은 1920년대까지 약 27개의 안이 발표될 정도로 활발한 관심의 대상이었다(김민수, 1973 : 289~303).

일제 통치 시기에 있어서도 金澤庄三郎, 白鳥庫吉, 小林英夫, 小創進平 등의 일본인 학자들이 각각 국어의 로마자 표기법을 구상하여 발표한 것을 비롯하여, 1935년에는 조선어학회의 위원이던 정인섭 선생이 '조선어음의 만국 음성부호 표기'를 발표한 것 등 개인적 차원에서 마련된 국어의 로마자 표기법이 상당히 많았던 것으로 보인다.

이 시기에 마련된 국어의 로마자 표기법 가운데 특기할 만한 것으로는 두 가지가 있다. 그 하나는 한글학회의 전신인 조선어학회가 마련한 ≪조선어음 라마자표기법≫(朝鮮語音 羅馬字表記法)이고, 다른 하나는 1939년에 발표된 이른바 ≪머쿤 라이샤워 표기법≫(M-R 표기법이라고도 함)이다.

≪조선어음 라마자표기법≫(朝鮮語音 羅馬字表記法)은 조선어학회가 『큰사전』
을 발간하는 과정에서 국어의 로마자 표기법의 제정이 필요하다는 인식을
하게 됨에 따라, 1940년 6월 25일에 발표한 ≪외래어 표기법 통일안≫의
부록에 발표한 것으로, 1935년에 이루어진 정인섭 선생의 안을 토대로 한
것이다. 이러한 표기법은 비록 만족스러운 수준의 것은 아니었다고 하더라
도 공신력 있는 학회 차원에서 마련된 표기법이었다는 점에서 의의가 있다.

한편, ≪머큔 라이샤워 표기법≫은 평양 숭실전문학교 교장으로 재직한
미국인 선교사 머큔(George S. McCune)과 당시 하버드대학 대학원에서 일본사
를 전공하던 라이샤워(Edwin O. Reischauer)가 국내외 학자들의 협조를 얻어
제정한 것으로, 1939년에 발표된 이후 오늘날까지 영어권에서 가장 널리
쓰이고 있는 한글의 로마자 표기법이다.

해방을 맞이하고 남한 단독의 대한민국 정부가 수립되고 난 후 마련된
국어의 로마자 표기법들은 국가적 차원에서 마련된 공식적 표기법이라는
점에서 의의가 있다고 할 수 있는데, 이를 발표된 순서대로 차례로 제시하
면 다음과 같다.

> (1) 해방 이후 국어의 로마자 표기법의 변천
> ㄱ. 1948년, ≪한글을 로오마자로 적는 법≫
> ㄴ. 1959년, ≪한글의 로마자 표기법≫
> ㄷ. 1984년, ≪국어의 로마자 표기법≫
> ㄹ. 2000년, ≪국어의 로마자 표기법≫

1948년에 제정한 ≪한글을 로오마자로 적는 법≫은 우리나라 최초의 정
부안으로, 해방 이후 논란이 끊이지 않았던 국어의 로마자 표기법을 공식화
하기 위하여 마련되었는데, '머큔 라이샤워 표기법'과 매우 비슷한 내용으
로 이루어진 것이었다. 그러나 이 최초의 안은 그 공식적인 지위에도 불구

하고 널리 사용되지 않음으로써 개정의 필요성이 제기되었다. 그리하여 1959년에 문교부는 국내외의 다양한 국어의 로마자 표기법을 통일하려는 목적으로 두 번째 공식적인 표기법을 마련하게 되는데, 이것이 한글의 맞춤법에 따라 로마자를 배당하는 새로운 ≪한글의 로마자 표기법≫이다.

그러나 새로운 표기법도 일반의 호응을 널리 얻지 못하여 교과서나 정부 간행물, 지도 등에서만 부분적으로 사용되고, 미군 등 외국 기관이나 영자 신문 등에서는 '머큔 라이샤워 표기법'이 사용되는 등의 불일치가 계속됨에 따라, 또 다시 새로운 국어의 로마자 표기법을 공포하여 사용하게 되었는데 이것이 1984년에 제정·고시되어 최근까지 사용되었던 ≪국어의 로마자 표기법≫이다.

1959년에 마련된 ≪한글의 로마자 표기법≫이 우리말의 표기에 나타난 글자 표기를 그대로 로마자로 전환하는 표의주의 방식, 곧 전자법(轉字法) 방식을 채택하였던 것이라고 한다면, 1984년에 제정된 ≪국어의 로마자 표기법≫은 우리말의 표준 발음을 로마자화하는 표음주의 방식인 전사법(轉寫法) 방식을 택하였다는 점에서 차이가 있다고 할 수 있는데 이와 같은 전사법 방식은 2000년에 고시된 현행 표기법에서도 그대로 채택되고 있다.

그런데 1984년에 마련된 ≪국어의 로마자 표기법≫은 항구적으로 사용 가능하다는 확신 아래 만들어진 것이 아니라 '실험 적용 후 문제점 보완'이라는 이른바 태생적 한계를 지니고 있던 것이었다.[1] 그리하여 1991년 국어심의회 표기법 분과위원회가 개최된 이래, 10년이라는 오랜 세월에 걸쳐 전면적이면서도 본격적인 국어의 로마자 표기법의 개정을 위한 작업이 계속되었고, 마침내 2000년 7월 7일에 이르러 새로운 ≪국어의 로마자 표기법≫의 탄생을 보기에 이르렀다.

---

1) 1983년 6월 25일에 발표된 문교부의 '국어의 로마자 표기법 개정안 확정 계획'에 제시된 내용임.

이 새로운 ≪국어의 로마자 표기법≫의 탄생은 다음과 같은 세 가지 요인에 그 동기를 두고 있다.

첫째, 이전의 국어의 로마자 표기법은 로마자 이외에 반달표(ŏ, ŭ)와 어깨점(k', t', p', ch') 등이 있어 컴퓨터에서 사용하기가 불편하여 정보화 시대에 맞지 않는다는 문제점이 있었다. 이러한 문제점 때문에 국어의 로마자 표기법이 도로 표지판 등에서만 제대로 사용되었을 뿐 인명, 회사명 등의 표기에서는 사람들마다 제각기 다른 방식대로 표기함으로써 극심한 표기의 혼란을 야기하게 되었던 것이다.

둘째, 종전의 국어의 로마자 표기법은 예컨대, '도동'을 'Todong'으로 적는 예에서 볼 수 있듯이, 장애음의 유무성의 차이를 인식하지 못하는 국어 사용자들로 하여금 유성음과 무성음으로 구분하여 표기하도록 하는 방식을 택함으로써 지나치게 어렵다는 지적을 받아왔다.

셋째, 국어에 꼭 필요한 구별이 제대로 지켜지지 않았다는 점이다. 즉, 종전의 국어의 로마자 표기법에서는 평음과 유기음의 구별 곧 'ㄱ, ㄷ, ㅂ, ㅈ'과 'ㅋ, ㅌ, ㅍ, ㅊ'을 구별하여 표기하는 방법으로서, 'ㄱ, ㄷ, ㅂ, ㅈ'은 'k, t, p, ch'으로, 'ㅋ, ㅌ, ㅍ, ㅊ'은 어깨점을 사용한 'k', t', p', ch''으로 표기하도록 되어 있었다. 그러나 표기상의 불편을 이유로 흔히 어깨점의 표기가 생략되어 버림으로써 국어에 꼭 필요한 평음과 유기음의 구별이 제대로 지켜지지 않았던 것이다.

이와 같은 이유들로 국어의 로마자 표기법의 개정이 불가피하게 여겨졌던바, 새로운 국어의 로마자 표기법에서는 다음과 같은 내용을 골자로 하여 그 개정이 이루어지게 되었다. 그 주요 내용을 표로 제시하면 다음과 같다.

〈표 1〉 ≪국어의 로마자 표기법≫(2000. 7. 7.)의 주요 개정 내용

내 용	종 전	개 정	사 례
어, 으	ŏ, ŭ	eo, eu	• Sŏngju → Seongju(성주) • Kŭmgok → Geumgok(금곡)
ㄱ, ㄷ, ㅂ, ㅈ	k, t, p, ch	g, d, b, j	• Kwangju → Gwangju(광주) • Taegu → Daegu(대구)
ㅋ, ㅌ, ㅍ, ㅊ	kʹ, tʹ, pʹ, chʹ	k, t, p, ch	• Tʹaean → Taean(태안) • Chʹungju → Chungju(충주)
ㅅ	sh, s	s로 통일	• Shilla → Silla(신라) • Shilsangsa → Silsangsa(실상사)

2. 현행 ≪국어의 로마자 표기법≫의 구성과 표기 원칙

위에서 언급한 바와 같이, 현재 시행되고 있는 ≪국어의 로마자 표기법≫은 2000년 7월 7일, 문화예술진흥법 제7조 2항의 규정에 의하여 마련된 것인데, 우선 이 표기법이 어떻게 구성되어 있는가를 제시하면 다음과 같다.

〈표 2〉 ≪국어의 로마자 표기법≫의 구성

제1장 표기의 기본 원칙
제2장 표기 일람
제3장 표기상의 유의점
　■ 부칙
　■ 표기 사례

위의 표를 통하여 알 수 있는 바와 같이, 현행 ≪국어의 로마자 표기법≫은 표기의 기본 원칙과 일람 및 표기상의 유의점 등 3장으로 이루어진 본

문과 규정의 시행과 표지판 및 출판 등에 대한 경과 조치 등을 그 내용으로 하고 있는 부칙 및 표기 사례 등으로 이루어져 있다.

우선 ≪국어의 로마자 표기법≫ 제1장에 제시된 표기의 기본 원칙부터 살펴보기로 하겠다.

〈표 3〉 ≪국어의 로마자 표기법≫의 기본 원칙

제1항 국어의 로마자 표기는 국어의 표준 발음법에 따라 적는 것을 원칙으로 한다.
제2항 로마자 이외의 부호는 되도록 사용하지 않는다.

위의 기본 원칙 가운데 첫 번째는 ≪국어의 로마자 표기법≫이 앞에서 지적한 대로 표음주의, 곧 전사법 방식을 택하고 있음을 제시한 것이다. 전사법에 의한 국어의 로마자 표기법은 예컨대, '속리산'을 표기하는 데 있어 본래의 형태소 그대로 [Soglisan]이라고 표기하지 않고, 발음되는 대로 [Songnisan]으로 적는 방식을 말한다.

이러한 표음주의 방식을 새로운 ≪국어의 로마자 표기법≫의 방식으로 택하게 된 것은, 우리말을 모르는 사람도 읽기가 쉽다는 장점을 가지고 있기 때문이다. 국어의 로마자 표기법의 제정 자체가 우리나라 사람을 위한 것이 아니라, 외국인을 위한 것이라는 점에 비추어 본다면, 외국인들이 읽기에 편리하도록 표음주의를 택하는 것이 보다 타당한 표기 방식이라고 할 수 있을 것이다.

물론, 부득이하게 발음이 아니라 우리말 표기의 원형을 밝혀 적어야 하는 경우도 있을 수 있다. 예컨대, 외국 도서관에서 우리말로 된 서적의 목록을 만들거나 언어학자들이 외국어로 우리말에 대한 논문을 쓰는 경우에는 한글 맞춤법에 따른 로마자 표기가 필요한 것이다(정희원, 2000 : 21). 종전의 표기법에서는 이러한 경우를 대비한 표기 체계를 마련해 두고 있지 않았다는 것과 달리, 새 ≪국어의 로마자 표기법≫에서는 전자법 방식을 따로 고시하여 두고 있는바(제3장 제8항), 보다 체계적인 표기법이라고 할 수 있을 것이다.

≪국어의 로마자 표기법≫의 기본 원칙 두 번째는 "로마자 이외의 부호는 되도록 사용하지 않는다."는 것이다. 이와 같은 원칙은 반달표(˘)나 어깨점(')등 로마자 이외의 특수 부호를 사용하지 않는다는 사실을 말하여 주고 있는 것이다. 주지하는 바와 같이, 종전의 국어의 로마자 표기법에서는 제한된 로마자만으로는 국어의 소리를 다 표기하기가 어렵다는 판단하에, 특수 부호를 사용하여 이를 보완하는 방식을 택하였다. 그러나 그러한 표기 방식은 컴퓨터상에서 입력이 용이하지 않다는 점과 부호의 의미가 무엇인가를 파악하기가 어렵다는 점 때문에 일반인들이 사용하기를 꺼려하였다. 또한, 종전의 표기법에서는 의미의 혼동을 초래하지 않는 경우에는 생략이 가능하다는 허용 규정을 가지고 있었던바, 국어의 중요한 음운 대립을 나타낼 수 없도록 만드는 결과를 초래하기도 하였다. 이와 같은 이유들 때문에 새 표기법에서는 로마자 이외의 어떠한 특수 부호도 사용하지 않는다는 원칙을 새로이 정한 것이다.

3. 모음 및 자음의 표기

앞에서는 새로운 ≪국어의 로마자 표기법≫의 기본 원칙이 무엇인가를 살펴보았다. 우리가 확인한 대로, 그 기본 원칙은 우리말을 로마자로 표기하는 데 있어 표음주의 방식을 택한다는 것과 로마자 이외의 특수부호는 전혀 사용하지 않는다는 것이었다.

이제 그와 같은 기본 원칙에 대한 이해를 바탕으로, 여기에서는 현행 ≪외래어 표기법≫ '제2장'의 '표기 일람'에 제시된 모음과 자음 및 반모음의 표기 방식을 자세히 살펴보기로 하겠다.

우선, 모음의 표기 방식을 이해하기 위해 모음의 표기 일람을 제시하면 다음과 같다.

(2) 현행 ≪국어의 로마자 표기법≫의 모음 표기 일람

제1항 모음은 다음 각 호와 같이 적는다.

1. 단모음

ㅏ	ㅓ	ㅗ	ㅜ	ㅡ	ㅣ	ㅐ	ㅔ	ㅚ	ㅟ
a	eo	o	u	eu	i	ae	e	oe	wi

2. 이중 모음

ㅑ	ㅕ	ㅛ	ㅠ	ㅒ	ㅖ	ㅘ	ㅙ	ㅝ	ㅞ	ㅢ
ya	yeo	yo	yu	yae	ye	wa	wae	wo	we	ui

[붙임 1] 'ㅢ'는 'ㅣ'로 소리 나더라도 ui로 적는다.
　　(보기)　광희문 Gwanghuimun

[붙임 2] 장모음의 표기는 따로 하지 않는다.

이와 같은 모음의 표기법 가운데 이전의 방식과 달라진 것은 '어, 으, 의' 세 가지이다. 먼저 '어, 으'의 경우에는 종전에는 특수 부호를 사용하여 'ŏ, ŭ'로 표기하였던 것을, 특수 부호를 사용하지 않기로 한 기본 원칙에 따라 'eo, eu'로 표기하는 방식을 택하였다. 'ŭi'로 표기해 왔던 '의'를 'ui'로 적기로 한 것 역시, 그와 같은 원칙 때문이라고 할 수 있다.

그런데 '어, 으'를 각각 'eo, eu'로 표기하는 방식에 문제가 전혀 없는 것

은 아니다. 가장 큰 문제는 'eo, eu'에서 모음 '어, 으'의 발음을 유도하기가 쉽지 않다는 점이라고 할 수 있다. 그러나 이러한 문제는 교육과 홍보를 통해서 해결해야 한다는 입장에서 결국엔 이와 같은 표기 방식을 택한 것으로 보인다.

'의'의 표기에 있어서는 한 가지 특기해야 할 사항이 있는데 위의 [붙임 1]에서 암시하고 있는 대로, '의'는 발음과는 무관하게 항상 'ui'로만 적어야 한다는 것이다. <표준 발음법>에 의하면, '의'는 가령, '희'와 같이 자음을 음절의 첫소리로 가지고 있는 경우, [이]로 소리가 나게 된다. 따라서 ≪국어의 로마자 표기법≫의 첫 번째 기본 원칙에 의하면 이 경우의 '희'는 'hi'로 표기해야 올바른 표기라고 할 수 있는 것이다. 그럼에도 불구하고, '희'를 'hi'로 적지 않고 'hui'로 적기로 한 것은 이와 같은 표기를 낯설게 생각하는 사람들이 많아 예외를 인정하기로 한 것이다(정희원, 2000 : 24).

국어의 자음을 로마자로 표기하는 방식에 있어서도 몇 가지 중요한 변화가 보이고 있다. 이를 살펴보기 위해서 먼저 자음의 표기 일람을 제시해 보기로 한다.

(3) 현행 ≪국어의 로마자 표기법≫의 자음 표기 일람

제2항 자음은 다음 각 호와 같이 적는다.

1. 파열음

ㄱ	ㄲ	ㅋ	ㄷ	ㄸ	ㅌ	ㅂ	ㅃ	ㅍ
g, k	kk	k	d, t	tt	t	b, p	pp	p

2. 파찰음

ㅈ	ㅉ	ㅊ
j	jj	ch

3. 마찰음

ㅅ	ㅆ	ㅎ
s	ss	h

4. 비음

ㄴ	ㅁ	ㅇ
n	m	ng

5. 유음

ㄹ
r, l

[붙임 1] 'ㄱ, ㄷ, ㅂ'은 모음 앞에서는 'g, d, b'로, 자음 앞이나 어말에서는 'k, t, p'로 적는다([ ] 안의 발음에 따라 표기함.).

(보기)

구미 Gumi	영동 Yeongdong	백암 Baegam
옥천 Okcheon	합덕 Hapdeok	호법 Hobeop
월곶[월곧] Wolgot	벚꽃[벋꼳] beotkkot	
한밭[한받] Hanbat		

[붙임 2] 'ㄹ'은 모음 앞에서는 'r'로, 자음 앞이나 어말에서는 'l'로 적는다. 단, 'ㄹㄹ'은 'll'로 적는다.

(보기)

구리 Guri	설악 Seorak	칠곡 Chilgok
임실 Imsil	울릉 Ulleung	
대관령[대괄령] Daegwallyeong		

　자음의 표기에 있어 달라진 첫 번째 변화는 'ㄱ, ㄷ, ㅂ, ㅈ'의 표기와 관련되는 것이다. 즉, 종전에는 이들 자음의 유·무성을 구분하여 무성음의 환경에서는 'k, t, p, ch'로, 유성음의 환경에서는 'g, d, b, j'로 구분하여 표기하여 오던 것을, 그러한 구분이 없이 'g, d, b, j'로 적기로 한 것이다. 예컨대, 종전에는 '바보'를 적을 때 첫 음절의 'ㅂ'는 무성음이므로 'p'로 적고, 둘째 음절의 'ㅂ'는 유성음이어서 'b'로 적는 방식을 택하여 왔다. 이와 같은 방식은 유성음과 무성음을 구분하여 인식할 수 있는 외국인들에게는 편리한 방법이지만, 이 둘의 차이를 인식하지 못하는 국어 화자들에게는 매우 어려운 일이라고 할 수 있으므로, 그 구분을 없애고 어떠한 환경에서든

‘g, d, b, j’로 적기로 한 것이다.

그러나 한 가지 유의해야 할 것은 [붙임 1]에서 제시하고 있는 것처럼 음절말 위치에 나타나는 ‘ㄱ, ㄷ, ㅂ’은 ‘g, d, b’가 아니라, ‘k, t, p’로 적기로 하였다는 사실이다. 이와 같은 규정은 국어의 화자들이 유성음과 무성음의 구별은 잘하지 못하지만, 음절초 위치에 있는 자음과 음절말 위치의 자음은 잘 구별한다는 사실 때문에 마련된 것이라고 할 수 있다. 예컨대, ‘밥’의 경우, 첫 번째 ‘ㅂ’와 두 번째 ‘ㅂ’의 발음 방식은 차이가 있다. 즉, 첫 번째 ‘ㅂ’는 숨을 터트리면서 발음하는 파열음이지만, 두 번째 ‘ㅂ’는 그러한 파열을 수반하지 않는 불파음(不破音)이라고 할 수 있는데, 이러한 음성적 차이를 국어 사용자들은 비교적 잘 인식을 하고 있는 것이다. 따라서 현행 ≪국어의 로마자 표기법≫에서는 받침이나 어말, 곧 음절말 위치의 ‘ㄱ, ㄷ, ㅂ’은 따로 구분하여 ‘k, t, p’로 적기로 하였다는 사실을 잘 알아둘 필요가 있다고 하겠다.[2]

‘ㄱ, ㄷ, ㅂ, ㅈ’의 표기에서 유·무성의 차이를 구별하지 않기로 함에 따라 유기음 ‘ㅋ, ㅌ, ㅍ, ㅊ’의 표기에 ‘k, t, p, ch’를 사용하기로 한 것 또한 새로운 ≪국어의 로마자 표기법≫의 특징 가운데 하나이다.

앞에서 지적한 것처럼, 종전에 유기음 ‘ㅋ, ㅌ, ㅍ, ㅊ’을 표기하는 방식은 평음의 표기에 사용하는 ‘k, t, p, ch’에 어깨점을 붙여 ‘k’, t’, p’, ch’’로 표기하는 방식이었다. 그러나 이와 같은 방식은 기호가 갖는 의미가 무엇인가를 파악하기가 쉽지 않을 뿐더러 시각적으로 구별하기가 어렵고 또 생략되는 경우도 많았던 까닭에 적지 않은 문제점을 가지고 있었다. 따라서 새로운 표기법이 평음의 표기는 ‘g, d, b, j’로, 유기음의 표기는 ‘k, t, p, ch’

―――――――――――――

[2] 이와 같은 규정에서 왜 ‘ㅈ’, ‘ㅅ’ 등과 같은 자음에 대해서는 아무런 언급이 없는 것인지 의아해하는 독자도 있을 것이다. 주지하는 바와 같이, 음절말 위치에 올 수 있는 국어의 자음은 ‘ㄱ, ㄴ, ㄷ, ㄹ, ㅁ, ㅂ, ㅇ’ 7개밖에 되지 않는바, ‘ㅈ’나 ‘ㅅ’는 음절말 위치에서 ‘ㄷ’로 변하기 때문에 별도의 규정을 필요로 하지 않는다.

로 하기로 한 것은 국어의 중요한 음운 대립인 평음과 유기음의 구별을 쉽게 할 수 있도록 해 준다는 장점을 지니고 있다고 하겠다.

한편, 된소리 'ㄲ, ㄸ, ㅃ, ㅆ, ㅉ'의 표기는 글자를 겹쳐 적는 방식을 택하여 'kk, tt, pp, ss, jj'로 적기로 한 점 또한 자음의 표기에서 나타나는 중요한 변화 가운데 하나이다. 다만, 'ㄲ, ㄸ, ㅃ'을 표기함에 있어 'g, d, b'를 겹치지 않고, 'k, t, p'를 겹쳐 쓰고 있는 점이 문제라면 문제일 수 있는데, 이는 'g, d, b'가 일반적으로는 유성음을 표기하는 데 사용되는 글자이므로, 무성음인 경음을 표기하는 데 적합하지 않다고 보았기 때문이다. 그러나 'ㅉ'는 'ch'를 겹쳐 쓸 수가 없어 'jj'로 표기하는 방식을 택하였다(정희원, 2000 : 27).

자음의 표기 방식에서 언급해야 할 또 한 가지 중요한 사실은 'ㅅ'의 표기에 있어, 종전에 's'와 'sh'로 나누어 적던 방식에서 그러한 구분을 없애고 's'로 통일하여 적기로 하였다는 점이다. 즉, 종전의 표기법에서는 'ㅅ'가 구개성을 띠는 모음 '이' 앞에서 구개음이 되는 것을 표기에 반영하여 'sh'로 적어왔다. 예컨대, '서울'과 '시골'이라는 단어들에서 'ㅅ'는 음성학적으로 차이가 있어, 앞의 'ㅅ'는 치경의 위치에서 발음되는 [s]이지만, 뒤의 'ㅅ'는 구개음의 위치에서 발음되는 [ʃ]라고 할 수 있으므로, 이를 구별하기 위하여 's'와 'sh'로 나누어 적는 방식을 택하였던 것이다. 그러나 이러한 구별은 상당히 수준 높은 음성학적 지식을 필요로 하므로, 일반적인 국어화자들은 이와 같은 음성적 차이를 잘 인식하지 못한다는 점을 고려하여 'ㅅ'를 's'로 통일하여 적기로 하였다.

마지막으로, 자음의 표기 방식에서 알아두어야 할 사실 한 가지는 'ㄹ'의 표기를 음운 환경에 따라, 'r'과 'l'로 나누어 적는다는 것이다. 이러한 표기 방식은 종전과 비교하여 차이가 있는 것은 아니지만, 'ㄹ'의 발음에 대하여 언중이 인식하고 있는 정도를 표기에 반영하였다는 점에서 중요성을 지닌다. 즉, 일반적으로 국어 화자들은 예컨대 '우리'의 'ㄹ'와 '달'의 'ㄹ'가 각각 다른 소리라는 것을 인식하고 있는 경우가 많다고 할 수 있으므로, 이를 'r'과 'l'로 구별하여 적기로 한 것이다.

음성학적으로 볼 때, '우리'의 'ㄹ'처럼 음절초 위치에 나타나는 국어의 'ㄹ'는 윗잇몸에 혀를 살짝 대어 소리를 내는 탄설음 [r]이지만, '달'의 'ㄹ'처럼 음절말 위치에서는 잇몸에 혀를 댄 채로 발음하는 치경음 [l]이다. 이와 같은 음성적 차이에 대해서는 국어 화자들이 비교적 잘 인식하고 있다고 보아 ≪국어의 로마자 표기법≫에서도 이를 반영하고 있다는 점이 특징적이라고 할 것이다.

4. 기타 표기 세칙

현행 ≪국어의 로마자 표기법≫ 제3장 '표기상의 유의점'에서는 국어의 음운 변화를 비롯하여 고유 명사와 인명의 표기, 행정 구역 단위, 자연 지물명, 문화재명, 인공 축조물명 등의 표기에 관한 세부 사항과 함께, 예외적인 규정으로서 '인명, 회사명, 단체명' 등의 관습적 표기를 인정하는 문제, 학술 연구 논문 등 특수 분야에서 한글 복원을 전제로 사용할 수 있는 전자법 표기 방식 등에 대해 규정해 놓고 있다. 이러한 내용들 가운데 몇 가지 중요한 문제들을 차례로 점검하기로 하겠다.

4.1. 음운 변화의 표기

앞에서 확인한 대로, 국어의 로마자 표기는 표준 발음법에 따라 적기로 되어 있는 것이 첫 번째 대원칙이다. 따라서 국어의 모든 음운 변화는 원칙적으로 표기에 반영되어야 할 필요가 있다. 음운 변화의 표기에 대해서는 현행 ≪국어의 로마자 표기법≫ 제3장 '표기상의 유의점' 제1항에 제시하고 있으므로, 이를 먼저 살펴보기로 한다.

(4) 현행 ≪국어의 로마자 표기법≫에서의 음운 변화 표기

제1항 음운 변화가 일어날 때에는 변화의 결과에 따라 다음 각 호와 같이 적는다.

1. 자음 사이에서 동화 작용이 일어나는 경우

(보기)

백마[뱅마] Baengma	신문로[신문노] Sinmunno
종로[종노] Jongno	왕십리[왕심니] Wangsimni
별내[별래] Byeollae	신라[실라] Silla

2. 'ㄴ, ㄹ'이 덧나는 경우

(보기)

학여울[항녀울] Hangnyeoul   알약[알략] allyak

3. 구개음화가 되는 경우

(보기)

해돋이[해도지] haedoji	같이[가치] gachi
맞히다[마치다] machida	

4. 'ㄱ, ㄷ, ㅂ, ㅈ'이 'ㅎ'과 합하여 거센소리로 소리 나는 경우

(보기)

좋고[조코] joko	놓다[노타] nota
잡혀[자펴] japyeo	낳지[나치] nachi

다만, 체언에서 'ㄱ, ㄷ, ㅂ' 뒤에 'ㅎ'이 따를 때에는 'ㅎ'을 밝혀 적는다.

(보기)

묵호 Mukho   집현전 Jiphyeonjeon

[붙임] 된소리되기는 표기에 반영하지 않는다.
(보기)

압구정 Apgujeong	낙동강 Nakdonggang
죽변 Jukbyeon	낙성대 Nakseongdae
합정 Hapjeong	팔당 Paldang
샛별 saetbyeol	울산 Ulsan

위의 규정을 통하여 우리는 현행 ≪국어의 로마자 표기법≫에서 규정하고 있는 국어의 음운 변화로는 자음 동화를 비롯하여, 'ㄴ, ㄹ' 첨가 현상, 구개음화, 유기음화 및 경음화 현상 등이 있음을 알 수 있다. 또한, 이러한 동화 현상들 가운데 자음 동화와 'ㄴ, ㄹ' 첨가 현상, 구개음화 및 용언의 어간과 어미 사이에서 나타나는 유기음화 현상은 표기에 반영되지만 체언에서의 유기음화와 경음화 현상은 표기에 반영하지 않기로 하였음을 알 수 있다.

≪국어의 로마자 표기법≫에서 반영되는 자음 동화로는 비음 동화와 유음화가 있다. 비음 동화란 'ㄱ, ㄷ, ㅂ' 같은 폐쇄음들이 비음 'ㄴ, ㅁ'의 영향을 받아 각각 비음 'ㅇ, ㄴ, ㅁ'으로 바뀌는 현상(例. 백마[뱅마] Baengma)과, 'ㄹ'가 비음 뒤에서 'ㄴ'로 바뀌는 현상(例. 종로[종노] Jongno)을 말한다. 폐쇄음의 비음 동화가 역행 동화라고 한다면, 'ㄹ'의 비음 동화는 순행동화라고 할 수 있을 것이다.

유음화란 비음 'ㄴ'가 유음 'ㄹ'에 동화되어 'ㄹ'로 바뀌는 현상을 말하는데, 활용상에서는 순행 동화를, 한자어나 복합어에서는 순행 동화와 역행 동화를 둘 다 보여준다.

'ㄴ'와 'ㄹ' 첨가 현상은 두 개의 형태소가 결합할 때에 그중의 한 형태소나 두 형태소에 어떤 음운이 덧붙어 발음되는 현상을 말한다. 'ㄴ' 첨가 현상은 '깨+잎 → 깻잎[깬닙], 꽃+잎 → [꼰닙], 맨+입 → [맨닙], 콩+엿 →

[콩녈], 눈+요기→[눈뇨기]’ 등의 예에서처럼 뒤에 오는 형태소의 첫소리로 ‘이’나 ‘요, 여’ 등의 소리가 올 때, ‘ㄴ’가 끼어 들어가는 현상을 말한다. 이와는 달리, ‘ㄹ’ 첨가 현상은 ‘들+일→[들릴], 설+익다→[설릭다], 물+엿→[물렫]’ 등처럼 ‘ㄹ’ 받침 뒤에서 ‘ㄴ’가 아닌 ‘ㄹ’가 첨가되는 현상이다. 이러한 첨가 현상은 주로 합성어를 만들 때 일어나는데, 글로 적을 때에는 사이시옷으로 적기도 한다.

다음으로, 구개음화 현상은 치경음 ‘ㄷ, ㅌ’가 모음 ‘i’나 활음 ‘j’의 영향에 의해 구개음 ‘ㅈ, ㅊ’로 변화하는 현상으로, 현대국어 단계에서는 형태소 경계에서만 나타난다.

네 번째 음운 변화로 제시된 것은 유기음화 현상이다. 유기음화란 ‘ㄱ, ㄷ, ㅂ, ㅈ’ 같은 국어의 평자음들이 ‘ㅎ’와 만나게 되면 각각 유기음 ‘ㅋ, ㅌ, ㅍ, ㅊ’가 되는 현상을 말한다. 따라서 ‘좋고, 놓다, 낳지’ 등의 어휘들은 각각 [조코], [노타], [나치] 등으로 발음되므로, 이를 표기에 반영하여 ‘joko, nota, nachi’ 등으로 적어야 하는 것이다.

그런데 위의 규정에 따르면, 국어의 유기음화를 표기에 반영하되, 체언과 용언의 경우를 구분하여 체언에서 나타나는 유기음화는 표기에 반영하지 않고, 용언의 어간과 어미 사이에 나타나는 유기음화만을 표기에 반영한다는 사실을 알아둘 필요가 있다.

체언에서 나타나는 유기음화를 표기에 반영하지 않는 것은 용언에 대해서와 달리, 체언에 대해서는 일반 국어 화자들이 어원 의식을 더 많이 갖고 있다는 사실을 존중한 것이다. 예컨대, ‘묵호’를 소리 나는 대로 적으면 ‘Muko’가 되는데, 이때의 ‘k’를 ‘묵’의 종성 ‘ㄱ’와 ‘호’의 초성 ‘ㅎ’가 결합하여 나타난 유기음으로 보지 않고, ‘묵’의 받침 ‘ㄱ’를 표기한 것으로 보고, ‘호’의 ‘ㅎ’는 사라져 버린 것으로 생각하며 거부감을 느끼는 경우가 많다는 것이다. 이러한 경우를 위하여 체언의 경우에 나타나는 유기음화는 표기에 반영하지 않는 결과, '묵호'의 로마자 표기는 'Mukho'가 된다고 하겠다.

한편, 국어의 경음화 현상을 ≪국어의 로마자 표기법≫에서 반영하지 않는 데에는 몇 가지 이유가 있다.

첫 번째 이유는 종성 'ㄱ, ㄷ, ㅂ' 다음에 연결되는 'ㄱ, ㄷ, ㅂ, ㅅ, ㅈ'는 예외 없이 경음화를 겪게 되므로, 이러한 경우는 경음화를 로마자 표기에 반영하지 않더라도 이해하는 데 어려움이 없다는 것이다.

두 번째는 국어의 어휘들 가운데는 '물고기'나 '불고기'처럼 동일한 음운 환경에서 경음으로 변하는 것이 규칙적이지 않은 경우가 많긴 하지만, 혹시나 '물고기'처럼 경음으로 발음해야 할 어휘를 평음으로 발음하더라도 심각한 의미의 혼동을 야기하는 것은 아니라는 것이다.

셋째로, 경음화와 관련하여 표준 발음이 무엇인지 결정하기 어려운 경우가 나타난다는 것이다. 예컨대, '돌고개'의 경우, [돌고개]인지 [돌꼬개]인지를 의견의 일치가 이루어지지 않아 아직 표준 발음이 정하여지지 않은 경우가 많다는 것이다.

4.2. 인명의 표기

일반인들의 경우, ≪국어의 로마자 표기법≫에 관한 제일차적인 관심은 아무래도 자신의 이름을 로마자로 어떻게 적어야 하는 정도일 수가 있는데 이에 대한 규정은 제3장 4항에 제시되어 있다.

(5) 현행 ≪국어의 로마자 표기법≫의 인명 표기 원칙

제4항 인명은 성과 이름의 순서로 띄어 쓴다. 이름은 붙여 쓰는 것
을 원칙으로 하되 음절 사이에 붙임표(-)를 쓰는 것을 허용한다
(( ) 안의 표기를 허용함.).
(보기) 민용하 Min Yongha (Min Yong-ha)

송나리 Song Nari (Song Na-ri)
(1) 이름에서 일어나는 음운 변화는 표기에 반영하지 않는다
(보기) 한복남 Han Boknam (Han Bok-nam)
홍빛나 Hong Bitna (Hong Bit-na)

(2) 성의 표기는 따로 정한다.

위의 규정에서 제시하고 있는 대로, 우선 인명은 성과 이름의 순서로 띄어 쓰며, 이름은 붙여 쓰는 것을 원칙으로 하되 음절 사이에 붙임표-)를 쓰는 것을 허용하고 있다.

주지하는 바와 같이, 인명을 표기함에 있어 동양과 서양은 중요한 문화적 관습의 차이를 가지고 있는데, 동양에서는 성과 이름의 순서로 쓰는 것이 일반적이지만, 서양에서는 반대로 이름과 성의 순서로 쓴다는 것이 그것이다. 종전의 국어의 로마자 표기법에서도 마찬가지였지만 현행 ≪국어의 로마자 표기법≫에서도 인명을 표기하는 데 있어 성과 이름의 순서로 쓰기로 한 것은 우리의 오랜 문화적 관습을 따르는 것이라고 해석할 수 있을 것이다.

인명을 성과 이름의 순서로 쓰되 띄어 쓰기로 한 것은 현행 ≪한글 맞춤법≫에서 성과 이름을 붙여 쓰기로 한 것과는 대조적이라고 할 수 있는데 이는 로마자로 표기하는 경우 성과 이름을 붙여 써 놓으면 어떤 것이 성인지 구별하기가 어려운 경우가 많기 때문이라고 할 수 있을 것이다

이름의 표기는 '빛나'(Bitna)의 예에서처럼 이름 첫 음절의 첫 자만 대문자로 적고 둘째 음절은 띄어 쓰지 않고 앞 음절에 붙여 쓰며, 이름에서 일어나는 음운 변화는 표기에 반영하지 않는다는 것이 특징적이라고 할 것이다. 그리고 종전의 표기법에서는 이름 사이에 붙임표를 넣는 것을 원칙으로 하였던 것과는 달리, 현행 ≪국어의 로마자 표기법≫에서는 필요한 경우에

만 붙임표를 써서 음절을 구분하는 것을 허용하고 있음이 또한 특징적이라고 할 수 있다.

이름의 표기에서 특히 음운 변화를 표기에 반영하지 않는 것은 우리나라 사람들이 자신의 이름 한 자 한 자에 의미를 두는 경우가 많을 뿐만 아니라, 특히 항렬을 따르는 경우가 많아 각 음절의 음가를 살려서 적고 싶어 하는 경향이 강하다는 사실을 반영한 것이다.

한편, 성의 표기에 있어서는 표기법의 원칙대로 따르라고 하기가 어려운 경우가 많아서 따로 정하기로 하였으나 현재까지 마땅한 권장안을 마련하지는 못한 상태이다. 예를 들어, '이'(李)는 표기법에 따르면 'I'로 써야 올바른 표기이지만, 하나의 로마자 기호를 가지고 성씨를 표기하는 것이 어딘지 낯설고 거부감을 준다고 여기는 경우가 많아서 현재까지 그렇게 쓰는 사람이 거의 없는 실정이라고 할 수 있다. 더구나, 성의 표기와 관련해서는 7항에서 그동안 관습적으로 써 온 표기를 쓸 수 있다는 허용 규정까지를 마련해 놓고 있어서 그 허용의 범위를 어디까지로 보아야 하는가 하는 문제와 그러한 관습적 표기들 가운데 어느 것을 표준안으로 삼을 것인가를 결정해야 하는 어려움까지 안고 있는 것이 현재의 실정이라고 할 것이다. 예컨대, '이'(李)의 경우 가장 폭넓게 사용되고 있는 Lee로부터 시작하여, 그 밖의 것으로 Rhee, Yi, Ri, Li, Rhie, Lie 등이 쓰이고 있는 실정인데, 이와 같은 여러 가지 표기들 가운데 관습적 표기라고 볼 수 있는 범위는 어디까지이며 또 그 가운데 어느 것을 표준안으로 삼을 수 있을 것인지 결정하기가 쉽지 않은 일이라고 할 수 있는 것이다. 조속한 시일 내에 그 실태의 파악과 함께 폭넓은 여론 수렴을 거친 표준안이 마련되어야 할 것으로 본다.[3]

---

3) 이러한 문제를 해결하기 위한 하나의 안으로 제시된 것이 바로 허철구(2000)이다.

4.3. 행정 구역 단위 및 '가'(街)의 표기

인명의 표기 외에 또한 일반인들이 관심을 가질 수 있는 ≪국어의 로마자 표기법≫은 행정 구역 단위의 표기라고 할 수가 있는데, 이에 대해서는 다음과 같이 규정해 놓고 있다.

(6) 현행 ≪국어의 로마자 표기법≫의 행정 구역 단위 표기 원칙
    제5항 '도, 시, 군, 구, 읍, 면, 리, 동'의 행정 구역 단위와 '가'는
    각각 'do, si, gun, gu, eup, myeon, ri, dong, ga'로 적고, 그 앞에
    는 붙임표(-)를 넣는다. 붙임표(-) 앞뒤에서 일어나는 음운 변
    화는 표기에 반영하지 않는다.
                    (보기)
            충청북도 Chungcheongbuk-do   제주도 Jeju-do
            의정부시 Uijeongbu-si   양주군 Yangju-gun
            도봉구 Dobong-gu   신창읍 Sinchang-eup
            삼죽면 Samjuk-myeon   인왕리 Inwang-ri
            당산동 Dangsan-dong
            봉천 1동 Bongcheon 1(il)-dong
            종로 2가 Jongno 2(i)-ga
            퇴계로 3가 Toegyero 3(sam)-ga

        [붙임] '시, 군, 읍'의 행정 구역 단위는 생략할 수 있다.
            (보기)
            청주시 Cheongju   함평군 Hampyeong
            순창읍 Sunchang

여기에서 알 수 있듯이, '도, 시, 군, 구, 읍, 면, 리, 동'의 행정 구역 단위 및 '가'[4]의 표기는 각각 'do, si, gun, gu, eup, myeon, ri, dong, ga' 등으로

---

4) 큰 동(洞)이나 노(路)를 다시 구분할 때 쓰는 행정 구역 단위.

하되, 그 앞에 붙임표(-)5)를 넣어 적는 것이 특징적이라고 할 수 있다. 또한, 인명의 표기에서 이름의 앞뒤에서 일어나는 음운 변화는 표기에 반영하지 않는 것과 마찬가지로, 붙임표(-) 앞뒤에서 일어나는 음운 변화는 표기에 반영하지 않는다는 것 또한 알아둘 필요가 있는 것이다. 아울러, [붙임]에서 제시하고 있는 대로, '시, 군, 읍' 등의 행정 구역 단위는 생략이 가능하다는 사실 또한 참고할 필요가 있다고 하겠다.

4.4. 학술적인 용도의 전자법 표기

우리는 앞에서 현행 ≪국어의 로마자 표기법≫의 대원칙이 우리말의 표준 발음을 로마자로 옮기는 전사법을 택하고 있음을 확인한 바 있다. 그러나 전사법의 방식에만 의존하다 보면 문제가 있을 수 있는데 그것이 바로 학술적인 용도 등 특수한 상황에서 한글 복원을 전제로 표기가 이루어져야 하는 경우이다. 이러한 문제를 해결하기 위해 현행 ≪국어의 로마자 표기법≫에서는 따로 규정을 마련해 두었는데, 다음 규정이 바로 그것이다.

> (7) 현행 ≪국어의 로마자 표기법≫의 전자법 표기 원칙
>
> 　　제8항 학술 연구 논문 등 특수 분야에서 한글 복원을 전제로 표기할 경우에는 한글 표기를 대상으로 적는다. 이때 글자 대응은 제2장을 따르되 'ㄱ, ㄷ, ㅂ, ㄹ'은 'g, d, b, l'로만 적는다. 음가 없는

---

5) 명시적으로 밝히지는 않았지만, 로마자 이외의 부호는 되도록 사용하지 않는다는 원칙에 예외적인 것이 한 가지 있다면, 붙임표(-)의 사용이다. 여기에서 확인한 대로, 행정 구역 단위 앞에 붙임표(-)를 사용하는 것 외에도 이를 사용하는 경우가 몇 가지 있는데 이를 밝히면 다음과 같다.
　① 발음상 혼동의 우려가 있는 경우(제3장 2항)
　② 인명의 음절 사이(제3장 4항)
　③ 전자법 표기에서 음가 없는 'ㅇ'을 표기할 때(제3장 8항)
　④ 분절의 필요가 있는 경우(제3장 8항)

'ㅇ'은 붙임표(-)로 표기하되 어두에서는 생략하는 것을 원칙으로 한다. 기타 분절의 필요가 있을 때에도 붙임표(-)를 쓴다.

(보기)

집 jib	짚 jip
밖 bakk	값 gabs
붓꽃 buskkoch	먹는 meogneun
독립 doglib	문리 munli
물엿 mul-yeos	굳이 gud-i
좋다 johda	가곡 gagog
조랑말 jolangmal	없었습니다 eobs-eoss-seubnida

앞에서도 잠깐 언급한 적이 있지만, 전자법에 의한 로마자 표기법은 동일한 글자로 표기된 것은 늘 동일한 로마자로 대응되도록 표기하는 방식을 말한다. 이와는 달리, 전사법은 동일한 글자라고 하더라도 어떠한 음운론적 환경에 놓여 있는가에 따라 그 발음에 차이가 있는바 그것을 표기에 반영하는 방식을 말한다. 예컨대, 몇몇 어휘를 두 가지 방식에 따라 달리 표기해 보임으로써 그 차이를 살펴보면 다음과 같다.

〈표 4〉 전자법과 전사법에 의한 국어의 로마자 표기법 비교

어 휘	전자법	전사법
밥	bab	bap
값	gabs	gap
밥물	babmur	bammul
독립문	Dokripmun	Dongnimmun
만리	manri	malli

위의 예에서 볼 수 있듯이, '밥, 값, 밥물'의 표기를 예로 들 때, 전자법에서는 'ㅂ'가 어떠한 환경에서든 동일하게 'b'로 대응되고 있지만, 전사법의

표기 방식에 의하면, 그 음운론적 환경에 따라 'b, p, m' 등 각기 다른 문자와 대응되고 있음을 알 수 있다. 또한 '독립문'과 '만리'의 경우에도 'ㄹ'가 전자법의 방식에서는 어떠한 환경에서든 하나의 로마자와 대응하고 있는 반면에, 전사법에서는 그렇지 않음을 알 수 있는 것이다.

이와 같은 두 가지 표기 방식 가운데 현행 《국어의 로마자 표기법》은 원칙적으로는 전사법의 방식을 택하되, 특수한 경우에 한하여 전자법의 방식을 택한다는 사실을 보여주는 것이 《국어의 로마자 표기법》 제3장 8항의 내용이다. 이를 좀 더 구체적으로 살펴보면, 전자법에 의한 로마자 표기는 《국어의 로마자 표기법》 제2장의 '표기 일람'을 따르되, 'ㄱ, ㄷ, ㅂ, ㄹ'은 항상, 'g, d, b, l'로만 적는다는 것이 첫 번째 세부 규정이라고 한다면, '굳이 gud-i'의 예에서 알 수 있는 바와 같이, 음가 없는 'ㅇ'은 붙임표(-)로 표기하되 어두에서는 생략하는 것을 원칙으로 한다는 것이 또 하나의 세부 규정이라고 할 수 있다.

연｜습｜문｜제

1 다음 글은 대학교수가 한 대학 신문에 기고한 글이다. 새로운 ≪국어의 로마자 표기법≫에 대한 자신의 인상을 토대로 개정의 당위성에 회의를 품고 있는 이 글의 필자를 설득하기 위하여, 새 ≪국어의 로마자 표기법≫의 내용과 당위성을 제시하는 글을 작성해 보라.

이번 로마자 표기법에 따르면 '거북선'은 Geobukseon이 된다. 이것을 발음하면 '죠벅션' 또는 지오벅시언쯤 되지 않을까. 이렇게 발음하다 보니 새삼 떠오르는 것이 20여 년 전에 판매되었던 '거북선'이라는 담배이다. 그 담뱃갑에 있던 영문 표기가 바로 Geobukseon이었던 것이다. 바로 그때의 로마자 표기법이 갖는 문제점을 해결하기 위해 나온 것이 이제까지 우리가 사용해 오던 로마자 표기법이 아닌가. 그렇다면 새로 제정되는 로마자 표기법은 새로운 것이라기보다 폐기 처분했던 것을 다시 꺼낸 것이나 다름없다고 해야 하겠다. 이를 놓고 정보화 시대를 들먹인다면 이에 동의할 사람이 얼마나 될까. 사정이 이러하니, 뭔가 자꾸 일을 벌여야 그것 때문에 먹고 사는 사람도 생기지 않느냐는 자조적인 말이 나오기까지 한다. (중략). 말하자면 무언가 계속 바꾸거나 새로운 것을 만들어내야 한다는 의식이 관성 또는 타성처럼 사람들의 마음을 짓누르는 가운데 나온 것일 수 있는 것이다. 이런 종류의 강박관념이 만들어 낸 것 가운데 하나가 이번의 새로운 로마자 표기법은 아닐까

2 자신의 영문 이력서를 작성하되, 고유명사의 표기에는 새 ≪국어의 로마자 표기법≫을 적용하여 작성한 후, 자신의 동료들과 돌려읽기를 통하여 문제점이 있는가를 검토해 보라.

3 다음에 제시된 국어의 로마자 표기의 예 가운데 잘못 표기된 부분을 찾아 바르게 고쳐 써라.

   (1) 벚꽃   beodkkot

   (2) 설악   Seolak

   (3) 별내   Byeolnae

   (4) 해돋이   haedoti

   (5) 잡혀   japheo

(6) 식혜　　　　sikye

(7) 한복남(인명) Han　Bongnam

(8) 떡국　　　　tteokkuk

(9) 속리산　　　Sokrisan

(10) 무등산　　　Muteungsan

4 다음에 제시한 국어 단어를 현행 ≪국어의 로마자 표기법≫에 따라 표기하라.

(1) 대학 :

(2) 집현전 :

(3) 광희문 :

(4) 장모음 :

(5) 한밭 :

(6) 대관령 :

(7) 학여울 :

(8) 압구정 :

(9) 전라남도 :

(10) 광주광역시 :

참고문헌

권재일(2000), 「설득, 이해, 실천의 의지」, 『새국어생활』 10-4호, 국립국어연구원.

김명식(2000), 「확고한 의지, 광범하고 꾸준한 홍보」, 『새국어생활』 10-4호, 국립국어연구원.

김민수(1973), 『국어정책론』, 고려대학교출판부.

김세중(2000), 「국어의 로마자 표기법 개정 경위」, 『새국어생활』 10-4호, 국립국어연구원.

민현식(1999), 『국어 정서법 연구』, 태학사.

이익섭(1997), 「로마자 표기법」의 성격, 『새국어생활』 7-2호, 국립국어연구원.

정희원(1997), 「역대 주요 로마자 표기법」 비교, 『새국어생활』 7-2호, 국립국어연구원.

정희원(2000), 「새 로마자 표기법의 특징」, 『새국어생활』 10-4호, 국립국어연구원.

허철구(2000), 「성(姓)의 로마자 표기 방안」, 『새국어생활』 10-4호, 국립국어연구원.

부 록

≪한글 맞춤법≫

제1장 총 칙

제1항 한글 맞춤법은 표준어를 소리대로 적되, 어법에 맞도록 함을 원칙으로
한다.

제2항 문장의 각 단어는 띄어 씀을 원칙으로 한다.

제3항 외래어는 '외래어 표기법'에 따라 적는다.

제2장 자 모

제4항 한글 자모의 수는 스물넉 자로 하고, 그 순서와 이름은 다음과 같이
정한다.

ㄱ(기역)	ㄴ(니은)	ㄷ(디귿)	ㄹ(리을)	ㅁ(미음)
ㅂ(비읍)	ㅅ(시옷)	ㅇ(이응)	ㅈ(지읒)	ㅊ(치읓)
ㅋ(키읔)	ㅌ(티읕)	ㅍ(피읖)	ㅎ(히읗)	
ㅏ(아)	ㅑ(야)	ㅓ(어)	ㅕ(여)	ㅗ(오)
ㅛ(요)	ㅜ(우)	ㅠ(유)	ㅡ(으)	ㅣ(이)

[붙임 1] 위의 자모로써 적을 수 없는 소리는 두 개 이상의 자모를 어울
러서 적되, 그 순서와 이름은 다음과 같이 정한다.

ㄲ(쌍기역)	ㄸ(쌍디귿)	ㅃ(쌍비읍)	ㅆ(쌍시옷)	ㅉ(쌍지읒)
ㅐ(애)	ㅒ(얘)	ㅔ(에)	ㅖ(예)	ㅘ(와)
ㅙ(왜)	ㅚ(외)	ㅝ(워)	ㅞ(웨)	ㅟ(위)
ㅢ(의)				

[붙임 2] 사전에 올릴 적의 자모 순서는 다음과 같이 정한다.

자음 ㄱ ㄲ ㄴ ㄷ ㄸ ㄹ ㅁ ㅂ ㅃ ㅅ ㅆ ㅇ ㅈ ㅉ ㅊ ㅋ ㅌ ㅍ ㅎ
모음 ㅏ ㅐ ㅑ ㅒ ㅓ ㅔ ㅕ ㅖ ㅗ ㅘ ㅙ ㅚ ㅛ ㅜ ㅝ ㅞ ㅟ ㅠ ㅡ ㅢ ㅣ

제3장 소리에 관한 것

제1절 된소리

제5항 한 단어 안에서 뚜렷한 까닭 없이 나는 된소리는 다음 음절의 첫소리를 된소리로 적는다.

1. 두 모음 사이에서 나는 된소리

소쩍새	어깨	오빠	으뜸	아끼다
기쁘다	깨끗하다	어떠하다	해쓱하다	가끔
거꾸로	부썩	어찌	이따금	

2. 'ㄴ, ㄹ, ㅁ, ㅇ' 받침 뒤에서 나는 된소리

산뜻하다	잔뜩	살짝	훨씬	담뿍
움찔	몽땅	엉뚱하다		

다만, 'ㄱ, ㅂ' 받침 뒤에서 나는 된소리는, 같은 음절이나 비슷한 음절이 겹쳐 나는 경우가 아니면 된소리로 적지 아니한다.

국수	깍두기	딱지	색시	싹둑(~싹둑)
법석	갑자기	몹시		

제2절 구개음화

제6항 'ㄷ, ㅌ' 받침 뒤에 종속적 관계를 가진 '-이(-)'나 '-히-'가 올 적에는 그 'ㄷ, ㅌ'이 'ㅈ, ㅊ'으로 소리나더라도 'ㄷ, ㅌ'으로 적는다(ㄱ을 취하고, ㄴ을 버림).

ㄱ	ㄴ	ㄱ	ㄴ
맏이	마지	핥이다	할치다
해돋이	해도지	걷히다	거치다
굳이	구지	닫히다	다치다
같이	가치	묻히다	무치다
끝이	끄치		

제3절 ‘ㄷ’ 소리 받침

제7항 ‘ㄷ’ 소리로 나는 받침 중에서 ‘ㄷ’으로 적을 근거가 없는 것은 ‘ㅅ’로
적는다.

덧저고리	돗자리	엇셈	웃어른	핫옷
무릇	사뭇	얼핏	자칫하면	뭇[衆]
옛	첫	헛		

제4절 모음

제8항 ‘계, 례, 몌, 폐, 혜’의 ‘ㅖ’는 ‘ㅔ’로 소리 나는 경우가 있더라도 ‘ㅖ’
로 적는다(ㄱ을 취하고, ㄴ을 버림).

ㄱ	ㄴ	ㄱ	ㄴ
계수(桂樹)	게수	연몌(連袂)	연메
사례(謝禮)	사레	폐품(廢品)	페품
혜택(惠澤)	혜택	핑계	핑게
계집	게집	계시다	게시다

다만, 다음 말은 본음대로 적는다.

게송(偈頌)	게시판(揭示板)	휴게실(休憩室)

제9항 ‘의’나, 자음을 첫소리로 가지고 있는 음절의 ‘ㅢ’는 ‘ㅣ’로 소리 나는
경우가 있더라도 ‘ㅢ’로 적는다(ㄱ을 취하고, ㄴ을 버림).

ㄱ	ㄴ	ㄱ	ㄴ
의의(意義)	의이	닁큼	닝큼
본의(本義)	본이	띄어쓰기	띠어쓰기
무늬[紋]	무니	씌어	씨어
보늬	보니	틔어	티어
오늬	오니	희망(希望)	히망
하늬바람	하니바람	희다	히다
닐리리	닐리리	유희(遊戱)	유히

제5절 두음 법칙

제10항 한자음 '녀, 뇨, 뉴, 니'가 단어 첫머리에 올 적에는 두음 법칙에 따라 '여, 요, 유, 이'로 적는다(ㄱ을 취하고, ㄴ을 버림).

ㄱ	ㄴ	ㄱ	ㄴ
여자(女子)	녀자	유대(紐帶)	뉴대
연세(年歲)	년세	이토(泥土)	니토
요소(尿素)	뇨소	익명(匿名)	닉명

다만, 다음과 같은 의존 명사에서는 '냐, 녀' 음을 인정한다.

낭(兩)   낭쭝(兩-)   년(年)(몇 년)

[붙임 1] 단어의 첫머리 이외의 경우에는 본음대로 적는다.

남녀(男女)   당뇨(糖尿)   결뉴(結紐)   은닉(隱匿)

[붙임 2] 접두사처럼 쓰이는 한자가 붙어서 된 말이나 합성어에서, 뒷말의 첫소리가 'ㄴ' 소리로 나더라도 두음 법칙에 따라 적는다.

신여성(新女性)   공염불(空念佛)   남존여비(男尊女卑)

[붙임 3] 둘 이상의 단어로 이루어진 고유 명사를 붙여 쓰는 경우에도 [붙임 2]에 준하여 적는다.

한국여자대학   대한요소비료회사

제11항 한자음 '랴, 려, 례, 료, 류, 리'가 단어의 첫머리에 올 적에는 두음 법칙에 따라 '야, 여, 예, 요, 유, 이'로 적는다(ㄱ을 취하고, ㄴ을 버림).

ㄱ	ㄴ	ㄱ	ㄴ
양심(良心)	량심	용궁(龍宮)	룡궁
역사(歷史)	력사	유행(流行)	류행
예의(禮義)	례의	이발(理髮)	리발

다만, 다음과 같은 의존 명사는 본음대로 적는다.

리(理) : 몇 리냐?
리[理] : 그럴 리가 없다.

[붙임 1] 단어의 첫머리 이외의 경우에는 본음대로 적는다.

개량(改良)	선량(善良)	수력(水力)	협력(協力)
사례(謝禮)	혼례(婚禮)	와룡(臥龍)	쌍룡(雙龍)
하류(下流)	급류(急流)	도리(道理)	진리(眞理)

다만, 모음이나 'ㄴ' 받침 뒤에 이어지는 '렬, 률'은 '열, 율'로 적는다(ㄱ 을 취하고, ㄴ을 버림).

ㄱ	ㄴ	ㄱ	ㄴ
나열(羅列)	나렬	진열(陳列)	진렬
치열(齒列)	치렬	선율(旋律)	선률
비열(卑劣)	비렬	비율(比率)	비률
규율(規律)	규률	실패율(失敗率)	실패률
분열(分裂)	분렬	전율(戰慄)	전률
선열(先烈)	선렬	백분율(百分率)	백분률

[붙임 2] 외자로 된 이름을 성에 붙여 쓸 경우에도 본음대로 적을 수 있다

신립(申砬)	최린(崔麟)	채륜(蔡倫)	하륜(河崙)

[붙임 3] 준말에서 본음으로 소리 나는 것은 본음대로 적는다.

국련(국제연합)	대한교련(대한교육연합회)

[붙임 4] 접두사처럼 쓰이는 한자가 붙어서 된 말이나 합성어에서 뒷말의 첫소리가 'ㄴ' 또는 'ㄹ' 소리로 나더라도 두음 법칙에 따라 적는다.

역이용(逆利用)	연이율(年利率)
열역학(熱力學)	해외여행(海外旅行)

[붙임 5] 둘 이상의 단어로 이루어진 고유 명사를 붙여 쓰는 경우나 십 진법에 따라 쓰는 수(數)도 [붙임 4]에 준하여 적는다.

서울여관	신흥이발관	육천육백육십육(六千六百六十六)

제12항 한자음 '라, 래, 로, 뢰, 루, 르'가 단어의 첫머리에 올 적에는 두음 법칙에 따라 '나, 내, 노, 뇌, 누, 느'로 적는다(ㄱ을 취하고, ㄴ을 버림).

	ㄱ	ㄴ		ㄱ	ㄴ
	낙원(樂園)	락원		뇌성(雷聲)	뢰성
	내일(來日)	래일		누각(樓閣)	루각
	노인(老人)	로인		능묘(陵墓)	릉묘

[붙임 1] 단어의 첫머리 이외의 경우에는 본음대로 적는다.

쾌락(快樂)	극락(極樂)	거래(去來)	왕래(往來)
부로(父老)	연로(年老)	지뢰(地雷)	낙뢰(落雷)
고루(高樓)	광한루(廣寒樓)	가정란(家庭欄)	동구릉(東九陵)

[붙임 2] 접두사처럼 쓰이는 한자가 붙어서 된 단어는 뒷말을 두음 법칙에 따라 적는다.

내내월(來來月)	상노인(上老人)
중노동(重勞動)	비논리적(非論理的)

제6절 겹쳐 나는 소리

제13항 한 단어 안에서 같은 음절이나 비슷한 음절이 겹쳐 나는 부분은 같은 글자로 적는다(ㄱ을 취하고, ㄴ을 버림).

ㄱ	ㄴ	ㄱ	ㄴ
딱딱	딱닥	꼿꼿하다	꼿곳하다
쌕쌕	쌕색	놀놀하다	놀롤하다
씩씩	씩식	눅눅하다	눙눅하다
똑딱똑딱	똑닥똑닥	밋밋하다	민밋하다
쓱싹쓱싹	쓱삭쓱삭	싹싹하다	싹삭하다
연연불망(戀戀不忘)	연련불망	쌉쌀하다	쌉살하다
유유상종(類類相從)	유류상종	씁쓸하다	씁슬하다
누누이	누루이	짭짤하다	짭잘하다

제4장 형태에 관한 것

제1절 체언과 조사

제14항 체언은 조사와 구별하여 적는다.

떡이	떡을	떡에	떡도	떡만
손이	손을	손에	손도	손만
팔이	팔을	팔에	팔도	팔만
밤이	밤을	밤에	밤도	밤만
집이	집을	집에	집도	집만
옷이	옷을	옷에	옷도	옷만
콩이	콩을	콩에	콩도	콩만
낮이	낮을	낮에	낮도	낮만
꽃이	꽃을	꽃에	꽃도	꽃만
밭이	밭을	밭에	밭도	밭만
앞이	앞을	앞에	앞도	앞만
밖이	밖을	밖에	밖도	밖만
넋이	넋을	넋에	넋도	넋만
흙이	흙을	흙에	흙도	흙만
삶이	삶을	삶에	삶도	삶만
여덟이	여덟을	여덟에	여덟도	여덟만
곬이	곬을	곬에	곬도	곬만
값이	값을	값에	값도	값만

제2절 어간과 어미

제15항 용언의 어간과 어미는 구별하여 적는다.

먹다	먹고	먹어	먹으니
신다	신고	신어	신으니
믿다	믿고	믿어	믿으니
울다	울고	울어	(우니)
넘다	넘고	넘어	넘으니
입다	입고	입어	입으니
웃다	웃고	웃어	웃으니

찾다	찾고	찾아	찾으니
좇다	좇고	좇아	좇으니
같다	같고	같아	같으니
높다	높고	높아	높으니
좋다	좋고	좋아	좋으니
깎다	깎고	깎아	깎으니
앉다	앉고	앉아	앉으니
많다	많고	많아	많으니
늙다	늙고	늙어	늙으니
젊다	젊고	젊어	젊으니
넓다	넓고	넓어	넓으니
훑다	훑고	훑어	훑으니
읊다	읊고	읊어	읊으니
옳다	옳고	옳아	옳으니
없다	없고	없어	없으니
있다	있고	있어	있으니

[붙임 1] 두 개의 용언이 어울려 한 개의 용언이 될 적에, 앞말의 본뜻이 유지되고 있는 것은 그 원형을 밝히어 적고, 그 본뜻에서 멀어진 것은 밝히어 적지 아니한다.

  (1) 앞말의 본뜻이 유지되고 있는 것

넘어지다	늘어나다	늘어지다	돌아가다
되짚어가다	들어가다	떨어지다	벌어지다
엎어지다	접어들다	틀어지다	흩어지다

  (2) 본뜻에서 멀어진 것

드러나다	사라지다	쓰러지다

[붙임 2] 종결형에서 사용되는 어미 '-오'는 '요'로 소리 나는 경우가 있더라도 그 원형을 밝혀 '오'로 적는다(ㄱ을 취하고, ㄴ을 버림).

ㄱ	ㄴ
이것은 책이오	이것은 책이요
이리로 오시오	이리로 오시요
이것은 책이 아니오	이것은 책이 아니요

[붙임 3] 연결형에서 사용되는 '이요'는 '이요'로 적는다(ㄱ을 취하고, ㄴ
을 버림).

ㄱ

이것은 책이요, 저것은 붓이요,
또 저것은 먹이다.

ㄴ

이것은 책이오, 저것은 붓이오,
또 저것은 먹이다.

제16항 어간의 끝 음절 모음이 'ㅏ, ㅗ'일 적에는 어미를 '-아'로 적고, 그
밖의 모음일 적에는 '-어'로 적는다.

1. '-아'로 적는 경우

나아	나아도	나아서
막아	막아도	막아서
얇아	얇아도	얇아서
돌아	돌아도	돌아서
보아	보아도	보아서

2. '-어'로 적는 경우

개어	개어도	개어서
겪어	겪어도	겪어서
되어	되어도	되어서
베어	베어도	베어서
쉬어	쉬어도	쉬어서
저어	저어도	저어서
주어	주어도	주어서
피어	피어도	피어서
희어	희어도	희어서

제17항 어미 뒤에 덧붙는 조사 '-요'는 '-요'로 적는다.

읽어	읽어요
참으리	참으리요
좋지	좋지요

제18항 다음과 같은 용언들은 어미가 바뀔 경우, 그 어간이나 어미가 원칙

에 벗어나면 벗어나는 대로 적는다.

1. 어간의 끝 'ㄹ'이 줄어질 적

갈다	: 가니	간	갑니다	가시다	가오
놀다	: 노니	논	놉니다	노시다	노오
불다	: 부니	분	붑니다	부시다	부오
둥글다	: 둥그니	둥근	둥굽니다	둥그시다	둥그오
어질다	: 어지니	어진	어집니다	어지시다	어지오

[붙임] 다음과 같은 말에서도 'ㄹ'이 준 대로 적는다.

마지못하다	마지않다
(하)다마다	(하)자마자
(하)지 마라	(하)지 마(아)

2. 어간의 끝 'ㅅ'이 줄어질 적

긋다 : 그어	그으니	그었다
낫다 : 나아	나으니	나았다
잇다 : 이어	이으니	이었다
짓다 : 지어	지으니	지었다

3. 어간의 끝 'ㅎ'이 줄어질 적

그렇다	: 그러니	그럴	그러면	그럽니다	그러오
까맣다	: 까마니	까말	까마면	까맙니다	까마오
동그랗다	: 동그라니	동그랄	동그라면	동그랍니다	동그라오
퍼렇다	: 퍼러니	퍼럴	퍼러면	퍼럽니다	퍼러오
하얗다	: 하야니	하얄	하야면	하얍니다	하야오

4. 어간의 끝 'ㅜ, ㅡ'가 줄어질 적

푸다 : 퍼	펐다	뜨다 : 떠	떴다
끄다 : 꺼	껐다	크다 : 커	컸다
담그다 : 담가	담갔다	고프다 : 고파	고팠다
따르다 : 따라	따랐다	바쁘다 : 바빠	바빴다

5. 어간의 끝 'ㄷ'이 'ㄹ'로 바뀔 적

걷다[步] : 걸어	걸으니	걸었다
듣다[聽] : 들어	들으니	들었다
묻다[問] : 물어	물으니	물었다
싣다[載] : 실어	실으니	실었다

6. 어간의 끝 'ㅂ'이 'ㅜ'로 바뀔 적

| 깁다 | : 기워 | 기우니 | 기웠다 |

굽다[炙]	: 구워	구우니	구웠다
가깝다	: 가까워	가까우니	가까웠다
괴롭다	: 괴로워	괴로우니	괴로웠다
맵다	: 매워	매우니	매웠다
무겁다	: 무거워	무거우니	무거웠다
밉다	: 미워	미우니	미웠다
쉽다	: 쉬워	쉬우니	쉬웠다

다만, '돕, 곱'과 같은 단음절 어간에 어미 '아'가 결합되어 '와'로 소리 나는 것은 '와'로 적는다.

돕다[助]	: 도와	도와서	도와도	도왔다
곱다[麗]	: 고와	고와서	고와도	고왔다

7. '하다'의 활용에서 어미 '아'가 '여'로 바뀔 적

하다 : 하여	하여서	하여도	하여라	하였다

8. 어간의 끝 음절 '르' 뒤에 오는 어미 '어'가 '러'로 바뀔 적

이르다[至] : 이르러	이르렀다	누르다 : 누르러	누르렀다
노르다 : 노르러	노르렀다	푸르다 : 푸르러	푸르렀다

9. 어간의 끝 음절 '르'의 ''가 줄고, 그 뒤에 오는 어미 '아/어'가 '라/러'로 바뀔 적

가르다 : 갈라	갈랐다	부르다 : 불러	불렀다
거르다 : 걸러	걸렀다	오르다 : 올라	올랐다
구르다 : 굴러	굴렀다	이르다 : 일러	일렀다
벼르다 : 별러	별렀다	지르다 : 질러	질렀다

제3절 접미사가 붙어서 된 말

제19항 어간에 '이'나 '음/ㅁ'이 붙어서 명사로 된 것과 '이'나 '히'가 붙어서 부사로 된 것은 그 어간의 원형을 밝히어 적는다

1. '이'가 붙어서 명사로 된 것

길이	깊이	높이	다듬이	땀받이	달맞이
먹이	미닫이	벌이	벼훑이	살림살이	쇠붙이

2. '음/ㅁ'이 붙어서 명사로 된 것

걸음	묶음	믿음	얼음	엮음	울음
웃음	졸음	죽음	앎	만듦	

　　3. ‘ㅡ이’가 붙어서 부사로 된 것
　　　　같이　　　굳이　　　길이　　　높이　　　많이　　　실없이
　　　　좋이　　　짓궂이
　　4. ‘ㅡ히’가 붙어서 부사로 된 것
　　　　밝히　　　익히　　　작히

다만, 어간에 ‘ㅡ이’나 ‘ㅡ음’이 붙어서 명사로 바뀐 것이라도 그 어간의
뜻과 멀어진 것은 원형을 밝히어 적지 아니한다.
　　　　굽도리 다리[髢]　　　목거리(목병)　　　무녀리
　　　　코끼리 거름(비료)　　　고름[膿]　　　노름(도박)

[붙임] 어간에 ‘ㅡ이’나 ‘ㅡ음’ 이외의 모음으로 시작된 접미사가 붙어서
다른 품사로 바뀐 것은 그 어간의 원형을 밝히어 적지 아니한다.
　(1) 명사로 바뀐 것
　　　　귀머거리　　까마귀　　너머　　뜨더귀　　마감　　마개
　　　　마중　　　무덤　　비렁뱅이　쓰레기　올가미　주검
　(2) 부사로 바뀐 것
　　　　거뭇거뭇　　너무　　도로　　뜨덤뜨덤　바투　　불긋불긋
　　　　비로소　　오긋오긋　자주　　차마
　(3) 조사로 바뀌어 뜻이 달라진 것
　　　　나마　　　　　　부터　　　　　　조차

제20항 명사 뒤에 ‘ㅡ이’가 붙어서 된 말은 그 명사의 원형을 밝히어 적는다
　　1. 부사로 된 것
　　　　곳곳이　　　낱낱이　　몫몫이　　살살이　　앞앞이　　집집이
　　2. 명사로 된 것
　　　　곰배팔이　　바둑이　　삼발이　　애꾸눈이　　육손이
　　　　절뚝발이 / 절름발이

[붙임] ‘ㅡ이’ 이외의 모음으로 시작된 접미사가 붙어서 된 말은 그 명사
의 원형을 밝히어 적지 아니한다.
　　　　꼬락서니　　끄트머리　　모가지　　바가지　　바깥
　　　　사타구니　　싸라기　　이파리　　지붕　　지푸라기　　짜개

제21항 명사나 혹은 용언의 어간 뒤에 자음으로 시작된 접미사가 붙어서 된 말은 그 명사나 어간의 원형을 밝히어 적는다.

    1. 명사 뒤에 자음으로 시작된 접미사가 붙어서 된 것

값지다	홑지다	넋두리	빛깔	옆댕이	잎사귀

    2. 어간 뒤에 자음으로 시작된 접미사가 붙어서 된 것

낚시	늙정이	덮개	뜯게질	갉작갉작하다
갉작거리다	뜯적거리다	뜯적뜯적하다	굵다랗다	굵직하다
깊숙하다	넓적하다	높다랗다	늙수그레하다	얽죽얽죽하다

다만, 다음과 같은 말은 소리대로 적는다.

    (1) 겹받침의 끝소리가 드러나지 아니하는 것

할짝거리다	널따랗다	널찍하다	말끔하다	말쑥하다
말짱하다	실쭉하다	실큼하다	얄따랗다	얄팍하다
짤따랗다	짤막하다	실컷		

    (2) 어원이 분명하지 아니하거나 본뜻에서 멀어진 것

넙치	올무	골막하다	납작하다

제22항 용언의 어간에 다음과 같은 접미사들이 붙어서 이루어진 말들은 그 어간을 밝히어 적는다.

    1. '-기-, -리-, -이-, -히-, -구-, -우-, -추-, -으키-, -이키-, -애-'가 붙는 것

맡기다	옮기다	웃기다	쫓기다	뚫리다	울리다
낚이다	쌓이다	핥이다	굳히다	굽히다	넓히다
앉히다	얽히다	잡히다	돋구다	솟구다	돋우다
갖추다	곧추다	맞추다	일으키다	돌이키다	없애다

다만, '-이-, -히-, -우-'가 붙어서 된 말이라도 본뜻에서 멀어진 것은 소리대로 적는다.

도리다(칼로 ~)	드리다(용돈을 ~)	고치다
바치다(세금을 ~)	부치다(편지를 ~)	거두다
미루다 이루다		

    2. '-치-, -뜨리-, -트리-'가 붙는 것

놓치다	덮치다	떠받치다	받치다	밭치다

    부딪치다   뻗치다   엎치다   부딪뜨리다 / 부딪트리다
    쏟뜨리다 / 쏟트리다   젖뜨리다 / 젖트리다
    찢뜨리다 / 찢트리다   흩뜨리다 / 흩트리다

[붙임] '–업–, –읍–, –브–'가 붙어서 된 말은 소리대로 적는다.
    미덥다   우습다   미쁘다

제23항 '–하다'나 '–거리다'가 붙는 어근에 '–이'가 붙어서 명사가 된 것은 그 원형을 밝히어 적는다(ㄱ을 취하고, ㄴ을 버림).

ㄱ	ㄴ	ㄱ	ㄴ
깔쭉이	깔쭈기	살살이	살사리
꿀꿀이	꿀꾸리	쌕쌕이	쌕쌔기
눈깜짝이	눈깜짜기	오뚝이	오뚜기
더펄이	더퍼리	코납작이	코납자기
배불뚝이	배불뚜기	푸석이	푸서기
삐죽이	삐주기	홀쭉이	홀쭈기

[붙임] '–하다'나 '–거리다'가 붙을 수 없는 어근에 '–이'나 또는 다른 모음으로 시작되는 접미사가 붙어서 명사가 된 것은 그 원형을 밝히어 적지 아니한다.

개구리	귀뚜라미	기러기	깍두기	꽹과리
날라리	누더기	동그라미	두드러기	딱따구리
매미	부스러기	뻐꾸기	얼루기	칼싹두기

제24항 '–거리다'가 붙을 수 있는 시늉말 어근에 '–이다'가 붙어서 된 용언은그 어근을 밝히어 적는다(ㄱ을 취하고, ㄴ을 버림).

ㄱ	ㄴ	ㄱ	ㄴ
깜짝이다	깜짜기다	속삭이다	속사기다
꾸벅이다	꾸버기다	숙덕이다	숙더기다
끄덕이다	끄더기다	울먹이다	울머기다
뒤척이다	뒤처기다	움직이다	움지기다
들먹이다	들머기다	지껄이다	지꺼리다

망설이다	망서리다	퍼덕이다	퍼더기다
번득이다	번드기다	허덕이다	허더기다
번쩍이다	번쩌기다	헐떡이다	헐떠기다

제25항 ‘−하다’가 붙는 어근에 ‘−히’나 ‘−이’가 붙어서 부사가 되거나 부사에 ‘−이’가 붙어서 뜻을 더하는 경우에는 그 어근이나 부사의 원형을 밝히어 적는다.

    1. ‘−하다’가 붙는 어근에 ‘−히’나 ‘−이’가 붙는 경우

급히	꾸준히	도저히	딱히	어렴풋이	깨끗이

    [붙임] ‘−하다’가 붙지 않는 경우에는 반드시 소리대로 적는다

갑자기	반드시(꼭)	슬며시

    2. 부사에 ‘−이’가 붙어서 역시 부사가 되는 경우

곰곰이	더욱	생긋이	오뚝이	일찍이	해죽이

제26항 ‘−하다’나 ‘−없다’가 붙어서 된 용언은 그 ‘−하다’나 ‘없다’를 밝히어 적는다.

    1. ‘−하다’가 붙어서 용언이 된 것

딱하다	숱하다	착하다	텁텁하다	푹하다

    2. ‘−없다’가 붙어서 용언이 된 것

부질없다	상없다	시름없다	열없다	하염없다

제4절 합성어 및 접두사가 붙는 말

제27항 둘 이상의 단어가 어울리거나 접두사가 붙어서 이루어진 말은 각각 그 원형을 밝히어 적는다.

국말이	꺾꽂이	꽃잎	끝장	물난리
밑천	부엌일	싫증	옷안	웃옷
젖몸살	첫아들	칼날	팥알	헛웃음
홀아비	홑몸	흙내		
값없다	겉늙다	굶주리다	낮잡다	맞먹다

받내다	벋놓다	빗나가다	빛나다	새파랗다
샛노랗다	시꺼멓다	싯누렇다	엇나가다	엎누르다
엿듣다	옻오르다	짓이기다	헛되다	

[붙임 1] 어원은 분명하나 소리만 특이하게 변한 것은 변한 대로 적는다.
　　할아버지　　　　할아범

[붙임 2] 어원이 분명하지 아니한 것은 원형을 밝히어 적지 아니한다.

골병	골탕	끌탕	며칠	아재비
오라비	업신여기다	부리나케		

[붙임 3] '이[齒, 虱]'가 합성어나 이에 준하는 말에서 '니' 또는 '리'로 소리날 때에는 '니'로 적는다.

간니	덧니	사랑니	송곳니	앞니
어금니	윗니	젖니	톱니	틀니
가랑니	머릿니			

제28항 끝소리가 'ㄹ'인 말과 딴 말이 어울릴 적에 'ㄹ' 소리가 나지 아니하는 것은 아니 나는 대로 적는다.

다달이(달-달-이)	따님(딸-님)	마되(말-되)
마소(말-소)	무자위(물-자위)	바느질(바늘-질)
부나비(불-나비)	부삽(불-삽)	부손(불-손)
소나무(솔-나무)	싸전(쌀-전)	여닫이(열-닫이)
우짖다(울-짖다)	화살(활-살)	

제29항 끝소리가 'ㄹ'인 말과 딴 말이 어울릴 적에 'ㄹ' 소리가 'ㄷ' 소리로 나는 것은 'ㄷ'으로 적는다.

반짇고리(바느질~)	사흗날(사흘~)	삼짇날(삼질~)
섣달(설~)	숟가락(술~)	이튿날(이틀~)
잗주름(잘~)	푿소(풀~)	섣부르다(설~)
잗다듬다(잘~)	잗다랗다(잘~)	

제30항 사이시옷은 다음과 같은 경우에 받치어 적는다.
    1. 순 우리말로 된 합성어로서 앞말이 모음으로 끝난 경우
      (1) 뒷말의 첫소리가 된소리로 나는 것

고랫재	귓밥	나룻배	나뭇가지	냇가	댓가지
뒷갈망	맷돌	머릿기름	모깃불	못자리	바닷가
뱃길	볏가리	부싯돌	선짓국	쇳조각	아랫집
우렁잇속	잇자국	잿더미	조갯살	찻집	쳇바퀴
킷값	팻대	햇볕	혓바늘		

      (2) 뒷말의 첫소리 ‘ㄴ, ㅁ’ 앞에서 ‘ㄴ’ 소리가 덧나는 것

멧나물	아랫니	텃마당	아랫마을	뒷머리
잇몸	깻묵	냇물	빗물	

      (3) 뒷말의 첫소리 모음 앞에서 ‘ㄴㄴ’ 소리가 덧나는 것

도리깻열	뒷윷	두렛일	뒷일	뒷입맛
베갯잇	욧잇	깻잎	나뭇잎	댓잎

    2. 순 우리말과 한자어로 된 합성어로서 앞말이 모음으로 끝난 경우
      (1) 뒷말의 첫소리가 된소리로 나는 것

귓병	머릿방	뱃병	봇둑	사잣밥
샛강	아랫방	자릿세	전셋집	찻잔
찻종	촛국	콧병	탯줄	텃세
핏기	햇수	횟가루	횟배	

      (2) 뒷말의 첫소리 ‘ㄴ, ㅁ’ 앞에서 ‘ㄴ’ 소리가 덧나는 것

곗날	제삿날	훗날	툇마루	양칫물

      (3) 뒷말의 첫소리 모음 앞에서 ‘ㄴㄴ’소리가 덧나는 것

가욋일	사삿일	예삿일	홋일

    3. 두 음절로 된 다음 한자어

곳간(庫間)	셋방(貰房)	숫자(數字)
찻간(車間)	툇간(退間)	횟수(回數)

제31항 두 말이 어울릴 적에 ‘ㅂ’ 소리나 ‘ㅎ’ 소리가 덧나는 것은 소리대로 적는다.
    1. ‘ㅂ’ 소리가 덧나는 것

댑싸리(대ㅂ싸리)	멥쌀(메ㅂ쌀)	볍씨(벼ㅂ씨)
입때(이ㅂ때)	입쌀(이ㅂ쌀)	접때(저ㅂ때)
좁쌀(조ㅂ쌀)		

2. 'ㅎ' 소리가 덧나는 것

머리카락(머리ㅎ가락)	살코기(살ㅎ고기)	수캐(수ㅎ개)
수컷(수ㅎ것)	수탉(수ㅎ닭)	안팎(안ㅎ밖)
암캐(암ㅎ개)	암컷(암ㅎ것)	암탉(암ㅎ닭)

제5절 준말

제32항 단어의 끝모음이 줄어지고 자음만 남은 것은 그 앞의 음절에 받침으로 적는다.

(본말)	(준말)	(본말)	(준말)
기러기야	기럭아	온가지	온갖
어제그저께	엊그저께	가지고, 가지지	갖고, 갖지
어제저녁	엊저녁	디디고, 디디지	딛고, 딛지

제33항 체언과 조사가 어울려 줄어지는 경우에는 준 대로 적는다.

(본말)	(준말)	(본말)	(준말)
그것은	그건	너는	넌
그것이	그게	너를	널
그것으로	그걸로	무엇을	뭣을/무얼/뭘
나는	난	무엇이	뭣이/무에
나를	날		

제34항 모음 'ㅏ, ㅓ'로 끝난 어간에 '-아/-어, -았-/-었-'이 어울릴 적에는 준 대로 적는다.

(본말)	(준말)	(본말)	(준말)
가아	가	가았다	갔다
나아	나	나았다	났다
타아	타	타았다	탔다
서어	서	서었다	섰다
켜어	켜	켜었다	켰다
펴어	펴	펴었다	폈다

[**붙임** 1] 'ㅐ, ㅔ' 뒤에 '-어, -었-'이 어울려 줄 적에는 준 대로 적는다.

(본말)	(준말)	(본말)	(준말)
개어	개	개었다	갰다
내어	내	내었다	냈다
베어	베	베었다	벴다
세어	세	세었다	셌다

[**붙임** 2] '하여'가 한 음절로 줄어서 '해'로 될 적에는 준 대로 적는다.

(본말)	(준말)	(본말)	(준말)
하여	해	하였다	했다
더하여	더해	더하였다	더했다
흔하여	흔해	흔하였다	흔했다

제35항 모음 'ㅗ, ㅜ'로 끝난 어간에 '-아/-어, -았-/-었-'이 어울려 'ㅘ/ㅝ, 왔/웠'으로 될 때에는 준 대로 적는다.

(본말)	(준말)	(본말)	(준말)
꼬아	꽈	꼬았다	꽜다
보아	봐	보았다	봤다
쏘아	쏴	쏘았다	쐈다
두어	둬	두었다	뒀다
쑤어	쒀	쑤었다	쒔다
주어	줘	주었다	줬다

[**붙임** 1] '놓아'가 '놔'로 줄 적에는 준 대로 적는다.

[**붙임** 2] 'ㅚ' 뒤에 '-어, -었-'이 어울려 'ㅙ, 괬'으로 될 적에도 준 대로 적는다.

(본말)	(준말)	(본말)	(준말)
괴어	괘	괴었다	괬다
되어	돼	되었다	됐다
뵈어	봬	뵈었다	뵀다
쇠어	쇄	쇠었다	쇘다
쐬어	쐐	쐬었다	쐤다

제36항 ‘ㅣ’ 뒤에 ‘-어’가 와서 ‘ㅕ’로 줄 적에는 준 대로 적는다.

(본말)	(준말)	(본말)	(준말)
가지어	가져	가지었다	가졌다
견디어	견뎌	견디었다	견뎠다
다니어	다녀	다니었다	다녔다
막히어	막혀	막히었다	막혔다
버티어	버텨	버티었다	버텼다
치이어	치여	치이었다	치였다

제37항 ‘ㅏ, ㅕ, ㅗ, ㅜ, ㅡ’로 끝난 어간에 ‘-이-’가 와서 각각 ‘ㅐ, ㅖ, ㅚ, ㅟ, ㅢ’로 줄 적에는 준 대로 적는다.

(본말)	(준말)	(본말)	(준말)
싸이다	쌔다	누이다	뉘다
펴이다	폐다	뜨이다	띄다
보이다	뵈다	쓰이다	씌다

제38항 ‘ㅏ, ㅗ, ㅜ, ㅡ’ 뒤에 ‘-이어’가 어울려 줄어질 적에는 준 대로 적는다.

(본말)	(준말)	(본말)	(준말)
싸이어	쌔여 싸여	뜨이어	띄어
보이어	뵈어 보여	쓰이어	씌어 쓰여
쏘이어	쐬어 쏘여	트이어	틔어 트여
누이어	뉘어 누여		

제39항 어미 ‘-지’ 뒤에 ‘않-’이 어울려 ‘-잖-’이 될 적과 ‘-하지’ 뒤에 ‘않-’이 어울려 ‘찮-’이 될 적에는 준 대로 적는다.

(본말)	(준말)	(본말)	(준말)
그렇지 않은	그렇잖은	만만하지 않다	만만찮다
적지 않은	적잖은	변변하지 않다	변변찮다

제40항 어간의 끝 음절 ‘하’의 ‘ㅏ’가 줄고 ‘ㅎ’이 다음 음절의 첫소리와 어

울려 거센소리로 될 적에는 거센소리로 적는다.

(본말)	(준말)	(본말)	(준말)
간편하게	간편케	다정하다	다정타
연구하도록	연구토록	정결하다	정결타
가하다	가타	흔하다	흔타

[붙임 1] 'ㅎ'이 어간의 끝소리로 굳어진 것은 받침으로 적는다.

않다	않고	않지	않든지
그렇다	그렇고	그렇지	그렇든지
아무렇다	아무렇고	아무렇지	아무렇든지
어떻다	어떻고	어떻지	어떻든지
이렇다	이렇고	이렇지	어렇든지
저렇다	저렇고	저렇지	저렇든지

[붙임 2] 어간의 끝 음절 '하'가 아주 줄 적에는 준 대로 적는다.

(본말)	(준말)	(본말)	(준말)
거북하지	거북지	생각하다 못하여	생각다 못해
생각하건대	생각건대	깨끗하지 않다	깨끗지 않다
넉넉하지 않다	넉넉지 않다	섭섭하지 않다	섭섭지 않다
못하지 않다	못지 않다	익숙하지 않다	익숙지 않다

[붙임 3] 다음과 같은 부사는 소리대로 적는다.

결단코	결코	기필코	무심코	아무튼	요컨대
정녕코	필연코	하마터면	하여튼	한사코	

제5장 띄어쓰기

제1절 조 사

제41항 조사는 그 앞말에 붙여 쓴다.

꽃이	꽃마저	꽃밖에	꽃에서부터	꽃으로만
꽃이나마	꽃이다	꽃입니다	꽃처럼	어디까지나
거기도	멀리는	웃고만		

제2절 의존 명사, 단위를 나타내는 명사 및 열거하는 말 등

제42항 의존 명사는 띄어 쓴다.

아는 것이 힘이다.　　　　　나도 할 수 있다.
먹을 만큼 먹어라.　　　　　아는 이를 만났다.
네가 뜻한 바를 알겠다.　　　그가 떠난 지가 오래다.

제43항 단위를 나타내는 명사는 띄어 쓴다.

한 개　　　　　차 한 대　　　　금 서 돈
소 한 마리　　　옷 한 벌　　　　열 살
조기 한 손　　　연필 한 자루　　버선 한 죽
집 한 채　　　　신 두 켤레　　　북어 한 쾌

다만, 순서를 나타내는 경우나 숫자와 어울리어 쓰이는 경우에는 붙여 쓸 수 있다.

두시 삼십분 오초　　제일과　　　삼학년　　　육층
1446년 10월 9일　　2대대　　　16동 502호　　제1어학실습실
80원　　　　　　　10개　　　　7미터

제44항 수를 적을 적에는 '만(萬)' 단위로 띄어 쓴다.

십이억 삼천사백오십육만 칠천팔백구십팔
12억 3456만 7898

제45항 두 말을 이어 주거나 열거할 적에 쓰이는 다음의 말들은 띄어 쓴다.

국장 겸 과장　　　　　　열 내지 스물
청군 대 백군　　　　　　책상, 걸상 등이 있다.
이사장 및 이사들　　　　사과, 배, 귤 등등
사과, 배 등속　　　　　　부산, 광주 등지

제46항 단음절로 된 단어가 연이어 나타날 적에는 붙여 쓸 수 있다.

그때 그곳　　　좀더 큰 것　　　이말 저말　　　한잎 두잎

제3절 보조 용언

제47항 보조 용언은 띄어 씀을 원칙으로 하되, 경우에 따라 붙여 씀도 허용한다(ㄱ을 원칙으로 하고, ㄴ을 허용함).

ㄱ	ㄴ
불이 꺼져 간다.	불이 꺼져간다.
내 힘으로 막아 낸다.	내 힘으로 막아낸다.
어머니를 도와 드린다.	어머니를 도와드린다.
그릇을 깨뜨려 버렸다.	그릇을 깨뜨려버렸다.
비가 올 듯하다.	비가 올듯하다.
그 일은 할 만하다.	그 일은 할만하다.
일이 될 법하다.	일이 될법하다.
비가 올 성싶다.	비가 올성싶다.
잘 아는 척한다.	잘 아는척한다.

다만, 앞말에 조사가 붙거나 앞말이 합성 동사인 경우, 그리고 중간에 조사가 들어갈 적에는 그 뒤에 오는 보조 용언은 띄어 쓴다.

잘도 놀아만 나는구나!	책을 읽어도 보고…….
네가 덤벼들어 보아라.	강물에 떠내려가 버렸다.
그가 올 듯도 하다.	잘난 체를 한다.

제4절 고유 명사 및 전문 용어

제48항 성과 이름, 성과 호 등은 붙여 쓰고, 이에 덧붙는 호칭어, 관직명 등은 띄어 쓴다.

김양수(金良洙)	서화담(徐花潭)	채영신 씨
최치원 선생	박동식 박사	충무공 이순신 장군

다만, 성과 이름, 성과 호를 분명히 구분할 필요가 있을 경우에는 띄어 쓸 수 있다.

남궁억 / 남궁 억	독고준 / 독고 준
황보지봉(皇甫芝峰) / 황보 지봉	

제49항 성명 이외의 고유 명사는 단어별로 띄어 씀을 원칙으로 하되, 단위별로 띄어 쓸 수 있다(ㄱ을 원칙으로 하고, ㄴ을 허용함).

ㄱ	ㄴ
대한 중학교	대한중학교
한국 대학교 사범 대학	한국대학교 사범대학

제50항 전문 용어는 단어별로 띄어 씀을 원칙으로 하되, 붙여 쓸 수 있다(ㄱ을 원칙으로 하고, ㄴ을 허용함).

ㄱ	ㄴ
만성 골수성 백혈병	만성골수성백혈병
중거리 탄도 유도탄	중거리탄도유도탄

제6장 그 밖의 것

제51항 부사의 끝 음절이 분명히 '이'로만 나는 것은 '−이'로 적고, '히'로만 나거나 '이'나 '히'로 나는 것은 '히−'로 적는다.

1. '이'로만 나는 것

가붓이	깨끗이	나붓이	느긋이	둥긋이
따뜻이	반듯이	버젓이	산뜻이	의젓이
가까이	고이	날카로이	대수로이	번거로이
많이	적이	헛되이	겹겹이	번번이
일일이	집집이	틈틈이		

2. '히'로만 나는 것

극히	급히	딱히	속히	작히
족히	특히	엄격히	정확히	

3. '이, 히'로 나는 것

솔직히	가만히	간편히	나른히	무단히
각별히	소홀히	쓸쓸히	정결히	과감히
꼼꼼히	심히	열심히	급급히	답답히
섭섭히	공평히	능히	당당히	분명히

상당히   조용히   간소히   고요히   도저히

제52항 한자어에서 본음으로도 나고 속음으로도 나는 것은 각각 그 소리에 따라 적는다.

(본음으로 나는 것)	(속음으로 나는 것)
승낙(承諾)	수락(受諾), 쾌락(快諾), 허락(許諾)
만난(萬難)	곤란(困難), 논란(論難)
안녕(安寧)	의령(宜寧), 회령(會寧)
분노(忿怒)	대로(大怒), 희로애락(喜怒哀樂)
토론(討論)	의논(議論)
오륙십(五六十)	오뉴월, 유월(六月)
목재(木材)	모과(木瓜)
십일(十日)	시방정토(十方淨土), 시왕(十王), 시월(十月)
팔일(八日)	초파일(初八日)

제53항 다음과 같은 어미는 예사소리로 적는다(ㄱ을 취하고, ㄴ을 버림).

ㄱ	ㄴ	ㄱ	ㄴ
-(으)ㄹ거나	-(으)ㄹ꺼나	-(으)ㄹ지니라	-(으)ㄹ찌니라
-(으)ㄹ걸	-(으)ㄹ껄	-(으)ㄹ지라도	-(으)ㄹ찌라도
-(으)ㄹ게	-(으)ㄹ께	-(으)ㄹ지어다	-(으)ㄹ찌어다
-(으)ㄹ세	-(으)ㄹ쎄	-(으)ㄹ지언정	-(으)ㄹ찌언정
-(으)ㄹ세라	-(으)ㄹ쎄라	-(으)ㄹ진대	-(으)ㄹ찐대
-(으)ㄹ수록	-(으)ㄹ쑤록	-(으)ㄹ진저	-(으)ㄹ찐저
-(으)ㄹ시	-(으)ㄹ씨	-올시다	-올씨다
-(으)ㄹ지	-(으)ㄹ찌		

다만, 의문을 나타내는 다음 어미들은 된소리로 적는다.

-(으)ㄹ까?   -(으)ㄹ꼬?   -(스)ㅂ니까?   -(으)리까?
-(으)ㄹ쏘냐?

제54항 다음과 같은 접미사는 된소리로 적는다(ㄱ을 취하고, ㄴ을 버림).

ㄱ	ㄴ	ㄱ	ㄴ
심부름꾼	심부름군	지게꾼	지겟군
익살꾼	익살군	때깔	땟갈
일꾼 일군	빛깔	빛갈	
장꾼 장군	성깔	성갈	
장난꾼	장난군	귀때기	귓대기
볼때기	볼대기	이마빼기	이맛배기
판자때기	판자대기	코빼기	콧배기
뒤꿈치	뒷굼치	객쩍다	객적다
팔꿈치	팔굼치	겸연쩍다	겸연적다

제55항 두 가지로 구별하여 적던 다음 말들은 한 가지로 적는다(ㄱ을 취하고, ㄴ을 버림).

ㄱ	ㄴ
맞추다(입을 맞춘다. 양복을 맞춘다)	마추다
뻗치다(다리를 뻗친다. 멀리 뻗친다)	뻐치다

제56항 '−더라, −던'과 '−든지'는 다음과 같이 적는다.

1. 지난 일을 나타내는 어미는 '−더라, −던'으로 적는다(ㄱ을 취하고, ㄴ을 버림).

ㄱ	ㄴ
지난 겨울은 몹시 춥더라.	지난 겨울은 몹시 춥드라.
깊던 물이 얕아졌다.	깊든 물이 얕아졌다.
그렇게 좋던가?	그렇게 좋든가?
그 사람 말 잘하던데!	그 사람 말 잘하든데!
얼마나 되던지 몰라?	얼마나 되든지 몰라?

2. 물건이나 일의 내용을 가리지 아니하는 뜻을 나타내는 조사와 어미는 '(−)든지'로 적는다(ㄱ을 취하고, ㄴ을 버림).

ㄱ	ㄴ
배든지 사과든지 마음대로 먹어라.	배던지 사과던지 마음대로 먹어라.
가든지 오든지 마음대로 해라.	가던지 오던지 마음대로 해라.

제57항 다음 말들은 각각 구별하여 적는다.

가 름	둘로 가름
갈 음	새 책상으로 갈음하였다.
거 름	풀을 썩인 거름
걸 음	빠른 걸음
거치다	영월을 거쳐 왔다.
걷히다	외상값이 잘 걷힌다.
걷잡다	걷잡을 수 없는 상태
겉잡다	겉잡아서 이틀 걸릴 일
그러므로(그러니까)	그는 부지런하다. 그러므로 잘 산다.
그럼으로(써)(그렇게 하는 것으로)	그는 열심히 공부한다. 그럼으로(써) 은혜에 보답한다.
노 름	노름판이 벌어졌다.
놀음(놀이)	즐거운 놀음
느리다	진도가 너무 느리다.
늘이다	고무줄을 늘인다.
늘리다	방을 더 늘린다.
다리다	옷을 다린다.
달이다	약을 달인다.
다치다	부주의로 손을 다쳤다.
닫히다	문이 저절로 닫혔다.
닫치다	문을 힘껏 닫쳤다.
마치다	벌써 일을 마쳤다.
맞히다	여러 문제를 더 맞혔다.
목거리	목거리가 덧났다.
목걸이	금 목걸이, 은 목걸이

바치다	나라를 위해 목숨을 바쳤다.
받치다	우산을 받치고 간다.
	책받침을 받친다.
받히다	쇠뿔에 받혔다.
밭치다	술을 체에 밭친다.
반드시	약속은 반드시 지켜라.
반듯이	고개를 반듯이 들어라.
부딪치다	차와 차가 마주 부딪쳤다.
부딪히다	마차가 화물차에 부딪혔다.
부치다	힘이 부치는 일이다.
	편지를 부친다.
	논밭을 부친다.
	빈대떡을 부친다.
	식목일에 부치는 글
	회의에 부치는 안건
	인쇄에 부치는 원고
	삼촌 집에 숙식을 부친다.
붙이다	우표를 붙인다.
	책상을 벽에 붙였다.
	흥정을 붙인다.
	불을 붙인다.
	감시원을 붙인다.
	조건을 붙인다.
	취미를 붙인다.
	별명을 붙인다.
시키다	일을 시킨다.
식히다	끓인 물을 식힌다.
아 름	세 아름 되는 둘레
알 음	전부터 알음이 있는 사이
앎	앎이 힘이다.

안치다   밥을 안친다.
앉히다   윗자리에 앉힌다.

어 름   경계선 어름에서 일어난 현상
얼 음   얼음이 얼었다.

이따가   이따가 오너라.
있다가   돈은 있다가도 없다.

저리다   다친 다리가 저린다.
절이다   김장 배추를 절인다.

조리다   생선을 조린다. 통조림, 병조림
졸이다   마음을 졸인다.

주리다   여러 날을 주렸다.
줄이다   비용을 줄인다.

하노라고   하노라고 한 것이 이 모양이다.
하느라고   공부하느라고 밤을 새웠다.

-느니보다(어미)   나를 찾아오느니보다 집에 있거라.
-는 이보다(의존 명사)   오는 이가 가는 이보다 많다.

-(으)리만큼(어미)   그가 나를 미워하리만큼 내가
                         그에게 잘못한 일이 없다.
-(으)ㄹ 이만큼(의존 명사)   찬성할 이도 반대할 이만큼이나
                         많을 것이다.

-(으)러 (목적)   공부하러 간다.
-(으)려 (의도)   서울 가려 한다.

-(으)로서 (자격)   사람으로서 그럴 수는 없다.
-(으)로써 (수단)   닭으로써 꿩을 대신했다.

-(으)므로(어미)   그가 나를 믿으므로 나도 그를

	믿는다.
(ㅡㅁ, ㅡ음)으로(써)(조사)	그는 믿음으로(써) 산 보람을 느꼈다.

문 장 부 호

문장 부호의 이름과 그 사용법은 다음과 같이 정한다.

Ⅰ. 마침표[終止符]

1. 온점(.), 고리점(.)

　가로쓰기에는 온점, 세로쓰기에는 고리점을 쓴다.

　(1) 서술, 명령, 청유 등을 나타내는 문장의 끝에 쓴다.

　　젊은이는 나라의 기둥이다.

　　황금 보기를 돌같이 하라.

　　집으로 돌아가자.

　다만, 표제어나 표어에는 쓰지 않는다.

　　압록강은 흐른다(표제어)

　　꺼진 불도 다시 보자(표어)

　(2) 아라비아 숫자만으로 연월일을 표시할 적에 쓴다.

　　1919. 3. 1. (1919년 3월 1일)

　(3) 표시 문자 다음에 쓴다.

　　1. 마침표　　　ㄱ. 물음표　　　가. 인명

　(4) 준말을 나타내는 데 쓴다.

　　서. 1987. 3. 5.(서기)

2. 물음표(?)

　의심이나 물음을 나타낸다.

　(1) 직접 질문할 때에 쓴다.

　　이제 가면 언제 돌아오니?

　　이름이 뭐지?

　(2) 반어나 수사 의문(修辭疑問)을 나타낼 때 쓴다.

　　제가 감히 거역할 리가 있습니까?

　　이게 은혜에 대한 보답이냐?

　　남북 통일이 되면 얼마나 좋을까?

(3) 특정한 어구 또는 그 내용에 대하여 의심이나 빈정거림, 비웃음 등을 표시할
때, 또는 적절한 말을 쓰기 어려운 경우에 소괄호 안에 쓴다.
　　그것 참 훌륭한(?) 태도야.
　　우리 집 고양이가 가출(?)을 했어요.

[붙임 1] 한 문자에서 몇 개의 선택적인 물음이 겹쳤을 때에는 맨 끝의
물음에만 쓰지만, 각각 독립된 물음인 경우에는 물음마다 쓴다.
　　너는 한국인이냐, 중국인이냐?
　　너는 언제 왔니? 어디서 왔니? 무엇하러?

[붙임 2] 의문형 어미로 끝나는 문장이라도 의문의 정도가 약할 때에는
음표 대신 온점(또는 고리점)을 쓸 수도 있다.
　　이 일을 도대체 어쩐단 말이냐.
　　아무도 그 일에 찬성하지 않을 거야. 혹 미친 사람이면 모를까.

3. 느낌표(!)
　감탄이나 놀람, 부르짖음, 명령 등 강한 느낌을 나타낸다.
　　(1) 느낌을 힘차게 나타내기 위해 감탄사나 감탄형 종결어미 다음에 쓴다.
　　　　앗!
　　　　아, 달이 밝구나!
　　(2) 강한 명령문 또는 청유문에 쓴다.
　　　　지금 즉시 대답해!
　　　　부디 몸조심하도록!
　　(3) 감정을 넣어 다른 사람을 부르거나 대답할 적에 쓴다.
　　　　춘향아!
　　　　예, 도련님!
　　(4) 물음의 말로써 놀람이나 항의의 뜻을 나타내는 경우에 쓴다.
　　　　이게 누구야!
　　　　내가 왜 나빠!

[붙임] 감탄형 어미로 끝나는 문장이라도 감탄의 정도가 약할 때에는 느
낌표 대신 온점(또는 고리점)을 쓸 수도 있다.
　　　개구리가 나온 것을 보니, 봄이 오긴 왔구나.

II. 쉼표[休止符]

1. 반점(,), 모점(、)

가로쓰기에는 반점, 세로쓰기에는 모점을 쓴다. 문장 안에서 짧은 휴지를 나타낸다.

  (1) 같은 자격의 어구가 열거될 때에 쓴다.

      근면, 검소, 협동은 우리 겨레의 미덕이다.

      충청도의 계룡산, 전라도의 내장산, 강원도의 설악산은 모두 국립 공원이다.

다만, 조사로 연결될 적에는 쓰지 않는다.

      매화와 난초와 국화와 대나무를 사군자라고 한다.

  (2) 짝을 지어 구별할 필요가 있을 때에 쓴다.

      닭과 지네, 개와 고양이는 상극이다.

  (3) 바로 다음의 말을 꾸미지 않을 때에 쓴다.

      슬픈 사연을 간직한, 경주 불국사의 무영탑

      성질 급한, 철수의 누이동생이 화를 내었다.

  (4) 대등하거나 종속적인 절이 이어질 때에 절 사이에 쓴다.

      콩 심으면 콩 나고, 팥 심으면 팥 난다.

      흰 눈이 내리니, 경치가 더욱 아름답다.

  (5) 부르는 말이나 대답하는 말 뒤에 쓴다.

      애야, 이리 오너라.

      예, 지금 가겠습니다.

  (6) 제시어 다음에 쓴다.

      빵, 빵이 인생의 전부이더냐?

      용기, 이것이야말로 무엇과도 바꿀 수 없는 젊은이의 자산이다.

  (7) 도치된 문장에 쓴다.

      이리 오세요, 어머님.

      다시 보자, 한강수야.

  (8) 가벼운 감탄을 나타내는 말 뒤에 쓴다.

      아, 깜빡 잊었구나.

  (9) 문장 첫머리의 접속이나 연결을 나타내는 말 다음에 쓴다.

      첫째, 몸이 튼튼해야 된다.

      아무튼, 나는 집에 돌아가겠다.

다만, 일반적으로 쓰이는 접속어(그러나, 그러므로, 그리고, 그런데 등) 뒤
에는 쓰지 않음을 원칙으로 한다.

그러나 너는 실망할 필요가 없다.

(10) 문장 중간에 끼여든 구절 앞뒤에 쓴다.

나는, 솔직히 말하면, 그 말이 별로 탐탁하지 않소.

철수는 미소를 띠고, 속으로는 화가 치밀었지만, 그들을 맞았다.

(11) 되풀이를 피하기 위하여 한 부분을 줄일 때에 쓴다.

여름에는 바다에서, 겨울에는 산에서 휴가를 즐겼다.

(12) 문맥상 끊어 읽어야 할 곳에 쓴다.

갑돌이가 울면서, 떠나는 갑순이를 배웅했다.

철수가, 내가 제일 좋아하는 친구이다.

남을 괴롭히는 사람들은, 만약 그들이 다른 사람에게 괴롭힘을 당해 본다
면, 남을 괴롭히는 일이 얼마나 나쁜 일인지 깨달을 것이다.

(13) 숫자를 나열할 때에 쓴다.

1, 2, 3, 4

(14) 수의 폭이나 개략의 수를 나타낼 때에 쓴다.

5, 6 세기　　　　　6, 7 개

(15) 수의 자릿점을 나타낼 때에 쓴다.

14,314

2. 가운뎃점(·)

열거된 여러 단위가 대등하거나 밀접한 관계임을 나타낸다.

(1) 쉼표로 열거된 어구가 다시 여러 단위로 나누어질 때에 쓴다.

철수·영이, 영수·순이가 서로 짝이 되어 윷놀이를 하였다.

공주·논산, 천안·아산·천원 등 각 지역구에서 2명씩 국회 의원을 뽑는다.

시장에 가서 사과·배·복숭아, 고추·마늘·파, 조기·명태·고등어를 샀다.

(2) 특정한 의미를 가지는 날을 나타내는 숫자에 쓴다.

3·1 운동　　　　　8·15 광복

(3) 같은 계열의 단어 사이에 쓴다.

경북 방언의 조사·연구

충북·충남 두 도를 합하여 충청도라고 한다.

동사·형용사를 합하여 용언이라고 한다.

3. 쌍점(:)

    (1) 내포되는 종류를 들 적에 쓴다.

        문장 부호 : 마침표, 쉼표, 따옴표, 묶음표 등

        문방사우 : 붓, 먹, 벼루, 종이

    (2) 소표제 뒤에 간단한 설명이 붙을 때에 쓴다.

        일시 : 1984년 10월 15일 10시

        마침표 : 문장이 끝남을 나타낸다.

    (3) 저자명 다음에 저서명을 적을 때에 쓴다.

        정약용 : 목민심서, 경세유표

        주시경 : 국어 문법, 서울 박문서관, 1910.

    (4) 시(時)와 분(分), 장(章)과 절(節) 따위를 구별할 때나, 둘 이상을 대비할 때에 쓴다.

        오전 10 : 20 (오전 10시 20분)

        요한 3 : 16 (요한복음 3장 16절)

        대비 65 : : 60 (65 대 60)

4. 빗금(/)

    (1) 대응, 대립되거나 대등한 것을 함께 보이는 단어와 구, 절 사이에 쓴다.

        남궁만 / 남궁 만   백이십오 원 / 125원

        착한 사람 / 악한 사람 맞닥뜨리다 / 맞닥트리다

    (2) 분수를 나타낼 때에 쓰기도 한다.

        3 / 4 분기   3 / 20

Ⅲ. 따옴표[引用符]

1. 큰따옴표(" "), 겹낫표(『 』)

가로쓰기에는 큰따옴표, 세로쓰기에는 겹낫표를 쓴다. 대화, 인용, 특별 어구 따위를 나타낸다.

    (1) 글 가운데서 직접 대화를 표시할 때에 쓴다.

        "전기가 없었을 때는 어떻게 책을 보았을까?"

        "그야 등잔불을 켜고 보았겠지."

    (2) 남의 말을 인용할 경우에 쓴다.

        예로부터 "민심은 천심이다."라고 하였다.

        "사람은 사회적 동물이다."라고 말한 학자가 있다.

2. 작은따옴표(' '), 낫표 (「 」)

가로쓰기에는 작은따옴표, 세로쓰기에는 낫표를 쓴다.

(1) 따온 말 가운데 다시 따온 말이 들어 있을 때에 쓴다.

"여러분! 침착해야 합니다. '하늘이 무너져도 솟아날 구멍이 있다.'고 합니다."

(2) 마음 속으로 한 말을 적을 때에 쓴다.

'만약 내가 이런 모습으로 돌아간다면 모두들 깜짝 놀라겠지.'

[붙임] 문장에서 중요한 부분을 두드러지게 하기 위해 드러냄표 대신에 쓰기도 한다.

지금 필요한 것은 '지식'이 아니라 '실천'입니다.

'배부른 돼지'보다는 '배고픈 소크라테스'가 되겠다.

Ⅳ. 묶음표[括弧符]

1. 소괄호(( ))

(1) 원어, 연대, 주석, 설명 등을 넣을 적에 쓴다.

커피(coffee)는 기호 식품이다.

3 · 1 운동(1919) 당시 나는 중학생이었다.

'무정(無情)'은 춘원(6 · 25 때 납북)의 작품이다.

니체(독일의 철학자)는 이렇게 말했다.

(2) 특히 기호 또는 기호적인 구실을 하는 문자, 단어, 구에 쓴다.

(1) 주어   (ㄱ) 명사   (라) 소리에 관한 것

(3) 빈 자리임을 나타낼 적에 쓴다.

우리 나라의 수도는 ( )이다.

2. 중괄호({ })

여러 단위를 동등하게 묶어서 보일 때에 쓴다.

주격조사 { 이 / 가 }

$$\text{국가의 3요소} \left\{ \begin{array}{l} \text{국토} \\ \text{국민} \\ \text{주권} \end{array} \right\}$$

3. 대괄호([ ])

    (1) 묶음표 안의 말이 바깥 말과 음이 다를 때에 쓴다.

        나이[年歲]　　　낱말[單語]　　　手足[손발]

    (2) 묶음표 안에 또 묶음표가 있을 때에 쓴다.

        명령에 있어서의 불확실[단호(斷乎)하지 못함.]은 복종에 있어서의 불확실[모호(模糊)함.]을 낳는다.

Ⅴ. 이음표[連結符]

1. 줄표(―)

    이미 말한 내용을 다른 말로 부연하거나 보충함을 나타낸다.

    (1) 문장 중간에 앞의 내용에 대해 부연하는 말이 끼여들 때 쓴다.

        그 신동은 네 살에―보통 아이 같으면 천자문도 모를 나이에―벌써 시를 지었다.

    (2) 앞의 말을 정정 또는 변명하는 말이 이어질 때 쓴다.

        어머님께 말했다가―아니, 말씀드렸다가―꾸중만 들었다.

        이건 내 것이니까―아니, 내가 처음 발견한 것이니까―절대로 양보할 수가 없다.

2. 붙임표(-)

    (1) 사전, 논문 등에서 합성어를 나타낼 적에, 또는 접사나 어미임을 나타낼 적에 쓴다.

        겨울-나그네　　불-구경　　　　손-발

        휘-날리다　　　슬기-롭다　　　-(으)ㄹ걸

    (2) 외래어와 고유어 또는 한자어가 결합되는 경우를 보일 때에 쓴다.

        나일론-실　　　디-장조　　　　빛-에너지　　염화-칼륨

3. 물결표(〜)

   (1) '내지'라는 뜻에 쓴다.

     9월 15일〜9월 25일

   (2) 어떤 말의 앞이나 뒤에 들어갈 말 대신 쓴다.

     새마을: 〜운동　〜노래

     －가(家): 음악〜　미술〜

VI. 드러냄표[顯在符]

1. 드러냄표(˚, ˙)

˙이나 ˚을 가로쓰기에는 글자 위에, 세로쓰기에는 글자 오른쪽에 쓴다.

문장 내용 중에서 주의가 미쳐야 할 곳이나 중요한 부분을 특별히 드러

내보일 때 쓴다.

     한글의 본 이름은 훈민정음이다.

     중요한 것은 왜 사느냐가 아니라 어떻게 사느냐 하는 문제이다.

   [붙임] 가로쓰기에서는 밑줄 ＿,　〜〜)을 치기도 한다.

     다음 보기에서 명사가 아닌 것은?

VII. 안드러냄표[潛在符]

1. 숨김표(××, ○○)

알면서도 고의로 드러내지 않음을 나타낸다.

   (1) 금기어나 공공연히 쓰기 어려운 비속어의 경우, 그 글자의 수효만큼 쓴다.

     배운 사람 입에서 어찌 ○○○란 말이 나올 수 있느냐?

     그 말을 듣는 순간 ×××란 말이 목구멍까지 치밀었다.

   (2) 비밀을 유지할 사항일 경우, 그 글자의 수효만큼 쓴다.

     육군 ○○부대 ○○○명이 작전에 참가하였다.

     그 모임의 참석자는 김×× 씨, 정×× 씨 등 5명이었다.

2. 빠짐표(□)

글자의 자리를 비워 둠을 나타낸다.

(1) 옛 비문이나 서적 등에서 글자가 분명하지 않을 때에 그 글자의 수효만큼 쓴다.

　　大師爲法主□□賴之大□薦 (옛 비문)

(2) 글자가 들어가야 할 자리를 나타낼 때 쓴다.

　　훈민정음의 초성 중에서 아음(牙音)은 □□□의 석 자다.

3. 줄임표(……)

　(1) 할 말을 줄였을 때에 쓴다.

　　“어디 나하고 한 번…….”

　　하고 철수가 나섰다.

　(2) 말이 없음을 나타낼 때에 쓴다.

　　“빨리 말해!”

　　“…….”

저자　강희숙

조선대학교 인문과학대학 국어국문학과 교수
  • 저　서　『삶과 글』(2002, 조선대학교 출판부, 공저)
　　　　　　『국어 정서법의 이해』(2003, 역락)
　　　　　　『시로 읽는 국어 정서법』(2007, 글누림)
  • 번역서　『현대음운론 입문』(1997, 한신문화사, 공역)
　　　　　　『언어 변이와 변화』(1998, 태학사, 공역)
  • 논　문　「음운 변이 및 변화에 관한 사회언어학적 연구」(1994)
　　　　　　「중국인 한국어 학습자의 맞춤법 오류에 대한 연구」(2009)
　　　　　　「전남방언 남성 호칭 접미사 ‘－샌’의 용법과 방언 분화」(2008)
　　　　　　「‘자네’의 용법에 대한 사회언어학적 분석」(2007)
　　　　　　「사회방언 조사 방법」(2006) 외 다수

개정판

국어 정서법의 이해

초　　판 1쇄 발행 2003년 4월 6일
개정판 1쇄 발행 2010년 3월 2일
개정판 2쇄 발행 2013년 3월 2일
저　　자 강희숙
펴낸이 이대현 | **편집** 추다영
펴낸곳 도서출판 역락 | **등록** 제303-2002-000014호(등록일 1999년 4월 19일)
주　　소 서울시 서초구 반포4동 577-25 문창빌딩 2층
전　　화 02-3409-2058(영업부), 2060(편집부) | **팩시밀리** 02-3409-2059
전자우편 youkrack@hanmail.net
ISBN 978-89-5556-756-4 93710

정　　가 30,000원

■잘못된 책은 교환해 드립니다.